La Mythologie POUR LES NULS

La Mythologie POUR LES NULS

Dr Christopher W. Blackwell
Professeur de lettres classiques

Amy Hackney Blackwell
Auteur free-lance spécialiste d'histoire et de droit

Gilles Van Heems
Professeur de latin
pour l'adaption française

Yves D. Papin
Auteur spécialiste de la mythologie

FIRST
Editions

La Mythologie pour les Nuls
Titre de l'édition américaine : Mythology for Dummies

Publié par
Wiley Publishing, Inc.
111 River Street
Hoboken, NJ 07030 – 5774
USA

ISBN : 2-75400-257-X
ISBN 13 : 978-2-7540-0257-8
Dépôt légal : 4e trimestre 2006
Nous nous efforçons de publier des ouvrages qui correspondent à vos attentes et votre satisfaction est pour nous une priorité. Alors, n'hésitez pas à nous faire part de vos commentaires :

Éditions Générales First
27, rue Cassette
75006 Paris – France
e-mail : firstinfo@efirst.com
Site internet : www.efirst.com

Traduction : Jean-Luc Rostan
Adaptation : Gilles Van Heems, Yves D. Papin
Production : Emmanuelle Clément
Mise en page : KN Conception, Catherine Kédémos
Imprimé en France

Sommaire

Introduction

Ce livre traite de mythologie, c'est-à-dire d'histoires qui comptent et que les gens racontent. On peut dire que raconter des mythes, c'est l'une des choses les plus importantes que fassent les hommes. Tout le monde raconte des mythes. N'importe quelle culture de n'importe quelle époque produit des mythes. Chaque culture invente les siens, qu'ils soient écrits ou oraux. Mettez ensemble tous ces mythes, et vous obtenez la discipline qu'on appelle « mythologie », un vaste ensemble d'histoires de héros, de dieux, de monstres et de forces de la nature.

Comprendre la mythologie, c'est comprendre les hommes. C'est pour cela que les mythes valent la peine qu'on y réfléchisse. Comme les hommes, les mythes peuvent être passionnants, inspirants, drôles et magnifiques. Ils peuvent en revanche être tout autant compliqués, cruels, violents, sanguinaires même, obscènes, ou simplement absurdes (en apparence, du moins).

Ce livre propose des explications chaque fois que c'est possible, mais si vous aimez des réponses rapides et sans ambiguïté, la mythologie risque de vous faire devenir chèvre (ou plutôt chimère, tant qu'on y est). Car voyez-vous, les mythes existent afin de répondre aux questions des hommes auxquelles il n'existe pas de réponses rapides et sans équivoque.

Il faut être bien conscient que la mythologie, c'est de la religion, de la religion populaire en tout cas. Certains des mythes racontés dans ce livre sont des histoires issues de religions aujourd'hui disparues. D'autres proviennent de religions pratiquées actuellement par des millions de gens dans le monde.

Pourquoi ce livre ?

Ce livre est destiné à servir de référence facile à consulter à tous ceux qui souhaitent apprendre l'essentiel du monde de la mythologie. Il est organisé en chapitres consacrés à des sujets spécifiques. Si vous avez un centre d'intérêt particulier, vous pouvez simplement lire le chapitre pertinent et ne pas vous occuper du reste du livre. Vous pouvez aussi choisir de lire l'ouvrage tout entier, mais dans l'ordre que vous souhaitez.

Les conventions employées dans ce livre

Nous employons généralement le terme *divinités* pour désigner les dieux et les déesses, et occasionnellement le terme " dieux " à la même fin.

Ce livre est traduit et adapté de l'anglais en français, mais la plupart des mythes qu'ils présentent n'ont été à l'origine racontés dans aucune de ces deux langues. Nous avons souvent dû choisir parmi plusieurs noms de divinités différents, mais tout aussi corrects les uns que les autres. Par exemple, le nom du fondateur du taoïsme est *Laozi* ou *Lao-tseu*. Ces deux noms sont tous aussi valables l'un que l'autre. Nous avons essayé de prendre de bonnes décisions, mais ne soyez pas surpris de trouver les mêmes personnages avec des noms à l'orthographe différente dans d'autres livres.

Le plan de ce livre

Ce livre est divisé en quatre parties, dont chacune contient plusieurs chapitres. La première partie propose une vue d'ensemble de la mythologie. Chacune des parties suivantes se concentre sur une zone géographique particulière et sur sa mythologie : la Grèce, l'Empire romain. Chaque chapitre est long d'environ 10 à 14 pages et traite de sujets spécifiques, concernant par exemple les déesses grecques, les poèmes homériques ou les grandes tragédies grecques.

Première partie : La mythologie et le berceau de la civilisation

Cette partie survole l'ensemble du sujet de la mythologie. Le chapitre I décrit ce qu'est la mythologie, certaines des théories formulées à son sujet, et les types courants de mythes et de figures mythiques. Le chapitre II traite de certaines des formes qu'ont prises les mythes dans la culture à travers les âges et jusqu'à l'époque actuelle.

Deuxième partie : La mythologie grecque, c'est là que tout commence

Quand on pense à la mythologie, on pense le plus souvent, et à juste titre d'ailleurs, immédiatement à la mythologie grecque. Les dieux, les déesses et les monstres de la mythologie de la Grèce antique sont particulièrement vivants dans notre esprit. Les Grecs ont produit une littérature abondante et excellente, dont la plupart sur des sujets mythologiques, et des versions captivantes de mythes grecs de l'Antiquité survivent encore aujourd'hui. En outre, les artistes et penseurs de la Renaissance sont tombés amoureux de ces mythes grecs, et ils ont contribué à ce que ces histoires survivent. Cette partie décrit les dieux et les déesses grecs et leurs origines (ce qui n'est pas une bien jolie histoire…). Elle raconte les aventures des héros les plus célèbres de la mythologie grecque – Héraclès (appelé *Hercule* par les Romains), Persée, Thésée, et Jason. Elle raconte aussi la longue histoire compliquée de la guerre de Troie, et présente le corpus des mythes qui ont servi de sujets à certaines des tragédies grecques les plus célèbres.

Troisième partie : La mythologie romaine, ce butin culturel de l'Empire

Il est bien connu que les Romains ont adopté la plupart des dieux et des déesses grecs en ne procédant qu'occasionnellement à un changement de nom. Cette partie explique pourquoi, elle raconte qui étaient les dieux romains, et comment les Romains ont intégré ces divinités empruntées à leurs propres croyances. Vous y trouverez aussi un chapitre consacré aux mythes de la fondation de Rome, tels que les présente *L'Énéide*, et la légende de Romulus et de Remus. En outre, vous y trouverez aussi un chapitre sur les récits mythologiques populaires romains.

Quatrième partie : Mythologies de l'Europe du Nord

Cette partie raconte les mythes des habitants des rudes contrées de l'Europe du Nord : des histoires de batailles, de guerriers, de monstres. Vous y trouverez une présentation des divinités nordiques ainsi que des deux héros de sagas importantes, celle de Beowulf et des Völsungar, sans oublier la légende du roi Arthur.

Cinquième partie : Survol des principales mythologies non européennes

Vous aurez ici un aperçu des principaux mythes des différentes régions du monde : l'Égypte, le Proche-Orient, l'Inde, la Chine, le Japon, l'Amérique du Nord et du Sud.

Sixième partie : La partie des Dix

Ces listes font partie intégrante de tout ouvrage de la collection …pour les Nuls. Voyez si vous y retrouvez votre monstre ou votre lieu légendaire préféré.

Les icônes de ce livre

Au fil de l'ouvrage, nous avons ajouté au texte principal des informations supplémentaires en les signalant à l'aide de quatre icônes. Ce livre devrait ainsi toujours rester compréhensible, même si vous l'écrémez en sautant chacun des passages balisés par ces icônes, mais il vous procurera davantage d'agrément de lecture si vous les lisez.

Cette icône marque des passages dans lesquels nous associons des éléments de théorie mythologique à des mythes, en signalant quel type de mythe nous étudions.

Les anecdotes restent des anecdotes, c'est-à-dire des détails sans importance, des questions futiles en soi mais qui peuvent faire la différence lorsqu'il s'agit de gagner un quiz ou d'avoir l'air vraiment très intelligent après les avoir racontées. Les mythes tendent à engendrer beaucoup d'anecdotes.

Il s'agit ici d'informations historiques ou spécifiques à un domaine de connaissances, donc de choses qui sont importantes pour les spécialistes de ces domaines.

Enrichissez votre vocabulaire ! Les mythes et leurs personnages ont fourni de nombreux mots et expressions à la langue française.

Et maintenant ?

Ce livre n'est pas organisé de façon linéaire, et il restera compréhensible même si vous ne commencez pas au début. Si vous brûlez d'intérêt pour les mythes romains, vous pouvez sans risque sauter la partie sur les mythes de la Grèce antique.

Quelques chapitres au début du livre pourront vous être utiles, car ils donnent une vue d'ensemble destinée à permettre de comprendre la mythologie. Les chapitres I à III sont des présentations générales du domaine de la mythologie et du rôle que les mythes ont joué à travers les âges. C'est là que vous devriez commencer si vous voulez savoir de quoi il retourne. Mais vous pouvez aussi commencer par la fin et lire la quatrième partie, elle constitue aussi une bonne introduction, légère et amusante, pour ceux qui s'intéressent aux mythes en raison avant tout de leur aspect divertissant. Ou encore, commencez n'importe où et naviguez d'une partie à l'autre selon vos envies.

Première partie

La mythologie et le berceau de la civilisation

« Bien sûr, ce n'est qu'un mythe. »

Dans cette partie...

D'abord, qu'est-ce que c'est que la mythologie ? Et pourquoi s'en occuper ? Eh bien, outre le fait qu'elle apporte une aide aux écoliers lorsqu'ils écrivent leurs rédactions, ou encore qu'elle permet aux jeunes cadres d'avoir l'air d'être très cultivés lors de réceptions mondaines et des dîners professionnels, la connaissance de la mythologie peut aider les gens à comprendre leur propre culture, et les cultures d'autres régions de la planète. Enfin, ces récits vous donneront une foule d'idées pour raconter des histoires à vos enfants afin de les endormir. Cette partie du livre couvre les principes fondamentaux de la mythologie en tant que branche de la connaissance, et quelques-uns des effets qu'elle a eus sur le monde.

Chapitre 1

La vérité sur les mythes

Dans ce chapitre :

- Voyons ce qui constitue un mythe
- Les thèmes mythiques communs à différentes cultures
- Les différents types de personnages mythiques
- Deux mythes nord-américains célèbres

Commençons par le début. Avant que vous n'entamiez la lecture de ce livre, nous voulons que vous sachiez la chose suivante : nous prenons les mythes très au sérieux. Ce ne sont pas des histoires fantaisistes, fruits de l'imagination débridée de quelques poètes allumés !

Mais nous ne disons pas pour autant que les mythes ne sont pas drôles, car de nombreux le sont réellement et, d'ailleurs, ils sont censés l'être. Nous ne disons pas non plus que tout notre propos au sujet des mythes va être sérieux, parce que ce n'est pas le cas. Ce livre se veut engageant et divertissant : nous avons l'intention de nous amuser en parlant de mythologie, et nous espérons que vous trouverez cette lecture distrayante.

Mais lorsque nous écrivons que telle chose est un mythe, nous *ne disons pas* que cette chose est vraie ou fausse. En d'autres termes, nous ne pensons pas que la science et l'Histoire ont raison et que la mythologie a tort. En fait, nous n'avons rien contre la science ni contre l'Histoire, car ces disciplines enseignent au monde des tas de choses dont nous profitons chaque jour. Nous ne pensons simplement pas que les gens devraient les élever au-dessus des mythes simplement parce qu'elles énoncent des faits qui paraissent plus vérifiables.

Alors que nous étions enfants, on nous a enseigné que les gens se servaient de mythes pour expliquer le monde avant que la science ne devienne un domaine de connaissance reconnu. On supposait que, lorsque les gens seraient devenus rationnels, ils n'auraient plus besoin de mythes. Depuis, on en est revenu.

La mythologie est un outil pour comprendre le monde, une grille de lecture pour mieux embrasser la culture grecque et romaine et cet outil est tout aussi important et tout aussi " vrai " que les moyens scientifiques ou historiques. En fait, la science, l'Histoire et d'autres méthodes de raisonnement logique ne décrivent tout simplement pas certaines choses qui sont très importantes et que nous savons vraies. Les mythes, eux, peuvent le faire.

Le père de Chris a eu le bonheur de faire la connaissance de Paul Tillich, un penseur chrétien qui s'était enfui de l'Allemagne nazie et s'était retrouvé à l'université de Harvard. Tillich, qui connaissait la vie, avait coutume de dire : « ne dites pas que quelque chose *n'est qu'un* mythe. Dites plutôt : ce n'est *rien de moins* qu'un mythe. »

Et nous en sommes convaincus : les mythes sont importants, et ils valent la peine qu'on les prenne au sérieux. Nous pensons de plus que tout ce qui vaut la peine d'être pris au sérieux devrait aussi être amusant lorsqu'on y réfléchit. Donc, voilà...

Un mythe se repère de loin

Un mythe, c'est une histoire. Le mot grec *mythos* signifie « récit, fable ». C'est l'idée de base. Mais, bien sûr, n'importe quelle vieille histoire ne pourra pas forcément devenir un mythe. Amy (coauteur de ce livre) s'est vu servir en Thaïlande une tête de porc entière pour le dîner : c'est une bonne histoire qu'on aime bien raconter, mais ce n'est pas un mythe. Chris (l'autre coauteur) s'est fait un jour tirer dessus par un fou dans les bois : autre bonne histoire, mais pas l'une de celles qui satisfait aux critères de la mythologie. Vous savez sans doute que vous avez affaire à des mythes lorsque vous y êtes exposé, mais il est quand même nécessaire d'en avoir une définition de base avant de pouvoir pleinement et réellement les apprécier.

Les experts adorent se disputer sur des sujets épineux et difficiles à définir, et la mythologie constitue l'un de ces domaines depuis plus de deux siècles. Les spécialistes se chamaillent volontiers sur ce qui constitue un mythe « véritable » et le distingue d'autres types d'histoires ou de légendes. Ils insistent pourtant sur le fait que personne ne devrait faire la confusion entre les mythes et d'autres types d'histoires semblables, comme les légendes, les sagas et les contes populaires.

Définition de ce qui fait un mythe

Alors, qu'est-ce qui fait qu'un mythe est une chose si spéciale ? Eh bien, les mythes sont des histoires de dieux, de déesses, de héros et d'entités surnaturelles et de leurs relations avec des êtres humains. On peut élargir cette définition pour ajouter que ce sont des histoires qui expliquent des vérités ou des valeurs universelles qui peuvent aider des groupes de personnes (comme les Français, par exemple) à s'identifier et à définir leurs valeurs. Les mythes contribuent à valider l'ordre social, comme celui des royautés héréditaires ou des structures de classes sociales. Ils peuvent aussi fournir à un royaume une « histoire » qui semble le rendre inévitable.

Comme les mythes parlent d'humains et de dieux, cela implique qu'ils traitent aussi toujours de religion. Chacun des mythes que vous trouverez dans ce livre a fait ou fait encore partie d'une religion sérieusement pratiquée.

Le terme « mythe » a pris dans certains contextes le sens d'une construction de l'esprit qui ne repose sur aucune réalité. On dit « ce n'est qu'un mythe » d'une chose si celle-ci n'est fondée sur aucune base factuelle. De même, le mot *mythomane* désigne une personne qui présente une tendance pathologique à fabuler (« inventer des histoires ») et à mentir. Pourtant, les véritables mythes recèlent des vérités qui leur sont propres. Ils fournissent aux hommes une vue du monde et un ensemble de valeurs qui peuvent être aussi importantes que tout fait scientifiquement vérifiable. (Pour quelques exemples, rendez-vous au chapitre 3).

Les légendes

Les *légendes* sont semblables aux mythes, mais elles sont fondées sur l'Histoire. Il n'est point nécessaire que cette base historique soit bien solide, et beaucoup de légendes ne collent qu'à peine à la réalité historique. Pourtant, une légende ou une saga doit inclure quelque chose qui s'est peut-être véritablement produit. Par exemple, l'histoire du roi Arthur est une légende parce qu'il a probablement existé un homme de chair et d'os qui a servi de base à la légende du roi Arthur que nous connaissons aujourd'hui.

Les contes populaires

Un *conte populaire* est un conte traditionnel qui est avant tout une forme de divertissement ou qui, dans certains cas, sert à instruire. Les contes populaires relatent des aventures de héros et des événements magiques, mais ils n'essaient pas habituellement d'expliquer les relations des hommes avec le divin.

La plupart des histoires connues comme mythes possèdent des éléments de légende ou de conte populaire et *vice versa*. Ces termes sont utiles pour aider à distinguer un mythe d'une autre histoire, mais souvent il ne faut pas être trop strict.

Les contes de fées ressemblent aux mythes et aux contes populaires, mais ils sont un peu différents. Ils sont issus du mouvement romantique du XIXe siècle, durant lequel les frères Grimm et d'autres auteurs s'en allèrent recueillir des histoires régionales auprès de conteurs locaux, pour les réécrire ensuite et en faire des versions romanesques. Les originaux des contes de fées des frères Grimm n'ont pourtant rien à voir avec les versions modernes aseptisées. Les versions d'origine sont sanglantes et brutales.

Qu'est-ce qui a d'abord existé, les hommes ou les mythes ?

Les hommes n'ont pas toujours eu accès aux grands ouvrages de la mythologie grecque ou mondiale pour s'y référer en matière de mythologie. Pourtant, ces mythes ont été transmis à travers les âges par les récits oraux et par l'art. Une fois l'écriture inventée, les hommes ont conservé leurs mythes par écrit. Et que pouvait-il y avoir de plus intéressant – pour des auteurs de l'Antiquité ou même pour ceux d'hier – que d'écrire des histoires à partir de mythes ?

La tradition orale

Les mythes sont des histoires, et les histoires se racontent. Les histoires qui sont transmises d'une génération à la suivante sont des histoires de la tradition orale.

Aux endroits et aux époques où les hommes ne se servent pas de l'écriture, la tradition orale constitue l'une des deux seules manières de transmettre le savoir d'une génération à la suivante (nous allons parler de la seconde dans une minute).

Dans les cultures de tradition orale, les hommes ont tendance à avoir une meilleure mémoire. Dans les cultures qui écrivent leurs connaissances, les gens n'ont pas besoin de mémoire particulièrement bonne car ils ont des livres, des papillons adhésifs et d'autres moyens de se souvenir des choses sans lesquels ils les oublieraient peut-être. Les sociétés avec des traditions orales transforment souvent des histoires en poèmes ou en chansons, dont on se souvient et qu'on répète plus facilement mot à mot.

C'est la façon la plus traditionnelle dont se forme un mythe, et selon laquelle il se met à se diffuser et à se développer. Comme chaque génération qui raconte un mythe a des besoins et des expériences qui lui sont propres, les mythes ont tendance à évoluer avec le temps et à exister sous plusieurs versions différentes.

Les histoires qui sont transmises d'une personne à une autre par *e-mail* constituent un équivalent moderne de la tradition orale. Ce sont des histoires qui peuvent se transmettre à travers le monde d'un utilisateur à un autre, avec au passage de légères modifications effectuées par ceux qui les transmettent. Certains de ces contes pourraient devenir des mythes du XXIe siècle.

Les preuves archéologiques

Les gens qui ne savent ni lire ni écrire savent raconter des histoires, et ils peuvent aussi être en mesure de créer des œuvres d'art. L'art est un autre vecteur qui permet aux mythes de survivre de génération en génération, même s'ils ne sont pas écrits.

Les œuvres d'art peuvent survivre longtemps après la disparition de leurs créateurs, ce qui permet aux archéologues de les découvrir et de les restaurer. L'art qui permet de conserver les mythes n'est pas forcément sophistiqué. Des objets ménagers ordinaires présentent souvent des décorations qui peuvent apprendre aux archéologues modernes des tas de choses au sujet d'une société ancienne.

La littérature

Finalement, bien sûr, les hommes écrivent aussi les mythes. La poésie d'Homère, qui constitue l'une des grandes sources de la mythologie grecque, trouve ses origines dans la tradition orale des chansons que les aèdes (poètes) chantaient en public. Ces poèmes finirent par devenir des textes écrits afin que les gens puissent les lire. (Dans le cas d'Homère, les spécialistes n'en finissent plus de se disputer au sujet de la manière dont le contenu oral a été conservé par écrit dans telle ou telle version.)

ANECDOTE

Les *mythographes* existaient déjà dans l'Antiquité. Ils transcrivaient des mythes pour les générations futures.

Les mythes peuvent servir d'inspiration à d'autres styles littéraires. Les tragédies grecques, qui étaient les textes écrits de pièces de théâtre destinées à être jouées, empruntent souvent leur intrigue à la mythologie grecque. William Shakespeare s'est servi de thèmes mythologiques pour beaucoup de ses pièces, notamment de la mythologie du monde méditerranéen et de la mythologie nordique. *Le Songe d'une nuit d'été*, par exemple, se déroule dans la cour du héros grec Thésée lors de son mariage avec la reine des Amazones, Antiope (vous en apprendrez plus sur Thésée au chapitre 7) ; et *Roméo et Juliette* se fonde sur l'histoire de Pyrame et Thisbé des *Métamorphoses* d'Ovide (reportez-vous au chapitre 12 pour en savoir plus).

À une époque plus récente, les gens ont recherché des traditions orales qu'ils puissent consigner par écrit afin de pouvoir les étudier. C'est ainsi que des anthropologues pourraient bien rendre visite aux populations indigènes du Brésil ou aux membres de la communauté de Sea Island, en Caroline du Sud (États-Unis), afin d'écouter leurs histoires et de les transcrire. Cette documentation écrite contribue à protéger la culture des ethnies concernées, et elle peut fournir un éclairage sur la manière dont les mythes évoluent.

Examinons différents types de mythes

Les mythes du monde entier, qu'ils soient très anciens ou récents, se ressemblent souvent. La plupart des mythes semblent appartenir à telle ou telle catégorie, que les cultures auxquelles ils sont rattachés aient quelque chose à voir les unes avec les autres ou non. Comment cela se fait-il ?

L'abc de la mythologie comparative

Chaque fois que des chercheurs trouvent plusieurs facteurs qui semblent suivre un schéma, ils essaient de déceler les règles qui gouvernent ce schéma. Au cours du XXe siècle, plusieurs chercheurs ont essayé d'expliquer la fonction des mythes et d'apporter une réponse à la vieille question : mais quel est donc le but de toutes ces histoires ? Parce qu'en fait il s'agit d'une question à laquelle on ne peut répondre, ils ont élaboré plusieurs théories différentes, lesquelles ont progressivement été incorporées aux domaines de la psychologie, de la littérature comparée et de l'anthropologie.

Voici un bref résumé de certaines des théories les plus importantes sur les mythes :

- Les mythes définissent des coutumes sociales et des croyances ;
- ils correspondent à un rituel ;
- ce sont des allégories, semblables aux paraboles de la Bible ;
- les mythes expliquent des phénomènes naturels ;

- ils expliquent des phénomènes psychologiques tels que l'amour, la sexualité, et la colère envers ses propres parents (Sigmund Freud a adhéré à cette théorie) ;
- ils comportent les archétypes qui révèlent l'inconscient collectif de la race humaine (Carl Jung a approuvé celle-là) ;
- les mythes constituent une façon de communiquer et de permettre aux gens de travailler les uns avec les autres, ou un outil qui leur permet de parler de choses qui leur causent de l'anxiété (la théorie du « structuralisme », qui a été pour la première fois exposée par Claude Lévi-Strauss, entre dans cette catégorie).

Il n'est point besoin de beaucoup réfléchir pour se rendre compte qu'aucune de ces approches n'explique absolument complètement chaque mythe. Mais, prises ensembles, elles peuvent permettre de rendre plus amusante la réflexion sur les mythes. (Nous avons tendance à trouver que la théorie symboliste/allégorique est la plus satisfaisante, principalement parce qu'elle couvre quasiment toutes les autres sans être trop étroite.)

Les grands types de mythes

L'une des raisons pour lesquelles tant de chercheurs ont essayé de fixer la définition des mythes, c'est que les mythes peuvent se ressembler à travers les cultures, même s'il s'agit de cultures très distantes sur le plan géographique. Par exemple, la Grèce et le Japon ont des histoires parlant d'hommes qui visitent les Enfers afin d'aller y récupérer leurs épouses mortes. La coïncidence est bizarre, c'est comme si un savoir universel résidait dans la mémoire humaine depuis l'époque de l'homme des cavernes.

De toute façon, certaines histoires reviennent fréquemment dans toutes les cultures. Voici donc quelques grands types de mythes :

- **la création du monde** : tout le monde veut savoir d'où viennent le monde et ses créatures. En général, le monde émerge de l'obscurité primordiale, souvent sous la forme d'un œuf, à travers l'œuvre d'une divinité créatrice ;
- **les cosmogonies** : de nombreux mythes décrivent le monde, le ciel, la mer et les Enfers et comment le Soleil et la Lune tournent autour ;
- **les origines de l'humanité** : les hommes doivent bien venir de quelque part, et de nombreuses mythologies décrivent leurs origines. Ce sont souvent les créatures chouchoutées d'une divinité qui s'est essayée à façonner la boue.
- **les histoires de déluge** : de nombreuses mythologies possèdent des histoires de dieux qui étaient mécontents de leur première version des hommes et qui détruisirent le monde au moyen d'un bon déluge pour repartir de zéro. D'habitude, un homme et une femme survivent ;

- **l'introduction sur terre de la maladie et de la mort** : les mythes décrivent souvent les premiers hommes vivant dans un paradis qui est ruiné lorsque quelqu'un y introduit le malheur. Le mythe grec de la boîte de Pandore est l'un des mythes de ce type les plus connus ;
- **l'au-delà** : nombreux sont ceux qui pensent que l'âme continue d'exister après la mort du corps ; les mythes expliquent ce qui arrive à l'âme ;
- **l'existence d'êtres surnaturels** : tout corpus de mythes possède ses divinités et autres entités surnaturelles. Chaque divinité est souvent responsable d'un domaine particulier du monde et de la vie des hommes. Certains êtres surnaturels sont bons, d'autres sont méchants ; les hommes et les bonnes divinités combattent les méchantes ;
- **la fin du monde** : bien que le monde ait déjà disparu au moins une fois dans la plupart des mythologies (en général par un déluge), certains mythes possèdent aussi un plan pour la prochaine fin du monde ;
- **l'aube de la civilisation** : les hommes ont dû apprendre à vivre comme des gens, et pas comme des animaux, et souvent les dieux les ont aidés. Une des histoires communes est celle du vol du feu par une divinité qui le donne aux hommes ;
- **les mythes de fondation** : les gens qui fondèrent des empires aiment à croire que des raisons historiques contribuent à expliquer pourquoi il était inévitable qu'ils vainquent leurs ennemis et qu'ils érigent une cité en un certain lieu. Un mythe peut contribuer à expliquer ces raisons.

L'une des raisons pour lesquelles on retrouve des mythes qui se ressemblent à des endroits entièrement différents, c'est que les hommes ont de tout temps voyagé et qu'ils ont parlé les uns avec les autres, avant même qu'ils ne se mettent à écrire. Ils se transmettaient des mythes exactement comme ils échangeaient des marchandises et des maladies. Par exemple, de nombreux peuples indiens d'Amérique du Nord ont des histoires de déluge dans leurs mythologies. Certains des premiers Européens qu'ils rencontrèrent étaient des missionnaires, qui leur racontèrent des histoires chrétiennes, y compris, et cela ne fait pas l'ombre d'un doute, l'histoire biblique du Déluge et de l'arche de Noé. Il est possible que les Amérindiens n'aient pas eu connaissance du concept de la destruction du monde par une grande crue avant qu'ils n'aient été en contact avec des Européens, et qu'ils leur aient emprunté cette histoire.

Les détails de ces histoires sont significatifs et ont des conséquences d'une grande portée. Par exemple, nombreux sont ceux qui se sont servi des mythes pour justifier la domination des femmes par les hommes (pensez à Ève sortie de la côte d'Adam dans la Bible : c'est lui qui était là le premier). On s'est aussi servi des mythes pour justifier l'oppression d'un groupe social par un autre, et cela se produit encore aujourd'hui.

Petit répertoire des catégories d'acteurs de la mythologie

Les mythes ont une distribution des rôles assez standard. Celle-ci comprend toujours des dieux ou divinités. On y trouve aussi des hommes qui interagissent avec ces dieux ; certains hommes extraordinaires deviennent des héros. Des animaux magiques et des arnaqueurs, qui vivent pour faire bouger les choses, viennent compléter la liste.

Les divinités

Tous les corpus de mythes contiennent des entités surnaturelles qui détiennent le pouvoir sur le monde et sur les gens qui y vivent. Ces entités sont souvent appelées dieux et déesses, et le mot *divinité* est un terme neutre qui les rassemble. Certaines cultures possèdent de nombreuses divinités, d'autres n'en ont qu'une seule et unique. En général, une culture possède au moins une divinité créatrice et plusieurs autres créatures divines qui se partagent les tâches comme conduire le soleil et la lune, garder les morts, faire pousser les cultures, etc. Grâce à cette division du travail, les hommes savaient automatiquement à quelle divinité ils pouvaient demander de l'aide. Par exemple, une femme en couches savait qu'elle n'avait pas besoin de perdre son temps en prières adressées au dieu de la pluie.

Les dieux maléfiques, démons, dragons et autres monstres

Le monde surnaturel n'abrite pas que des divinités bienveillantes ; y vivent également des êtres négatifs qui marchent aussi sur la terre avec les hommes. Les mythes possèdent des histoires de diables, de démons, de dragons, de monstres et de géants ; ces créatures combattent les dieux comme les hommes.

Les héros

Beaucoup de mythes contiennent des héros, qui réalisent des exploits extraordinaires d'audace, de force ou d'habileté. Certains héros sont des humains, d'autres sont des dieux, d'autres sont des demi-dieux. Habituellement, ce sont des hommes. L'un des aspects communs à tous les héros mythologiques, c'est que leurs caractéristiques définitives sont évidentes dès l'enfance.

Les héros culturels apparaissent dans des mythes qui apportent des bienfaits spécifiques aux hommes ; Prométhée, par exemple, était un héros culturel pour les Grecs de l'Antiquité parce qu'il a donné le feu aux hommes. Lisez le chapitre 7 pour en savoir plus sur cet ancien Grec.

D'autres héros ont servi de modèles pour les réalisations humaines ; le héros grec Héraclès (Hercule dans la mythologie romaine) par exemple, fut le type le plus grand, le plus fort et le plus héroïque de tous les temps. Vous en lirez plus à son sujet au chapitre 6. Les héros jouent souvent un rôle dans les *mythes de fondation*, qui expliquent comment les royaumes furent fondés là où ils se trouvent et pourquoi les gens qui vivaient auparavant à cet endroit n'ont plus le droit d'y vivre désormais.

Les arnaqueurs

Les mythes regorgent de personnages d'arnaqueurs. Certains de ces arnaqueurs aident les hommes en se montrant plus malins que leurs ennemis et en leur faisant des cadeaux, comme le feu. D'autres ne sont pas aussi gentils. Les arnaqueurs renversent l'ordre social en faisant bouger les choses, soit pour contrecarrer quelqu'un, soit pour simplement s'amuser.

Les arnaqueurs sont des personnages mythiques populaires. Ceux des Indiens d'Amérique étaient souvent des animaux, qui pouvaient aussi ressembler à des humains ; il s'agissait de créatures ambiguës. On peut citer Coyote dans le sud-ouest de l'Amérique du Nord, Vison dans le nord-ouest de la côte pacifique, et Wisakedjak, ou Whiskey Jack pour les Européens, un héros lapin-arnaqueur connu chez les tribus de l'Est. Whiskey Jack est peut-être bien l'ancêtre mythologique de Br'er Rabbit. Ce dernier a peut-être bien lui-même un ancêtre africain ; car dans de nombreuses contrées d'Afrique, il existe des mythes de lapin-arnaqueur.

Deux mythes américains

Certains mythes sont fermement ancrés dans la réalité historique, alors que d'autres sont inventés de toutes pièces. Deux mythes américains illustrent bien cet état de fait. L'un se fonde sur un personnage historique et sur ses actions véritables, tandis que l'autre est entièrement inventé, mais constitue quand même un mythe très important.

Johnny Appleseed, ce héros culturel

Johnny Appleseed est un personnage mythique. Il a aussi existé à cent pour cent sur le plan historique. Son vrai nom était John Chapman, et il était pépiniériste de métier (il faisait pousser des plantes pour les vendre). Il rassembla, auprès de fabriques de cidre en Pennsylvanie, une quantité importante de pépins de pomme (*apple seeds* en anglais) puis partit à l'ouest afin de planter une série de vergers entre l'Allegheny, un massif montagneux au centre des Appalaches, et l'Ohio. Il faisait cadeau de pépins de pomme aux pionniers, mais il tira aussi un coquet profit de son entreprise.

Pourtant, aucun de ces faits historiques n'est, de loin, aussi important que la « vérité » mythologique de Johnny Appleseed. En tant que personnage mythique, il représente l'esprit de pionnier du début de l'histoire des États-Unis d'Amérique, alors que les gens partaient s'installer à l'ouest sur de nouvelles terres. Il représente la conquête de l'Ouest, au cours de laquelle les colons transformèrent les forêts sauvages en fermes productives. Et il représente un ensemble de valeurs que les Américains aiment associer aux pères fondateurs de leur nation : la piété, la charité, la proximité au terroir et l'indépendance.

Br'er Rabbit, un arnaqueur américain

Figure 1-1 : Br'er Rabbit était plus rusé qu'un renard.

Le mythe de Br'er Rabbit a été forgé de toutes pièces. Un récit des tours et des aventures de Br'er (abréviation de *brother*, c'est-à-dire « frère » en anglais) Rabbit a pour la première fois été publié en 1879 dans un journal de la ville d'Atlanta. C'était la première de toute une série d'histoires mettant en scène maintes et maintes fois le lapin rusé plus malin que Mr. Fox, le renard, que Mrs. Cow, la vache, et que bien d'autres.

Ces histoires faisaient partie du folklore du Sud-Ouest américain avant la guerre civile et pendant la période de la reconstruction qui s'ensuivit. Toutes les couches et tous les segments de la population aimaient ces histoires, en particulier les communautés afro-américaines. On peut appeler mythes les contes de Br'er Rabbit, parce qu'ils portent des vérités importantes. Pour les esclaves, Br'er Rabbit représentait un héros qui gagnait toujours, bien qu'il ait été subordonné à d'autres. Lorsque Joel Chandler Harris s'est adressé avec ces histoires à un public plus large, Br'er Rabbit est devenu un mythe américain partagé. Les Américains aiment encourager les opprimés et croire qu'un héros peut se servir de sa jugeote pour surmonter les obstacles. Br'er Rabbit n'a, bien sûr, jamais existé. Mais il symbolise des vérités qui sont importantes pour l'opinion que les Américains ont d'eux-mêmes.

Chapitre 2

Notre héritage culturel

Dans ce chapitre :

- Découvrons les éléments mythologiques de notre culture
- Les mythes dans notre environnement quotidien
- Le ciel est plein de mythes
- La mythologie est présente dans toutes les formes d'art
- Des mythes repris dans les films

Les mythes décrivent des vérités importantes à l'aide de symboles. Ces vérités sont des choses que le langage ordinaire a du mal à bien décrire : les rapports entre les hommes et le divin, la nature de l'amour, ce qui se passe après la mort, etc. Les symboles sont des êtres et des choses de la vie de tous les jours : femmes et hommes, fils et filles, pères et mères, des cadeaux, des tempêtes, des animaux, des plantes. Cette combinaison de thèmes vraiment importants qui sont traités dans des histoires de choses et d'êtres ordinaires est magique, et c'est pour cela que les mythes subsistent.

De nombreux mythes ont réussi à survivre pendant des milliers d'années, bien après la disparition de la civilisation qui les avait créés. Les mythes voyagent à travers les continents et les océans. Même aujourd'hui, dans un monde qui se veut rationnel et scientifique, les mythes sont partout, et ils exercent encore beaucoup d'influence. Les hommes veulent avoir des héros ; ils veulent croire aux monstres ; ils veulent des histoires qui expliquent comment tourne le monde.

La mythologie a toujours été présente de partout dans les arts et la littérature du monde entier, et cela est particulièrement vrai en ce qui concerne la mythologie grecque et romaine dans l'art et la littérature de l'Europe. C'est pour cela que les choses qui rappellent ces mythes nous semblent souvent familières, importantes, ou tout simplement chics.

Ce chapitre décrit certaines des voies qu'ont pris ces mythes pour continuer de nous accompagner aujourd'hui. Au fil du chemin, vous devriez comprendre pourquoi la mythologie vaut la peine qu'on s'y intéresse.

Le voyage d'un mythe à travers le temps et l'espace

Les mythes peuvent perdurer pendant des milliers d'années, pour servir les besoins de peuples différents à des époques différentes et étant modifiés en route. Les mythes n'ont pas de version « vraie ». Les histoires et les personnages peuvent représenter des choses différentes pour différentes personnes, tout en gardant leur importance mythique.

Le mythe de Troïlus, un illustre inconnu qui devint célèbre… au bout de mille cinq cents ans !

Pour donner un exemple d'un mythe qui a évolué à travers les âges, on peut prendre la très longue évolution du mythe de Troïlus (ou Troïlos), ce prince de Troie. Troïlus commença sa carrière comme personnage de second plan dans *L'Iliade*, mais avec le temps et les œuvres de différents auteurs qui s'y sont intéressés, il s'est transformé en grand héros shakespearien dont le nom de la petite amie est connu de la plupart des Américains aujourd'hui (poursuivez la lecture si vous voulez savoir pourquoi !)

Le prince troyen pathétique

Troïlus n'a pas commencé dans la ligue des champions mythiques. On le rencontre d'abord dans *L'Iliade*, ce poème épique d'Homère qui raconte un épisode de la guerre de Troie. Les détails complets de cette histoire sont fournis au chapitre 7, mais, chez Homère, Troïlus est si insignifiant qu'il n'est mentionné qu'une seule fois ! Troïlus était l'un des (nombreux, très nombreux) fils de Priam, le roi de Troie. Il fait une apparition très brève dans *L'Iliade*, surtout comme outil littéraire : Achille le tue tout de suite, ce qui campe Achille dans le rôle de destructeur de Troie et laisse prévoir qu'il tuera Hector, le frère aîné éminemment plus important de Troïlus.

Des écrivains grecs et romains ont ensuite ajouté des développements à l'histoire de Troïlus, soit en inventant de nouveaux épisodes, soit en écrivant des versions préexistantes du mythe qui divergeaient de ce qu'écrivit Homère. Dans ces versions, une prophétie avait dit que si Troïlus atteignait l'âge de 20 ans, alors les Grecs ne prendraient jamais Troie. Mais Achille tua Troïlus dans un temple dédié au dieu Apollon. Cet oracle avait transformé Troïlus en une sorte de « sauveur » potentiel de Troie, sauf qu'il mourut et ne sauva donc pas la ville.

Les auteurs médiévaux redécouvrent Troïlus pour en faire un « roman à sensation »

Maintenant, faites un saut de mille cinq cents ans en avant dans l'Histoire pour vous retrouver au XIIe siècle. Au Haut Moyen Âge, Benoît de Sainte-Maure, un écrivain français, reprit l'histoire de Troïlus et la transforma en histoire d'amour : le *Roman de Troie*. De Sainte-Maure y faisait le portrait de Troïlus comme d'un jeune homme innocent, et il donna aussi au jeune héros troyen une petite amie, Briseida. (Chez Homère, la compagne d'Achille s'appelait Briseis ; de Sainte-Maure a jugé que ce serait bien de la donner à Troïlus à la place, avec un léger changement de prénom.)

Son histoire soulignait la tragédie d'un amant trahi. Troïlus et Briseida étaient profondément épris l'un de l'autre et ils s'étaient fait toutes sortes de promesses. Mais Briseida fut capturée par les Grecs et tomba amoureuse de Diomède, un héros grec. Le pauvre Troïlus, dont le cœur était brisé, fut tué par Achille. C'est ainsi que Troïlus servit à raconter une histoire d'amour et d'innocence tragique émouvante.

En route pour l'Italie et l'Angleterre

Boccace (Giovanni Boccacio), un écrivain du Moyen Âge italien, reprit vers 1338 l'histoire de Troïlus dans son ouvrage *Il Filostrato* (« le type trahi par l'amour ») et transforma le nom de la petite amie pour la nommer Cressida, afin, on le suppose, de bien la distinguer de la captive d'Achille, Briseis. Geoffrey Chaucer la raconta de nouveau, en anglais, quelques années plus tard, sous le titre Troïlus and Criseyde. Ces deux écrivains donnèrent de l'importance à la tragédie amoureuse de l'histoire.

William Shakespeare, en 1601 ou 1602, écrivit la version la plus célèbre de l'histoire, la *Tragedy of Troylus and Cressida*. Shakespeare a suivi de Sainte-Maure, Boccace et Chaucer (pour la plus grande partie) dans son intrigue, mais il s'est servi de l'histoire dans un but différent, qui était de montrer comment des personnages « héroïques » peuvent agir comme des personnes méprisables. Il écrivit cette pièce à une époque où la vie politique était quelque peu chaotique en Angleterre, et utilisa ce vieux, très vieux mythe de Troïlus (datant à l'origine du VIIIe s. av. J.-C.) pour faire passer un message politique important dans le monde du XVIIe s. de notre ère.

Troïlus et Cressida sont encore parmi nous aujourd'hui

Troïlus et Cressida appartiennent à notre monde actuel : d'abord, parce que des gens d'aujourd'hui trouvent que la pièce de Shakespeare est encore bonne et révélatrice et adaptée à notre époque ; ensuite, parce qu'ils sont également présents sous des formes plus matérielles. Par exemple, dans les années quatre-vingt-dix, Toyota a lancé un modèle de voiture appelée Cressida, bien que l'on puisse mettre en question la sagesse de cette décision, étant donné que la Cressida de l'histoire est célèbre pour avoir trahi son amant et l'avoir abandonné à sa mort. En 1986, lorsque la sonde spatiale américaine Voyager 2 s'approcha d'Uranus pour découvrir une nouvelle Lune orbitant autour de cette planète, ce nouveau corps céleste, de seulement 67 kilomètres de diamètre, fut aussi baptisé Cressida.

Et c'est ainsi que les mythes survivent et changent. Troïlus n'était à l'origine même pas important, mais son nom et son histoire ont servi à Homère et à d'autres écrivains grecs et romains de l'Antiquité, puis à des auteurs français, italien et anglais au Moyen Âge. Au bout de mille cinq cents ans, on lui a donné une petite amie, dont le nom a changé plusieurs fois, et celle-ci a survécu pour atteindre notre époque, sous la forme d'une voiture particulière et d'une minuscule Lune orbitant autour d'une planète éloignée.

La culture pop

Les mythes sont des histoires qui racontent des choses importantes, la vie, la mort, l'immortalité, le pouvoir, l'amour, la nature, et les noms qui sont employés dans les mythes ont de l'influence. Ces noms, même s'ils proviennent de mythes très anciens et étrangers, suscitent encore des émotions. Les mythes sont des symboles, et les gens qui vendent des marchandises – voitures, bibelots, livres, films – leur donnent des noms qui, ils l'espèrent, symboliseront les choses que vous aimez.

Ils sont dans la rue

En conduisant dans la rue, en partant en vacances, vous ne pouvez pas échapper à l'influence des mythes. Ils sont partout ! D'abord, parce que le marketing se sert des émotions ; ensuite, parce que les mythes sont tout simplement cool et que les gens aiment acheter des choses qui portent des noms mythiques.

En voiture !

Si votre Toyota Cressida devait vous trahir (voir plus haut) – et nous ne pensons pas que ce sera le cas, parce que nous sommes tous deux des fidèles de cette marque – vous pourriez probablement faire du stop et, aux États-Unis du moins, vous faire prendre à bord d'une autre voiture au nom mythique, par exemple une Acura Legend (Acura, la marque de luxe du groupe Honda).

Conduire une Toyota Avalon, cela devrait vous faire vous sentir comme le roi Arthur en personne, et vous vous sentirez probablement très, très riche dans une Cadillac El Dorado. Et un voyage à la mer avec les enfants pourrait donner l'impression de durer vingt ans, mais contrairement au héros grec sur son bateau, vous aurez des tas de porte-boisson dans une Honda Odyssey.

Des bijoux et des amulettes

Le symbolisme des mythes ne se limite pas aux voitures. N'importe quel touriste visitant le sud-ouest des États-Unis n'aura aucun mal à se procurer une douzaine de *tee-shirts* représentant Kokopelli, le joueur de flûte arnaqueur de la mythologie des Indiens d'Amérique. Il symbolise l'art ancien et la culture de la région, un esprit bien vivant d'indépendance par rapport au droit chemin et, plus généralement, il est devenu un symbole de cette région des États-Unis que l'on reconnaît facilement.

Les gens partout dans le monde portent des colliers avec en pendentif une croix ankh (croix *ansée*, c'est-à-dire que la branche supérieure de la croix est remplacée par une anse). Ce signe provient de la mythologie égyptienne et a symbolisé, pendant de nombreux millénaires durant l'Antiquité profonde, la vie et le bonheur. Le célèbre roi Tout l'incorpora à son nom, qui, dans sa version complète, est Toutankhamon. Le signe ankh symbolise de nos jours encore la vie et le bonheur, il est particulièrement populaire en tant que symbole de l'église copte d'Égypte. Le signe ankh constitue aussi un symbole moderne de l'Afrique et de ses contributions à la culture mondiale (des contributions qu'une bonne partie du monde a d'ailleurs passé beaucoup de temps à ignorer ou à dénigrer avec beaucoup d'énergie).

Là-haut, tout là-haut dans le ciel... c'est un oiseau... c'est un avion... non, c'est un mythe !

Le ciel est plein de mythes. Beaucoup de dieux grecs et romains vivaient au ciel (du moins, bien au-dessus du mont Olympe), et de nombreux mortels qui avaient réalisé quelque chose d'important avaient, eux aussi, obtenu le droit d'y vivre. Les hommes se mirent donc à la recherche de ces dieux et de ces héros dans les motifs formés par les étoiles, et ils les trouvèrent !

Les dieux sont dans les étoiles qui brillent

Bien que rationnels, les astronomes et scientifiques du XXIe siècle voient des mythes dans le ciel nocturne sous la forme de constellations. Pégase, le cheval ailé né du sang de la monstrueuse Méduse, s'y trouve, là-haut, de même que le Centaure, cet être hybride, mi-homme mi-cheval. Durant l'hiver dans l'hémisphère Nord, Orion le chasseur est l'une des constellations les plus facilement visibles et les plus faciles à trouver à cause de son alignement brillant de trois étoiles. Dans la mythologie grecque, Orion mourut après avoir été piqué par un scorpion. Mais il est en sécurité dans le ciel, parce qu'il se couche à l'ouest juste au moment où la constellation du Scorpion se lève à l'est. Les gens de l'hémisphère Sud peuvent admirer les étoiles de ce qu'on appelait autrefois la constellation de l'Argo, du nom du vaisseau avec lequel Jason et les Argonautes partirent en Colchide pour conquérir la Toison d'or (pour en apprendre davantage sur Jason, rendez-vous au chapitre 6).

Toutes les planètes ont reçu des noms de dieux grecs et romains (y compris la Terre, qui s'appelait Gaia chez les Grecs) : Mercure, le messager ; Vénus, la déesse de l'Amour ; Mars, le dieu de la Guerre ; Jupiter, le roi ; Saturne, le père des dieux ; Neptune, le dieu de la Mer après avoir été d'abord celui de l'Eau ; Uranus, l'ancien dieu du Ciel ; et le sombre Pluton, dieu des Enfers (pour en savoir plus sur ces dieux, rendez-vous aux chapitres 4, 5 et 10).

Les étoiles n'étaient pas uniquement grecques

Les Pléiades, ou « sept sœurs », forment une constellation facile à trouver dans le ciel (techniquement, on l'appelle en fait « amas stellaire » puisque ces étoiles ne représentent pas une forme reconnaissable). Les Grecs disaient qu'il s'agissait des sept filles d'Atlas : Alcyoné, Méropé, Célaeno, Taygète, Maia, Électre et Astéropé.

Mais les Grecs ne détenaient pas de monopole sur les mythes, et ils ne possèdent pas non plus le monopole des constellations. Les Égyptiens connaissaient eux aussi ces sept étoiles, et certains chercheurs pensent que les sept chambres de la grande pyramide de Gizeh font intentionnellement écho à ces sept étoiles. Les Indiens Pieds-Noirs d'Amérique du Nord connaissaient cet amas d'étoiles et l'appelaient « les six frères » (en effet, l'une des sept étoiles n'est pas très visible, ce que les Grecs avaient aussi remarqué). Les Pieds-Noirs racontent l'histoire de six petits garçons qui étaient trop pauvres pour porter de belles tenues en peau de bison. Lorsque leurs amis se moquèrent d'eux, ils dirent à tout le monde d'aller au diable, et ils déménagèrent pour aller vivre dans les cieux. Dans les îles du sud du Pacifique, les Polynésiens appellent ces sept étoiles Mata-riki, ce qui veut dire « petits yeux ».

La NASA adore la mythologie

Étant donné qu'il y a déjà des tas de noms mythiques là-haut, la NASA trouva judicieux de choisir des noms mythologiques pour les programmes et les machines qui emmenèrent des hommes sur la Lune. La première partie du programme spatial américain s'appelait *Project Mercury*, d'après le dieu messager des Grecs ; il s'agissait « de faire passer le message » à l'Union soviétique que l'Amérique était entrée dans la course. Les capsules *Mercury* furent lancées à l'aide de fusées Atlas (grand-père de Mercure), du nom du Titan qui soutenait le ciel sur ses épaules.

Puis le *Project Gemini* a suivi, nommé d'après les jumeaux (voir le chapitre 6) Castor et Pollux (en latin, gemini veut dire « jumeaux »), parce que les capsules Gemini contenaient deux astronautes. Les astronautes de Gemini furent lancés dans l'espace à l'aide de fusées Titan. Finalement, les hommes réussirent à se rendre sur la Lune grâce au *Project Apollo*, nommé d'après le dieu grec. Dans l'esprit de la guerre froide, il s'agissait d'une victoire des États-Unis dans la « course pour la conquête de l'espace », qui représentait « la lumière » victorieuse sur « les ténèbres ». Les astronautes d'Apollo furent lancés dans l'espace sur des fusées Saturn, Saturne étant le plus puissant de tous les Titans.

La mythologie dans les arts

Lorsque les peuples anciens, partout dans le monde, peignaient ou sculptaient quelque chose, ils choisissaient d'habitude des sujets de leurs propres mythologies. Une fois que les hommes eurent appris à écrire, ils se mirent à écrire leurs mythes. Mais les mythes perdurent, et les mythes de l'Antiquité continuent d'apparaître dans les arts et la littérature d'aujourd'hui.

De l'art sans mythes ? Impossible !

La mythologie de la Grèce et de Rome a été peinte et sculptée pendant trois milliers d'années, et ce, pas toujours par des Grecs ou des Romains. Après la chute de l'Empire romain d'Occident, les anciens mythes prirent congé de l'art pour quelques siècles. Pour deux raisons :

- dans le nord de l'Europe, où le christianisme était dominant, les artistes avaient tendance à se concentrer sur les thèmes chrétiens et à éviter les autres ;
- dans le sud, autour de la Méditerranée, où l'islam avait connu un essor rapide, les artistes ne produisaient pas du tout d'art figuratif (c'est-à-dire d'œuvres qui représentaient des hommes, des animaux, des plantes ou quoi que ce soit de réel). Car le Coran (de même que les bibles hébraïque et chrétienne, en l'occurrence) interdisait la production d'images sculptées, ou idoles. Les artistes islamiques se concentrèrent donc sur des décorations abstraites et sur la calligraphie (écriture d'une beauté sublime).

Mais ensuite, la Renaissance eut lieu en Europe, et ce qui naissait à nouveau, c'était la connaissance de l'ancien monde gréco-romain, préchrétien. Dans le domaine de l'art, la Renaissance a mené les artistes à davantage s'intéresser au monde naturel (par opposition au monde du divin) et à inclure davantage de contenu mythologique gréco-romain à leurs œuvres.

C'est ainsi que Michel-Ange peignit des prophètes païens sur la voûte de la chapelle Sixtine, juste à côté de prophètes de la Bible chrétienne. Cela illustre (littéralement) le fait que les mythologies tendent à s'ajouter plutôt qu'à se substituer les unes aux autres. Bernin sculpta David, un personnage de l'Histoire et de la « mythologie » hébraïque, et Persée, héros de la mythologie grecque.

Les mythes sont des histoires sacrément bonnes

La même tendance s'est poursuivie dans le monde de la littérature. Les mythes fournissent de bons fondements pour écrire des livres. Les mythes donnent des moyens symboliques de dire la vérité, et, mieux encore, il s'agit de symboles *partagés*. C'est ce qui les rend utiles aux écrivains, qui doivent prendre leurs propres idées personnelles et les mettre en rapport avec des grandes vérités que des lecteurs pourront reconnaître. Ainsi donc, derrière de nombreux (voire la plupart des) bons livres, les lecteurs trouveront un bon mythe (ou deux, ou trois, ou même une dizaine) !

Dante le divin

Dante Alighieri vécut à Florence au XIIIe siècle. Son œuvre la plus célèbre est la *Divine Comédie*. Il s'agit d'un très long poème en trois parties qui décrit comment le poète fit un tour de l'Enfer, du Purgatoire et du Paradis, d'après lesquels les trois parties de l'ouvrage sont nommées : *Inferno* (Enfer), *Purgatorio* (Purgatoire) et *Paradiso* (Paradis).

Si ce poème est une comédie, c'est parce qu'il commence par décrire une situation difficile (le personnage principal est dans une crise de la quarantaine) et qu'il se termine bien (ce personnage prend conscience de la pleine gloire de Dieu).

Comme Michel-Ange avec la chapelle Sixtine, Dante peuple son poème d'images de la mythologie chrétienne et des mythologies grecque et romaine. Son guide à travers l'Enfer et le Purgatoire, est Virgile, le poète romain qui écrivit *L'Énéide*, l'épopée qui raconte le mythe annonciateur de la fondation de Rome. L'Enfer est bien sûr plein des gens que Dante connaissait personnellement à Florence, mais il regorge aussi d'hommes d'Église et politiques corrompus, de personnalités historiques et de personnages mythologiques. Ulysse s'y trouve (pour ses mensonges), de même que le guerrier Achille (pour son courroux). Dante s'est même servi de la mythologie grecque pour décrire la configuration du pays dans sa vision chrétienne de l'Enfer et du Paradis : avant de passer du Purgatoire au Paradis, Dante traverse le Léthé, qui, dans la mythologie grecque, était le « fleuve de l'oubli » : les morts buvaient de ses eaux pour oublier ce que c'était que de vivre.

Les mythes dans la littérature anglaise

En Angleterre, jusqu'au XVIIIe siècle, les gens ne pouvaient en général pas lire le grec ancien. William Shakespeare se servit bien au XVIIe siècle d'éléments de mythes grecs dans ses pièces, mais il utilisa pour cela avant tout des sources latines et italiennes.

De 1713 à 1720, Alexander Pope traduisit *L'Iliade* et *L'Odyssée* d'Homère, à partir du grec antique en anglais d'alors. Cela fit de Pope un homme vraiment riche (il reçut pour cela 10 000 livres sterling, une somme considérable à l'époque). Cela rendit aussi les gens ordinaires, qui ne connaissaient que l'anglais, conscients de toute la mythologie contenue dans la poésie d'Homère. Cela servit aussi à Pope de préparation pour la composition d'un autre poème célèbre, *La Dunciade*, une parodie des épopées grecques « au sujet d'un cancre » (dunce en anglais). Une bonne occasion pour Pope de se moquer en outre de tous ses détracteurs.

Au début du XIXe siècle, les poètes et peintres anglais, surtout ceux qu'on appelait les romantiques, ont produit de nombreuses œuvres autour de thèmes mythologiques. Alfred, lord Tennyson, fut un poète particulièrement célèbre de l'ère victorienne. Son premier volume de poésie publié contenait deux ouvrages mythologiques : *Les Mangeurs de lotus*, fondé sur l'une des aventures que le héros grec Ulysse eut au cours de son voyage de retour de Troie, et *La Dame de Shalott*, fondé sur la mythologie du roi Arthur et des chevaliers de la Table ronde. L'un des poèmes les plus célèbres de Tennyson est *Ulysse*. Dans ce poème, Ulysse a vieilli et, après s'être plaint de l'ennui de sa propre vie, il planifie sa dernière aventure.

La littérature mythique moderne

Au XXe siècle, les artistes se sont tout autant inspiré des histoires de la mythologie, mais en les adaptant. George Bernard Shaw écrivit en 1913 une pièce appelée *Pygmalion* fondée sur le mythe de l'artiste misogyne qui tailla une sculpture d'une femme, puis tomba amoureux de sa propre création. Pourtant, dans la pièce de Shaw, qui fut transformée par la suite en une célèbre comédie musicale, *My Fair Lady*, l'artiste devient un professeur de phonétique (c'est-à-dire qu'il étudie les sons des langues) qui sort une femme des basses classes, lui apprend à parler le langage des classes supérieures, puis tombe amoureux d'elle.

Après la Première Guerre mondiale, les écrivains avaient davantage tendance à donner un tour plus ironique aux sujets mythologiques. C'est ainsi que le poème de W.H. Auden intitulé *The Shield of Achilles* (« Le Bouclier d'Achille ») oppose l'éthique de la guerre de la poésie d'Homère aux horreurs de la guerre au XXe siècle. Et, dans sa pièce de théâtre *Mort d'un commis voyageur*, Arthur Miller prend pour modèle les tragédies grecques, qui reposaient quasiment toutes sur des thèmes mythologiques. Il se sert cependant pour cela d'un antihéros (un représentant de commerce) comme d'un « héros tragique ».

Les mythes dans la musique

Les compositeurs du début du XIXe siècle après ceux des XVIIe et XVIIIe, Lulli, Rameau, Gluck..., adoraient les sujets mythologiques. Le plus célèbre d'entre eux est probablement Richard Wagner, avec notamment *L'Anneau du Nibelung*. Cette *Tétralogie* est inspirée des mythes germaniques : *Das Rheingold* (*L'Or du Rhin*), *Die Walküre* (*La Walkyrie*), *Siegfried* (*Siegfried*) et *Götterdämmerung* (*Le Crépuscule des dieux*). Un autre compositeur allemand d'opéras, Richard Strauss, créa à la fin du XIXe siècle et au début du XXe siècle des opéras inspirés des mythes grecs de Thésée, d'Ariane et d'Électre.

Les mythes dans les loisirs

La mythologie ne se retrouve pas toujours dans des formes d'art qui nécessitent de « s'habiller » pour sortir. L'autre jour, en lisant à notre enfant de trois ans le livre *Max et les Maximonstres* de Maurice Sendak, nous avons remarqué que cette histoire pour enfants est pour l'essentiel celle de *L'Odyssée* d'Homère, sous une forme très courte : le héros, coquin, est banni pour ne pas avoir accepté de mener une vie normale ; au cours de son voyage, il affronte le danger et le surmonte par la force de son caractère ; on lui propose un poste honorifique dans un pays éloigné ; mais il choisit de rentrer chez lui, même si cela signifie qu'il devra faire face aux problèmes qu'il a laissés là-bas ; à la fin, tout finit bien. C'est une bonne histoire pour notre enfant, et aussi une bonne histoire pour les hommes des trois derniers millénaires.

Les cinémas sont d'excellents endroits pour ceux qui chassent les mythes. Par exemple *Blanche-Neige et les sept nains*, le classique de Walt Disney, rappellera quelque chose à quiconque connaît le mythe grec de Perséphone. Perséphone fut séparée de sa mère, la gentille déesse Déméter, et kidnappée par le dieu des Enfers. Finalement, elle eut le droit de passer une partie de l'année « morte » (mariée au dieu des Enfers) et une partie de l'année vivante. L'histoire de Disney suit ce motif, mais transforme les personnages féminins (sauf celui de l'héroïne) en « méchants » et les personnages masculins en « bons ». Blanche-Neige fuit devant sa méchante belle-mère et s'en va vivre avec les nains (qui travaillent sous la terre). À la fin, sa mère la « tue », mais elle est « ressuscitée » par un prince qui passait par là. En analysant ce dessin animé, on s'aperçoit qu'en fait Blanche-Neige tombe aux Enfers avant de rencontrer les nains !

Angel Heart, le film controversé sorti dans les années quatre-vingt, racontait à nouveau la tragédie grecque d'Œdipe (controversée elle aussi). Et plus récemment, *O Brother, Where Art Thou* ?, le film des frères Cohen racontait plus ou moins *L'Odyssée* d'Homère (le personnage principal s'appelle même Ulysse).

On retrouve des sujets mythiques dans des tas d'autres films. Cherchez-les pour vous amuser !

Les mythes de La Guerre des étoiles font recette !

Les mythes sont importants, c'est un fait, et ils ont peut-être même une importance capitale. Les hommes savent que les choses qui sont vraies ne peuvent pas être décrites en employant un langage scientifique ou théologique. Ces vérités doivent être transmises à travers des histoires symboliques. Lorsque les gens trouvent des histoires qui contiennent des symboles qui renvoient à ces vérités importantes, ils réagissent.

George Lucas le savait bien, et c'est pour cela que son premier film du cycle de *La Guerre des étoiles* a engrangé 461 millions de dollars de recettes (et il s'agit de dollars de 1977 !). *La Guerre des étoiles* raconte une histoire très mythologique. Au lieu de tout vous raconter, nous vous invitons à relever ce défi (en partant de l'hypothèse raisonnable que vous n'êtes pas l'une des huit personnes au monde qui n'a pas encore vu ce premier film du cycle) : lisez le reste de ce livre et essayez de trouver tous les différents mythes qui résonnent dans le film de George Lucas, qui raconte l'histoire d'un jeune homme ayant quitté la ferme familiale pour participer à des événements de portée universelle.

Que la force soit avec vous !

Deuxième partie

La mythologie grecque, c'est là que tout commence

« Ils disent ici que, comme Perséphone avait mangé des graines de grenade, elle devait passer *toute* l'année aux Enfers, sauf quatre mois qu'elle passait avec sa mère. Certains disent que c'était six mois. En fait, ces quatre mois lui paraissaient probablement aussi longs que six ! »

Dans cette partie...

Ah, les Grecs, et leur belle culture qui constitue le berceau de la civilisation occidentale ! Dans cette partie, vous allez faire la connaissance des dieux et des déesses de la Grèce antique et retrouver certaines de leurs histoires les plus connues. Puis vous allez survoler *L'Iliade* et *L'Odyssée* d'Homère, ainsi que les célèbres tragédies grecques que tout le monde étudie au lycée. Et si vous ne vous rappelez plus vraiment l'histoire d'Œdipe, c'est aussi ici qu'il faut regarder.

Chapitre 3

Les mythes grecs de la création du monde et les divinités les plus anciennes

Dans ce chapitre :

- La création du monde fut violente !
- Quels sont les dieux qui se sont imposés ?
- Ils font des hommes, ils les réchauffent, et puis ils leur font des misères !

Les Grecs de l'Antiquité n'y regardaient pas de trop près en ce qui concernait la cohérence de leur collection de mythes. On trouve des versions complètement contradictoires de certaines histoires qui existent paisiblement côte à côte, et personne ne semble y trouver quelque chose à redire. C'est l'une des caractéristiques de la mythologie : il ne s'agit pas de science ; on n'y recherche pas *la* bonne réponse, mais *une* bonne réponse.

L'une des choses cohérentes à travers tous les mythes grecs de création du monde, c'est que ce n'était pas une affaire très propre. Selon les Grecs, tous les coups bas que l'on trouve chez les hommes se retrouvent aussi entre les hommes et les dieux, et entre les dieux eux-mêmes. En effet, il s'agissait avant tout d'obtenir, de garder ou de reconquérir le pouvoir.

Selon les Grecs, la version courte de la création du monde ressemble à ce qui suit : des dieux anciens effrayants étaient les premiers êtres ; ils furent écrasés par leurs propres enfants, qui étaient de jeunes dieux plus beaux, et qui ont eux-mêmes ensuite créé les humains ; les humains et les dieux se sont bousculés les uns les autres pour prendre l'avantage ; les humains gagnèrent quelques parties, mais devinrent de plus en plus malheureux.

Les versions les plus anciennes de ces histoires proviennent en général du VIIe s. av. J.-C. La vie doit avoir été assez dure à cette époque, et il n'est pas surprenant de voir que les mythes de la création en brossent un tableau assez noir.

Qu'est ce que la cosmogonie ?

La cosmogonie relate la création du monde, ou plutôt les différentes légendes de la création du monde. En fait, elles ont évolué au cours des siècles, en même temps que les doctrine scientifiques et religieuses. Elles ont suivi les modes de pensée des grecs. À part, *La Théogonie* d'Hésiode, *La bibliothèque d'Apollodore* d'auteur anonyme et *Les Métamorphoses* d'Ovide qui traitent uniquement de ce sujet, on doit se contenter de bribes d'information glanées ici ou là au hasard du petit nombre de textes qui nous sont parvenus.

Comme principaux textes nous avons *L'Iliade*, *L'Odyssée* d'Homère et l'*Hymne* qui lui est attribué, *Les Argonautiques* d'Apollonios de Rhodes. Ils imaginaient qu'au commencement il n'y avait que le Chaos, et, spontanément sortie du Chaos, une entité féminine qui deviendra la Mère-de-Toute-Chose. Les grecs pensaient que le mâle n'intervenait en rien dans la procréation. Pour eux, c'était Borée le vent du Nord qui fécondait les femelles, qui lui offraient leur croupe (ou alors c'était le fait d'avaler un insecte ou des glands).

Suivant le mythe, Eurynomé était cette entité féminine, elle sépara le ciel d'avec la mer, de son mouvement vers le Sud naquit Borée. En le frottant entre ses mains, elle créa Ophion le Grand Serpent, avec lequel elle s'unit et fut fécondée par Borée. De là naquit l'Œuf universel qu'elle pondit alors qu'elle avait pris l'apparence d'une colombe. Elle ordonna à Ophion de le couver en s'enroulant autour. De l'Œuf naquit tout ce qui existe : le Soleil, la Lune, les Planètes, les Étoiles, la Terre avec les montagnes, les rivières, les arbres, les plantes et toutes les créatures vivantes. Le couple s'installa sur le mont Olympe mais ils se brouillèrent quand Ophion déclara être le créateur de l'Univers. Elle l'exila sous la Terre après lui avoir écrasé la tête avec le talon, et brisé les dents. Eurynomé créa les sept couples de Titans : Théia et Hypérion régnaient sur le Soleil, Phoebé et Atlas sur la Lune, Dioné et Creios sur Mars, Métis et Coeos sur Mercure, Thémis et Eurymédon sur Jupiter, Téthys et Océanos sur Vénus, Rhéa et Cronos sur Saturne.

Homère, lui, décrit un mythe qui dérive du Mythe Pelasge. Les dieux et les créatures vivantes seraient nés du fleuve Océanos qui entoure le monde et de Téthys. Pour le mythe olympien, qui est le plus connu, la Terre mère, Gaia, sortit du Chaos et mit au monde Ouranos. Celui-ci fit tomber une pluie sur sa mère qui donna naissance à la flore et à la faune. Cette pluie créa aussi les rivières, les lacs et les mers. Ils eurent les trois Géants (Briarée aux cents bras, Gygès et Cotos), les Cyclopes (Brontès, Stéropès, Argès), qui n'avaient qu'un œil et étaient bâtisseurs et forgerons. Mais Ouranos n'aimait pas ses enfants et les jetait dans le Tartare dès leur naissance. Hésiode, dans *La Théogonie*, nous dit que de Chaos naquit un fils Érèbe, l'*Obscur*, et une fille Nyx, la *Nuit* noire. De l'union incestueuse des ténèbres et de la nuit naquit Æther.

La création du Soleil (et de tout un tas d'autres trucs)

La version la plus complète des mythes de la création grecs ayant survécu est un poème d'Hésiode appelé *La Théogonie* (« naissance des dieux »). Hésiode vivait à la fin du VIIIe ou au début du VIIe s. avant notre ère. On ne sait pas grand-chose de lui, à part le fait que son père perdit tous ses biens lorsque son bateau coula, et que son frère essaya de lui voler son héritage. Ces deux faits pourraient bien expliquer le ton que vous allez trouver dans cette histoire.

Souvenez-vous que ce que nous allons maintenant décrire n'est qu'une des versions des mythes grecs de la création parmi toutes celles qui existent, une version particulièrement bonne et complète, mais en aucun cas la seule.

Au début, c'est le Chaos qui régnait. La Terre n'existait pas encore. L'histoire de la création d'Hésiode n'implique pas que quelque chose est créé à partir de rien ; il y avait de la matière (Chaos), mais elle était sans forme, complètement mélangée, et sombre. Ainsi, chez les Anciens, le concept de création *ex nihilo*, à partir de rien, n'existe pas. Ce concept apparaît avec les religions monothéistes.

La première génération de dieux

Après le Chaos, cinq divinités furent créées (on ne sait pas exactement comment) et commencèrent à donner forme aux choses, à mettre de l'ordre dans le Chaos. Ces divinités se nommaient Gaia (la Terre mère), Tartare (les Enfers), Érèbe (les ténèbres qui recouvrent les Enfers), la Nuit (l'obscurité qui recouvre la Terre) et Éros (l'Amour).

La Nuit et Érèbe s'unirent et eurent des enfants : le Jour, la Lumière et aussi de joyeux quintuplés : la Ruine, la Mort, la Souffrance, la Tromperie et la Discorde.

La Discorde engendra ensuite d'autres forces : le Meurtre, le Carnage, le Combat et le Crime.

La Terre était née

La Terre (Gaia) soutenait le ciel (Ouranos) au-dessus d'elle.

Les rejetons de la Terre et du Ciel

Gaia et Ouranos eurent de nombreux enfants. D'abord, un tas de monstres ; puis, ayant peut-être remédié aux défauts du système, ils eurent des dieux qu'on appela les Titans.

Nos enfants sont de vrais monstres !

Les trois premiers enfants de Gaia et d'Ouranos étaient des monstres (les Hécatonchires) avec 100 mains et 50 têtes chacun, ce qui doit avoir été quelque peu surprenant pour leurs parents.

Les trois suivants furent les Cyclopes, des géants avec un seul œil au milieu du front. Ils étaient aussi grands que des montagnes et immensément forts. Il ne faut pas les confondre avec une autre fournée de géants qui apparut plus tard. Les trois Cyclopes s'appelaient :

- **Brontês** (« le tonnerre »)
- **Stéropês** (« la foudre »)
- **Argês** (« l'éclair »)

Plus tard, ces trois gars se verraient confier la mission de fabriquer les éclairs dont Zeus (leur neveu qui n'était pas encore né) se servirait pour abattre les hommes.

VOCABULAIRE

Le mot « cyclope » signifie « à l'œil rond » ou « à l'œil de roue ». La première partie du mot se retrouve dans les mots modernes comme « cycle » ou « tricycle » et « encyclopédie ». La seconde partie du mot nous donne des mots tels que « optique », « opticien », et « myopie ».

NOTE TECHNIQUE

On trouve aussi dans *L'Odyssée* un Cyclope appelé Polyphème. Dans ce poème, les Cyclopes sont les fils du dieu de la Mer, Poséidon.

Les Titans forment la deuxième génération des dieux

Ouranos et Gaia donnèrent naissance à de nombreux autres enfants, mais leur fournée la plus célèbre fut celle des Titans. Eux aussi étaient grands et forts. Ouranos détestait tous ses enfants, et chaque fois que l'un d'eux naissait, il le fourrait à nouveau dans Gaia (dans le Tartare). Gaia n'appréciait pas, mais alors pas du tout. Néanmoins, leurs six fils, les Titans, et leurs six filles, les Titanides, naquirent :

- **Océanos** : dieu de la Mer
- **Téthys** : sœur et femme d'Océanos
- **Hypérion** : dieu du Soleil
- **Théia** : sœur et femme d'Hypérion
- **Thémis** : déesse de la Justice
- **Rhéa** : une déesse de la Terre
- **Mnémosyne** : déesse de la Mémoire
- **Iapetos** : Titan, père d'Atlas et de Prométhée
- **Coeos** : Titan sans responsabilité particulière
- **Phoîbé** : Titanide sans responsabilité particulière
- **Crios** : Titan sans responsabilité particulière
- **Cronos** : le plus brillant, le plus fort et le plus malin de tous

Ces Titans et Titanides représentaient la génération qui précéda la génération mieux connue des dieux Olympiens – Zeus et les autres – dont nous allons parler dans la section suivante.

La vengeance de Gaia, aidée par son fils Cronos

Gaia était furieuse, et c'est compréhensible car Ouranos rejetait en elle chacun des enfants qu'elle avait enfantés (là, ils étaient encore vivants, dans le Tartare). Elle demanda donc de l'aide à ses autres enfants, aux Cyclopes et aux Titans. L'un de ses fils Titans, Cronos, accepta d'attaquer son papa pour elle. Gaia fabriqua une gigantesque faucille de silex, et elle la remit à Cronos avec des instructions explicites.

Lorsque Ouranos revint voir Gaia pour coucher avec elle, une mauvaise surprise l'attendait. Cronos (qui était, rappelons-le, dans Gaia) tendit le bras avec la faucille et attaqua Ouranos, et plus particulièrement la partie d'Ouranos qui était la plus proche de lui. C'est ainsi que Cronos castra son père et jeta ses parties génitales à la mer. Le sang versé féconda les flots, et plusieurs autres monstres naquirent : les Géants et les Furies. (Voir le chapitre 5 pour en savoir davantage sur les Furies). Vous trouverez l'arbre généalogique de tous les dieux grecs d'après Hésiode à la Figure 3-1.

Lorsque les parties génitales d'Ouranos tombèrent dans la mer, celle-ci se mit à écumer, en effervescence comme certains comprimés contre les maux de tête, et l'écume forma la déesse Aphrodite. Son nom signifie « cadeau de l'écume ». Elle flotta sur la mer pendant quelque temps, puis accosta à Cythère, puis sur l'île de Chypre, ce qui explique pourquoi on l'appelle souvent Cypris (la Cypriote).

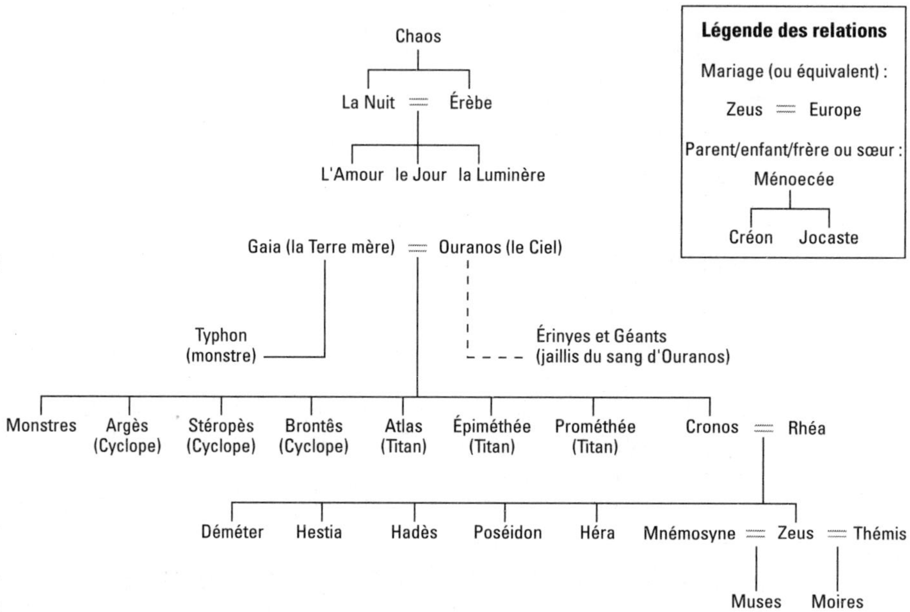

Figure 3-1 : les principaux membres de la famille des dieux selon Hésiode sont présentés dans cet arbre généalogique.

Comme Aphrodite devint la déesse de l'Amour, les circonstances de sa naissance (qui sont pour ainsi dire la conséquence d'une scène de ménage) sont quelque peu ironiques. En outre, dans l'ordre des choses que nous communique Hésiode, Éros est un dieu ancien, plus ancien qu'Aphrodite ; pourtant, dans les mythes grecs subséquents, Éros apparaît comme un jeune homme, fils d'Aphrodite. Et dans un autre paradoxe mythologique, certains mythes grecs affirment qu'Aphrodite était la fille de la déesse Dioné et du Titan Océan. Ce type d'incohérence ne gênait pas les Grecs, alors vous non plus, ne les laissez pas vous déranger. (Pour en savoir plus sur Aphrodite, voir le chapitre 5).

Hésiode ne le dit pas, mais la querelle conjugale entre Gaia et Ouranos est probablement la raison pour laquelle, dans d'autres mythes, c'est le Titan Atlas, et non pas la Terre elle-même, qui soutient le Ciel.

Héra

Fille de Cronos et de Rhéa, Héra fut élevée par l'Océan et Téthys, avant de devenir l'épouse de Zeus, dont elle est également la sœur. Protectrice du mariage, elle prenait soin des femmes mariées. Connue pour ses colères, elle ne supportait pas les (nombreuses) infidélités de son mari ! Jalouse et rancunière, les légendes racontent les nombreuses querelles qui l'opposèrent à son divin mari, dont elle déplorait le comportement volage. Aussi, pour se venger, elle persécuta sans relâche les enfants que Zeus eut avec des mortelles : Europe, Io, Dionysos, Héraclès, pour ne citer que les plus célèbres, furent les victimes de sa fureur. Un jour, pour empêcher Zeus de descendre sur la Terre rejoindre ses amours, Héra conçut, en accord avec Poséidon et Athéna, le projet d'enchaîner son époux. Mais Zeus déjoua le complot et suspendit provisoirement sa femme par les cheveux à un anneau fixé dans les nuages, après lui avoir lié les pieds et les mains. Cependant, on voyait souvent les irascibles époux se réconcilier pour quelque temps. Zeus put ainsi devenir le père de quatre enfants légitimes, Arès, Hébé, Héphaïstos et Ilithye. D'autre part, Héra se mêla fréquemment des affaires des mortels. On la voit ainsi soutenir les Grecs contre les Troyens pour se venger de Pâris, qui ne lui avait pas décerné, en lui accordant la pomme d'or, le titre de la plus belle des déesses, mais qui lui avait préféré Aphrodite. Elle protégea également le navire Argo au cours de l'expédition des Argonautes, surtout au moment du dangereux passage entre Charybde et Scylla. Il lui arriva parfois d'être l'objet des assiduités des mortels, tels le Géant Porphyrion et Ixion. Zeus, se montrant encore plus jaloux qu'elle, foudroya le premier et ravit Héra au second sous la forme d'une nuée.

Seule déesse mariée parmi toutes les divinités féminines de l'Olympe, Héra jouit de privilèges, et elle est traitée avec un constant respect. Elle apparaît alors aux yeux des Grecs comme la déesse du mariage légitime, la protectrice de la fécondité du couple et, particulièrement, avec Ilithye, de la femme en couches. Dans la littérature comme dans l'art, elle porte les attributs royaux traditionnels : le sceptre et le diadème ; sa tête recouverte de voiles est le symbole du mariage. Parfois même, elle tient dans l'une de ses mains la grenade, emblème de la fécondité. Le paon est l'animal qui lui est consacré en souvenir d'Argos, dont elle prit les cent yeux, lorsqu'il fut tué, pour les placer sur le plumage de ce volatile. Héra ne peut se prévaloir, toutefois, du titre de reine des Dieux et des hommes : elle est simplement l'épouse unanimement vénérée du dieu suprême.

Sans sa haine pour un Troyen qui avait osé penser qu'une autre déesse était plus belle qu'elle, la guerre de Troie ne se serait pas finie dans un bain de sang. C'est à cause d'elle que les femmes sont considérées comme des enquiquineuses !!!

Les dieux olympiens constituent la troisième génération

Nous approchons maintenant de la naissance des dieux grecs qui nous sont plus familiers, c'est-à-dire des dieux de la troisième génération. Ils sont connus sous le nom de dieux olympiens, parce qu'ils finirent par élire domicile sur le mont Olympe. Ce sont les plus beaux, les plus forts, les plus brillants… mais aussi ceux qui se conduisent le plus mal. Au programme : meurtres, infidélités, trahisons, incestes…

Une fois que Cronos eut castré son père Ouranos (voir la section précédente), Cronos se proclama lui-même roi du Ciel. Il épousa sa sœur, la Titanide Rhéa, et ils eurent de nombreux enfants.

Comme son père, Cronos ne voulait pas que ses enfants survivent. Il avait entendu une prophétie selon laquelle l'un de ses fils le détrônerait et il n'avait aucunement l'intention de laisser cela se produire. Et donc, chaque fois que Rhéa avait un bébé, il l'avalait tout cru !

Rhéa, comme Gaia, n'était pas contente du tout de voir tous ses enfants dévorés par leur père. Elle fit donc ce à quoi l'on pouvait s'attendre de la part d'une jeune mariée : elle chercha conseil auprès de ses parents, Gaia et Ouranos. Tous deux avaient quelque expérience en la matière et avaient apparemment surmonté toute amertume issue de leurs difficultés de couple. Ils proposèrent donc un plan.

Lorsque Rhéa donna naissance à son sixième enfant, Zeus, elle le fit secrètement transférer sur l'île de Crète et donna à la place à son mari un rocher de la taille d'un bébé enveloppé dans une couverture. Cronos, qui ne s'y connaissait apparemment pas trop en matière de bébé, avala le roc et n'y pensa plus ensuite.

Zeus, le premier entre ses égaux

Après avoir été mis à l'abri par sa maman, Zeus grandit en sécurité sur l'île de Crète. Là, les Nymphes lui donnèrent le lait d'une chèvre appelée Amalthée, et les Curètes, des divinités mineures qui avaient la mission de le protéger, firent s'entrechoquer leurs lances contre leurs épées chaque fois que le bébé Zeus pleurait, et c'est pour cela que Cronos ne l'entendit jamais. (Voir le chapitre 5 pour en savoir plus sur les Nymphes.)

La corne d'abondance

On raconte que le petit Zeus, grâce au bon lait d'Amalthée et aux soins attentifs des Nymphes, grandit très vite… et qu'il ne mesurait plus sa force : un jour, peut-être pris de colère ou tout simplement pour jouer, il souleva à pleines mains Amalthée et la jeta contre les parois de la grotte qui l'abritait. Sous l'effet du choc, Amalthée perdit une corne ; alors, pour se faire pardonner, le petit Zeus prit la corne et lui conféra des pouvoirs magiques. On dit qu'elle pouvait se remplir de toutes sortes de fruits et on l'appela depuis corne d'abondance…

Zeus grandit. Il n'avait aucune raison particulière d'aimer son père, et il s'associa donc à sa grand-mère Gaia pour faire vomir à Cronos ses propres enfants qu'il avait avalés. La première chose qui sortit, ce fut la pierre que Rhéa lui avait fait gober à la place de Zeus, et Cronos apprit donc qu'on l'avait roulé. Les cinq autres bébés avaient grandi dans son ventre, et ils émergèrent comme des divinités accomplies, les dieux olympiens :

- **Héra** : déesse du Mariage et de la Famille
- **Poséidon** : dieu de la Mer, frère de Zeus
- **Hadès** : dieu des Enfers
- **Hestia** : déesse du Foyer
- **Déméter** : déesse du Blé et de la Moisson

Hestia

Fille de Cronos et de Rhéa, Hestia appartient à la génération des douze grandes divinités de l'Olympe. Quand Zeus, son frère, s'empara du pouvoir suprême, elle obtint la faveur de conserver éternellement sa virginité, afin d'échapper aux assiduités amoureuses d'Apollon et de Poséidon.

Incarnation de foyer domestique, de la flamme sacrée qui brûle sans cesse dans les demeures et dans les temples et qui les purifie, Hestia est vénérée comme la protectrice des familles, des villes et des colonies. En effet, quand les Grecs voulaient fonder une colonie, ils emportaient de la métropole le feu d'Hestia destiné à allumer le foyer de la nouvelle patrie. Hestia, toujours immuable et inchangée, symbolise ainsi la pérennité religieuse, la continuité d'une civilisation et de ses lumières au mépris des émigrations, des destructions, des révolutions et des vicissitudes des temps. Elle fut assimilée par les Romains à la célèbre déesse Vesta.

Les dieux olympiens se heurtent aux Titans

Au cours de son combat avec son père, Zeus trancha les parties génitales de Cronos. Tel père, tel fils ! Celles-ci tombèrent à la mer, exactement comme celles d'Ouranos.

Zeus punit les Titans et affronte les Géants

Après avoir castré son père Cronos, Zeus jeta les Titans dans le Tartare, le fond des Enfers. Il condamna Atlas, le frère de Prométhée, à soutenir le ciel sur ses épaules.

Zeus et sa foudre

Gaia eut un bébé de plus, le monstre Typhon qui, d'après un oracle, devait renverser Zeus un jour. Typhon avait cent têtes et il était couvert de feu. Mais Zeus avait déjà obtenu le contrôle du Tonnerre et des Éclairs, et frappa Typhon d'un éclair. Le combat, terrible, fut longtemps incertain. Mais le roi des Olympiens vint à bout du monstre en lançant sur lui une montagne appelée Etna. Typhon, à jamais prisonnier, ne put se manifester que par des grondements et des crachats de feu.

Des trônes cool pour tout le monde !

Ensuite, les Géants (ceux qui étaient nés lorsque Cronos coupa les testicules d'Ouranos) se révoltèrent contre l'autorité de Zeus. Zeus et ses frères et sœurs, aidés par le héros Héraclès, défirent les Géants et les envoyèrent aux Enfers. Désormais, Zeus et ses frères et sœurs régnaient en maîtres absolus sur le Ciel et sur la Terre.

Zeus montra vraiment de quoi il était capable en échappant au sort de son père Cronos, et de son grand-père, Ouranos. Une fois le calme revenu après la bataille avec les Titans, Zeus épousa Mêtis (une déesse qui était la personnification de l'intelligence rusée).

Exactement comme son propre père, Zeus reçut une prophétie selon laquelle son épouse donnerait naissance à un enfant qui deviendrait le roi des dieux. Au lieu d'attendre que l'enfant naisse, Zeus prit l'initiative et avala son épouse. L'enfant naquit quand même, mais il sortit de la tête de Zeus, ce qui évita le détail important de l'oracle selon lequel Mêtis donnerait naissance à l'enfant. Il s'agissait d'Athéna, la déesse de la Sagesse, qui, bien qu'étant une fille à papa, avait hérité d'une bonne part de l'intelligence rusée de sa maman.

La création des hommes

L'histoire grecque la plus courante de la création des hommes (que raconte l'écrivain Pausanias) avance que le Titan Prométhée et son frère Épiméthée se virent confier la mission de fabriquer toutes les créatures de la terre. Prométhée était un sage ; son nom signifie en grec « celui qui réfléchit avant ». Épiméthée, au contraire, était un écervelé. Son nom veut dire en grec « celui qui réfléchit après ».

Prométhée s'assit et façonna des créatures avec de la boue. Épiméthée leur donnait des aptitudes, des talents et la protection : il donna les ailes aux oiseaux, les griffes et les dents aux lions et aux tigres, les carapaces et les coquilles aux tortues et aux escargots, etc. Vous avez pigé ? Mais cet imbécile d'Épiméthée, qui ne prévoyait jamais à l'avance, se retrouva à court de cadeaux juste avant que Prométhée ne crée les humains.

Les Grecs affirment que Prométhée avait façonné les humains à l'image des dieux. La principale différence entre les animaux et les humains résidait dans le fait que les animaux tournaient la tête en bas pour regarder la terre alors que les humains marchaient debout et tournaient la tête vers le ciel.

Prométhée, les hommes et Zeus

Zeus en voulait à Prométhée parce que celui-ci avait organisé les choses de telle sorte que, chaque fois que les hommes tuaient des animaux, ils s'en réservaient les meilleurs morceaux et donnaient les restes en offrande aux dieux. Pour ce faire, Prométhée avait usé d'un stratagème : après avoir tranché un bœuf en deux, il en fit deux tas. Pour le premier, il plaça la viande à l'intérieur de la peau et empila les entrailles au-dessus. Pour le second, il prit les os et les badigeonna de la délicieuse graisse. Enfin, il demanda à Zeus de choisir le tas qu'il voulait. Zeus choisit la graisse (en ces temps reculés, la graisse était précieuse… car elle vous tient chaud) et les humains gardèrent la viande. Zeus en fut courroucé.

Pourtant, désormais, chaque fois que les hommes firent un sacrifice, ils brûlèrent les os et la graisse pour les dieux et gardèrent les parties comestibles. C'était pratique, parce que, de cette manière, les humains pouvaient se faire un barbecue tout en honorant les dieux. Une solution meilleure pour des gens qui avaient par ailleurs suffisamment de mal à se nourrir, sans encore devoir brûler des animaux tout entiers rien que pour les dieux !

Prométhée joue avec le feu

Alors que la race humaine était encore jeune, les dieux essayèrent de garder secret l'usage du feu. Prométhée décida pourtant de combler le retard technologique de ses créatures préférées en leur donnant les instruments du feu. Voler le feu fut une aventure excitante. Il se rendit au Ciel, alluma sa torche au Soleil, dissimula la torche allumée sous un boisseau de fenouil géant, et la ramena ainsi en douce sur terre.

Le feu rendit les hommes supérieurs aux autres animaux. Grâce à lui, ils purent cuire leurs aliments, chauffer leurs demeures, fabriquer des outils et des armes de métal, et frapper de la monnaie. C'était en fait l'outil absolu pour créer une civilisation. Mais dites donc, c'est Zeus qui brûla de colère quand il découvrit le pot aux roses !

Prométhée enchaîné (et torturé)

Après le vol du feu, Zeus décida de punir Prométhée. Il le captura, le traîna vers les montagnes du Caucase, et l'enchaîna à un rocher. Chaque jour, un aigle venait lui rongeait le foie, qui repoussait chaque nuit.

Prométhée, le malheureux voyant extralucide

Si Zeus envoya un aigle dévorer chaque jour le foie de Prométhée, ce n'était pas seulement pour le punir d'avoir donné le feu aux humains. Zeus avait aussi entendu une prophétie selon laquelle l'un de ses fils le renverserait. Prométhée était le seul à pouvoir lui dire qui serait la mère de cet enfant. Après avoir été enchaîné et torturé un moment, Prométhée accepta de livrer son secret : la mère de l'enfant qui devrait renverser Zeus s'appelait Mêtis. Zeus pouvait donc maintenant agir pour sauver son règne.

Héraclès à la rescousse

Après que Prométhée lui eut révélé son secret, Zeus se débrouilla pour faire libérer Prométhée et promouvoir la réputation de l'un de ses fils préférés, Héraclès. Alors qu'il était en voyage, car au cours de sa vie il voyageait beaucoup pour effectuer ses différentes tâches (voir le chapitre 6), Héraclès trouva Prométhée enchaîné à son rocher. Il tua l'aigle et délivra Prométhée. Zeus approuva, Prométhée fut un homme libre (ou plutôt un Titan libre), et Héraclès obtint le droit de s'en vanter.

L'histoire romancée de Prométhée

Le ciel se mirait dans les eaux et les eaux étaient remplies de poissons. De grands vols d'oiseaux passaient dans le ciel et des troupeaux paissaient dans les prairies. Mais personne ne s'occupait des troupeaux, personne n'attrapait les poissons et personne n'écoutait le chant des oiseaux. Sur terre, il n'y avait pas d'homme.

Prométhée, descendant de la famille sacrée des Titans, errait tristement sur terre et cherchait en vain des êtres vivants marchant debout comme lui et dont le visage aurait été semblable au sien. Mais il voyait l'argile d'où surgissaient l'herbe, les plantes et les arbres ; il voyait aussi les fortes pluies tombant sur la terre. L'eau de pluie gardait la nature en vie, et là où elle ne tombait pas les arbres et les buissons mouraient, laissant place au désert.

Lorsque Prométhée découvrit la force de la terre et de l'eau, il mélangea de l'argile et de l'eau de pluie, moulant la forme du premier homme. Cette forme ressemblait à celle des dieux. Pallas Athéna, déesse de la sagesse et de l'esprit, insuffla une âme à la forme sans vie : la grise argile devint rose, un cœur se mit à battre en elle et les bras et les jambes, encore immobiles, se mirent à bouger. C'est ainsi que Prométhée envoya sur terre le premier homme.

Longtemps, les hommes ne surent que faire de leur âme, don de Pallas Athéna. Ils vivaient comme de petits enfants. Ils voyaient mais ne reconnaissaient pas, ils entendaient mais ils ne comprenaient pas, ils marchaient sur terre comme dans un rêve. Ils ne savaient ni cuire, ni couper du bois, ni construire des maisons. Semblables à des fourmis, ils grouillaient sur la terre et sous la terre, dans les recoins sombres des grottes. Ils ne savaient même pas que l'été succédait au printemps et que l'automne suivait l'été.

Prométhée descendit alors parmi les hommes et leur apprit à élever des maisons, à lire, à écrire, à compter et à comprendre la nature. Il leur montra comment atteler des animaux à des charrettes pour ne pas avoir à porter sur leurs dos de lourds fardeaux. Il leur enseigna l'art de construire des bateaux, leur expliquant comment les voiles aidaient le rameur dans sa tâche. Il les conduisit dans les profondeurs de la terre, à la recherche des trésors cachés. Le dur travail des mineurs arracha aux entrailles du sol le fer, le cuivre, l'argent et l'or.

Avant cette époque, les hommes ne connaissaient pas la médecine, ils ne pouvaient discerner ce qui leur faisait du bien de ce qui leur faisait du mal ; aussi Prométhée leur montra comment préparer des onguents et des médicaments. Il enseigna tous les arts aux hommes stupéfaits et ils les apprirent tous avec avidité.

Les dieux, assemblés sur le mont sacré de l'Olympe, jetaient des regards soupçonneux sur cette génération d'hommes sur la terre qui, grâce à Prométhée, avaient appris le travail, les sciences et les arts. Zeus, dieu souverain, fronçait les sourcils chaque jour davantage. Il appela Prométhée et lui dit :

« Tu as appris aux hommes à travailler et à penser, mais tu ne leur as pas assez appris à vénérer les dieux, ni à leur offrir des sacrifices, ni à les adorer. Tu dois savoir que c'est des dieux que dépendent la fertilité du sol, la prospérité ou le malheur des hommes. Les dieux décident de leur destin. Moi-même, j'envoie ma foudre quand je le veux. Retourne chez les hommes, et dis-leur de nous offrir des sacrifices, sinon notre courroux s'abattra sur eux. »

« Les hommes vont offrir des sacrifices aux dieux, répondit alors Prométhée, mais il faut que tu viennes toi-même, ô Zeus, choisir ce qu'ils doivent sacrifier. » Prométhée tua un taureau, cacha la chair dans le cuir du taureau et disposa les entrailles par-dessus. Il fit un autre tas avec les os, mais les recouvrit avec la graisse de telle sorte qu'ils étaient invisibles. Le

L'histoire romancée de Prométhée (suite)

tas d'os recouvert de graisse était plus gros et plus appétissant. Dès que tout fut prêt, Zeus sentit l'odeur délicieuse du sacrifice préparé et descendit sur terre.

Prométhée vit Zeus et s'exclama :

« Ô grand Zeus, choisis la part que tu préfères. Celle que toi, roi des dieux, auras choisie sera celle que les mortels continueront à te sacrifier. »

Zeus comprit bien que Prométhée cherchait à le tromper. Pourtant il ne montra pas sa colère, mais choisit délibérément le tas luisant de graisse. Alors, tout souriant, Prométhée s'approcha, écarta la graisse : les os dénudés apparurent. En revanche, lorsqu'il ôta le cuir du taureau de l'autre tas, la chair fraîche apparut, dégageant son agréable odeur. Depuis ce jour, les hommes sacrifièrent aux dieux la graisse et les os et gardèrent la chair pour eux.

Mais Zeus ne laissa pas impuni cet acte effronté : il décida de priver les hommes du feu, et, si la meilleure part – la chair – leur était réservée, ils devaient dorénavant la manger crue.

Zeus ordonna immédiatement aux nuages d'éteindre tous les feux avec leur pluie. Quant au vent sauvage, il devait disperser la cendre chaude et l'éparpiller dans la mer. Ainsi les hommes perdirent le feu, indispensable au travail et à la vie : ils ne pouvaient même plus cuire leur pain. Les forges furent abandonnées et les ateliers se vidèrent. Lorsque les journées étaient froides et qu'il gelait la nuit, les hommes ne trouvaient nulle part à se réchauffer.

Prométhée vit quel désastre s'était abattu sur eux ; il les prit en pitié et ne les abandonna pas. Sachant que dans le palais de Zeus brillait jour et nuit un feu étincelant, il rampa la nuit jusqu'en haut de l'Olympe vers le palais sacré du dieu suprême. Sans être vu, tout doucement, il prit un peu du feu qui brillait dans la cheminée de Zeus et le cacha dans un bâton creux. Puis, tout joyeux, il s'en retourna chez les hommes avec son précieux larcin.

Les flammes s'élevèrent à nouveau dans les maisons et les ateliers, et l'odeur de plats cuits et de viandes grillées monta dans les cieux, jusqu'aux narines des dieux. Zeus abaissa ses regards vers la terre et vit la fumée s'élevant des cheminées. Il fut pris de la terrible colère des dieux et immédiatement imagina un nouveau châtiment.

Il fit venir Héphaïstos, le dieu boiteux, artiste renommé qui vivait au pied d'un volcan fumant où il avait ses ateliers, et lui commanda la statue d'une femme très belle.

Héphaïstos obéit, et bientôt Zeus put contempler une beauté comme personne n'avait jamais pu rêver d'en voir une. La déesse Athéna donna à la jeune fille un voile superbe, un vêtement éblouissant de blancheur et une magnifique ceinture. La déesse de la beauté, Aphrodite, lui donna une grâce aérienne, et quant à Hermès, le messager des dieux, il lui offrit une parole éclatante et vive et une voix splendide. Puis ils mirent une couronne sur sa tête. Zeus lui donna pour nom Pandore – ce qui veut dire ornée de tous les dons – et lui confia une boîte en or (en fait, une jarre). Enfin, Hermès emmena Pandore sur terre, chez le frère de Prométhée, Épiméthée.

Prométhée avait souvent prévenu son frère qu'il ne fallait accepter aucun présent des dieux, mais, devant la beauté de Pandore, Épiméthée oublia toutes les recommandations et l'accueillit dans sa maison, elle et sa boîte en or. Curieux de voir ce que les dieux lui avaient envoyé dans cette boîte, il demanda à Pandore d'en soulever le couvercle, ce qu'elle fit volontiers. La Maladie, la Souffrance, la Misère et la Détresse s'échappèrent alors de la boîte en sifflant, grognant et geignant. Elles s'élevèrent au-dessus de la maison et se répandirent par-

L'histoire romancée de Prométhée (suite)

tout dans le monde qui, jusque-là, avait ignoré le mal. Pandore elle-même s'effraya et referma vite le couvercle. Tout ce qu'il y avait de mauvais s'était échappé de la boîte, et seul l'Espoir était resté dedans : la Maladie et la Détresse l'avaient étouffé tout au fond du coffret de façon que seule une toute petite partie puisse s'en échapper dans le monde.

La Pauvreté et le Mal envahirent les maisons, et la Mort vint sur leurs talons. La Souffrance et l'Inquiétude réveillèrent les hommes pendant leur sommeil et les mauvais rêves les étouffèrent. Seul l'Espoir n'était pas répandu, car il était resté presque entier enfermé dans la boîte de Pandore.

La colère de Zeus frappa aussi Prométhée. Le roi des dieux envoya Héphaïstos et ses aides pour attacher le rebelle avec les chaînes les plus lourdes et les plus solides à un rocher élevé des montagnes du Caucase. Contraint à obéir, Héphaïstos attacha si bien Prométhée au rocher qu'il ne pouvait plus bouger.

Prométhée était suspendu entre ciel et terre juste au-dessus des abîmes où flottaient les brouillards, mais il ne s'humilia pas et n'implora pas la pitié de Zeus. Lorsque ce dernier comprit que Prométhée ne lui demanderait pas pardon et supporterait fièrement son destin, il envoya au Caucase un aigle gigantesque. Chaque jour, l'aigle devait arracher le foie de Prométhée et le manger. Pendant la nuit, le foie repoussait et, le lendemain, l'aigle renouvelait son supplice. C'est ainsi que Prométhée fut condamné à souffrir pour toujours. Beaucoup d'années passèrent, mais il ne fléchit pas.

Après des siècles, pendant lesquels Prométhée subit la torture et la solitude, Héraclès, fils de Zeus, remarqua le héros enchaîné sur le Caucase. Il passait devant lui en allant cueillir les pommes d'or du Jardin des Hespérides tandis que l'aigle arrivait pour prendre sa nourriture.

Héraclès posa sa massue, tendit son arc, visa, et, d'un seul trait, tua le monstrueux oiseau de proie. Puis il rompit les chaînes et rendit au captif sa liberté. Pour amadouer Zeus et accomplir sa peine, Prométhée dut porter un anneau de fer renfermant une pierre du Caucase. Il resta ainsi « enchaîné pour toujours », selon les vœux du dieu suprême.

Depuis ce temps, les hommes portent des anneaux ornés de pierres en mémoire de l'épreuve de Prométhée. Ils les portent encore aujourd'hui, bien qu'ils aient depuis longtemps oublié Prométhée, qui ne voulut pas se soumettre aux dieux et prit fidèlement parti pour les hommes.

Le monde dans lequel vivent les hommes, avec la gracieuse permission des dieux

Toutes ces choses ayant été créées, les Grecs élaborèrent alors leurs propres idées sur la géographie. Ils pensaient que la Terre était un disque divisé par la mer Méditerranée et la mer Noire, comme le montre la Figure 3-2.

Les Grecs appelaient la mer Noire *Pont-Euxin*, ce qui signifie « mer accueillante » ; il est possible qu'ils aient pris leurs désirs pour des réalités, car les archéologues ont découvert de nombreuses épaves de bateaux sur les fonds de la mer Noire. Le mot « méditerranéen » est un mot d'origine latine qui signifie « au milieu des terres ».

L'immense fleuve Océan coulait autour du monde.

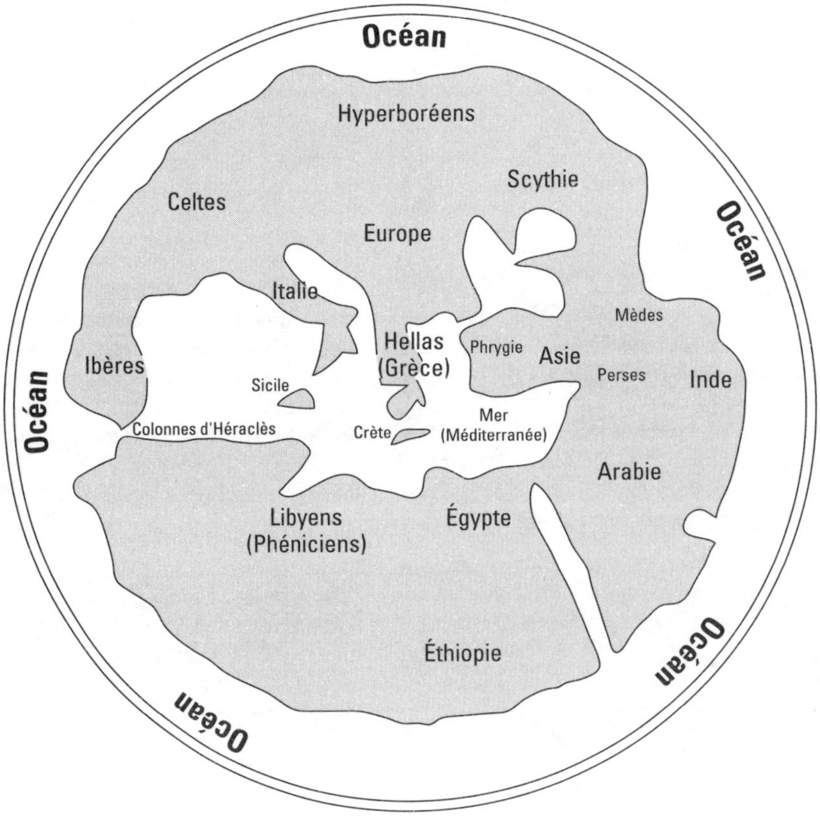

Figure 3-2 : la vision du monde des Grecs de l'Antiquité.

Les Hyperboréens, toujours en vacances

Au nord de l'Océan se trouvait le pays des Hyperboréens, que certains pensaient être la Grande-Bretagne. C'était un pays de danses, de musique et de joie perpétuelles. Les Muses vivaient non loin de là, et les habitants avaient la réputation de vivre mille ans. Le dieu Apollon y venait d'ailleurs l'hiver en villégiature.

Les Éthiopiens font de grands dîners de gala

Au sud de la Grèce se trouvait l'Éthiopie. Les habitants de ce pays étaient, selon la mythologie, en bonnes relations avec les dieux et ils aimaient distraire. Dans les mythes grecs, lorsque les dieux tiennent conseil, l'un ou l'autre est souvent absent, car il dîne chez les Éthiopiens.

Pandore, la première femme de l'humanité, ou le Mal personnifié dans un emballage cadeau

Vous souvenez-vous de la rage de Zeus envers Prométhée parce qu'il avait dérobé le feu et qu'il l'avait donné aux hommes ? Il l'avait puni en l'enchaînant sur le Caucase (voir la section « Prométhée enchaîné (et torturé) » plus haut dans ce chapitre). Pourtant, Zeus devait encore faire quelque chose pour remettre les hommes à leur place.

Il créa donc une femme qui fut appelée Pandore. Tous les dieux lui firent des cadeaux très cool, comme ceux de la beauté (une attention d'Aphrodite), de la persuasion (celle d'Hermès), et du talent musical (merci, Apollon). Le nom « Pandore » signifie « le don de tout » ou peut-être « celle qui a tous les dons ». Et pourtant, ce qui compte ici c'est qu'elle avait été créée pour être curieuse. Les dieux l'envoyèrent sur la Terre et la donnèrent à Épiméthée.

La boîte (ou jarre) de Pandore et la condition humaine

Épiméthée, crédule, fut complètement enthousiasmé par sa nouvelle épouse, bien que son frère Prométhée l'eût mis en garde de ne jamais accepter de cadeaux des dieux. Et il avait raison, car Pandore avait apporté avec elle un autre cadeau, une jarre que lui avaient donnée les dieux, en lui disant de ne pas l'ouvrir. Mais Pandore était si curieuse qu'elle ne pouvait pas supporter l'idée de ne pas savoir ce qui se trouvait à l'intérieur de la jarre, et un jour, elle l'ouvrit.

ANECDOTE

Aujourd'hui encore, nous parlons de la « boîte de Pandore », mais en réalité, il s'agissait d'une jarre.

Erreur fatale ! Dès qu'elle ouvrit le couvercle, des centaines de monstres horribles s'en échappèrent, tous les maux qui depuis tourmentent les hommes. Pandore referma le couvercle en toute précipitation, mais il était trop tard pour les empêcher de s'enfuir. Elle réussit tout de même à conserver une dernière chose dans la jarre, l'Espérance.

La jarre est-elle à moitié pleine ou à moitié vide ?

On peut considérer sous deux angles l'histoire de la jarre de Pandore :

- la version optimiste, c'est que l'Espérance reste en possession des humains, elle nous aide donc à faire face aux horreurs du monde ;
- compte tenu du ton pessimiste des mythes grecs de création du monde, nous devons envisager une autre manière d'interpréter ce mythe. Pandore a lâché les maux dans la nature, mais a gardé l'Espérance dans la boîte. Donc la violence, la souffrance, la famine, la pauvreté et le dur labeur sont parmi nous, *mais pas l'espérance*.

Le terme « boîte de Pandore » signifie aujourd'hui toute chose qu'il vaut mieux laisser fermée ou dont il vaut mieux éviter de discuter de peur de ce qui pourrait en sortir.

Une histoire de déluge et de renaissance

Les Grecs de l'Antiquité avaient un mythe selon lequel une grande crue tua tout le monde sauf quelques vertueux, comme les Hébreux et les Mésopotamiens. (Voir le chapitre 16). L'histoire de la grande crue des Grecs de l'Antiquité correspond au modèle général des mythes de déluge : ces crues universelles tuent tout le monde sauf un couple élu des dieux.

La version la plus aboutie du mythe grec du déluge nous vient du poète Ovide, un Romain qui a vécu au Ier s. av. J.-C., dont le long poème *Les Métamorphoses* est rempli de mythes grecs. Le sujet de ce poème est celui de la « transformation des choses en d'autres », et une grande crue, c'était pour lui matière toute trouvée. Il décrivit ainsi des dauphins nageant à travers des champs de blé, des hommes ramant sur des canaux à l'endroit même où ils labouraient auparavant, et des poissons construisant leurs nids dans de grands arbres.

L'hospitalité des hommes a mal tourné...

Selon la légende, Zeus, sentant que le mal parmi les humains échappait désormais à tout contrôle, descendit sur Terre pour se faire une idée de la situation. En visite chez un tyran du nom de Lycaon, il se rendit compte que les rumeurs n'approchaient même pas la réalité. Zeus arriva au palais de Lycaon en s'annonçant comme le dieu Zeus, et demanda qu'on l'invite à dîner. Tous les gens s'inclinèrent en signe de vénération, mais Lycaon lui rit au nez en disant « Ah bon, un dieu ? ». Il tua l'un de ses prisonniers de guerre, un homme du peuple des Molosses, dans le nord de la Grèce, le cuisina et le servit à Zeus comme dîner. Son idée, c'était que si l'invité n'était pas un dieu, il ne remarquerait pas qu'il était en train de manger un prisonnier de guerre. Il est évident que Lycaon ne prit pas en compte la possibilité que son invité pût vraiment être un dieu.

... et Zeus prend une décision capitale :

Zeus, à qui l'hospitalité (c'est-à-dire la bienveillance et la cordialité envers les hôtes) tenait à cœur, ne jeta au plat qu'un seul regard. Puis il désintégra Lycaon et son palais avec ses éclairs, annula le reste de sa mission d'enquête et rentra sur l'Olympe.

Le détail qu'Ovide nous livre au sujet du malheureux qui termina ses jours dans l'assiette de Lycaon, c'est-à-dire le fait qu'il s'agissait d'un membre du peuple des Molosses, sert probablement à aggraver le crime du tyran du point de vue de Zeus. Car les Molosses, ce peuple de l'ancien royaume d'Épire, entretenaient une relation privilégiée avec le dieu. À Dodone, une ville de ce royaume, il y avait un sanctuaire où le dieu rendait ses oracles. Un vieux chêne s'y trouvait, et les gens pouvaient lui poser des questions. Zeus y répondait par l'intermédiaire du bruissement du feuillage. Alexandre le Grand descendait de ce peuple du côté de sa mère, et il se servait de ce fait pour affirmer qu'il était le fils de Zeus.

Après moi, le déluge !

Zeus demanda à son frère Poséidon, le dieu de la Mer, de l'aider à créer un gigantesque orage et à submerger la Terre. Il plut pendant neuf jours et neuf nuits, et l'eau recouvrit toute la Terre. Seul le sommet du mont Parnasse dépassait encore des eaux. Quasiment tout le monde fut noyé. Mais Prométhée avait protégé sa propre famille. Il avait dit à son fils Deucalion de construire une arche en bois et de la remplir de nourriture, puis d'y monter avec son épouse Pyrrha, la fille d'Épiméthée et de Pandore.

Heureusement, Deucalion et Pyrrha sauvent la race humaine !

Deucalion et Pyrrha accostèrent finalement au sommet du Parnasse. Les eaux se retirèrent, et ils descendirent de la montagne jusqu'à ce qu'ils trouvent un temple. Ils entendirent une voix leur dire de se voiler la face et de jeter les os de leur mère derrière eux. Pyrrha était choquée, car cela aurait été un sacrilège de profaner les os de sa mère. Il est certain qu'aucun dieu ne pouvait lui demander de faire ça ! Ils y réfléchirent, et décidèrent que leur mère, c'était Gaia, la Terre, et que donc ses « os » devaient être des pierres. Ils jetèrent donc quelques pierres, et celles-ci se transformèrent en hommes et en femmes.

Ainsi donc, Gaia donna naissance non seulement à tous les dieux, mais aussi à toute une génération d'humains !

Une autre version, plus fun, du déluge

Il vint un jour aux oreilles de Zeus que les hommes étaient devenus corrompus et commettaient beaucoup de crimes. Aussi pensa-t-il qu'il devait descendre sur la Terre : il voulait voir de ses propres yeux si réellement les hommes volaient, tuaient, se moquaient des dieux et proféraient des mensonges.

Il vit avec peine et irritation que les hommes étaient encore pires que dans les récits qu'on lui avait fait. Un individu volait un autre en lui mentant, les hôtes attaquaient et massacraient leurs invités endormis, les enfants impatients d'hériter attendaient la mort de leurs parents, les femmes donnaient du poison à leurs maris et les frères s'entre-tuaient.

Zeus se sentit soulagé lorsqu'il atteignit des régions rocailleuses où il n'y avait aucun signe de vie : pas d'hommes, pas de villes ni de villages.

Une nuit, il parvint au palais d'un roi arcadien nommé Lycaon. Le peuple, s'étant rendu compte de la présence d'un dieu, se mit à prier. Mais le roi Lycaon se moqua de son peuple : « Nous verrons bien, pensa-t-il, si ce passant est un dieu : je vais l'éprouver. » Et, comme il avait au palais des otages de la race des Molosses, il en tua un et le fit cuire. Il allait offrir un festin au voyageur, et, lorsque celui-ci se serait gavé de chair humaine et aurait sombré dans le sommeil, il le tuerait aussi.

Les serviteurs déposèrent des plats fumants devant Zeus qui, comprenant l'atrocité du festin qu'on avait préparé pour lui, se mit dans une violente colère. Il envoya sa foudre sur le palais de Lycaon et un vacarme assourdissant se répandit dans tout le royaume. Des flammes s'élevèrent de toute part et brûlèrent avec avidité tout ce que le roi possédait. Saisi d'une terreur mortelle, Lycaon, s'échappa du palais et s'enfuit loin de la colère de Zeus. Il ouvrait la bouche, mais l'horreur l'avait rendu muet et, quand enfin il retrouva la voix, il ne put que hurler. Il tomba à genoux et sentit ses membres et son corps se couvrir de poils et sa tête s'allonger. Il était transformé en loup, assoiffé de sang. Depuis ce jour, il décima les troupeaux paissant dans les prairies ; ses yeux étincelaient avec autant de férocité que lorsqu'il était encore un homme.

Zeus retourna dans les cieux et convoqua les dieux à un conseil. Dès qu'ils furent rassemblés, la voix du dieu suprême tonna, décrivant les horreurs de la terre.

« J'ai déjà foudroyé un palais, dit-il, mais tous les mortels, sans exception, doivent être punis. Je voudrais brûler toute la terre par la foudre, mais je crains qu'un tel incendie n'atteigne les cieux. Nous connaissons tous la prophétie selon laquelle le monde entier périra par les flammes. C'est pourquoi j'ai choisi le déluge pour laver la surface de la terre des démons et de l'indigne race humaine qui l'habitent. »

Une autre version, plus fun, du déluge (suite)

Alors Zeus enferma dans une caverne le vent du Nord ainsi que les rafales qui dispersent les nuages et libéra le vent du Sud. Celui-ci déploya ses ailes ruisselantes et s'élança, un épais brouillard au front, sa barbe grise dégoulinante de pluie. De sa main droite, il pressait et tordait des nuages noirs, exprimant des torrents d'eau. Poséidon, dieu des flots, aidait son frère Zeus dans sa tâche : il appela les dieux de toutes les rivières et de tous les fleuves et leur ordonna de laisser les cours d'eau sortir de leur lit, briser les digues et inonder les habitations. Les eaux envahirent les villages et les villes, recouvrant les champs, les buissons et les arbres. Bientôt, le niveau atteignit les toits et même le sommet des tours. Les gens essayaient de se sauver en nageant, mais la pluie les assommait. Quelques-uns parvinrent à gagner le sommet des montagnes, mais bientôt l'eau les submergea, entraînant leurs corps dans les profondeurs infinies de la mer nouvelle. Ceux qui montèrent dans des barques et des bateaux pour essayer de sauver leur vie firent naufrage sur les anciennes montagnes transformées en récifs. Des poissons étranges nageaient dans les profondeurs – au sommet des arbres –, passaient çà et là à travers les maisons et les temples dont les fenêtres et les portes avaient été arrachées par la tempête. Les cerfs, les loups et les sangliers luttaient en vain contre les vagues, et les forêts étaient peuplées de dauphins. La terre devint une mer immense. Même les oiseaux, épuisés par leur vol, finissaient par tomber dans l'eau faute de pouvoir se percher. Celui qui ne fut pas englouti par les vagues mourut de faim.

Dans le pays de Phocide, le mont Parnasse s'élevait encore au-dessus de l'eau. Un petit bateau, dans lequel s'étaient réfugiés Deucalion, fils de Prométhée, et Pyrrha, sa femme, s'avançait dans sa direction. Prométhée les avait prévenus à temps et leur avait donné une robuste embarcation.

Lorsque Zeus vit que les seuls rescapés étaient Deucalion et Pyrrha, tous deux honnêtes, justes et pieux, il dispersa les nuages, montrant les cieux à la terre et la terre au ciel. De même, Poséidon posa son trident qui avait soulevé la mer, appela son fils Triton et lui demanda de souffler dans sa conque. Triton sut souffler avec une telle force que le bruit emplit toute l'atmosphère. Il souffla et les eaux se mirent à refluer, les rivières retournèrent dans leur lit et la mer revint à ses anciens rivages.

Deucalion et Pyrrha arrivèrent au mont Parnasse, se mirent à genoux et remercièrent les dieux de les avoir laissés en vie. Puis ils regardèrent autour d'eux et ne virent qu'un désert. Les forêts retenaient encore dans les branches des arbres quelques parcelles de terre ; tout était silencieux et privé de vie. Deucalion soupira doucement :

« Chère Pyrrha, dit-il, nous sommes les seuls survivants ; qu'allons-nous faire ? Si seulement je pouvais comme mon père créer un homme avec l'argile ! » Les yeux pleins de larmes, Deucalion et Pyrrha se mirent à prier sur les marches pleines de mousse du temple de Zeus. Ils l'implorèrent de les aider à rendre la vie à la terre, et le maître des dieux, ému, leur donna ce conseil :

« Quittez ce temple, voilez vos têtes et jetez derrière vous les ossements de votre grand-mère. »

Perdus dans leurs pensées, ils quittèrent le temple sans parvenir à comprendre pourquoi ils devaient ainsi troubler la paix de leurs ancêtres. Ils réfléchirent longtemps quand, soudain, Deucalion comprit que la grand-mère dont parlait le dieu était la Terre.

« La Terre est notre grand-mère à tous, dit Deucalion, et ses ossements ne peuvent être que les pierres. »

Une autre version, plus fun, du déluge (suite)

Il doutait que des cailloux puissent faire revenir la vie sur terre. Pourtant, aidé de Pyrrha, il en ramassa et les jeta par-dessus son épaule. C'est alors que le miracle se produisit : à peine touchaient-elles la terre qu'elles se transformaient en corps humains. Les pierres que Deucalion jetait se transformaient en hommes, celles que jetait Pyrrha se transformaient en femmes.

C'est ainsi que vint au monde une nouvelle race d'hommes, actifs et résistants au travail et à la souffrance, race issue de la pierre et dure comme elle.

Chapitre 4

Les dieux olympiens, plus grands, plus jeunes et plus beaux que tout le monde

Dans ce chapitre :

- Zeus, le roi des dieux
- Poséidon, le dieu de la Mer
- Hadès, le dieu des Enfers
- Les dieux plus jeunes : Apollon, Héphaïstos, Hermès, Arès et Dionysos

La plupart des dieux grecs vivaient officiellement sur le mont Olympe. Cette montagne existe encore aujourd'hui dans le nord de la Grèce. Les dieux l'ont probablement choisie parce qu'elle est réellement élevée, et donc proche des cieux. De plus, son sommet est souvent entouré de nuages, ce qui le rend mystérieux.

Les Grecs pensaient que le monde était divisé en plusieurs domaines : le Ciel, la Terre, l'Océan et les Enfers. Ils avaient des divinités pour gérer chacun de ces domaines. Les dieux se sont partagé l'Univers, mais Zeus était le roi suprême. D'autres dieux étaient responsables de divers aspects de l'existence humaine – la médecine, la musique, l'amour, le vin et le soleil. Tout bien considéré, ils administraient les affaires des humains et, occasionnellement, intervenaient dans les vies de mortels.

Ce chapitre traite des principaux dieux, mais on en trouve de temps en temps d'autres dans des mythes. Parfois, des dieux anciens sont incorporés à de nouveaux, mais sans perdre systématiquement leur nom. Il suffit de dire qu'il y avait de très très nombreuses divinités. À chacun la sienne !

Zeus et ses frères, Poséidon et Hadès

Selon la plupart des écrivains de l'Antiquité, Zeus, Poséidon et Hadès étaient frères. Ils étaient les fils de Rhéa et de Cronos. Après avoir vaincu les Titans et d'autres monstres (voir le chapitre 5), ils se partagèrent le monde. À cette fin, ils tirèrent au sort, ce qui équivaut à tirer à la courte paille ou à jeter les dés. L'histoire ne nous dit pas si l'un des trois a triché à ce petit jeu.

Voici le résultat :

- Poséidon obtint les océans et les mers ;
- Hadès obtint les Enfers ;
- Zeus reçut les cieux et la terre.

Comme Zeus obtint les cieux, cela fit de lui le roi de tous les dieux.

NOTE TECHNIQUE

La plupart de ces informations sont tirées d'un poème, *La Théogonie* (« naissance des dieux »), écrit par Hésiode.

Poséidon

Fils de Cronos et de Rhéa, Poséidon, dieu de la Méditerranée, fut élevé par les Telchines. Célèbre, comme tous les Dieux de l'Olympe, par ses amours avec les immortelles, telles Déméter ou Amphitrite, son épouse légitime, ou même avec des monstres comme Méduse, il engendra surtout des créatures néfastes, tels les Cercopes, les Aloades, Chrysaor ou le Cyclope Polyphème. Il se mêla souvent des affaires des mortels ; avec Apollon, il participa à la construction des murailles de Troie ; il chercha en vain à ravir à Athéna la suprématie sur l'Attique et, furieux d'avoir été joué, il frappa de son trident le rocher de l'Acropole d'Athènes, qui en portait encore la trace à l'époque historique. Il disputa sans succès à Hélios la ville de Corinthe, et à Héra celle d'Argos.

Au cours de la guerre de Troie, il prit le parti des Grecs par rancune contre les Troyens, qui ne s'étaient pas acquittés de leur dette lorsqu'il construisit leur mur. Il consentit cependant à protéger Énée, en le dérobant à la vue d'Achille, qui s'apprêtait à le tuer.

Dieu des Tremblements de terre et dieu de l'Élément liquide, dont la représentation la plus impressionnante est la mer dans son immensité et sa puissance sauvage, Poséidon réside aux fonds des eaux. Parfois, il sort de son palais sur un char attelé de chevaux aux couleurs d'algues et d'écume, pour diriger les mouvements des flots, apaiser ou susciter des tempêtes, en frappant la mer de son trident ou en hurlant des ordres de son énorme et profonde voix. Les marins le vénèrent et l'implorent afin d'obtenir une bonne traversée. Son pouvoir s'étend non seulement sur l'élément marin, mais aussi sur les eaux douces et les Nymphes ; ainsi, il concourt, en dissipant l'humidité, à la fertilité des champs, et il est souvent considéré comme une divinité agraire.

Hadès

Fils de Cronos et de Rhéa, Hadès, après le partage de l'Univers en trois parties, acquit la possession souveraine sur le monde inférieur, tandis que son frère Zeus régnait sur les cieux et Poséidon sur les mers. Époux de Perséphone, qu'il enleva à la Terre et à sa mère Déméter, Hadès est un dieu redouté des Grecs. Justicier impitoyable, il est assis au fond des Enfers sur un trône et tient dans sa main un sceptre avec lequel il gouverne sans pitié les âmes des morts qui peuplent son sombre et inconnu royaume. Il porte sur la tête un casque qui rend invisible ; les Cyclopes lui en firent don et lui-même le prête parfois aux héros des légendes auxquels il a décidé d'apporter aide et protection. Entouré des divinités des Enfers, ses servantes, des messagères, il dicte à la Terre la terrible loi de la mort. Pourtant, tout comme son épouse Perséphone, terrible déesse des Enfers, mais douce aux hommes de la Terre auxquels elle apporte fertilité et abondance des moissons, Hadès est parfois surnommé Pluton (" le Dispensateur de richesses ") ; il est invoqué par les agriculteurs, et on le représente sous les traits d'un dieu placide, tenant d'une main la corne d'abondance et, de l'autre, des instruments aratoires. Au cours de ses séjours sur la Terre, Hadès commet toujours quelques infidélités avec les mortelles ou des nymphes de la végétation et des bois.

La double attribution de la Mort et de la Vie revêtue par Hadès est, dans la mythologie, commune à presque toutes les grandes divinités des Enfers.

Le roi Zeus, amateur de femmes et de coups de foudre

En sa qualité de roi du Ciel, Zeus contrôlait le tonnerre, les éclairs, les nuages et la pluie. On l'appelait le dieu du Ciel, et comme chaque dieu et chaque déesse, il avait des attributs particuliers : l'aigle, le chêne. Les anciens Grecs croyaient que la foudre tombait du Ciel lorsque Zeus projetait ses éclairs comme des javelots.

Appelez-moi par mon surnom

Zeus, comme la plupart des dieux grecs, possédait diverses *épithètes*, semblables à des diminutifs mais à l'intention un peu plus sérieuse, en fonction de ce que la personne qui faisait appel à lui voulait qu'il fît. En voici quelques-unes :

- **Zeus Xenios** : signifie « Zeus protecteur des hôtes ». Les voyageurs à la recherche d'un endroit où s'arrêter se servaient de ce nom pour lui adresser ses prières, car Zeus veillait alors à ce que les hôtes traitent bien leurs invités ;

- **Zeus dieu du Tonnerre** : pour quelqu'un qui voulait de la pluie, c'était le meilleur choix ;
- **Zeus Eleutherios** : signifie « Zeus de la Liberté ». Les Athéniens, qui vivaient sous un gouvernement démocratique et se trouvèrent en guerre contre le roi de Perse, lui adressèrent leurs prières pour obtenir de la force dans la bataille ;
- **Zeus Nephelegereta** : signifie « Zeus l'assembleur des nuées ». C'était Zeus lorsqu'il envoyait des orages. Dans le même style, on le surnomme aussi Zeus Keraunos, « Zeus la foudre ».

Les anciens Grecs savaient que d'autres cultures possédaient des noms différents pour les dieux, mais ils supposaient que tout roi des dieux, quel que soit son nom, c'était Zeus. Ils se servirent donc des noms de dieux étrangers comme d'épithètes au nom de Zeus. Amon était le maître des dieux de la cité égyptienne de Thèbes. (Une cité que les anciens Grecs trouvaient impressionnante.) Les Grecs s'adressaient à lui sous le nom de *Zeus-Amon*. C'était un bon moyen d'assurer ses arrières.

Certains chercheurs croient que Zeus était en fait une combinaison de dieux de divers pays ayant existé auparavant. Chaque fois que le culte de Zeus arrivait à une cité qui possédait déjà un dieu, les deux étaient associés sous le nom de Zeus. Cela explique peut-être pourquoi Zeus eut autant d'aventures avec des femmes mortelles, car les cités aimaient affirmer que leurs dirigeants descendaient d'un dieu, et c'est Zeus au bout du compte qui était mentionné.

Zeus et sa légitime

Zeus était marié à la déesse Héra. Héra était une déesse complexe, tantôt adorée comme la déesse de la Campagne (et des jardins et des animaux sauvages), tantôt comme la protectrice des cités (en particulier de la ville d'Argos). Mais après son mariage à Zeus, elle représente le plus souvent la royauté, et on l'appela alors le plus souvent la *reine Héra*. Le mariage était l'une des institutions humaines associées à Héra, ce qui est quelque peu ironique, vu que son couple avec Zeus était habituellement plutôt tendu. Reportez-vous au chapitre 5 pour en savoir plus sur les rapports d'Héra avec son mari : ces deux-là auraient été pain bénit pour certains *talk-shows* télévisés d'aujourd'hui.

Oui, petite, je suis un dieu... Et toi, tu es de quel signe ?

Zeus adorait les femmes humaines et rendait assez souvent visite à ses élues. Il aimait bien se métamorphoser pour que les hommes ne puissent pas le reconnaître. Certaines des formes qu'il adoptait étaient assez bizarres. Ces accouplements donnaient habituellement des rejetons semi-divins, ce qui rendait Héra folle de rage et de jalousie. Voici une liste des maîtresses de Zeus les plus célèbres (cherchez le garçon) :

- **Danaé** : métamorphosé en une pluie d'or il la féconda. C'est ainsi qu'elle donna naissance au héros Persée.
- **Alcmène** : mère d'Héraclès. Zeus lui apparut sous les traits de son propre mari, Amphitryon. Il passa la nuit avec elle. Quand le véritable mari rentra chez lui, il fut surpris de trouver son épouse pas très enthousiaste au lit – elle devait être fatiguée ! Elle donna naissance à deux jumeaux : Héraclès était le fils de Zeus, et l'autre bébé, Iphiclès, celui de son mari.
- **Léda** : Zeus se métamorphosa en cygne pour rendre visite à Léda, qui était l'épouse du roi Tyndare de Sparte et la mère de Castor et Clytemnestre. Elle eut deux enfants immortels de lui :
    - Hélène de Troie
    - Pollux, du duo Castor et Pollux.

  NOTE TECHNIQUE

  En raison de la forme qu'avait prise Zeus à son affaire avec Léda, ces enfants-là sortirent d'un œuf ! (voir le chapitre 7 pour en savoir plus sur Hélène).
- **Io** : avec la superbe Io, Zeus essaya de métamorphoser sa maîtresse au lieu de lui-même. Il la transforma en une superbe génisse blanche. Héra, son épouse jalouse et qui n'était pas dupe, demanda à Zeus de lui donner en cadeau la vache Io, puis elle lui envoya un taon pour la tourmenter constamment. Après quelques péripéties, Io se retransforma finalement en femme et devint une ancêtre d'Héraclès. La mer Ionienne porte son nom. Le poète romain Ovide raconte l'histoire de la pauvre Io (qui vraiment n'avait rien demandé de tout ce qui lui arriva) dans ses *Métamorphoses*.
- **Europe** : Zeus se transforma en un superbe taureau et enleva Europe pour l'emmener au-delà de la mer Égée, en Crète. L'un de ses fils, Minos, devint roi de Crète. Europe donna son nom au continent que nous connaissons bien.
- **Ganymède** : toutes les amours mortelles de Zeus n'eurent pas des femmes pour objet. Ganymède était un superbe jeune prince troyen. Zeus se transforma en aigle et l'emporta vers l'Olympe où Ganymède lui servit du vin et lui accorda d'autres faveurs. En retour, le père de Ganymède reçut de magnifiques chevaux de race.

Ce n'est pas facile d'être roi

Zeus était roi, mais il n'était pas tout-puissant. Non seulement il subissait les reproches de son épouse, mais, dans certaines histoires, il est incapable de changer le cours du destin. Par exemple, au cours de la guerre de Troie (voir le chapitre 7), l'un des nombreux fils illégitimes de Zeus, Sarpédon, était un guerrier du camp troyen. Dans *L'Iliade*, Zeus apprend que Sarpédon est sur le point d'être tué dans une bataille. Il dit à Héra qu'il est tenté de sauver cet homme. Ce sur quoi Héra lui réplique : « Fais ce que tu voudras, mais nous, les autres dieux, nous ne t'obéirons plus si tu t'opposes au Destin. » Il semble donc que Zeus *ait pu* défier le Destin, mais au prix de son autorité.

Poséidon, dieu de la Mer et parfait macho

Poséidon était dieu de la Mer. Il était aussi responsable des tremblements de terre, et les chevaux et les taureaux lui étaient consacrés. C'est lui qui causait les tempêtes et pouvait aussi calmer les eaux s'il le voulait. Son épouse s'appelait Amphitrite, c'était l'une des 50 filles de Nérée, un ancien dieu marin. Ils eurent une fille appelée Triton.

Personne ne sait pourquoi le dieu de la Mer était également associé aux chevaux. Certains chercheurs ont avancé l'hypothèse que l'adoration de Poséidon est arrivée en Grèce en même temps que les chevaux. Les anciens Grecs lui sacrifiaient des chevaux, surtout des étalons (Poséidon avait une réputation d'extrême virilité). D'après certains auteurs, le cheval ailé Pégase était son rejeton, il avait émergé de la mer après que le sang de la Méduse y fut tombé. (Voir le chapitre 6 pour en savoir plus sur Pégase.)

Tel est son nom, mais il en avait d'autres

On appelait Poséidon le « causeur de tremblements de terre », ce qui convenait bien à ce dieu qui détenait aussi le « portefeuille » des tremblements de terre. Parmi ses autres épithètes, citons encore Gaiechos « celui qui détient la terre », Pelagios, « celui qui hante la mer », Hippios, « le seigneur des chevaux », Taurreios, « le maître des taureaux », etc.

Un public maritime

Les marins et les pêcheurs adoraient Poséidon, pour des raisons qui sont évidentes. De nombreuses villes côtières se baptisèrent Poséidonia et en firent leur patron.

ANECDOTE

La Figure 4-1 montre *peut-être* Poséidon, que l'on représentait souvent portant un trident. Les pêcheurs de thon se servaient de tridents pour transpercer les poissons.

NOTE TECHNIQUE

Les Anciens identifiaient des statues et d'autres représentations artistiques des dieux et déesses à leurs *attributs*, c'est-à-dire aux choses qu'ils ou elles portaient ou transportaient. Par exemple, un homme d'âge mûr portant un éclair représentait Zeus, mais, s'il portait un trident, c'était Poséidon. Un beau jeune homme avec une couronne de lauriers représentait Apollon ; s'il était orné de lierre, c'était Dionysos.

Figure 4-1 : ce que ce dieu était en train de lancer expliquerait tout : un éclair indiquerait Zeus, un trident Poséidon.

Mais c'est moi qui la voulais, cette ville !

Poséidon se trouva impliqué un jour dans des enchères pour déterminer quel dieu ou quelle déesse deviendrait patron d'Athènes (qui ne portait pas encore de nom). Poséidon promit des chevaux et fit en sorte qu'une source d'eau salée coule depuis la colline de l'Acropole vers le centre de la ville. Athéna promit aux habitants une multitude d'oliviers. Or, les chevaux ne sont pas très à l'aise dans une campagne aussi rocailleuse que celle qui entoure Athènes, et une source d'eau salée n'est pas non plus très pratique. En revanche, les oliviers sont parfaits. Bien avant l'invention des cocktails, les olives étaient déjà incroyablement utiles, principalement pour leur huile. Les gens la brûlaient dans des lampes pour s'éclairer, ils la transformaient en savon, ils se traitaient les cheveux avec, et ils la consommaient (miam, pleine de calories, et moins cher que de la viande). C'est donc Athéna qui l'emporta, et la capitale de la Grèce moderne (*Hellas* comme disent les Grecs) s'appelle aujourd'hui « Athènes », et non « Poséidonia ».

Un père pas toujours très heureux

Poséidon avait une dent contre Ulysse, ce héros mortel, car celui-ci avait crevé l'unique œil de son fils, le Cyclope Polyphème (voir le chapitre 6). Un autre de ses fils, Orion, le guerrier géant, fut tué par Artémis. Après sa mort, Orion le chasseur fut placé parmi les astres et forme aujourd'hui la constellation qui porte son nom. Les trois étoiles de la Ceinture d'Orion sont particulièrement visibles, et leur apparition dans le ciel annonce la venue de l'hiver.

Hadès, le dieu des Enfers

Hadès était le dieu des Enfers et le roi des morts. Il est évident que régner sur les Enfers est un job à temps complet, et Hadès n'avait donc pas d'autre portefeuille comme ses frères Zeus et Poséidon.

Les portes des Enfers étaient gardées par Cerbère, un chien à trois têtes. Cerbère remuait la queue pour accueillir les nouveaux venus aux Enfers, mais il dévorait tous ceux qui essayaient d'en partir. Les Enfers, c'était un lieu froid, sombre, et tout simplement pas marrant. Il ne fallait pas s'attendre à un pique-nique sympa dans un joli parc !

Hadès prend plusieurs noms, mais jamais de vacances

Hadès était souvent appelé *Ploutôn* (ce qui signifie « le donneur de richesses »), ou *Pluton*. En effet, l'or, l'argent et les pierres précieuses étaient extraits du sol, et c'était le royaume d'Hadès. Hadès est parfois accompagné de l'épithète « aux rênes d'or » par référence au chariot dont il se servait pour se déplacer. Et il possède aussi l'épithète rituelle « Le Gardien » car c'est à lui qu'incombe la charge de garder les morts aux Enfers. Ces épithètes rituelles indiquent que, bien qu'Hadès n'ait certes pas été le préféré de tout le monde, il n'était en fait pas méchant. Hadès n'était donc pas une version grecque de Satan, et son royaume ne ressemblait pas non plus au concept chrétien de l'Enfer.

La route qui mène nulle part

La route vers les Enfers était la même pour tout le monde ; les bons comme les méchants n'avaient pas d'établissements séparés, bien que certains des méchants aient été séparés des autres pour recevoir une punition spéciale.

L'enlèvement de Perséphone

Hadès était marié à Perséphone, la fille de Déméter. On ne peut pas vraiment dire qu'il lui en demanda la main. Au contraire, il l'enleva tandis qu'elle était en train de cueillir des fleurs avec ses amies, et il l'emmena de force aux Enfers. Comme sa mère Déméter refusait de travailler depuis et que le monde souffrait de famine, Zeus enjoignit à Hadès de rendre Perséphone à sa mère.

Avant le départ de Perséphone, pourtant, Hadès la pria de se souvenir de lui avec de tendres pensées, et il lui donna une grenade. Ce fruit était la nourriture spéciale des morts, et Perséphone en avala un grain avant de s'en aller. Comme elle en avait mangé alors qu'elle se trouvait encore aux Enfers, elle fut condamnée à y passer quatre (ou six) mois chaque année avec Hadès (il était interdit à quiconque avait absorbé de la nourriture de quitter les Enfers). Pendant ce temps, sa mère se lamentait de son absence, refusait de travailler, et c'était l'hiver sur la Terre.

Perséphone

Fille de Déméter et de Zeus, Perséphone porte aussi le surnom de Coré. À l'insu de Déméter, Zeus l'avait promise à son frère Hadès. Tandis que la jeune femme cueillait un jour des fleurs dans la campagne en compagnie de ses amies et des nymphes insouciantes, elle aperçut un beau narcisse dont elle s'approcha et qu'elle cueillit. À cet instant, la terre s'entrouvrit, Hadès sortit de la crevasse et enleva sa nièce sur son char. Déméter, folle de douleur, car elle ne savait qui lui avait ravi sa fille, partit à sa recherche et erra dans le monde pendant neuf jours et neuf nuits.

Au bout de ce temps, Hélios, ému, lui apprit le nom du ravisseur. Pour se venger, Déméter quitta l'Olympe et cessa de faire fructifier la Terre. Inquiet alors sur le sort des mortels, Zeus envoya Hermès dans le monde des Enfers pour y chercher Perséphone et la ramener à sa mère, à la seule condition que, durant son séjour dans le monde souterrain, elle n'eût rien mangé. Hadès, devinant la ruse de Zeus, donna à son épouse des grains de grenade. Ainsi, pensait-il, il pourrait garder Perséphone. Pourtant, le dieu fut obligé d'accepter un compromis. Perséphone ne resterait auprès de lui que six mois et demeurerait l'autre moitié de l'année auprès de Déméter.

La légende de cette divinité est facile à interpréter : Perséphone, enfermée dans les Enfers, n'est autre que les grains de blé, ensevelis sous terre durant l'automne et l'hiver. Au retour du printemps et durant l'été, à la germination des plantes correspond le retour de Perséphone auprès de sa mère, dont les mystères d'Éleusis symbolisent le caractère sacré. D'une manière générale, Perséphone demeure avant tout la femme d'Hadès, la majestueuse reine des Ombres, la mère des terribles Érinyes. Dans les œuvres d'art, elle atteste ce caractère redoutable que lui ont attribué les écrivains grecs. Sévère et grande, assise sur un trône à côté de son époux, elle tient un flambeau et parfois un pavot, dont les vertus soporifiques symbolisent le sommeil annuel – si proche de la mort – de la terre.

Plus mort que moi, tu meurs !

Malgré leurs débuts peu prometteurs, Hadès et Perséphone semblent avoir eu un ménage relativement tranquille, et Perséphone fut appelée « reine des morts ». Ils n'eurent pas d'enfants. De toute façon, des enfants n'auraient pas été à leur place aux Enfers.

Les Olympiens de la deuxième génération : des jeunes gens bien élevés !

Outre le trio formé par Zeus, Poséidon et Hadès, il y avait d'autres dieux mâles : Apollon, Héphaïstos, Hermès, Arès et Dionysos. À l'exception d'Héphaïstos, ils étaient tous jeunes et beaux. En fait, il semble que les Grecs se représentaient leurs dieux et leurs déesses comme des êtres humains parfaits. Les dieux avaient certains pouvoirs et ils étaient immortels. Ils demeuraient éternellement dans la force de l'âge, mais à part ça, ils étaient comme des gens assez normaux.

Comme pour Zeus et Poséidon, chacun de ces dieux virils possédait ses propres domaines d'expertise et d'autorité.

Apollon, un bel et élégant athlète

Apollon, fils de Zeus et de Léto, était le frère jumeau d'Artémis. Artémis naquit la première et aida sa mère à accoucher d'Apollon. Il naquit sur l'île de Délos.

Apollon était magnifique. Il a toujours été représenté comme un jeune homme extrêmement beau. C'était le dieu de la Lumière, de la Vérité et de la Guérison. C'était aussi un athlète. Le laurier était sa plante préférée, et les athlètes victorieux recevaient une couronne de laurier lorsqu'ils remportaient des compétitions sportives. Il est le musicien qui charme l'Olympe quand il joue de la lyre.

Apollon et l'oracle de Delphes

L'un des rôles les plus importants d'Apollon était celui de patron de la Pythie, l'oracle de Delphes. Cette ville était comme le centre du monde pour les Anciens (les hommes de l'Antiquité gréco-romaine). Tous ceux qui voulaient connaître leur destin s'y rendaient pour obtenir une prophétie de la prêtresse, qui inhalait les vapeurs d'une fissure dans la terre et révélait ensuite les messages que le dieu lui confiait.

Le joueur de lyre

Apollon était célèbre pour sa musique, et jouait souvent de la lyre, un type d'instrument à cordes qui ne ressemblait probablement pas du tout à une guitare moderne. Les Grecs considéraient que la lyre était un instrument raffiné et bien comme il faut, contrairement aux flûtes préférées par l'entourage de Dionysos.

La musique adoucit les mœurs, dit-on, mais malgré ça et le fait qu'il soit un dieu de la musique, il n'était pas forcément très gentil. Un jour, un satyre (pour en apprendre plus sur les satyres, voir plus loin) du nom de Marsyas, le défia à une joute musicale. Il fut convenu que le vainqueur pourrait faire ce qu'il voudrait au perdant. Apollon joua de sa lyre et Marsyas de la flûte. Il avait trouvé cette flûte qu'Athéna avait jetée parce qu'elle n'aimait pas que son visage fût déformé lorsqu'elle en jouait. Au cours de la joute, Apollon tourna sa lyre à l'envers et mit Marsyas au défi de faire de même avec la flûte, ce dont il fut incapable. Apollon, vainqueur, le tua en le pendant à un pin pour l'écorcher vif.

Le dieu du Soleil, de la Médecine et d'autres nobles activités

Apollon était parfois identifié au dieu Soleil. Il conduisait son char chaque jour à travers le ciel, en traînant le soleil de l'est à l'ouest. D'autres histoires racontent que le dieu en question s'appelait au contraire Hélios, le soleil personnifié.

La Médecine et la Purification étaient aussi des domaines d'Apollon. Lorsque Oreste tua sa mère (parce qu'elle avait tué son père), le jeune homme s'enfuit à Delphes pour demander à Apollon de le purifier. Quiconque avait tué l'un de ses parents, même par accident, se couvrait d'impuretés, un type de pollution invisible, mais suffisamment puissant, pour empêcher le parricide de pouvoir fréquenter d'autres personnes. Apollon et ses prêtres connaissaient les rites d'élimination des miasmes qui permettaient aux parricides repentis de retourner à la vie normale.

Apollon était aussi le patron des poètes, et on disait parfois aussi qu'il était le conducteur des Muses (Apollon musagète).Apollon n'est crédité que d'un seul enfant, Esculape (Asclépios en grec), qu'il eut avec la belle Coronis. Ce dieu de la médecine avait son sanctuaire à Epidaure, à côté du superbe théâtre, toujours en place.

Les attributs d'Apollon

Apollon possédait plusieurs attributs. La lyre, une harpe grecque inventée par Hermès, était l'un d'eux. Le laurier était ainsi nommé parce que (du moins selon le poète romain Ovide) une jeune femme appelée Daphné (laurier en grec) se transforma en laurier pour échapper aux ardeurs amoureuses d'Apollon (l'histoire est racontée un peu plus loin). Le dauphin est également l'un des autres symboles d'Apollon, car Apollon envoya un jour un dauphin sauver la vie d'un jeune harpiste nommé Arion, qui se trouvait sur un bateau sur le point d'être jeté par-dessus bord par de méchants marins. On raconte également qu'Apollon arriva à Delphes à dos de dauphin.

Le bel Apollon

Comme d'autres dieux, Apollon était également connu sous de multiples épithètes rituelles. Certaines des plus populaires sont :

- **Apollon Phoebus** : qui signifie brillant ;
- **Apollon Délien** : d'après le nom de l'île Délos où il naquit ;
- **Apollon Pythien** : Dieu solaire, Apollon avait naturellement le don de la prophétie. Il se rendit à l'oracle de Delphes, qui était gardé par le serpent *Python*, qui essaya de l'empêcher de s'approcher. Mais Apollon tua le serpent et instaura son propre oracle à Delphes.
- **Apollon Smintheus** ou **Apollon le Rat** : c'est la manifestation du dieu qui envoyait la peste, comme cela nous est raconté au début de *L'Iliade*. Cette épithète provient peut-être aussi de la vénération particulière du dieu dans la cité de Sminthe, près de Troie.
- **Apollon Loxias** ou **Apollon l'Oblique** : parce que les réponses qu'il rendait dans ses oracles étaient souvent ambiguës.

- **Apollon Epikourios**, le Secourable, quand il épargne les humains de la peste.

Apollon consultait des devineresses appelées *Sibylles*. (Sibylle est un prénom encore assez courant aujourd'hui.) La Sibylle la plus célèbre était la grande prêtresse de Delphes, la *Pythie*, (nommée d'après le serpent python). La Pythie mâchait des feuilles de laurier ou inhalait de la vapeur qui sortait de fissures dans les rochers, entrait en transe, puis disait aux gens leur avenir.

Daphné métamorphosée en laurier

Daphné était la fille du dieu d'un fleuve. Elle était incroyablement belle, mais elle ne s'intéressait nullement aux hommes, et préférait courir librement dans les bois.

Un jour, Apollon la vit et en tomba immédiatement amoureux. Il alla vers elle, mais elle s'enfuit. Il la poursuivit à travers les bois, en lui criant qu'il était un dieu, qu'il l'aimait, et qu'elle daigne bien s'arrêter pour qu'ils puissent enfin faire l'amour. Mais Daphné continua de courir.

Elle atteint finalement la berge du fleuve de son père au moment même où Apollon allait la rejoindre. Juste au moment où il allait l'attraper, elle cria à son père de l'aider. Pour ce faire, il la transforma en laurier (« laurier » se dit *daphnê* en grec) ; la Figure 4-2 montre Apollon ne pouvant se saisir de Daphné, en train de se métamorphoser.

Apollon déclara alors, comme consolation en quelque sorte, que le laurier serait désormais son arbre préféré. Et Daphné n'eut pas besoin de se donner.

Figure 4-2 : la métamorphose a sauvé la virginité de Daphné ou (vue pessimiste) elle l'a mise complètement sous la coupe d'Apollon. Dans la sculpture du Bernin, elle est déjà en train de se métamorphoser en laurier au moment où Apollon la rattrape.

Héphaïstos a des talents cachés...

Héphaïstos était le dieu du Feu et des Forges, ces grands trous brûlants dont se servaient les forgerons pour travailler le métal. Il était extrêmement adroit et capable de fabriquer absolument tout ce qu'il voulait, et chaque dieu désirant quelque chose de spécial, comme une armure de premier choix, par exemple, demandait à Héphaïstos de la fabriquer. Héra, reine des dieux, l'enfanta toute seule pour se venger de Zeus qui avait donné tout seul naissance à Athéna. (Voir le chapitre 5 pour savoir comment cela s'était passé.)

On ne peut pas vraiment dire qu'il était beau mec... tous les dieux ne sont pas foutus comme Apollon !

Héphaïstos était moche et handicapé. Certains récits attribuent cela au fait qu'Héra l'enfanta toute seule. Pour une société grecque dominée par les hommes, il semble évident que, si un homme engendre tout seul un enfant, cet enfant sera merveilleux (comme Athéna, fruit de l'effort de Zeus en solo – voir le chapitre 5), mais si une femme essayait, le résultat serait inférieur.

D'autres versions avancent qu'il était déjà né affreux, mais qu'il devint en plus handicapé lorsque Héra, en voyant combien il était laid, essaya de s'en débarrasser en le jetant du haut du ciel. D'autres encore prétendent que le bébé Héphaïstos n'avait en fait rien de spécial avant de tomber dans les griffes de Zeus. Le roi des dieux, en colère parce que Héra avait eu un enfant illégitime, jeta Héphaïstos de l'Olympe. Selon cette version, c'est cette chute qui rendit Héphaïstos estropié et laid.

En tout cas, Héphaïstos gagna sa place de l'Olympe avec le reste des divinités et bénéficiait d'un certain respect. Ironie immense, Héphaïstos, ce dieu si laid, était marié à la superbe Aphrodite.

C'était le seul dieu qui exerçait un métier digne de ce nom

Héphaïstos passait son temps à fabriquer des armures et des armes et à construire des maisons et des meubles pour ses compagnons les dieux. Les Grecs de l'Antiquité disaient que sa forge était située sous un volcan et que les éruptions de ce volcan étaient un signe que le dieu était au travail (le nom romain d'Héphaïstos est d'ailleurs Vulcain, d'où on a tiré le substantif volcan). La maman d'Achille, Thétis, une déesse, commanda à Héphaïstos une nouvelle armure pour son fils, dont faisait partie le fameux « bouclier d'Achille » décrit par Homère dans *L'Iliade* (voir le chapitre 7).

Les dieux olympiens, à l'exception peut-être d'Arès (voir la section suivante pour y trouver une explication) aimaient bien Héphaïstos, qui travaillait dur pour contenter tout le monde et pour faire cesser les disputes parmi les dieux. Homère décrit comment, alors qu'une querelle était en train de se déclencher au cours d'un banquet des dieux, Héphaïstos prit le pichet de vin et fit le tour de la table pour remplir la coupe de chacun ; la seule vue du dieu doux, laid et boitillant de manière affairée autour de la table fit tellement rire les dieux qu'ils en oublièrent leur dispute.

Les Athéniens adoraient eux aussi Héphaïstos, parce qu'il était pacifique, gentil, et patron des artisans. Un grand temple fut construit en son honneur dans l'Athènes de l'Antiquité. On l'appela l'*Hephaistion* ; c'est l'actuel « pseudo-Theseion » sur l'Agora.

Arès, le dieu de la Guerre

Arès était le dieu de la Guerre. Zeus et Héra étaient ses parents, mais ni l'un ni l'autre ne l'aimait particulièrement (du moins à en croire Homère).

Arès personnifiait les forces destructives de la guerre, il incarnait le rôle que les gens n'aiment pas vraiment. La déesse Athéna était, en revanche, elle aussi, une déesse de la Guerre, mais elle avait la responsabilité de l'usage intelligent de la guerre pour défendre la cité.

Arès

Fils de Zeus et d'Héra, Arès appartient à la génération des douze grands Dieux de l'Olympe. Cependant, il n'a jamais tenu une place importante dans le culte grec. Dieu de la Guerre et de la Lutte, son aspect brutal, son comportement violent et agressif, son amour du carnage et des batailles ne le rendent en effet sympathique ni aux mortels ni même aux dieux. Ainsi, les légendes l'ont souvent représenté au cours des combats dans des situations périlleuses d'où il ne sort pas toujours vainqueur. Pendant la guerre de Troie, il prend généralement parti pour les Troyens ; il doit se mesurer à la bravoure de certains héros, et aussi à l'intelligence calculatrice et raisonnable de la déesse Athéna. Ainsi voit-on Arès, blessé par le héros Diomède auquel Athéna a prêté son concours, s'enfuir en hurlant vers l'Olympe. Le dieu n'est guère plus heureux avec Héraclès, qui lui perce la cuisse d'une de ses flèches. Les Aloades le retiennent en prison dans un vase d'airain pendant de longues années, tandis que les dieux, ses frères, prennent plaisir à l'humilier en se réunissant en tribunal afin de le juger pour meurtre. Les amours d'Arès avec les mortelles sont nombreuses, car, en dépit de son caractère barbare, le dieu n'est pas dénué d'une certaine beauté, mûre et virile. Mais les enfants qu'il engendre sont des êtres frustes, des brigands, des êtres violents, comme le bandit Cycnos, Diomède de Thrace, Lycaon ou Oenomaos. Parmi les immortelles, seule Aphrodite conçut un fol amour pour Arès, qui symbolisait dans toute sa puissance la force passionnelle et sensuelle.

Importé de Thrace, son culte ne fut pas très répandu en Grèce. On comprend que les Grecs, dont l'esprit était porté aux subtilités de la raison et aux finesses de l'intelligence aient manifesté quelque répugnance à l'égard du dieu qui, au fond, tant par son origine que par son caractère et ses attributions, leur était quelque peu étranger. En revanche, les Romains le tinrent en haute estime et le confondirent avec leur dieu Mars.

Le type le plus sympa de la classe, ce n'était pas lui...

À cause de ses propensions violentes, les Grecs de l'Antiquité n'aimaient pas beaucoup Arès. Homère le fit combattre du côté troyen dans *L'Iliade*, alors qu'Athéna se battait du côté des Achéens. Arès était féroce et bruyant, et, en général, désagréable. Toutefois, les Grecs admiraient sans le moindre doute les guerriers courageux et le courage au combat, ce qui lui assurait quand même une certaine popularité. Une colline d'Athènes appelée *Aréopage*, ce qui veut dire « colline d'Arès » est le lieu où il fut jugé pour meurtre et acquitté (voir le chapitre 8). Un conseil politique important avait l'habitude de se réunir sur cette colline, peut-être pour parler de la guerre, ce qui expliquerait aussi le nom.

Même les autres dieux n'aimaient pas Arès. Dans *L'Iliade*, son propre père, Zeus, lui dit en face qu'il est « le plus haïssable des dieux ! »

... mais Aphrodite en était folle

Bien qu'Aphrodite fût mariée à Héphaïstos, elle était la maîtresse d'Arès. Certains chercheurs avancent l'hypothèse que ces deux-là se sont unis parce qu'ils représentaient tous deux les impulsions sauvages qui renversent l'ordre établi ; les gens fous de désir charnel ou ayant la soif de tuer ne prennent pas les décisions sensées qu'une déesse comme Athéna aurait préférées. Cette union donna naissance à trois fils :

- **Éros** (Amour)
- **Effroi**
- **Phobos** (Terreur)

Une scène assez drôle de *L'Iliade* raconte qu'Arès et Aphrodite furent surpris tous les deux au lit. Héphaïstos, le mari d'Aphrodite, avait suspendu un filet d'or au-dessus du lit, et lorsque les deux amants se mirent à leur affaire, il le leur fit tomber dessus et appela tous les autres dieux et déesses pour qu'ils viennent se moquer des amants captifs. Sa revanche n'eut pourtant pas tant de succès que ça, parce que la plupart des dieux furent d'avis que coucher avec Aphrodite, ça valait bien qu'on prenne le risque de se faire prendre dans un filet. Déesse de l'Amour et de la Beauté, elle séduisait et trompait les hommes.

Hermès a le pied léger et l'esprit vif

Hermès était le messager des dieux. C'était le fils de Zeus et de Maia, elle-même fille du Titan Atlas. C'était un beau jeune homme. Il portait un casque et des sandales ailées, et aussi une baguette autour de laquelle étaient enroulés des serpents, le *caducée*. Le caducée, comme celui de la Figure 4-3, était le symbole des hérauts dans l'Antiquité, et c'est aujourd'hui encore le symbole des médecins.

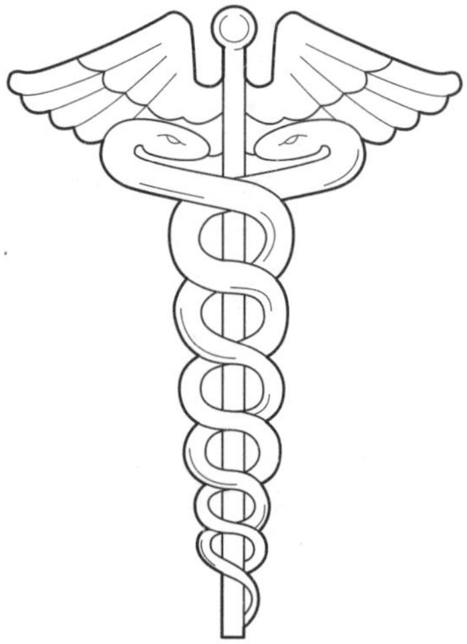

Figure 4-3 : notez le symbolisme varié du caducée depuis le XVIe siècle. C'est l'attribut des sciences médicales, des postes et des services diplomatiques.

Éros, le dieu du Sexe

Éros représentait le désir sexuel, qu'il fût hétérosexuel ou homosexuel, la pulsion qui attirait les gens les uns vers les autres avec un désir physique. On disait souvent que c'était le fils d'Aphrodite, et peut-être bien même le fils d'Arès, bien que, selon Hésiode, il ait existé dès la création du monde. Éros était très espiègle et adorait jouer des tours aux humains et aux dieux, en les rendant subitement amoureux. Dans l'imagerie hellénistique, c'était un magnifique jeune homme avec un arc et des flèches qu'il portait dans le dos ; ses flèches rendaient les gens amoureux. Éros était un dieu assez populaire de la Grèce antique, et des tas de gens participaient à son culte. De son nom vient l'adjectif « érotique » en français. Les Romains l'appelaient Cupidon (Désir), mais la version romaine et la version grecque diffèrent. Cupidon est un bébé mignon et potelé, alors qu'Éros est un adolescent malveillant et dangereux, dont les flèches sont bien réelles et peuvent tuer !

Ce dieu grec est l'une des forces primordiales qui dominent le monde avant la naissance des immortels et l'apparition des hommes. Son pouvoir s'étend non seulement aux êtres, mais aussi aux végétaux, aux liquides, aux fluides, bref à tout ce qui est. Il assemble, mélange, unit. Il est la vertu attractive qui engage les choses à se joindre et à créer la vie. Il ne doit nullement être confondu avec Cupidon, dieu romain, ou avec l'Amour, même si l'époque classique et les poètes ont fait d'Éros un auxiliaire de l'Amour, un fils d'Hermès ou d'Arès et d'Aphrodite, même si les artistes l'ont représenté comme un jeune garçon ailé, perçant de ses flèches le cœur des hommes ou allumant dans leur âme le flambeau de la passion. Éros demeure avant tout, avant même de figurer au nombre des Dieux, une entité abstraite : le désir qui rapproche et engendre les mondes.

Toujours sur la brèche

Hermès avait de nombreuses attributions. Il semble que sa vitesse lui ait permis de faire de nombreuses choses différentes en même temps. Voici les domaines qui lui sont réservés :

- patron du commerce et des commerçants ;
- il amenait les morts aux Enfers (Hermès Psychopompe) ;
- c'était le chef négociateur de Zeus dans les situations délicates (comme par exemple l'achat du prince troyen Ganymède), il faisait pour lui des courses et organisait ses liaisons amoureuses ;
- c'était le patron des enfants et des héros et il mettait les enfants divins en sécurité (c'est lui qui amena le bébé Dionysos aux Nymphes à Nysa) ;
- il guidait les bergers et mettait les voyageurs sur le bon chemin. C'était le patron des gardiens de troupeaux, et un dieu de la Fertilité et de la Prospérité ;
- c'était aussi un dieu des athlètes et du gymnase ;
- enfin, c'était le dieu des voleurs.

Les attributs d'Hermès

Les attributs d'Hermès sont ses célèbres sandales ailées, son « caducée » (la baguette surmontée de deux ailes avec deux serpents entrelacés que portaient les hérauts), et une houlette de berger, bien utile pour guider les gens durant leurs voyages et conduire les âmes des morts aux Enfers.

Et quelques-unes de ses épithètes

Les épithètes d'Hermès sont notamment Argeïphontès « tueur d'Argos », d'après le monstre qu'il avait occis dans sa jeunesse, et Psychopompos, « bergers ou guides des âmes » d'après le rôle de conducteur des âmes vers

Pan

Pan est un dieu mineur important, puisqu'il est le modèle des satyres et autres chèvre-pieds, dont le rôle dans l'art et la littérature occidentale est si important. Il s'agit sans doute d'une divinité originaire d'Arcadie, puisque c'est dans cette région montagneuse et boisée qu'il passe le plus clair de son temps. Fils d'Hermès, il a hérité de son père un goût prononcé pour le jeu et les mauvais tours. C'est un être hybride possédant un buste et un visage d'homme, mais des membres inférieurs de chèvre ; son front est en outre surmonté de cornes. Comme tous les satyres, auxquels il ressemble beaucoup, Pan a un appétit sexuel démesuré, et cherche à l'assouvir, tant qu'à faire, avec de jolies Nymphes ou de beaux éphèbes ; il se cache généralement dans l'ombre des bois et saute sur sa « proie ». C'est parce que les bergers grecs lui attribuaient des hurlements sauvages et inquiétants qu'ils entendaient dans les montagnes que l'on parle encore aujourd'hui de peur « panique ».

Hadès. Le poète comique athénien Aristophane s'est moqué de la tendance de sa propre culture à donner à chaque dieu un million d'épithètes. Dans sa comédie *Les Grenouilles*, deux personnages ont une dispute amusante sur le sujet de savoir s'il vaut mieux prier pour un père mort Hermès Patrios (Hermès des ancêtres) ou Hermès Chthonios (Hermès des Enfers).

Un père célibataire qui n'est pas né de la dernière pluie

Hermès n'avait pas d'épouse, bien qu'il eût des enfants. Un fils appelé Pan. Et la divinité Hermaphrodite, à la fois mâle et femelle, était l'enfant d'Hermès et d'Aphrodite. Elle avait des seins de femme et des parties génitales d'homme.

VOCABULAIRE

Cela nous donne l'adjectif *hermaphrodite*, qui signifie bisexué, et désigne un être vivant portant les organes génitaux des deux sexes.

L'inventeur de la lyre, c'est lui

Hermès était, dès sa naissance, extrêmement malin et rusé. Âgé d'un jour seulement, il vola tout le cheptel d'Apollon. Il conduisit ce bétail en le faisant marcher à reculons pour dissimuler la direction dans laquelle il s'était déplacé, sacrifia deux bêtes et cacha le reste dans une grotte. Apollon et lui-même se réconcilièrent après qu'Hermès eut rendu à Apollon son bétail et qu'il lui eut fait cadeau de la première lyre qu'il venait de créer. En effet, il venait juste d'inventer cet instrument en tuant une tortue et en tendant des cordes en travers de sa carapace. Cela donnait un son pincé agréable. Apollon adorait cet instrument, et il semble qu'il ait été suffisamment adroit pour en tirer de la musique.

Hermès : Les statues d'Hermès

La cité d'Athènes de l'Antiquité était pleine de statues rudimentaires, de la forme d'un poteau carré, dotées d'un visage et de parties génitales masculines. On les appelait Hermès et elles servaient à délimiter des routes ou des limites. Elles protégeaient la cité et les maisons, et les Athéniens les prenaient très au sérieux. Au cours du Ve s. av. J-C., un Athénien du nom d'Alcibiade, chef du parti démocratique, et ses amis furent accusés d'en avoir mutilé un grand nombre ; les Athéniens furent tellement en colère qu'ils envoyèrent Alcibiade en exil et confisquèrent ses biens.

Dionysos, le dieu de la Fête

Dionysos, dieu du Vin, de l'Ivresse et de la Végétation en général, était un retardataire parmi les Olympiens.

Dionysos était le fils de Zeus et de la princesse thébaine Sémélé, ce qui faisait de lui le seul dieu ayant pour mère une femme humaine. Il parvint aussi à la divinité au cours de sa vie contrairement à un autre, Héraclès (voir le chapitre 6), qui avait lui aussi un parent divin. Mais sa naissance fut très mouvementée. Alors que Sémélé était enceinte, Zeus lui promit, en prêtant serment sur le fleuve Styx, qu'il ferait tout ce qu'elle lui demanderait. Elle lui demanda de le voir dans toute sa gloire. Zeus fut atterré, car aucun humain ne pouvait le voir ainsi et continuer à vivre. Mais il avait promis, et donc il se montra à elle dans toute sa splendeur.

Ce qui devait arriver arriva : Sémélé fut immédiatement foudroyée. Zeus arracha de justesse du cadavre son bébé pas encore né et le plaça dans son propre corps, plus exactement dans sa cuisse (nous ne savons pas comment il a bien pu faire, mais c'est vraiment trop dommage pour les femmes que cette technologie n'ait pas survécu).

Une fois Dionysos né (« sorti de la cuisse de Jupiter », le nom romain de Zeus), Hermès emmena le bébé auprès de Nymphes pour que celles-ci l'élèvent dans la merveilleuse vallée de Nysa. Plus tard, Dionysos se languissait de la mère qu'il n'avait jamais connue et alla voir Hadès pour lui demander s'il pouvait la récupérer. Hadès accepta, et Dionysos amena Sémélé à l'Olympe pour qu'elle pût vivre avec les dieux. Héra, l'épouse de Zeus, fut, on le comprend, courroucée, et rendit Dionysos ainsi qu'Athamas et Ino souverains de Thèbes, temporairement fous. Au bout d'un moment, elle revint sur sa décision, et ils recouvrèrent tous la raison.

Les attributs pratiques...

L'attribut le plus communément associé à Dionysos est de loin la vigne, avec la grappe de raisin (source du vin), les feuilles, ou encore le lierre (une plante qui, comme la vigne, enivre). Les masques que les acteurs portaient dans des tragédies et comédies symbolisaient aussi Dionysos. D'ailleurs, les auteurs de théâtre présentaient leurs pièces au cœur de fêtes religieuses nommées les Dionysies.

... du païen né deux fois...

L'enfance de Dionysos lui valut l'épithète « né deux fois ». D'autres épithètes reflètent son identité de dieu de la Fête : Acratophoros (« celui qui apporte du vin pur »), « Nocturne », et « Porteur de torche ». D'autres épithètes se rapportent à la fertilité ou au monde de la nature : Fleuri, « au lierre » ou « de la peau de bouc noir ». Peut-être en raison des vertus magiques du vin, il possède aussi les épithètes de Sauveur et de Libérateur. Son épithète la plus connue est celle de « Bacchos », qui a donné chez les Romains son nom culturel de « Bacchus ». Et comme c'était une sorte de M. Tout-le-Monde parmi les dieux, on lui donne parfois le nom de « Citoyen Dionysos ».

… qui enseigna aux hommes la culture de la vigne

Une fois Dionysos adulte, il passa son temps à voyager sur terre pour enseigner aux hommes comment cultiver la vigne et produire du vin. Il était accompagné d'un entourage bien avant que les célébrités d'aujourd'hui ne commencent à en avoir. Il s'agissait de créatures inhabituelles, dont notamment :

- **les Ménades (c'est-à-dire « les Folles Furieuses », ou *Bacchantes* chez les Romains)** : adoratrices de Dionysos, ses « folles forcenées » ;
- **les Satyres** : Pan et les Satyres (appelés *Faunes* à Rome) étaient des créatures au corps d'homme au-dessus de la taille et au corps de bouc en dessous. Ils dansaient en jouant de la flûte, en buvant, et en faisant sauvagement l'amour entre eux et avec les nymphes des bois. On représentait souvent les satyres avec d'énormes érections ou jouant avec des godemichés géants. Pan était lui-même le fils d'Hermès, né en Arcadie (région de la partie centrale du Péloponnèse, pays idyllique selon la tradition poétique). Il adorait les bois et les montagnes, et c'était le dieu des chevriers et des bergers. Le mot *panique* vient de son nom, car lorsque les gens entendaient ses sons dans les bois la nuit, ils perdaient leur sang-froid (cf encadré de ce même chapitre) ;
- **Les Silènes** : selon certaines sources anciennes, ces créatures étaient à demi humaines, à demi chevalines, et fraternisaient avec Dionysos et Héphaïstos. Mais le temps passant, les Silènes furent assimilés aux Satyres.

Gare à ses colères !

Alors que Dionysos n'était encore qu'un petit garçon, il valait mieux éviter de le provoquer. Un jour, des pirates étrusques le repérèrent et décidèrent de le capturer, car il avait désormais l'apparence d'un beau jeune homme, aux cheveux noirs et avec une belle cape violette, et ils se dirent qu'il s'agissait probablement du fils d'un roi qui pourrait payer une bonne rançon. Ils s'emparèrent de lui et le traînèrent à bord de leur navire, mais, lorsqu'ils voulurent l'attacher, les cordes refusèrent de tenir.

Le capitaine ordonna aux marins de lever les voiles et de mener le bateau en mer, mais celui-ci refusa de bouger. Au lieu de cela, des vignes se mirent à pousser de partout dessus, et le vin à couler sur le pont. Dionysos se transforma en lion et rugit en s'adressant aux marins ; ils sautèrent tous par-dessus bord et furent transformés en dauphins.

Adorez-moi, sans plus tarder !

Les anciens Grecs avaient des sentiments mitigés vis-à-vis de Dionysos. D'un côté, ils aimaient la sensation de bonheur qu'ils avaient lorsqu'ils buvaient du vin, qui les rendait courageux, éloquents et confiants. En revanche, lorsqu'ils en buvaient trop, ils faisaient des bêtises.

L'une des formes d'adoration de Dionysos était assez infâme. Des femmes appelées *Ménades* buvaient jusqu'à ce qu'elles entrent en transe, puis elles se mettaient à courir à travers les bois en déchirant avec leurs mains nues et leurs dents tout animal et (du moins selon la tragédie grecque d'Euripide) tout humain qui avait le malheur de se trouver sur leur passage.

Un roi de Thrace, Lycurgue, s'opposa à la pratique du culte de Dionysos en le chassant de son pays, alors qu'il était enfant. Le dieu l'emprisonna dans une grotte, et Zeus le rendit aveugle d'un éclair. Il mourut peu de temps après. Cela était dangereux de s'opposer aux dieux.

Lorsque Dionysos essaya d'introduire son culte à Thèbes, le roi qui s'y trouvait, Penthée, qui était le cousin de Dionysos, ne croyait pas que Dionysos était un dieu et il n'aimait ni les danses, ni les chants sauvages des Ménades. Il ordonna donc à ses soldats de toutes les arrêter. Les soldats emmenèrent Dionysos, qui était venu de son plein gré, mais ils confessèrent que les Ménades s'étaient toutes échappées parce que les cordes ne pouvaient pas les retenir. Penthée refusa encore de croire que son hôte était un dieu, et le jeta en prison.

Dionysos s'en échappa immédiatement pour se venger. Lorsque Penthée s'en alla sur les collines chasser les Ménades, Dionysos frappa de folie les femmes de Thèbes. Convaincues que Penthée était un lion des montagnes, elles le taillèrent en pièces à mains nues et avec leurs dents, et ce fut la propre mère de Penthée qui mena l'attaque. Le massacre terminé, elle se rendit compte de sa méprise, ce qui les bouleversa, mais elle ne pouvait plus rien y changer.

Friedrich Nietzsche, le philosophe allemand, écrivit des kilomètres de prose pour décrire la culture des Grecs de l'Antiquité comme une compétition entre Apollon (rationnel, raisonnable, ordonné) et Dionysos (ivre, fou, chaotique). Il est assurément difficile de réduire à ces deux seuls aspects toute une culture, mais certains trouvent encore aujourd'hui utile d'employer les concepts d'*apolliniens* ou de *dionysiaques* pour parler d'une culture. C'est dans son livre *La Naissance de la Tragédie* que Nietzsche raconte, à sa façon, les origines du mythe dionysiaque. Apollon s'oppose à Dionysos comme la beauté classique à la beauté romantique et frénétique, comme l'harmonie à la démesure. Et, selon le philosophe, c'est de leur fusion que naîtra la grande tragédie grecque telle que Sophocle a su la traduire dans ses pièces.

Chapitre 5

Les déesses grecques, aussi belles que mesquines

Dans ce chapitre :

- Héra et Aphrodite, les épouses
- Déméter, déesse mère
- Athéna et Artémis, les vierges farouches
- Les Muses, les Moires, les Érinyes et les Charites
- Des canons pas très sages, des délurées qui se la jouent

Lorsque les Grecs de l'Antiquité représentaient des déesses, comme avec les dieux, ils créaient des versions puissantes, belles et immortelles d'êtres humains. Donc les déesses, bien que puissantes, belles et immortelles, se comportaient comme les mortelles : certaines se mariaient (quelques-unes ne se marièrent jamais), d'autres avaient des aventures occasionnelles, elles avaient des enfants, se disputaient avec leurs maris et amants, elles se réconciliaient avec eux, et souvent aussi elles étaient pleines de ressentiments envers les dieux mâles qui faisaient la loi.

Comme pour les dieux, il y avait pour ainsi dire une déesse pour chaque aspect de l'existence ou pour tout élément du monde naturel. Il y avait des déesses de la victoire, des conflits, et de l'aube, pour n'en mentionner que quelques-unes, mais on ne leur accordait en général que peu d'attention.

Héra, Aphrodite et Déméter, et leurs rivalités de divas : un vrai crêpage de chignon entre nanas...

La plupart des femmes grecques de l'Antiquité passèrent la plus grande partie de leur temps en tant qu'épouses et mères, comme les femmes l'ont toujours fait. De même, certaines des déesses les plus importantes étaient elles aussi des épouses et des mères. Le rôle des femmes est donc crucial : objet de rivalité entre les dieux mâles, source de désir... elles sont à l'origine de nombreux conflits sanglants.

La reine Héra, protectrice du mariage (mais pas du sien !)

Héra était l'épouse de Zeus. C'était aussi sa sœur, mais cela ne gênait personne. Héra et Zeus étaient tous deux enfants de Rhéa et Cronos.

N'OUBLIEZ PAS !

L'inceste, qu'on trouve parmi les dieux et déesses, ne doit pas vous donner une idée fausse des mœurs de l'époque. L'inceste était interdit en Grèce tout comme il l'était dans la plupart des autres cultures. Voyez ce qui arriva à Œdipe... Pourtant, les dieux ne semblent pas se sentir concernés par ces interdits moraux.

Héra était l'équivalent féminin de Zeus, elle était la déesse du Ciel. Les femmes grecques de l'Antiquité vénéraient Héra comme déesse du Mariage et du Foyer. Ilithye, fille d'Héra, aidait les femmes à accoucher. Les femmes grecques voyaient parfois Héra à toutes les étapes de la vie de femme : en tant que fille, que femme mariée, que mère et que veuve. Héra était sans aucun doute royale, elle était noble et belle et souvent représentée sur un trône. Héra était aussi la protectrice des cités et de certains groupes sociaux.

Les autres enfants d'Héra étaient Arès, Hébé, déesse de la jeunesse, et Héphaïstos. Elle mit seule ce dernier au monde, sans contribution de Zeus, pour se venger du fait que Zeus avait donné tout seul naissance à Athéna (voir le chapitre 4). Dans certains récits, elle enfanta aussi toute seule le monstre Typhon.

Des attributs impériaux

Les symboles d'Héra était le paon, parce qu'il était beau, remarquable et digne d'une reine, et la vache (car elle transforma au moins l'une des maîtresses de son mari en vache).

Héra à toutes les sauces

On donnait à Héra quelques épithètes dont le sens était évident, comme « Protectrice » (surtout à Argos, qui était sa ville privilégiée), « Épouse », et « Olympienne » (comme son mari Zeus). D'autres épithètes semblent plus étranges : « Adulte » et « mangeuse de bœuf ». Les habitants de Stymphale la connaissaient même sous le nom de « Héra la Veuve », une épithète ironique qui faisait allusion à la fréquence à laquelle son mari Zeus la trompait.

La progéniture bâtarde de son mari coureur de jupons

Héra passait beaucoup de temps à poursuive les enfants illégitimes des maîtresses humaines de Zeus. Par exemple, lorsque Zeus tomba amoureux de la nymphe Callisto et lui fit un fils, Héra la transforma en ourse. Alors que le fils de Callisto était devenu adulte, Héra envoya un jour l'ourse Callisto devant lui alors qu'il était à la chasse. Zeus sauva Callisto avant que leur fils ne puisse accidentellement tuer sa mère en la transformant en une constellation d'étoiles, la Grande Ourse. Le fils de Callisto fut lui-même transformé plus tard en une constellation, la Petite Ourse. Quelles qu'aient été les raisons des infidélités continuelles de Zeus (voir le chapitre 4), les femmes grecques aimaient entendre les punitions que la déesse Héra infligeait à ses rivales.

Les Nymphes

Qui étaient-elles donc ? Il s'agissait de gracieuses et jolies jeunes femmes qui gambadaient dans les bois en petite tenue et étaient chargées de protéger la nature. La mythologie grecque ne se limita pas aux principaux dieux olympiens ; on disait parfois que chaque caillou, chaque arbre et chaque étang avait son propre « ange gardien ». Aujourd'hui, une nymphe est un insecte qui a terminé son développement larvaire mais n'a pas atteint l'âge adulte. Charmant. Le mot désigne aussi aujourd'hui une jeune fille bien faite et gracieuse, et *nymphette* une jeune fille sexy.

Calypso

Nymphe et reine de l'île d'Ogygie, Calypso accueillit dans ses États Ulysse, qui venait de faire naufrage. Amoureuse du héros, elle s'efforça, sept ans durant, de lui faire oublier sa patrie dans sa grotte enchantée, entourée de bois et de peupliers, de cyprès, décorée de vignes, chargée de grappes de raisin. Elle lui offrit même l'immortalité. Mais l'amour d'Ithaque et de Pénélope demeurait le plus fort dans le cœur d'Ulysse, et il passait ses journées à contempler le rivage et la mer, les yeux embués de larmes. Ému, Zeus dépêcha Hermès auprès de Calypso : Ulysse devait quitter l'île. Malgré sa douleur, Calypso obéit. Elle aida le héros à construire un radeau et lui fournit des provisions pour la traversée ; et Ulysse la quitta le cœur plein d'espoir, voguant vers sa patrie bien-aimée.

Un jour, alors qu'Héra était une fois de plus en colère après Zeus, il demanda conseil à un sage pour la reconquérir. Le sage lui dit de faire une statue de femme en bois, de l'envelopper d'un linge, et d'annoncer qu'elle était sa future épouse. Zeus fit ce qu'il avait recommandé, Héra entendit cela et se précipita sur les lieux, déchira le linge, et fut enchantée de trouver une statue de bois au lieu d'une femme en chair et en os. Ils se réconcilièrent et ce fut le début d'une fête régulière avec des statues de bois.

Elle fut assez folle pour déclencher une guerre

Héra était orgueilleuse, comme la plupart des déesses grecques probablement, et, lors d'une occasion célèbre, son orgueil (confronté à celui d'Athéna et d'Aphrodite) causa une guerre. Au cours d'une réception donnée à l'occasion du mariage de Thétis et de Pelée, Eris (déesse de la discorde), jeta par terre une pomme d'or qui portait la mention « à la plus belle ». Les trois déesses les plus puissantes se vantèrent toutes d'être la plus belle et donc celle qui méritait de recevoir la pomme. Pour des raisons compliquées (l'histoire complète est racontée au chapitre 7), un jeune troyen du nom de Pâris se retrouva dans le rôle d'arbitre des trois déesses. Chacune d'elles essaya de le soudoyer, et ce fut finalement Aphrodite qui l'emporta grâce à sa proposition malhonnête, car elle promit à Pâris le mariage avec la plus belle femme du monde, or Hélène était déjà mariée.

Cela mit Héra dans une telle colère qu'elle jura de se venger de Pâris et de tout son peuple. Sa réaction entraîna la guerre de Troie (source d'environ un millier de récits mythologiques), la mort de nombreux héros, et même la fondation de Rome (voir le chapitre 11).

Héra en voulait à mort à Héraclès

Héra ne limitait pas ses vengeances aux maîtresses de Zeus. Lorsque Alcmène, avec qui son mari avait eu une aventure, donna naissance à un fils, Héraclès, Héra prit immédiatement le bébé en grippe. En fait, le nom « Héraclès » signifie soit « la gloire d'Héra », soit peut-être « célèbre à cause d'Héra ».

Le courroux d'Héra était sans doute provoqué par cette preuve supplémentaire de l'infidélité de son mari, mais Zeus n'avait pas non plus arrangé les choses. En effet, dans l'un de ces moments de manque absolu de tact pour lesquels il est resté célèbre, Zeus demanda à Héra si elle voulait bien allaiter son nouveau fils illégitime afin de le rendre immortel. Héra répliqua en organisant le meurtre du bébé.

ANECDOTE

Dans l'un des récits, Zeus amena Héraclès bébé à Héra endormie pour le faire téter en douce. Elle se réveilla et le repoussa. Du lait gicla de son téton, qui créa la Voie lactée.

Héra envoya deux serpents pour tuer le bébé dans son berceau (rendez-vous au chapitre 6 pour connaître la fin de cette histoire). Bien plus tard, alors qu'Héraclès était devenu adulte, elle le frappa de folie pour qu'il tue son épouse et ses enfants, et elle monta les Amazones contre lui.

Après la mort d'Héraclès, il semble qu'Héra se soit calmée. Elle accepta de lui donner pour épouse sa fille Hébé (la déesse de la Jeunesse) et, qui plus est, qu'il vienne vivre avec les dieux sur le mont Olympe.

Aphrodite, femme fatale et féconde

Ah, Aphrodite ! La déesse de l'Amour. Elle inspira son œuvre majeure à Botticelli ! Aphrodite émergea de la mer à l'endroit où les parties génitales d'Ouranos y tombèrent après avoir été coupées par Cronos. *La Naissance de Vénus*, ce célèbre tableau de Botticelli (Figure 5-1), la montre à bord d'une coquille géante en train d'accoster sur l'île de Chypre (Vénus est le nom romain d'Aphrodite). Dans les récits d'Homère, pourtant, Aphrodite est la fille de Zeus et de Dioné.

Aphrodite était très belle et sexy et symbolisait le principe qui fait que les gens tombent amoureux. Elle représentait tous les bons et les mauvais aspects de la nature féminine : charme séducteur, désir d'avoir des enfants, et aptitude à tromper. C'était la déesse de l'amour érotique sous toutes ses formes, et de la fécondité.

Elle arrive dans une coquille sur le rivage

Les attributs d'Aphrodite incluent la coquille sur laquelle elle accosta à Chypre, le cygne, le moineau et la colombe, la rose et le myrte (arbuste aromatique toujours vert), qui sont de belles choses toutes propres à symboliser l'amour.

« Terre ! »

Aphrodite Cypris était souvent désignée par son épithète « la Chypriote », parce qu'elle accosta à l'île de Chypre après sa naissance. Parmi ses autres noms avec épithètes, citons Aphrodite Nuptiale, Aphrodite de la mer profonde, Aphrodite Céleste et Aphrodite Victorieuse. L'épithète la plus intéressante d'Aphrodite, c'est « noire », peut-être en référence à la fertilité de la mer Noire, et au pouvoir de la déesse sur, euh… les choses qui se passent la nuit.

Aphrodite était l'une de celles qu'on aimait le plus

Aphrodite était l'une des déesses les plus populaires. Les Grecs de l'Antiquité la vénéraient comme la déesse responsable de la sexualité et de la reproduction, des domaines à la fois agréables et nécessaires pour assurer la pérennité de la communauté. Les futures mariées faisaient des sacrifices à Aphrodite pour que leur première expérience sexuelle fût réussie. Les prostituées la vénéraient. Elle était aussi grandement responsable de la fertilité du pays. Les poètes l'adoraient, elle et son pouvoir de l'amour.

L'Aphrodite Ouranienne et l'Aphrodite Pandémienne

Platon, ce grand amateur de mythes, imagina dans *Le Banquet* l'existence de deux Aphrodite radicalement différentes : une Aphrodite Ouranienne (ou « Céleste ») et une Aphrodite Pandémienne (ou « Vulgaire »), représentant, l'une, un amour éthéré et pur, l'autre, un désir vulgaire. Quoique cette distinction ait été mise dans la bouche du pédant Pausanias, elle a sans doute contribué à forger l'idée de l'amour platonicien, pourtant à l'opposé de la conception de l'amour que se faisait Platon, telle du moins qu'il l'expose dans son dialogue.

Figure 5-1 : dans *La Naissance de Vénus* de Botticelli, remarquez la tentative que fait Aphrodite pour paraître pudique, sans beaucoup de conviction, d'ailleurs.

Par une ironie du sort extraordinaire, la belle Aphrodite fut mariée à un laideron, Héphaïstos. On peut comprendre que la déesse de l'Amour se soit unie au dieu du Feu, mais ils ne semblent pas avoir fait bon ménage. Le grand amour d'Aphrodite, c'était Arès, le dieu de la Guerre. Reportez-vous au chapitre 4 pour en savoir plus sur leurs amours.

Dans *L'Énéide*, ce poème épique de Virgile, Aphrodite (sous le nom romain de Vénus) est la meilleure copine du héros Énée, comme Athéna protège bec et ongles le héros achéen Ulysse dans *L'Odyssée* d'Homère. C'était compréhensible, car Aphrodite était aussi la mère d'Énée.

Aphrodite avait un autre fils, Éros. (Hésiode mentionne un Éros né du chaos primordial, mais cet Éros-là semble assez différent du petit garçon décrit par les poètes ultérieurs). C'était un jeune garçon très beau doté d'une paire d'ailes et qui se promenait avec un arc et des flèches. Chaque fois qu'il tirait sur quelqu'un avec une flèche, cette personne tombait amoureuse d'une autre. Aphrodite et d'autres dieux lui demandaient parfois de tirer sur des cibles particulières, Aphrodite lui fit tirer sur Zeus pour le faire tomber amoureux d'Europe, et Héra le persuada de tirer sur Médée pour qu'elle tombe amoureuse de Jason.

Du nom d'Éros nous vient l'adjectif *érotique*, qui signifie sexy. Du nom d'Aphrodite nous vient le mot *aphrodisiaque*, qui désigne une substance qui donne envie de faire l'amour.

Le jugement de Pâris

Aphrodite remporta le concours de beauté à l'origine de la guerre de Troie. Elle-même ainsi qu'Athéna et Héra étaient en lice pour le titre de « la plus belle », et chacune des trois déesses tenta de corrompre le juge, un jeune prince troyen bon à rien du nom de Pâris, en lui promettant un cadeau extraordinaire. La promesse de la victoire donnée par Athéna, de même que la promesse du pouvoir politique donnée par Héra n'étaient rien comparées au cadeau proposé par Aphrodite : la plus belle femme du monde ! Pâris obtint donc Hélène de Troie, la plus belle femme du monde, ce qui causa une belle pagaille et entraîna la guerre de Troie. Voir le chapitre 7.

Adonis, un amant qu'Aphrodite partageait… avec Perséphone…

Ah, les mœurs grecques !

Adonis était très beau garçon. Aphrodite tomba amoureuse de lui au moment même où il naquit. Elle l'enleva de chez lui et alla le placer en sécurité auprès de Perséphone, la reine des Enfers.

Mais Perséphone tomba elle aussi amoureuse de lui, et elle refusa de le rendre à Aphrodite. Les deux déesses se disputèrent, et finalement c'est Zeus qui fit office d'arbitre. Il décida qu'Adonis passerait l'automne et l'hiver avec Perséphone et le printemps et l'été avec Aphrodite.

Ce compromis était assez bon et il a dû aider la pauvre Perséphone à accepter son sort. Elle était condamnée à passer ces mois froids dans le monde des morts, mais elle avait la permission de passer ses printemps et ses étés dans le monde des vivants auprès de Déméter, sa maman. Vous trouverez l'histoire de Perséphone dans la section « L'enlèvement de Perséphone et l'avènement des saisons » plus loin dans ce chapitre.

Adonis passait la plupart du temps à la chasse, et Aphrodite aimait se déguiser en chasseresse pour l'accompagner. Un jour pourtant, alors qu'il chassait seul et essaya de tuer un sanglier avec sa lance, il ne fit malheureusement que le blesser, et la bête, folle de rage, l'embrocha.

Aphrodite l'entendit crier et fila jusqu'à lui. Il saignait beaucoup, et la déesse ne pouvait l'aider. Elle l'embrassa donc lorsqu'il mourut. Des anémones rouge sang jaillirent partout où son sang toucha le sol.

Déméter, mère Nature et grande jardinière

Déméter était à elle seule une classe à part : c'était une déesse de la terre cultivée qui ne vivait pas sur le mont Olympe avec le reste des immortels. Fille de Cronos et de Rhéa, c'était la déesse qui faisait pousser le blé dans les champs. Si Gaia était la Terre personnifiée, Déméter était bien plus importante pour la plupart des Grecs de l'Antiquité car elle était la déesse tutélaire de l'agriculture et de la nature maîtrisée par l'homme.

Des attributs rustiques

Les attributs de Déméter sont associés aux moissons : des épis de blé, des petits gâteaux (que les gens plaçaient sur son autel), et les outils de la récolte, des faux et des faucilles.

Attention, on dit que prononcer son nom, ça porte malheur !

L'une des épithètes les plus intéressantes de Déméter était « la jeune fille sans nom », qui signifiait qu'il ne valait mieux pas nommer une déesse aussi puissante. On trouve souvent Déméter Éleusine, d'après la ville d'Éleusis, près d'Athènes, où l'on célébrait des mystères liés au culte de Déméter. D'autres épithètes désignent son pouvoir sur tout ce qui pousse : « porteuse de fruits », « donneuse de cadeaux », « verte » et « noire » (le sol noir est fertile). Mais surtout, elle forme un couple avec sa fille Coré-Perséphone, et l'on appelle ce couple symbolique « Les Deux Déesses ».

L'enlèvement de Perséphone et l'avènement des saisons

Déméter avait une fille, Coré, qu'elle aimait à la folie.

Un jour, Hadès, le dieu des Enfers, aperçut Perséphone et décida de l'enlever. Il demanda à Zeus de l'aider en créant une fleur merveilleuse, le narcisse, et de le faire pousser dans des rochers. (Cela contredit un autre mythe sur l'origine du narcisse, celui d'Écho et de Narcisse. La mythologie, c'est comme ça.)

Coré vit la fleur et s'éloigna de ses amies pour aller la cueillir. Reportez-vous au chapitre 4 pour la suite de cette histoire… Il suffit ici de dire que Coré devint l'épouse d'Hadès et qu'elle prit le nom de Perséphone.

Déméter se mit en grève, et toutes les plantes s'arrêtèrent de pousser. Elle déclara qu'elle ne se remettrait pas au travail tant que sa fille ne lui serait par rendue. Zeus, qui ne s'était pas soucié de Perséphone et ne pensait pas que son frère Hadès avait fait quelque chose de mal, décida, après avoir parlé à Déméter, qu'Hadès devrait relâcher la fille. Il envoya Hermès la chercher aux Enfers.

Hadès comprit qu'il devrait rendre « son épouse » à sa mère. Mais avant qu'elle ne parte, il lui donna une grenade dont elle mangea un grain. (Pour en savoir plus sur Hadès, dieu des morts, voir le chapitre 4.)

Hermès ramena Perséphone à Déméter, en l'informant que, comme Perséphone avait pris de la nourriture au royaume de Morts, elle devrait retourner chez Hadès une partie de l'année, chaque année. Déméter y consentit, bien qu'elle ne voulût pas abandonner sa fille une fois de plus. Après quoi, Déméter mena une existence heureuse durant la partie de l'année pendant laquelle Perséphone était auprès d'elle, et durant laquelle elle faisait pousser les plantes, et malheureuse lorsque celle-ci retournait chez Hadès. Endeuillée, elle cessait de travailler. C'est l'origine de l'hiver sur la terre.

Une étrange nourrice

Alors que Déméter était en train d'errer à la recherche de Coré, elle se déguisa en vieille femme. Un jour elle s'assit pour se reposer à côté d'une source dans une ville appelée Éleusis (voir plus haut). Quatre jeunes sœurs la virent et lui demandèrent ce qu'elle faisait là. Elle leur dit qu'elle avait échappé à des pirates qui voulaient la vendre comme esclave.

Les filles emmenèrent Déméter chez leur mère, Métanira, qui prit la déesse comme nourrice pour son bébé.

ANECDOTE

Dans l'Antiquité, il était extrêmement courant d'avoir recours à des nourrices qui allaitaient les bébés en lieu et place de leur propre mère. De nombreuses femmes qui pouvaient se le permettre préféraient recourir à une nourrice plutôt que d'allaiter elles-mêmes.

Déméter adora ce petit garçon, et elle décida de le rendre immortel. À cette fin, chaque nuit alors que la famille dormait, elle le mettait dans le feu, ce qui aurait fini par le rendre immortel si elle avait pu terminer sa tâche. Mais Métanira la vit une nuit et, dans un mouvement de panique, elle se saisit du bébé.

Déméter se mit en colère et hurla à la pauvre femme qu'elle aurait pu épargner à son fils la vieillesse et la mort, mais que désormais c'était trop tard. Puis elle révéla sa véritable identité et exigea que Métanira fît construire à Éleusis un temple dédié à son culte. Tous les habitants de la ville s'y mirent, et lorsque le temple fut érigé, Déméter s'y rendit pour s'y asseoir et se languir de sa propre fille.

Les déesses vierges : on n'y touche pas !

Certaines déesses étaient des vierges. C'était probablement très bien comme ça, car les choses ne semblaient jamais bien marcher avec les hommes (divins ou mortels) qui s'unissaient sexuellement avec les déesses :

Aphrodite trompait Héphaïstos avec Arès, par exemple, et ces deux dieux mâles étaient publiquement humiliés dans cette histoire. Le couple de Zeus et d'Héra était pour le moins tendu ; et le mortel Pélée vieillit prématurément pour avoir eu des rapports sexuels avec son épouse divine, Thétis. Pourtant, deux déesses étaient renommées pour leur virginité : Artémis et Athéna. Artémis était du type de la vierge sexy, et tous les hommes qui la voyaient la désiraient, mais cela ne faisait que leur attirer des ennuis. Athéna était renommée pour sa virginité, et le Parthénon, qui est le temple le plus célèbre de Grèce, tire son nom d'une épithète de la déesse, *Parthénos*, qui signifie « vierge ». Quasiment aucun mythe relatif à Athéna n'indique que des hommes l'aient convoitée : elle était trop puissante, trop impressionnante et trop redoutable.

Athéna, une vraie vierge de fer

Un jour, Zeus fut frappé d'un terrible mal de tête. Il appela Héphaïstos, le forgeron, et lui demanda de lui fendre le crâne d'un coup de hache. Il en jaillit Athéna, adulte et armée de pied en cap.

Comment Athéna avait-elle donc fait pour se retrouver dans le crâne de Zeus ? Voici l'histoire : Zeus avait fait l'amour avec Mêtis, qui était l'une de ces abstractions féminines traitées comme déesses – la personnification de la sagesse pratique, encore appelée ruse. Quoi qu'il en soit, elle ne voulait pas coucher avec Zeus et n'arrêtait pas de changer de forme alors qu'il était à l'œuvre. Après qu'il eut terminé, Gaia, la grand-mère de Zeus dit à celui-ci que Mêtis aurait un fils qui renverserait Zeus et deviendrait roi du Ciel. Zeus avala donc Mêtis tout entière, et le bébé Athéna fit sa gestation dans sa tête. Cela fait d'Athéna l'équivalent parthénogénétique d'Héphaïstos, qu'Héra avait engendré toute seule. La *parthénogenèse* désigne la reproduction sans fécondation par un représentant de l'autre sexe. Voir le chapitre 4 pour connaître l'histoire d'Héphaïstos.

Athéna était une déesse de la Guerre ; elle portait un casque, une cuirasse et un bouclier orné de la tête de la Gorgone Méduse. Ce bouclier s'appelait *l'égide*, don de Zeus. Il était en peau de chèvre.

ANECDOTE

Les États-Unis ont une classe de navires de guerre qui sont destinés à protéger les porte-avions. Ces croiseurs sont équipés d'un système extrêmement efficace de radars, d'ordinateur, d'armes à tir rapide et de missiles téléguidés. Ce système d'armes s'appelle Aegis (le mot anglais aegis signifie « égide »), du nom du bouclier divin d'Athéna.

Une fille assez chouette...

Parmi les attributs d'Athéna, on compte la chouette, pour la Sagesse, et une chouette ornait d'ailleurs les pièces d'argent d'Athènes, la ville dont Athéna est la protectrice. Elle était aussi accompagnée de son serpent domestique, car les serpents étaient un symbole de protection dans l'Antiquité, et les Athéniens croyaient que le serpent protégeait leur cité. Et la plus célèbre statue d'Athéna, celle du Parthénon à Athènes, la représente tenant une minuscule Nikê (déesse de la Victoire) ailée dans la main.

... et bien sage

Comme de nombreux dieux et de nombreuses déesses, Athéna avait plusieurs surnoms, ou épithètes. Les voici :

- **Pallas Athéna** : Pallas est un nom, et peut-être que la réunion des deux noms symbolise la fusion de deux déesses très anciennes en une seule.
- **Athéna Parthénos** : vierge et chaste. Le *Parthénon* est le « temple de la vierge ».
- **Athéna « aux yeux brillants »** : Athéna était célèbre pour sa sagesse et ses yeux pétillants d'intelligence.
- **Athéna portant l'égide** : comme le surnom l'indique, elle portait l'égide de Zeus.
- **Athéna Polias** : Athéna protectrice de la cité (*polis* en grec).
- **Athéna Pronaos** : à Delphes, il y avait une statue d'Athéna devant le temple d'Apollon, et les gens qui se rendaient à Delphes offraient des sacrifices à Athéna Proanos, c'est-à-dire Athéna « devant le temple ».

Sa ville préférée, pourtant, c'était Athènes (qui, bien évidemment, porte son nom). Elle protégeait cette cité, y encourageait l'artisanat et l'agriculture, et apprenait aux hommes à dompter les chevaux sauvages.

Le temple dédié au culte d'Athéna dans cette ville est le célèbre Parthénon, sur la colline de l'Acropole. Athéna n'était pas du type aguicheur comme l'était Artémis ; au contraire, c'était plutôt le type « c'est même pas la peine d'y penser ».

T'as le look, cocotte !

Dans l'un des récits, Athéna s'essaya à la musique en jouant de la flûte. Mais après avoir aperçu l'image qu'elle renvoyait dans l'eau : un visage avec les joues gonflées, elle jeta la flûte de dégoût. Le satyre Marsyas la retrouva et s'engagea dans une joute musicale contre Apollon, dont le résultat vous est raconté au chapitre 4.

Elle apporte son aide divine à moult héros

Athéna fait sans cesse irruption dans *L'Odyssée* d'Homère. Elle aida aussi Persée à tuer Méduse, en lui prêtant son bouclier brillant de telle sorte qu'il puisse couper la tête de la Gorgone sans devoir la regarder directement et être changé en pierre. (Ce bouclier brillant n'était pas l'égide, qu'Athéna n'avait le droit de prêter à personne.)

Artémis, la belle et redoutable chasseresse

Artémis était la sœur jumelle d'Apollon, la fille de Zeus et de la Titanide Léto. Alors que Léto était sur le point d'accoucher pour donner naissance aux jumeaux, Héra la pourchassa de partout sur terre en l'empêchant, à chaque lieu où elle passait, de donner naissance à ses bébés. Finalement, Léto arriva sur l'île de Délos. Ses habitants lui donnèrent l'autorisation d'accoucher, à condition que Délos devienne l'emplacement sacré d'un temple d'Apollon. Léto finit par accoucher d'Artémis, qui aida immédiatement sa mère à mettre au monde son frère, Apollon.

Une fille qui aime les activités de plein air...

Artémis adorait les bois et les animaux sauvages, et c'était la déesse de la Chasse. Elle portait son arc et ses flèches partout avec elle. Elle protégeait aussi les jeunes animaux.

Artémis était une déesse très importante. Déesse de la Lune, elle présidait aux différentes étapes de la vie de la femme, de la vierge à la femme adulte, et de la femme à la mère, en aidant les femmes à accoucher et à élever leurs enfants. Ironie du sort pour une déesse protectrice des femmes, elle était aussi la déesse qui donnait aux femmes la mort subite ; Apollon dispensait aux hommes la même faveur.

Les attributs d'Artémis sont la Lune (parce qu'elle est la sœur d'Apollon, le dieu Soleil, et parce qu'elle est associée aux cycles menstruels de la femme), le cerf (en raison de ses chasses perpétuelles), et le cyprès.

Artémis était une déesse complexe, que l'on vénérait pour différentes raisons en différents endroits. Parfois, elle représente les causes féminines ; parfois, elle se solidarise avec les causes masculines. Une courte liste (non exhaustive, comme toutes les listes de surnoms des dieux de ce livre) de ses épithètes montre que les perceptions qu'avaient les gens d'Artémis étaient très différentes (cette liste exclut les épithètes qui l'identifiaient simplement à un lieu, comme Artémis persane, Artémis Mysian, etc.) : « la meilleure », déesse du cèdre, « éleveuse des enfants », « la correcte », « assise la première », amie de la jeunesse, de bonne réputation, « trouveuse de chevaux », Dame du lac, meneuse, « qui apporte la lumière », marché, paternelle, de persuasion, du portail, prêtresse, sauveuse... Artémis était ainsi « commercialisée » avec quantité de parfums différents.

Dans *L'Iliade*, Artémis s'engagea fortement du côté des Troyens, et elle exigea qu'Agamemnon sacrifiât sa jeune fille Iphigénie pour pouvoir partir en guerre. À Sparte, elle présidait aux rites de passage des hommes, et elle était responsable de la chasse et de certains aspects de la guerre.

Dans certains récits, Artémis est la déesse qui, chaque nuit, traîne la Lune à travers le ciel. La déesse de la Lune est appelée aussi parfois Séléné ; c'est la sœur d'Hélios, lui-même dieu du Soleil, avec lequel on confondait parfois Apollon.

... mais dont il vaut mieux se méfier !

Qui s'y frotte s'y pique...

Artémis n'était pas une déesse que tout le monde avait envie de rencontrer. Chaque fois qu'elle piquait une colère, sa vengeance était prompte. Niobé, reine de Thèbes, avait sept fils et sept filles, et elle commit l'imprudence de se vanter d'être meilleure que Léto, qui n'avait enfanté qu'Artémis et Apollon. Artémis tua toutes les filles et Apollon tous les fils de Niobé, qui, du coup, n'eut plus aucune descendance.

Le malheureux Actéon était un chasseur qui marchait dans les bois avec ses chiens, en s'occupant de ses affaires, quand il arriva à un étang. Malheureusement pour lui, Artémis se baignait dans cet étang, complètement nue. Furieuse qu'Actéon l'ait vue dévêtue, elle le transforma en cerf que ses propres chiens déchiquetèrent.

Artémis ne supportait pas que ses jeunes compagnes perdent leur virginité. Zeus tomba amoureux de Callisto, la superbe dame de compagnie d'Artémis, et donna naissance à un fils appelé Arcas. Selon certains récits, Artémis tua Arcas d'une flèche ; dans d'autres, elle ou Héra changea Callisto en ourse. Zeus transforma finalement l'ourse Callisto et son fils en deux constellations célestes, la Grande Ourse (Callisto) et la Petite Ourse (Arcas).

Hestia, la déesse du bon feu de cheminée

Hestia, qui était la fille aînée de Cronos et de Rhéa, était la déesse du Foyer. Comme le foyer était le centre de la maison, Hestia régnait sur la maison et sur la maisonnée tout entière et, par extension, sur toute la communauté. On ne la trouve pas vraiment dans des mythes (car elle ne pouvait pas quitter les foyers), mais elle était assez importante chez les anciens Grecs et aussi chez les anciens Romains dans son incarnation ultérieure sous le nom de Vesta (d'après laquelle sont nommées les Vestales, ses prêtresses).

Le foyer, pour se sentir bien chez soi

Le foyer était le cœur symbolique de la maison, et les familles faisaient des offrandes quotidiennes à Hestia, pour en quelque sorte lui rendre grâce avant les repas.

Les nouveaux membres d'une famille – mariées, bébés, et esclaves pour la plupart – y étaient intégrés à l'aide de rites exécutés autour du foyer. Chaque cité de Grèce avait un foyer public en l'honneur d'Hestia, et le feu ne devait jamais s'y éteindre. En fait, c'est sans doute le foyer sacré qui définissait une cité. Lorsque Thésée (selon un mythe athénien) unifia le territoire de l'Attique (région de Grèce où se trouve Athènes), il intégra tous les villages indépendants à la grande ville d'Athènes en éliminant tous les foyers publics de ces villages jusqu'à ce qu'il n'en reste plus qu'un seul, à Athènes.

Pas de surnoms ?

Hestia n'avait pas d'épithètes, du moins pour ce que nous en savons. Le poète Homère (qui s'y connaissait en épithètes) semblait ne pas connaître Hestia (lorsque Homère écrit « hestia » dans *L'Iliade* et *L'Odyssée*, il parle tout simplement d'un foyer.) Pour ce que ça vaut, les Scythes, ces habitants de la Scythie (une région du sud de la Russie) l'appelaient Tabiti.

Quelques autres déesses

Dans la langue grecque, les idées abstraites, comme « querelle », « nécessité », « victoire », « paix », « folie », sont rendues par des mots qui sont tous du genre féminin. Dans la littérature grecque, ces idées abstraites sont souvent mentionnées comme si elles étaient des divinités ou des déesses. En voici quelques-unes :

Eris (la Discorde)

Eris signifie « discorde » en grec et, comme la querelle est un acteur puissant dans les affaires humaines, il n'était que raisonnable d'en parler comme d'une divinité. Le poète Hésiode commence donc son poème *Les Travaux et les Jours* en expliquant qu'il existe deux types de querelles parmi les hommes :

- les mauvaises querelles, à l'origine des guerres ;
- les bonnes querelles, qui engendrent la libre entreprise.

Mais il parle de la Discorde (*Eris*) comme s'il s'agissait d'une déesse.

Dans le mythe de la guerre de Troie, Eris (la Discorde) est une déesse. C'est celle qui n'était pas invitée aux noces de Pélée et de Thétis, et qui fut à l'origine de toute l'histoire à cause de la pomme d'or (la pomme de discorde). Voir le chapitre 7 pour en savoir davantage sur la manière dont elle fut à l'origine de la guerre de Troie.

La Victoire (Nikê)

La Victoire (*Nikê* en grec) est une autre idée abstraite personnifiée en déesse. On trouve un temple dédié à Nikê sur l'Acropole d'Athènes. Des représentations d'Athéna montrent souvent la déesse en train de tenir une minuscule Nikê dans la main.

Nikê fut souvent représentée ailée, sauf à Athènes. Les Athéniens étaient particulièrement fiers de leur Victoire sans ailes, car elle ne pouvait pas s'envoler !

La Sagesse (Sophia)

Cette tendance grecque ne s'arrêta pas non plus avec l'arrivée du christianisme. La basilique chrétienne de Constantinople (aujourd'hui Istanbul) s'appelle Hagia Sophia, ce qui veut dire « L'église de la Sainte Sagesse » (le mot grec sophia veut dire « sagesse »). Encore un exemple d'une « abstraction féminine » transformée en divinité grecque.

Les divers groupes de déesses

Certaines déesses mineures étaient représentées groupées, comme les neuf Muses (*Mousai* en grec), les trois *Charites* (les trois *Grâces* romaines), et les *Erinyes* (ou encore *Euménides*, les Furies romaines) dont le nombre varie. La tendance à former des groupes de trois ou des multiples de trois n'est sans doute pas un hasard. Le chiffre trois joue un rôle symbolique important dans beaucoup de cultures.

Les Muses

Étymologie

Les Muses, au nombre de neuf, sont filles de Zeus et de Mnémosyne, la déesse de la mémoire. Leur nom est formé à partir de la racine *Man* ou *Men*, « penser », que l'on trouve dans le mot latin *mens*, « esprit » (voir en français les mots de la famille de *mental*). Elles demeuraient dans les montagnes de l'Hélicon, près d'Ascra (Béotie), et de Piérie, près de l'Olympe.

Au début, les Muses n'étaient connues qu'au nombre de trois : Mélété (la Pratique), Mnémé (Mémoire) et Aoedè (Chant). Pausanias dit que leurs premiers adorateurs furent les Aloades, les deux fils jumeaux de Poséidon et d'Iphimédie, malgré leur fâcheuse réputation. On célébrait leur culte sur l'Hélicon. À Delphes, les Muses, également au nombre de trois, portaient le nom des trois cordes des premières lyres : Nétè (aiguë), Mésè (moyenne), Hypatè (grave). À l'époque classique et dans toute l'Antiquité, les Muses furent honorées au nombre de neuf.

C'est de ces neuf Muses dont je vais vous parler. Selon la légende la plus répandue, les neuf Muses auraient été le fruit de l'amour entre Zeus et Mnémosyne (la mémoire), neuf nuits durant (source Hésiode, *La Théogonie* v. 53-67), mais on en fait aussi parfois les filles d'Ouranos et de Gaia. Plus rarement les filles d'Harmonie, elle-même fille d'Arès et d'Aphrodite, ce qui est en contradiction avec une autre légende qui les fait apparaître comme dansant aux noces d'Harmonie et de Cadmos. Parallèlement, Pausanias soutient qu'il y aurait deux générations de Muses, la première issue d'Ouranos et de Gaia, la seconde de Zeus et de Mnémosyne.

Elles sont associées à Apollon, dieu de la musique, dont elles constituent le chœur, c'est-à-dire un groupe qui chante et danse à la fois. Elles s'associent d'autres divinités comme les Grâces et les Heures, lors des fêtes célébrées sur l'Olympe. Elles participèrent notamment aux deux plus grands mariages signalés dans la mythologie : les noces de Thétis et de Pelée et celles de Cadmos et d'Harmonie, ce qui n'en fit pas pour autant des mariages heureux.

Les Muses étaient jalouses de leurs prérogatives et de leurs talents. Elles plumèrent les Sirènes qui se croyaient les meilleures chanteuses. Thamyris s'étant vanté de leur être supérieur, elles allèrent le trouver à Dorium, en Messénie, l'aveuglèrent et lui firent perdre la mémoire. Les Piérides, les neuf filles de Piéros, leur lancèrent un défi devant le jury des Nymphes. Elles perdirent. Les Muses les métamorphosèrent en choucas (petites corneilles). Les Muses elles-mêmes sont quelquefois appelées Piérides parce qu'elles résident souvent en Piérie (Macédoine). Le rapprochement avec les Piérides citées plus haut est évident. Les Romains identifièrent aussi les Muses à des déesses locales italiennes appelées Camènes.

Les Muses présidaient à la création artistique. Les poètes et les autres artistes dépendaient de leur aide pour leur création. Elles avaient beaucoup de succès auprès des sculpteurs. Ces dames inspirantes sont les suivantes (bien que diverses sources divergent sur le nombre exact des Muses et sur leurs domaines d'attributions respectifs, voici une version standard) :

- **Polymnie** : patronne de la pantomime

  La Muse de l'art d'écrire et de la pantomime est, comme ses sœurs, couronnée, mais de perles. Habillée de blanc, elle est debout et accoudée dans une attitude pensive. On la disait inspiratrice des hymnes sacrés. Elle est aussi parfois la mère de Triptolème, d'Orphée et d'Éros.

- **Uranie** : Muse de l'astronomie

  La Muse de l'astronomie a une couronne d'étoiles et une robe couleur d'azur. Elle tient d'ordinaire dans sa main gauche une sphère céleste sur laquelle elle désigne, à l'aide d'un compas, les positions respectives et les évolutions des astres. Autour d'elle, apparaissent aussi divers instruments de mathématiques.

- **Calliope** : Muse de la poésie épique

  La première des Muses, auxiliaire d'Apollon musagète, dont elle est l'une des épouses. Muse de la poésie épique, et quelquefois de l'éloquence, couronnée d'or indiquant, selon Hésiode, sa suprématie sur les autres Muses. Elle tient un stylet, des tablettes, parfois une trompette. Protectrice des poètes et des orateurs, elle tient un livre et un poinçon de métal. À ses pieds se trouvent *L'Iliade*, *L'Odyssée* et *L'Énéide*, les poèmes immortels d'Homère et de Virgile. Elle est aussi parfois considérée comme la mère d'Orphée, des Sirènes, de Rhésos et de Linos.

- **Thalie** : Muse de la comédie

  Couronnée de lierre et chaussée de brodequins, des chaussures de peau qui couvrent le pied et le bas de la jambe, elle tient à la main un masque comique. D'origine champêtre, elle présidait à la poésie légère et à la comédie. (Le même nom est porté par une des Charites, ou encore une des Néréides.)

- **Terpsichore** : Muse de la danse

  La Muse de la danse est une jeune fille vive, enjouée, couronnée de guirlandes et vêtue d'une robe souple, qui marche légèrement en jouant de la harpe. On lui attribue parfois la maternité des Sirènes.

  À partir du Ve siècle avant J.-C., on la considère uniquement comme la Muse de la poésie lyrique, des chœurs dramatiques et de la danse.

- **Clio** : Muse de l'Histoire

  Née, comme ses huit sœurs les Muses, de l'union de Zeus et Mnémosyne, la Muse de l'Histoire porte une couronne de laurier. Elle tient dans la main droite une trompette, pour proclamer les hauts faits, une cithare, pour chanter les exploits d'un héros, ou encore une clepsydre, emblème de l'ordre chronologique des événements. Elle se tient debout ou assise, lisant un rouleau de papier ou se penchant vers une pile de livres. Son nom vient d'un mot grec qui signifie *fêter*, *célébrer* pour chanter la gloire des guerriers et la renommée d'un peuple.

- **Euterpe** : Muse du jeu de flûte

  Couronnée, comme ses sœurs, de fleurs, la Muse de la musique dont le nom signifie « la bien plaisante » tient des partitions. Elle est entourée de hautbois et d'une flûte, ou même d'autres instruments. Parfois elle danse et chante les dieux, pour réjouir leur cœur. Elle accompagnait le cortège de Dionysos. Elle a, avec lui, inventé le dithyrambe (source du théâtre).

- **Melpomène** : Muse de la tragédie

  La Muse de la tragédie ne pouvait qu'avoir l'air sérieux. Très belle, elle porte de superbes vêtements. Sur la tête, une couronne de pampre de vigne, aux pieds, des cothurnes, chaussures montantes à semelle très épaisse. Sa main droite tient un masque tragique ou un poignard ; la gauche, des sceptres et des couronnes qu'elle remettra aux vainqueurs.

- **Érato** : patronne de la poésie lyrique, en particulier de la poésie d'amour.

  La Muse de la poésie lyrique porte une couronne de myrte et de roses. Son nom vient du mot amour. D'une main, elle tient une lyre, symbole de l'harmonie cosmique, et, de l'autre, un plectrum, petite baguette qui permet de pincer les cordes. Elle est souvent accompagnée d'un Cupidon ailé, avec son arc et son carquois. Elle présente une certaine analogie avec Vénus, par les signes de passion et les mouvements voluptueux que les artistes grecs lui prêtent (préside aux noces).

Tous les poètes épiques prétendent que leur inspiration provient des Muses. Les premiers mots d'Homère dans *L'Iliade* sont « Chante, Déesse, la colère d'Achille Le Péléïde. », et il ne fait aucun doute que cette « Déesse » est une Muse. Il commence *L'Odyssée* par « Ô Muse, conte-moi l'aventure de l'Inventif, du Héros aux mille ruses ». Le poète romain Virgile est un peu moins égocentrique. Son *Énéide* commence par « Je chante les combats et le héros... » et il ne trouve que plus tard le temps d'invoquer les Muses.

Les Charites

Les trois *Charites* (identifiées aux *Grâces* des Romains) étaient les filles de Zeus et d'Eurynomé, la plus belle des filles du Titan Océan. Elles apportaient partout la grâce et la beauté, et aucune fête n'était réussie sans elles. Elles étaient étroitement associées à Aphrodite. Les voici :

- **Aglaé** : Charite de la splendeur ou du rayonnement
- **Euphrosyne** : Charite de la joie et de l'hilarité
- **Thalie** : Charite de la bonne chère (et de la floraison)

Les Charites, représentés à la Figure 5-2, aimaient la poésie, le chant et la danse, et elles se produisaient parfois à des mariages divins ; elles font cortège, avec les Muses, à Apollon. Elles faisaient pousser les fleurs, surtout des roses. Elles pouvaient accorder toutes sortes de beautés et de charmes, physiques, moraux et artistiques.

Figure 5-2 : les Charites (communément appelées « les trois Grâces »).

Les Moires

Les *Moires* (assimilées aux *Parques* romaines), filles de Zeus et de Thémis (ou de la Nuit) formaient un autre trio féminin. Divinités du Destin, elles étaient les fileuses qui décidaient du cours de la vie de chaque être humain, de la naissance à la mort.

Voici les Moires avec leurs attributions respectives :

- **Clotho** : c'est la fileuse dont la quenouille qui tourne symbolise le cours de l'existence. On la représentait comme une jeune fille très belle.
- **Lachésis** : c'est elle qui déterminait le cours de la destinée. Elle était représentée comme une femme d'âge mur, une mère de famille.
- **Atropos** : inflexible, cette dame redoutée coupait le fil de l'existence avec ses ciseaux, ce qui déterminait la mort de la personne. On la représentait comme une vieille sorcière.

L'image d'un fil qui symbolise la destinée d'une personne est très importante. Dans la poésie d'Homère, il semble clair que la destinée d'une personne détermine le moment de sa mort, mais pas ce qui va se passer d'ici là. Les gens meurent lorsqu'ils sont au bout du rouleau, et c'est comme ça. C'est ainsi qu'Hector, le guerrier troyen, dit à son épouse : « Ne t'inquiète pas, si aujourd'hui est le jour où je dois mourir, je mourrai que je reste à la maison ou que j'aille à la bataille. Si aujourd'hui n'est pas le jour de ma mort, je serai en parfaite sécurité au beau milieu de la bataille. » (Voir le chapitre 7.)

Les Olympiens semblaient n'avoir aucun pouvoir sur les Moires. Dans *L'Iliade*, Zeus essaie de sauver ses héros préférés, mais Héra et Athéna l'empêchent de bouleverser l'ordre naturel des choses. (Pour en savoir un peu plus sur cette histoire, reportez-vous au chapitre 4.)

Les Nymphes

Les nymphes sont des jeunes femmes qui peuplent la campagne, les bois ou encore les eaux. Elles en sont d'ailleurs l'esprit : elles sont les esprits des champs et de la nature en général dont elles personnifient la fécondité et la grâce. En réalité, il existe plusieurs catégories de nymphes que je détaillerai plus bas.

Elles sont considérées comme des divinités secondaires ou mineures auxquelles on adresse des prières et qui sont néanmoins très redoutables.

Elles habitent dans des grottes, où elles passent leur temps à filer et à chanter.

Elles sont souvent représentées dans les cortèges de dieux tels qu'Artémis, Apollon… ou encore de nymphes d'un rang très élevé comme Calypso ou Circé.

Selon Homère, elles seraient les filles de Zeus.

Au niveau de leur symbolique, les nymphes sont présentes dans un grand nombre de mythes et légendes, elles sont souvent les femmes de fameux héros comme Éaque et Égine. Elles apparaissent également très souvent dans les mythes amoureux comme le mythe de Daphné, d'Echo ou encore de Callisto.

Leurs amants sont souvent les génies masculins de la nature comme Pan, les satyres, Priape, etc. Mais également, les dieux s'unissent volontiers avec elles, parmi ceux-ci figurent Zeus, Apollon, Hermès, Dionysos… Elles enlèvent aussi des mortels tels que le jeune Hylas.

Il existe différents types de nymphes :

- **Les Océanides**
- **Les Néréides**
- **Les Naïades**
- **Les Hamadryades**

- **Les Méliades**
- **Les Napées**
- **Les Oréades**
- **Les Dryades**
- **Les Alséides**

Les Océanides

Ces Nymphes sont les filles d'Océan et de Téthys, elles personnifient les fleuves, les sources et les ruisseaux, etc., elles sont en général dénombrées au nombre de quarante et un selon Hésiode.

Parmi elles figurent : l'aînée Styx, Peithô, Admètè, Ianthé, Électre, Doris, Prymno, Uranie, Hippô, Clymèné, Rhodée, Callirhoé, Zeuxo, Clytié, Idya, Pasithoé, Plexauré, Galaxauré, Dioné, Mélobosis, Thoé, Polydoré, Cercéis, Ploutô, Perséis, Ianira, Axasté, Xanthé, Pétrée, Ménésthô, Europé, Métis, Eurynomé, Téléstô, Chryséis, Asie, Calypso, Eudoré, Tyché, Amphirho, Occyrhoé, Philyra, Calarine, Aréthuse… mais cette liste peut s'allonger selon l'inspiration des auteurs.

Les Néréides

Les Néréides sont les filles de Nérée et de Doris, et les petites-filles d'Océan. Elles personnifient probablement les innombrables vagues de la mer, ce qui explique leur nombre : elles sont parfois cinquante et d'autre fois cent.

Les Néréides vivaient au fond de l'eau dans le palais de leur père, assises sur des trônes d'or, elles étaient bien sûr toutes d'une grande beauté, et passaient leur temps à filer, tisser et chanter. Dans les légendes, elles apparaissent plutôt en spectatrices : elles pleurent avec leur sœur Thétis pour la mort d'Achille et celle de Patrocle, elles aident Héraclès en le renseignant sur la façon d'interroger Nérée (voir les douze travaux d'Héraclès : le jardin des Hespérides). Elles sont également présentes lors de la libération d'Andromède par Persée.

Par ordre alphabétique : Actaée, Agavé, Amathée, Amphinomé, Amphithoé, Amphitrite, Apseudès, Autonoé, Callianassa, Callinira, Calypso, Céto, Clyméné, Cranto, Cymatolégé, Cymo, Cymodocé, Cymothoé, Déro, Dexaméné, Dioné, Doris, Doto, Dynaméné, Eioné, Erato, Eucraté, Eudorè, Euliméné, Eumolpè, Eunicè, Eupompé, Evagoré, Evarné, Galatée, Galéné, Glaucé, Glauconomé, Halié, Halimédé, Hipponoé, Hippothoé, Iaéra, Ianassa, Ianira, Ioné, Laomédie, Liagoré, Limnorèia, Lysianassa, Maera, Mélité, Ménippé, Nausithoé, Némertès, Noméris, Nèsaea, Néso, Orithye, Panopé, Pasithéa, Phérousa, Plexauré, Polynoé, Pontomédousa, Pontoporéia, Pronoé, Protho, Proto, Protomédia, Psamalthé, Sao, Spèio, Thalie, Thémisto, Thétis, Thoé.

Les Naïades

Ce sont les nymphes de l'élément liquide, elles incarnent ainsi la divinité de la source, ou du cours d'eau qu'elles habitent. Parfois, un cours d'eau n'est habité que par une seule nymphe, ou parfois par plusieurs qui sont égales entre elles.

Homère fait des Naïades les filles de Zeus, mais d'autres auteurs les rattachent à la race des descendants d'Océan, ou encore, elles sont considérées comme les filles du dieu du fleuve qu'elles habitent, tout comme les filles du dieu Asopos qui sont ainsi des Naïades.

Les Naïades passent pour êtres de formidables guérisseuses : les malades buvaient l'eau de leur sources, ou plus rarement s'y baignaient. Mais ces bains pouvaient être fatals pour ceux qui n'y étaient pas autorisés. De même, ceux qui apercevaient une Naïade était possédés par elle, et était frappés d'égarement (comme les Lymphae).

Les Hamadryades

Les Hamadryades sont une catégorie de nymphes rattachée aux arbres : ainsi, chacune d'elle naît avec un arbre et vit avec lui, je me permets de vous rappeler l'histoire de Callimaque dans l'*Hymne à Délos* qui montre la nymphe d'un chêne qui s'angoisse pour son arbre, lequel s'est fait foudroyer.

Elles sont considérées comme une race entre les dieux et les hommes car on dit qu'elles meurent avec leur arbre. Mais elles ont une vie très longue, équivalente à « dix vies de palmier », c'est-à-dire neuf mille sept cents ans. Certaines de ces Hamadryades sont connues pour être à l'origine de châtiment extrême comme pour Erysichton, qui coupa un arbre de nymphe : celle-ci pria les dieux de la venger, et Erysichton fut condamné à être tiraillé éternellement par la faim.

Les Méliades

Les Méliades, ou nymphes des Frênes, sont nées des gouttes de sang d'Ouranos, lorsqu'il fut mutilé par Cronos. En souvenir de leur naissance sanglante, les lances meurtrières sont faites à partir du même bois qu'elles habitent : le frêne.

La troisième race d'homme, celle de bronze, connue pour être une race dure et meurtrière, naquit des frênes également.

Les Érinyes (assimilées aux Furies des Romains)

Les *Érinyes*, ces déesses de la Vengeance, jaillirent du sang tombé dans la mer lorsque Cronos castra Ouranos. On les représente parfois avec des serpents pour cheveux. Elles punissaient tous ceux qui s'étaient attiré les *miasmes*, ce qui incluait tous ceux qui avaient commis des parricides, tué des gens dans des temples, ou assassiné un invité. Elles protégeaient aussi les mendiants et veillaient au respect du « cours normal » des choses, comme par exemple au droit d'aînesse d'un fils aîné.

Bien que les récits de référence divergent sur le nombre des Érinyes, le poète tragique Eschyle écrivit une pièce de théâtre à leur sujet, *Les Euménides* (les Anciens les surnommaient Euménides, c'est-à-dire les Bienveillantes, pour ne pas s'attirer leur colère), qui traitait d'une bande entière d'Érinyes. Finalement, les auteurs en réduisirent le nombre aux trois qui suivent :

- **Tisiphoné** ;
- **Alectô** ;
- **Mégère**.

Les anciens Grecs croyaient au châtiment divin et au cours naturel et correct des choses. Les Érinyes remplissaient ainsi les vides laissés par la justice des hommes.

Chapitre 6

Les héros, ces demi-dieux si admirables

Dans ce chapitre :

- L'étoffe des héros
- Quelques-uns des plus grands héros de la Grèce antique
- Les douze travaux d'Héraclès
- À la recherche de la Toison d'or
- Quelques dames célèbres rencontrées en chemin

Les héros grecs ont laissé leurs empreintes sur toute la culture occidentale. Tout le monde a entendu parler d'Héraclès (Hercule chez les Romains), le plus fort de tous les héros. Aux États-Unis, il a même eu sa propre émission télévisée. Les héros sont bien vivants dans la langue française. Ainsi, *herculéen* signifie digne d'Hercule, c'est-à-dire colossal. Le mot *labyrinthe* que tout le monde connaît désignait la demeure légendaire du Minotaure, en Crète. Le mot *Argonautes*, qui désigne les hommes qui accompagnèrent Jason parti à la conquête de la Toison d'or, inspira aux Américains le mot *astronaute* et aux Russes son équivalent cosmonaute.

Les héros étaient des hommes hors pair. La plupart d'entre eux étaient des fils de dieux (habituellement, de Zeus) et de femmes mortelles, plus grands et plus forts que tout le reste du monde (certains étaient aussi plus malins), et ils eurent tous des aventures avec des monstres, des dieux et des créatures fantastiques. L'« âge des héros » correspond (selon le calcul des anciens Grecs) à la génération qui a précédé la guerre de Troie. Selon nos propres calculs, cela correspond à la période comprise entre 1500 et 1200 av. J.-C., connue comme étant l'âge du bronze.

Qu'est-ce qui faisait d'un homme un héros ? Avoir un papa divin, c'était un bon début, mais réaliser des exploits surpassant les possibilités des mortels normaux, c'est ce qui faisait vraiment la différence. Les héros n'étaient pas forcément des « gens biens ». Beaucoup d'entre eux assassinèrent des victimes innocentes, et peu d'entre eux savaient comment traiter correctement une femme. Bien qu'ils aient aussi souvent été des souverains, ils ne gouvernaient alors pas forcément bien, car ils préféraient passer leur temps à accomplir des prouesses.

Ce chapitre décrit quatre des héros grecs les plus importants, et il explique pourquoi on s'en souvient encore aujourd'hui. Persée tua Méduse. Héraclès fut le type le plus grand et le plus fort de tous les temps. Thésée tua le Minotaure et transforma Athènes en une grande cité-État. Jason emmena les Argonautes à la conquête de la Toison d'or. Tous firent des actions d'éclat, mais tous furent aussi des hommes.

Nous allons maintenant présenter brièvement plusieurs auteurs que nous mentionnerons plus loin et qui fournissent les sources de ces mythes. Pausanias vécut au IIe s. apr. J.-C., alors que le monde grec était soumis à l'Empire romain ; c'était un écrivain voyageur, et sa *Description de la Grèce* est semblable aux guides touristiques que l'on pourrait acheter aujourd'hui. Apollodore fut un érudit qui vécut à Alexandrie et en Égypte au IIe s. av. J.-C. Sa spécialité, c'était de faire la collecte et d'écrire les mythes (c'était un *mythographe*). Ovide était un poète romain du Ier s. av. J.-C. dont le long et célèbre poème, *Les Métamorphoses*, regorge de mythes. Hérodote fut un historien grec du Ve s. av. J.-C. Il était suffisamment malin pour savoir que ce que les gens croient influence leurs actions, et il inclut à ses *Histoires* beaucoup de récits mythiques. Comment se fait-il que des mythes grecs nous parviennent de sources romaines ? Eh bien, les Romains adoraient la culture grecque, et les chercheurs d'aujourd'hui doivent travailler avec ce qui a survécu.

Persée, prince charmant

Persée fut probablement le plus « héroïque » des héros grecs, en ce sens qu'il faisait surtout des choses comme tuer des monstres et sauver des jeunes filles sans défense pour ensuite les épouser, exactement comme le prince des contes de fées. L'histoire de son grand-père Acrisios donne elle aussi un enseignement : ce qui devait arriver arriva.

Le mythe de Persée était très populaire chez les Grecs de l'Antiquité. Homère le surnomma « le plus célèbre des hommes ». Les écrivains romains Apollodore et Ovide racontent des versions non abrégées de son mythe, et Pausanias et Hérodote le mentionnent également. Les trois poètes tragiques grecs Eschyle, Sophocle et Euripide écrivirent des pièces de théâtre à son sujet. Les artistes adoraient créer des œuvres le représentant en train de couper la tête de Méduse ou en compagnie de la belle Andromède.

Persée était l'un des nombreux fils de Zeus. Sa mère, Danaé, était la fille unique d'Acrisios, le roi d'Argos. Celui-ci était nerveux à son sujet, car un oracle lui avait prédit qu'il n'aurait jamais de fils, mais que sa propre fille aurait elle-même un fils qui le tuerait.

Un *oracle* était un sanctuaire où les gens pouvaient se rendre pour poser des questions aux dieux. Contre honoraires, une prêtresse recevait l'inspiration et laissait ensuite échapper des prophéties vaguement formulées. Elles se réalisaient toujours, comme les prédictions ou les devises que l'on trouve dans les petits beignets chinois. Le terme *oracle* a ensuite pris les deux sens suivants : il désigne aussi la réponse donnée par cette prêtresse, de même que la prêtresse elle-même. Vous pouvez donc vous rendre à un oracle pour demander à un oracle de vous donner un oracle !

Des ennuis qui s'annoncent

Il est impossible de contourner une prophétie, mais Acrisios fit vraiment tout ce qu'il put. Il enferma Danaé dans une tour d'ivoire qui n'avait d'ouverture que vers le ciel, et il la fit garder jour et nuit. Ce n'est pas ce qui retint Zeus, qui lui rendit visite sous la forme d'une pluie d'or et la mit enceinte de Persée. (Nous ne savons pas ce qu'est une pluie d'or ni comment elle peut féconder une femme, mais c'est en tout cas ce que raconte le mythe.)

Danaé donna naissance à son bébé et le cacha à son père pendant un moment, mais Acrisios finit par le découvrir. Il refusa de croire que Zeus en était le père. Et surtout, il ne voulait pas que l'enfant grandisse auprès de lui pour risquer de le tuer un jour. Il enferma donc Danaé et son bébé dans un coffre et jeta celui-ci à la mer, à la dérive. Ce faisant, il espérait se débarrasser d'elle une bonne fois pour toutes sans être personnellement responsable de sa mort : la bonne vieille excuse selon laquelle « elle allait bien la dernière fois que je l'ai vue. »

Enfin à l'abri, avec un repas chaud !

Mais Zeus veilla à ce que Danaé et le bébé ne meurent pas ; il envoya la malle avec mère et enfant sur la plage d'une île, où un pêcheur du nom de Dictys les trouva et les emmena chez lui. Danaé et Persée vécurent pendant des années chez Dictys et son épouse. Le frère de Dictys, le roi de l'île Polydectès, remarqua que Danaé était encore belle et décida qu'il devait l'avoir. Danaé ne voulait rien avoir affaire avec lui, et son fils aurait contrecarré toute tentative de la prendre par la force. Polydectès décida donc de se débarrasser de Persée.

Il élabora un plan assez tiré par les cheveux. Il annonça qu'il allait se marier et invita tous ses amis, y compris Persée. Il demanda à tout le monde d'amener des chevaux, pour en faire cadeau à la mariée. Mais Polydectès savait que Persée aurait à sauver la face d'une manière ou d'une autre, et la seule chose qu'un homme fort comme lui pouvait faire, c'était un exploit. Et c'est exactement ce que fit Persée : il annonça qu'il allait tuer Méduse et rapporter sa tête comme cadeau. Le roi était plus qu'heureux de donner son approbation à cette mission téméraire. Dans sa version de l'histoire, Apollodore raconte que Polydectès lui enjoignit de l'accomplir.

Méduse était l'une des trois Gorgones, des monstres ailés aux corps de femmes et à la chevelure de serpents, dont l'aspect hideux changeait en pierre ceux qui les fixaient du regard. Méduse était mortelle, mais ses deux sœurs étaient immortelles.

À la recherche des Gorgones

Polydectès espérait que Persée s'en aille et qu'il trouve la mort en essayant de tuer Méduse, et que Danaé serait ensuite sienne. C'est ce qu'on appelle « se fourrer le doigt dans l'œil ! »

Personne ne savait où trouver les Gorgones. Persée se rendit à l'oracle de Delphes (voir la section précédente) sans s'arrêter pour dire au revoir à sa maman, mais la prophétesse ne put l'aider. Les chênes au feuillage parlant de Dodone ne le savaient pas non plus. Il erra donc au hasard pendant un moment.

Persée s'en tire grâce à un petit coup de pouce de ses amis (divins, tout de même)

Finalement, Hermès (souvent présenté comme l'assistant personnel de Zeus) et Athéna intervinrent pour faire avancer les choses. Ils dirent à Persée que, s'il voulait tuer Méduse, il devait d'abord se munir d'un équipement approprié auprès des Nymphes du Nord. Et les seules personnes à savoir où vivaient ces Nymphes étaient les Grées. Craignant probablement que Persée ne les trouve pas tout seul, Hermès déclara qu'il le mènerait à elles.

Mais auparavant, Hermès donna à Persée une épée magique à l'extrémité recourbée, qui ne se casserait pas sur le cou écailleux de la Gorgone. Athéna prêta à Persée son bouclier de bronze extrêmement luisant. Elle lui dit qu'il pourrait s'en servir comme d'un miroir, afin de voir Méduse sans avoir à regarder directement son visage et être transformé en pierre. Persée prit ces cadeaux, et Hermès et lui s'en allèrent trouver les Grées.

Les *Grées* ou « *les vieilles* » étaient trois vieilles biques qui ressemblaient à des cygnes avec des têtes de femme, elles avaient des mains et des bras sous leurs ailes ; elles étaient les sœurs des Gorgones. Elles n'avaient qu'un unique œil et une seule dent à se partager à trois, et elles s'en servaient donc à tour de rôle. Persée attendit que l'une d'elles prenne de sa main l'œil de sa tête pour le passer à sa sœur ; puis il bondit et l'attrapa. Il leur dit qu'il leur rendrait leur œil dès qu'elles lui auraient expliqué comment trouver les Nymphes du Nord, ce qu'elle firent immédiatement. Après avoir rendu l'œil, il repartit avec Hermès.

Cette fois-ci, Persée arriva au pays enchanté des *Hyperboréens* (ce nom désigne les « gens qui vivent à l'extrême Nord », et parfois aussi les habitants de la Grande-Bretagne) un paradis ancien dont les habitants passaient leur temps à faire des fêtes, à jouer de la musique et à danser. Les Hyperboréens lui donnèrent trois cadeaux :

- des sandales ailées ;
- le casque d'Hadès qui le rendait invisible ;
- un sac qui contiendrait tout ce qu'il mettrait dedans, quelle qu'en soit la taille.

Désormais, il était fin prêt.

Hermès savait en fait où vivaient les Gorgones, et il s'envola accompagné de Persée au-dessus de l'océan pour se rendre sur leur île, où Athéna vint les retrouver. Les trois monstres étaient endormis, et Persée en observa soigneusement l'image réfléchie sur son bouclier. Athéna lui indiqua laquelle des trois était Méduse. Persée s'envola vers elles avec ses sandales ailées, trancha la tête de Méduse (Athéna l'aida à bien viser), et la jeta dans son sac magique. (N'ayez pas peur de regarder, maintenant, la Figure 6-1 qui montre Persée brandissant la tête de Méduse.) Les deux autres Gorgones se réveillèrent et essayèrent de l'attraper, mais il mit son casque, ce qui le rendit invisible, et il put s'enfuir sans problème.

Figure 6-1 : Persée brandissant la tête de Méduse.

Persée trouve le véritable amour et une autre bataille

Pour rentrer chez lui, Persée survola l'Éthiopie. C'est là qu'il rencontra une superbe jeune fille sur le point d'être dévorée par un monstre marin. C'était Andromède.

La mère d'Andromède, Cassiopée, s'était vantée d'être plus belle que les filles du dieu de la Mer. La divinité en colère envoya le monstre marin en Éthiopie, où il terrorisait les gens et les dévorait. Un oracle avait prédit que la seule manière de s'en débarrasser serait de lui donner la fille de Cassiopée en pâture. Le papa d'Andromède, Céphée, l'enchaîna donc à un rocher et attendit que le monstre vienne la dévorer.

Pour Persée, ce fut le coup de foudre. Il attendit que le monstre marin fasse surface et alors il lui trancha la tête. Persée ramena Andromède à la maison et demanda sa main à ses parents. Ils la lui accordèrent. Bien sûr, une fille comme Andromède n'était pas passée inaperçue avant l'arrivée de Persée, et il se trouvait qu'elle était déjà fiancée à un type appelé Phinée. Phinée complota contre Persée, mais celui-ci le pétrifia grâce à la tête de Méduse. Puis il épousa la princesse.

Tiens, voilà ton cadeau !

Persée et son épouse rentrèrent en bateau à son île. Ils découvrirent que la mère de Persée avait rejeté les avances de Polydectès, et qu'elle s'était enfuie avec Dictys pour se cacher. Selon certains récits, ils se cachèrent auprès des autels des dieux, où aucun mal ne pouvait leur être fait. Pendant ce temps, Polydectès donnait une fête avec tous ses amis ce soir-là. Persée entra dans la salle du banquet, annonça qu'il avait le cadeau promis pour la mariée, sortit la tête de Méduse du sac, et pétrifia Polydectès et ses convives.

Ironie et oracles...

Dictys devint roi de l'île. Persée, Andromède et Danaé rentrèrent à Argos pour essayer de se réconcilier avec Acrisios, le père de Danaé. Lorsqu'ils arrivèrent, ils apprirent que celui-ci avait quitté la ville et que personne ne savait où il se trouvait. Ce qui s'était en fait passé était qu'Acrisios avait appris les exploits de Persée et qu'il s'était enfui, en craignant qu'Argos ne soit la prochaine étape du nouveau héros. Persée entendit parler d'une compétition sportive qui allait se tenir à Larissa. N'ayant rien de spécial à faire, il décida d'y participer. Il se trouva qu'Acrisios était venu assister au même événement. Persée lança accidentellement le disque dans les tribunes. Celui-ci frappa son grand-père au pied et le tua, exactement comme l'avait prédit l'oracle des années auparavant. Et non, nous ne savons pas plus que vous comment un coup au pied peut tuer quelqu'un instantanément, mais peut-être qu'Acrisios eut un arrêt cardiaque. Pausanias raconte une version différente : Persée était parti à Larissa chercher son grand-père pour se réconcilier avec lui. Il décida de démontrer son adresse au lancement du disque, et Acrisios se trouva accidentellement sur la trajectoire du disque.

Persée et Andromède vécurent heureux ensuite. Ils eurent un fils, Électryon, père d'Alcmène et donc grand-père d'Héraclès. Persée donna la tête de Méduse à Athéna, qui la plaça sur son bouclier afin qu'un tel pouvoir ne tombe pas dans n'importe quelles mains.

Héraclès superstar

Héraclès, que l'on connaît mieux sous son nom romain, Hercule, était le plus balaise des costauds. Il était fort, viril et sexy et il savait aussi qu'il était bien plus excitant que n'importe quel autre mec. Il se servait habituellement de sa force brute uniquement – à quoi bon utiliser son cerveau lorsqu'on est aussi costaud – mais il fit aussi preuve d'esprit à l'occasion, comme par exemple lorsqu'il persuada deux fleuves de changer de cours pour aller faire la grande lessive des écuries d'Augias.

Figure 6-2 : Héraclès avec ses attributs distinctifs, la massue, la peau de lion et l'arc.

Héraclès (voir la Figure 6-2) était *extrêmement* populaire auprès des Grecs de l'Antiquité. Homère le mentionne, et d'autres conteurs ajoutèrent constamment des histoires à sa légende. Apollodore et Pausanias écrivirent des tas de récits à son sujet, de même qu'Hérodote. Les Grecs vénéraient leurs héros mythologiques avec de petits autels qui leurs étaient dédiés. Héraclès en avait davantage que tout autre héros. Peut-être parce qu'il avait consacré sa vie à des travaux utiles et beaucoup souffert pour aider les hommes.

Zeus fait encore des siennes

Zeus était le père d'Héraclès. Brûlant de désir pour une femme nommée Alcmène, il prit la forme du mari de celle-ci pour coucher avec elle. Alcmène eut deux fils jumeaux. L'un était le fils légitime, Iphiclès, et il n'était qu'un humain, l'autre était Héraclès, le fils de Zeus.

Il désirait mettre au monde un héros exceptionnel. Car, selon la prévision, il y aurait une guerre entre les Dieux et les Géants : un oracle disait que seul un mortel pourrait venir à bout des Géants.

Héra, l'épouse jalouse de Zeus en voulut à Héraclès toute sa vie (le nom « Héraclès » signifie « gloire d'Héra » ou « célèbre à cause d'Héra »). Alors qu'il était encore bébé, Héra envoya deux serpents pour qu'ils le tuent dans son berceau, mais le petit Héraclès attrapa chaque serpent par le cou et les étrangla tous les deux. Sa mère se précipita pour trouver son bambin en train de rire avec un serpent mort dans chaque main.

À l'âge de 18 ans, Héraclès tua le lion de Cithéron, dont il porta la peau le reste de sa vie. (Il s'agissait peut-être en fait de la peau du lion de Némée, qu'il tua lors du premier de ses douze travaux – voir la section suivante). Il combattit ensuite le roi d'Orchomène, qui exigeait des Thébains un lourd tribut. Les Thébains, reconnaissants, lui donnèrent une princesse pour épouse. Il en eut trois fils, mais un jour, dans un accès de folie provoqué par Héra, il tua femme et enfants. Héra lui causa cet accès de folie soit parce qu'elle était tout simplement méchante, soit parce qu'elle s'était débrouillée pour qu'il reçoive un oracle lui enjoignant de se mettre à son service, ce qui le rendit furieux d'avoir à abandonner son épouse et ses enfants, à tel point qu'il perdit la tête et les tua. Bourrelé de remords, il se rendit à l'oracle de Delphes pour apprendre ce qu'il devait faire pour expier ses actes. La prêtresse, la Pythie, lui dit d'aller voir Eurysthée, roi de Mycènes, pour se mettre à son service.

Les douze travaux d'Héraclès

Eurysthée, bien que quelque peu effrayé par Héraclès, chercha par tous les moyens à se débarrasser de lui. Il lui déclara qu'il devrait accomplir dix tâches apparemment irréalisables. Mais Héraclès fut heureux de se voir proposer une occasion d'expier le meurtre de son épouse et de ses enfants. Les dix travaux devinrent douze, car Eurysthée refusa de reconnaître deux d'entre eux. Ces travaux furent réalisés dans un certain ordre, que nous avons gardé ici :

1. Le *lion de Némée* était (grâce à sa peau) invulnérable aux coups des armes ; Héraclès l'étrangla ; il se servit des griffes du lion pour dépecer l'animal et porta ensuite cette peau en guise d'armure.
2. L'*Hydre de Lerne* avait neuf têtes, et il en repoussait deux chaque fois qu'on en coupait une. Héraclès demanda à son neveu Iolaos de brûler chaque cou au fur et à mesure qu'il coupait les têtes, puis il enterra la dernière, immortelle, sous un rocher. Il trempa ses flèches dans le sang empoisonné du monstre pour les rendre mortelles. Malheureusement pour Héraclès, comme Iolaos l'avait aidé à tuer l'Hydre, Eurysthée déclara que, pour cette raison, cet exploit ne compterait pas comme l'un des dix travaux ;
3. La *biche de Cérynie* avait des cornes d'or et des pieds d'airain et, pour Artémis, elle était sacrée. Il fallut un an à Héraclès pour la capturer et la ramener vivante ;
4. Héraclès piégea le grand *sanglier d'Érymanthe* dans la neige ;
5. Les *écuries d'Augias* n'avaient pas été nettoyées depuis des années. Héraclès dévia le cours de deux fleuves voisins pour les faire passer dans les écuries et les nettoya ainsi en un seul jour. Cet exploit fut réalisé en creusant beaucoup et en donnant aux fleuves un cadeau pour leur coopération. Mais Héraclès avait demandé une rétribution au roi Augias (le propriétaire des écuries, bien sûr) pour accomplir cette tâche, et Eurysthée déclara en conséquence qu'elle ne comptait pas comme l'un des dix travaux ;
6. Il fit sortir les *oiseaux de Stymphale* aux becs et aux serres d'airain, qui se nourrissaient de chair humaine, à l'aide de cymbales de bronze qu'il reçut d'Athéna, et il les abattit de ses flèches ;
7. Il captura le *taureau de la Crète* qui dévastait le royaume de Minos, et le ramena à la nage à Mycènes ;
8. Il captura les *juments de Diomède*, le roi de Thrace qui les nourrissait exclusivement de chair humaine. Héraclès donna le maître en pâture aux animaux.
9. Enjoint d'aller chercher la *ceinture de la reine des Amazones*, *Hippolyté*, qui était une guerrière redoutable, Héraclès lui demanda simplement si elle voulait lui donner sa ceinture en cadeau. Elle accepta. Mais à cause

d'une machination d'Héra, toujours haineuse, Héraclès tua quand même Hippolyté plus tard. Héra fit croire aux Amazones que leur reine était en danger, et elles attaquèrent Héraclès, qui pensa à son tour qu'Hippolyté leur en avait donné l'ordre, ce pourquoi il la tua. Héraclès, voyez-vous, c'était plutôt le genre de gars qui tire d'abord et qui réfléchit ensuite.

10. Il ramena les *troupeaux de bœufs de Géryon*, après avoir tué ce monstre à trois corps sur une île occidentale. Sur son chemin pour s'y rendre, il érigea les *colonnes d'Héraclès* (colonnes d'Hercule) aux confins de la Méditerranée : le mont Calpé (à Gibraltar) et le promontoire d'Abyla (à Ceuta, au Maroc). Cela aurait dû être son dernier travail, mais Eurysthée refusa de valider les deuxième et cinquième tâches, et il enjoignit donc à Héraclès d'en accomplir deux de plus.
11. Les *pommes d'or du jardin des Hespérides* posèrent un problème délicat à résoudre. Héraclès alla voir Atlas et accepta de tenir le Ciel pendant qu'Atlas irait cueillir les pommes pour lui. (Lorsque Zeus avait vaincu les Titans, il avait puni Atlas en le condamnant à porter pour toujours la voûte céleste sur ses épaules.) Atlas revint avec les pommes, mais il dit pourtant à Héraclès que celui-ci devrait continuer à tenir le Ciel et qu'il irait porter lui-même les pommes à Eurysthée. Héraclès était plus rusé qu'Atlas : il se déclara d'accord, mais demanda à Atlas de reprendre le Ciel pour une minute le temps de mettre un coussinet sur sa tête. Bien sûr, dès qu'Atlas eût reprit le Ciel, Héraclès lui, prit la tangente !
12. Pour son dernier travail, Héraclès s'en fut aux Enfers pour en ramener *Cerbère*, le chien tricéphale d'Hadès. Eurysthée décida ensuite qu'il ne voulait pas du chien monstrueux et le fit ramener aux Enfers par Héraclès.

Après quoi, Héraclès fut enfin, de nouveau, un homme libre.

Le centaure sournois et la méprise tragique

Héraclès adorait les femmes (dans une de ses aventures, il couche avec 50 sœurs au cours de cinquante nuits !), et ce penchant causa aussi sa perte. Il s'était remarié à une femme nommée Déjanire. Il demanda à Nessos, Nessus chez les Romains, un centaure (être fabuleux, mi-homme mi-cheval), de faire traverser un fleuve à son épouse (Héraclès, désireux d'économiser le prix de la traversée, voulait traverser à la nage). Nessos essaya de violer Déjanire sur l'autre rive. Elle cria, et Héraclès tua le centaure d'une flèche depuis l'autre berge. En mourant, Nessos dit à Déjanire de conserver un peu de son sang et de la semence qu'il avait versée, de les mélanger, pour s'en servir comme d'un philtre d'amour si jamais son mari tombait amoureux d'une autre femme.

Le centaure

Ixion s'unit avec une nuée que Zeus avait façonnée à la ressemblance d'Héra. Les Centaures naquirent. Ils offraient l'aspect monstrueux d'un buste d'homme terminé par un corps de cheval. Ils se nourrissaient de chair crue et vivaient comme des bêtes dans les forêts de Thessalie. Leurs mœurs brutales, leur amour immodéré du vin et des femmes les rendaient redoutables aux mortels. Seuls deux d'entre eux, Pholos et Chiron, se distinguaient de leurs semblables par une bonté et une sagesse exemplaires. Ils sont l'objet de légendes particulières. Quant à leurs congénères, on les voit, parfois, figurer dans les cycles héroïques. Ils interviennent, notamment, dans celui de Thésée : Pirithoos, roi des Lapithes, son compagnon d'armes, ayant l'idée néfaste d'inviter les Centaures à ses noces, ceux-ci s'enivrèrent et cherchèrent à violenter la jeune épouse, Hippodamie. Une mêlée générale s'ensuivit. Elle mettait aux prises les Centaures, armés de troncs d'arbres et de tisons enflammés, et les Lapithes. Ces derniers parvinrent à les mettre en fuite. Les Centaures furent alors contraints de se retirer aux abords du Pinde. Là, Héraclès les pourchassa. Il blessa involontairement le généreux centaure Chiron, qui, pour ne pas souffrir trop longtemps, implora qu'on lui permît de mourir. Il parvint à trépasser en cédant son immortalité à Prométhée. Héraclès, en outre, étouffa le centaure Nessus, qui lui disputait une de ses femmes, Déjanire. Tous ces mythes, qui prêtent aux Centaures l'aspect d'hommes-chevaux, proviennent sans doute du fait que les Thessaliens, habiles dans l'art de l'équitation, semblaient, aux yeux des Grecs, s'identifier à leurs montures. La représentation sculptée de leurs combats s'appeile « centauromachie ».

Mort et résurrection

Un jour, Héraclès gagna un concours de tir à l'arc organisé par un roi nommé Eurytos. Ce type avait promis la main de sa fille au vainqueur de ce concours. Mais Eurytos refusa de lui accorder la main d'Iole, sa fille, de crainte que, dans un accès de folie, il ne la tue, comme il avait tué sa première femme. Héraclès lui déclara donc la guerre, le tua lui et ses fils, et pris Iole comme captive et concubine.

Il envoya son héraut chez lui dire à Déjanire de lui envoyer une belle tunique à porter pour faire ses sacrifices. Le héraut parla de Iole à Déjanire, et celle-ci pensa que le moment était venu de se servir de son philtre d'amour. Elle en enduisit la tunique et l'envoya à son époux.

Dès qu'Héraclès enfila la tunique, il se sentit consumé de brûlures. Le poison de l'Hydre qui se trouvait dans le sang de Nessos faisait son œuvre. Il déchira la tunique qui collait à sa peau en s'arrachant aussi des lambeaux de peau. Mais c'était trop tard.

Déjanire se pendit lorsqu'elle apprit ce qui s'était passé. Héraclès construisit un bûcher funéraire au sommet du mont Oeta, et demanda à ses compagnons de l'allumer. Alors que le feu brûlait, on entendit un coup de tonnerre, et Héraclès fut ravi à la terre et s'en fut vivre avec les dieux sur le mont Olympe. Héra finit par se réconcilier avec lui et lui donna en mariage Hébé, sa fille, le symbole de l'éternelle jeunesse.

Thésée, un héros national

Athènes vouait un culte à Thésée car l'on supposait qu'il avait contribué à faire d'Athènes la cité-État qu'elle avait finit par devenir, et parce qu'il personnifiait beaucoup des qualités que les Athéniens considéraient importantes pour leur cité : l'intelligence, l'art de la négociation, le courage, la justice et la protection des opprimés. Ils considéraient Thésée comme un dirigeant fort et équitable, lointain précurseur de la démocratie. Son histoire constitue le bon exemple d'un mythe qui fit moisson d'un tas d'événements pour les cristalliser et en faire un tout bien ficelé. Bien que la transformation d'Athènes en grande puissance de l'époque ait probablement pris de nombreuses années et demandé les efforts de nombreux dirigeants, il était très simple et satisfaisant d'en attribuer tout le mérite à Thésée. Ce mythe illustre en outre le fait que l'on peut devenir un héros tout en commettant de graves fautes morales. En chemin, il abandonna Ariane et causa la mort de son propre père sans regret ni remords, et sans que cela nuise à sa réputation.

Thésée était le fils naturel d'Égée, le roi d'Athènes, et d'une femme à laquelle Égée n'était manifestement pas marié, originaire d'une petite ville du sud de la Grèce, Trézène.

Un oracle érotique pour la maissance de Thésée

Égée, le roi d'Athènes se désolait de ne pas avoir d'héritier, malgré deux mariages. Il alla donc consulter la Pythie de Delphes car un roi se doit d'avoir un fils et successeur ! Ayant sacrifié aux rites, il obtint la réponse suivante, qui le laissa perplexe : « qu'il veille à bien se garder de délier le col de l'outre avant de regagner Athènes ». Il partit chez son ami le roi de Pitthée de Trizène pour lui demander d'interpréter le message. Comme Pitthée cherchait un beau parti pour sa fille Aethra, il comprit vite le sens de la phrase. Profitant de l'aubaine, il enivra Égée et mit sa fille dans son lit pour la nuit. Mais la délurée jeune fille avait été dépucelée le jour même par Poséidon (Neptune). Si bien que le doute est permis sur la véritable identité du père de Thésée. Commme on le voit, la Pythie n'était pas bégueule !

Égée rentra à Athènes avant la naissance de son fils. Mais avant de partir, il cacha une épée et une paire de sandales sous un énorme rocher et dit à la mère de Thésée que, lorsque le garçon serait suffisamment fort pour déplacer le rocher et trouver les cadeaux qui se trouvaient dessous, il pourrait se rendre à Athènes et proclamer qu'il était le fils d'Égée.

Thésée grandit et devient fort, et, un jour, sa maman lui parla du rocher. Bien qu'à peine âgé de 16 ans, il le souleva sans peine et trouva les objets laissés par son père. Sa mère essaya de le convaincre de prendre le bateau pour se rendre à Athènes, mais Thésée pensait que la voie terrestre lui donnerait davantage d'occasions de réaliser des exploits héroïques, et il se mit donc en route à pied.

La Grèce était à cette époque infestée de hors-la-loi et de bandits. Thésée rencontra plusieurs brigands et les tua en leur faisant subir leurs propres supplices favoris. Voici quelques-uns des scélérats dont il se servit pour faire son propre film d'aventures :

- Sinis attachait les gens à deux pins qu'il pliait jusqu'au sol, pour les relâcher brutalement. Il mourut de la même manière des mains de Thésée.
- Le bandit Sciron faisait s'agenouiller les gens pour qu'ils lui lavent les pieds en haut d'une falaise, puis il les poussait dans le vide d'un coup de pied. Thésée lui donna un coup de pied qui le fit tomber dans le vide.
- Procruste mettait ses victimes sur un lit de fer. Ensuite, pour les ajuster aux dimensions du lit, soit il leur coupait les pieds, soit il étirait leurs membres. Grâce à Thésée, il fut le dernier à s'allonger sur ce lit.

Les nouvelles des exploits de Thésée le précédèrent à Athènes et, lorsqu'il arriva, il fut accueilli en héros. Médée, qui avait épousé Égée, comprit immédiatement qui était Thésée et persuada le roi Égée, qui ne savait pas qu'il s'agissait de son propre fils, l'invita à un banquet en vue de l'empoisonner, de crainte que les gens ne le proclament roi. Il se trouvait que Médée (voir la section « Jason le Jeté » plus loin dans ce chapitre) était à la cour d'Égée ; c'est elle qui tendit la coupe de poison à Thésée, mais, au même moment, Thésée tira son épée afin qu'Égée sache qui il était. (Autre version : à ce moment-là, Égée vit l'épée que portait Thésée.) Quoi qu'il en soit, Égée reconnut l'épée, et il empêcha Thésée de boire la coupe dont il jeta le contenu. Il proclama que Thésée était son fils et son héritier. Médée, répudiée par Égée, s'enfuit en Asie.

Thésée, le Minotaure et le fil d'Ariane

Égée avait des problèmes avec Minos, le roi de Crète, qui avait envahi Athènes quelques années plus tôt et exigeait un tribut annuel de sept jeunes filles et de sept jeunes hommes. Ces jeunes gens étaient jetés dans le labyrinthe du Minotaure, un monstre au corps de taureau et à la tête d'homme, qui les dévorait.

Thésée était arrivé à Athènes juste avant que le bateau emportant le tribut annuel ne quitte la ville. Il proposa d'être l'un des jeunes hommes, considérant que c'était une formidable occasion de tuer le Minotaure et de mettre un terme à la subordination d'Athènes à la Crète.

Ariane jette son dévolu sur Thésée

Lorsque les jeunes Athéniens arrivèrent en Crète, leurs hôtes les conduisirent à pied au labyrinthe. Ariane, la fille de Minos, vit Thésée et tomba amoureuse de lui. Elle alla donc trouver Dédale, qui avait lui-même construit le labyrinthe et était devenu une légende vivante, pour lui demander de l'aider à sortir Thésée du labyrinthe. Dédale lui conseilla de donner à Thésée une pelote de fil. Il pourrait en fixer une des extrémités à l'entrée du labyrinthe et la dérouler au fur et à mesure qu'il y pénétrait. (Les plongeurs qui plongent dans des grottes sous-marines ou dans des épaves immergées utilisent la même technique aujourd'hui.)

Thésée tue le Minotaure, puis rentre au bercail en abandonnant Ariane en chemin et... en oubliant quelque chose

Ariane rencontra Thésée et lui proposa de l'aider à s'échapper s'il lui promettait de l'emmener avec lui à Athènes et de l'épouser. Bien entendu, il accepta, et elle lui donna la pelote de fil (le fil d'Ariane). Il en fixa l'extrémité à la porte du labyrinthe et s'y aventura ensuite à la recherche du Minotaure. Il trouva le monstre endormi et le tua à mains nues. Thésée et ses compagnons s'enfuirent ensuite du labyrinthe, en prenant Ariane au passage, puis ils sautèrent dans leur bateau et firent route vers Athènes.

Au cours de leur voyage de retour, ils s'arrêtèrent sur l'île de Naxos, où Thésée déposa Ariane, bien que la raison de cet acte ne soit pas vraiment claire. Certaines sources affirment qu'une tempête dérouta son bateau et qu'il avait le cœur brisé de devoir quitter Ariane, d'autres disent qu'il l'abandonna sur l'ordre de Dionysos, le dieu du Vin, qui l'épousa à sa place. Alors que le bateau s'approchait d'Athènes, Thésée oublia de tenir une deuxième promesse qu'il avait faite : en cas de victoire sur le Minotaure, son père lui avait demandé de hisser une voile blanche en remplacement de la voile noire que le bateau arborait habituellement. Thésée oublia cette promesse et laissa la voile noire. Égée la vit approcher, et, fou de chagrin à cause de la mort supposée de son fils, il se jeta dans la mer du haut d'une falaise. La mer qui entoure Athènes s'appelle aujourd'hui la mer Égée, elle fut baptisée ainsi en son honneur.

Thésée et la laie de Crommyon

Thésée n'eut pas qu'à combattre des humains et, comme Héraclès, dut affronter de terribles animaux. La bourgade de Crommyon était ravagée par une laie d'une puissance extraordinaire, née des amours monstrueuses de Typhon et d'Echidna, un serpent géant ; le vaillant Thésée parvint néanmoins à l'occire d'un coup d'épée bien placé.

L'administration centralisée de Thésée, le « bon » roi

Thésée était désormais roi d'Athènes. Il décida qu'il voulait un gouvernement du peuple où tous les citoyens seraient égaux. Il transforma donc Athènes en une communauté en regroupant les villages de l'Attique qui devinrent parties intégrantes de l'État athénien. Tout cela avec Thésée comme commandant en chef, bien sûr. Athènes prospéra sous son règne, et il se lia d'amitié avec ses contemporains comme Œdipe et Héraclès.

Il attaqua les Amazones et épousa leur reine, Hippolyté, qu'il avait enlevée. Les Amazones envahirent Athènes pour voler au secours d'Hippolyté, mais Thésée les défit. Dès lors, plus aucun ennemi ne tenta de prendre Athènes du vivant de Thésée. Voilà un homme, un vrai !

Les Amazones

Pour les grecs, les Amazones étaient des femmes guerrières, montant à cheval, et originaires du Caucase, pays lointain et barbare. Elles descendaient de Mars et Vénus pour les uns, de Mars et d'Harmonie pour d'autres. Ces guerrières étaient gouvernées par une reine (Hippolité, Penthésilée) et aucun homme n'était admis sur leur territoire. Pour perpétuer la race, les Amazones se rendaient, une fois par an, chez leurs voisins, les Gargaréens, pour s'accoupler ; puis elles revenaient accoucher chez elles. Les nouveaux-nés mâles étaient tués ou renvoyés chez leurs pères. Les récits légendaires font de ces femmes des guerrières redoutables, soumises à un entraînement intensif. Certains disent même qu'elles subissaient l'ablation du sein droit pour ne pas être gênées dans le tir à l'arc (leur nom signifie d'ailleurs « celles qui n'ont pas de sein ») ! Les sculpteurs les ont souvent représentées (dans des frises appelées *amazonomachies*) comme de belles jeunes femmes, tantôt vêtues de la courte tunique grecque, tantôt à la mode asiatique, en pantalon collant, mais toujours avec deux seins fermes et harmonieux ! Nombre de héros grecs se sont battus contre elles : Bellérophon, Hercule, Achille pendant la Guerre de Troie, Thésée. Ce dernier épousera même une de leur reine.

Hippolyté n'était-elle pas la femme qu'Héraclès avait tuée ? Si. Donc comment Thésée a-t-il pu l'épouser ? Il a pu l'épouser parce qu'elle n'était pas morte lorsqu'il la rencontra. Les mythes sont comme ça, ce sont des histoires qui ne concordent parfois pas complètement les unes avec les autres. Certaines sources affirment pourtant que Thésée épousa une femme du nom d'Antiope, qui était sans doute la sœur d'Hippolyté.

Un mariage de raison

Thésée, comme tous les héros, eut plus que son dû d'aventures amoureuses. Il enleva Hélène alors qu'elle était encore une enfant ; ses frères Castor et Pollux la récupérèrent à temps.

Plus tard, il épousa Phèdre, la sœur d'Ariane. Ce mariage était une union à but politique, destinée à affermir les relations entre Athènes et la Crète. Selon Apollodore, l'Amazone à laquelle Thésée avait été antérieurement mariée (Antiope ou Hippolyté) fit irruption à la cérémonie en menaçant de tuer tout le monde. Les invités lui fermèrent rapidement la porte au nez, puis ils la tuèrent. Apollodore mentionne également une autre version de sa mort, selon laquelle Thésée la tue dans une bataille. En tout cas, la nouvelle épouse de Thésée fut une Crétoise.

Thésée avait eu de son premier mariage avec Hippolyté, la reine des Amazones (ou Antiope, la sœur de cette dernière) un fils, qu'il appela, avec beaucoup d'imagination, Hippolyte. Il faut dire que le petit avait beaucoup pris de sa mère : il passait son temps à chasser et à courir dans les bois, loin des villes et, surtout, de la compagnie humaine. Se sentant très proche d'Artémis, la vierge chasseresse, il avait même décidé de ne jamais s'intéresser aux femmes, méprisant ouvertement Aphrodite. La déesse de l'Amour ne tarda pas à se venger : elle fit naître dans le cœur de Phèdre, la seconde femme de Thésée, une passion dévorante pour Hippolyte ; bien entendu, celui-ci refusa avec véhémence les avances de sa belle-mère, qui, dépitée, alla raconter à Thésée que son fils avait voulu la violer. Thésée, roi peu commode et autoritaire, se mit dans une fureur noire, bannit son fils et pria Poséidon son protecteur et peut-être son père (voir encadré dans le même chapitre) de le tuer. Tandis qu'Hippolyte longeait la côte d'Attique sur un char, le dieu de la Mer s'exécuta et fit surgir des flots un hideux monstre marin ; les chevaux, terrorisés, firent un écart et Hippolyte, retenu par les rênes, fut traîné par ses chevaux et trouva une mort atroce. Apprenant ce qu'elle avait fait, Phèdre, libérée de son amour incontrôlable, se pendit. Telle fut la tragédie de Phèdre et Hippolyte, qui inspira des générations de dramaturges, Racine tout particulièrement.

Thésée et Pirithoos

Thésée s'était lié d'amitié avec Pirithoos, un héros lapithe, avec qui il fit les quatre cents coups ; les deux compères décidèrent en effet d'enlever Hélène, la fille que Léda avait eue de Zeus changé en cygne, et qui n'était encore qu'une enfant ; ses frères Castor et Pollux vinrent la délivrer. Mais Thésée et Pirithoos ne s'en tinrent pas là : estimant qu'enlever une enfant n'était pas digne de vrais héros, ils jetèrent leur dévolu sur... Perséphone, la reine des Enfers ! Hadès ne se laissa pas faire : il les fit asseoir sur les « sièges d'oubli », desquels ils ne purent se relever. Devenu un véritable zombie, Thésée resta prisonnier des années aux Enfers, et Athènes fut gouvernée pendant ce temps par Ménesthée ; Thésée n'aurait jamais revu la lumière du jour si Héraclès, descendu aux Enfers pour l'un de ses fameux travaux, n'avait reçu l'autorisation de ramener avec lui le héros athénien. Pirithoos, en revanche, ne put quitter son siège d'oubli... et il doit encore y être assis aujourd'hui !

La chute de la falaise, un mystère jamais élucidé

Quelques années plus tard, Thésée rendait visite à son ami Lycomède, roi de l'île de Syros. Son hôte le jeta du haut d'une falaise parce qu'il était jaloux de sa gloire et de ses succès, et parce qu'il craignait que les gens ne le préfèrent, ou peut-être pour rendre service à un autre roi, Ménesthée, qui avait été rétabli sur le trône d'Athènes pour Castor et Pollux pendant que Thésée était aux Enfers. (Selon Plutarque, Thésée est tombé de la falaise parce qu'il a sans doute glissé accidentellement.) Les Athéniens élevèrent pour Thésée un magnifique mausolée, et ils en firent un sanctuaire pour les pauvres.

Jason le Jeté

Jason est surtout connu pour avoir emmené les Argonautes à la conquête de la Toison d'or. C'est l'une des histoires d'aventures typiques de la civilisation occidentale. Jason fut, lui aussi, un mari et un père déplorables. Son épouse, Médée, était magicienne, et elle devint l'archétype des méchantes sorcières que l'on trouvera dans les contes de fées ultérieurs.

Apollonios de Rhodes, un poète grec du IIIe s. av. J.-C., écrivit un long poème racontant la quête de la Toison d'or. Pindare et Ovide racontèrent aussi cette histoire. Euripide, le poète tragique du Ve s. av. J.-C., écrivit *Médée*, une tragédie déchirante sur Jason et Médée.

La Toison d'or

Mais, c'est quoi au juste la Toison d'or ? Eh bien, il y a fort longtemps, un roi grec était sur le point de sacrifier son fils Phrixos afin de sauver son peuple d'une famine. Mais, alors que le garçon se trouvait sur l'autel près d'être sacrifié, Hermès envoya un bélier avec une toison d'or pur pour l'enlever, avec sa sœur, et mettre les deux enfants à l'abri. Hellé, la sœur du garçon, tomba du bélier au-dessus du détroit qui sépare l'Europe et l'Asie. Elle se noya dans la mer qui, depuis, porte son nom, l'Hellespont, ou détroit des Dardanelles. Phrixos, le garçon, atterrit en pays de Colchide, où il fut recueilli par le roi Aiétès. Puis Phrixos, plutôt ingrat, sacrifia le bélier à la gloire de Zeus et fit cadeau de la Toison d'or à Aiétès.

Retournons maintenant en Grèce. L'oncle de Phrixos était un roi de Grèce, mais son frère, Pélias, avait usurpé le trône. Jason était le fils du roi déchu, ce qui fait de Pélias l'oncle de Jason. Jason était donc l'héritier légitime du trône que Pélias usurpait. Un oracle avait prévenu Pélias qu'il périrait des mains d'un de ses parents qui ne porterait qu'une seule sandale. Il fut donc assez choqué lorsqu'il vit son neveu Jason débarquer un jour chez lui en ne portant qu'une seule sandale (Jason avait perdu sa sandale en aidant une déesse à traverser un fleuve). Jason déclara qu'il était venu réclamer le trône. Pélias lui dit qu'il lui abandonnerait le royaume si Jason se rendait en Colchide pour en ramener la Toison d'or, persuadé que le jeune homme ne reviendrait pas vivant d'une si périlleuse mission (thème récurrent dans la mythologie).

Les Argonautes, ces héros célèbres

On appelle ainsi les héros qui firent voile pour la Colchide sous la direction de Jason, afin de rapporter à Pélias, roi d'Iolcos, soucieux d'écarter son neveu du trône, la Toison d'or du bélier consacré à Arès par le roi de Colchide, Aiétès. Au nombre d'environ cinquante, les illustres Argonautes, parmi lesquels on cite Jason, Admète, Amphion, Zéthos, Tydée, Thésée, Héraclès, les Dioscures, Orphée et une foule d'autres héros, s'embarquèrent sur le navire Argo, construit sous la direction d'Athéna avec des chênes de Dodone. On peut suivre, d'après le récit d'Apollonios de Rhodes, le voyage des illustres navigateurs.

La déesse Héra, qui protégeait Jason, les aida en route. Ils eurent de nombreuses aventures sur le trajet qui les menait en Colchide, et Jason perdit son sang-froid à plusieurs reprises. Il fallut que ses compagnons l'encouragent. Les Argonautes rencontrèrent aussi les Harpies, des divinités dégoûtantes mi-femmes mi-oiseaux, qui firent pourrir leurs vivres et laissèrent derrière elles une puanteur effroyable. Ils parvinrent tout juste à faire passer le bateau entre les Symplégades, deux rochers flottants qui s'entrechoquaient régulièrement et écrasaient les navires ; pour cela, ils firent d'abord s'écarter les rochers en laissant une colombe voler à travers, puis ils ramèrent de toutes leurs forces pour passer. Ultérieurement, ils passèrent le pays des Amazones et devant le rocher sur lequel Prométhée était enchaîné.

Leur périple les conduisit aussi sur l'île de Lemnos, puis les mena dans l'île de Samothrace, où, sur les conseils d'Orphée, ils s'initièrent aux mystères. Ayant franchi l'Hellespont, les Argonautes jetèrent l'ancre sur la côte de l'île Cyzique, pays des Diolones, gouverné par le roi Cyzicos, qui les accueillit avec tous les honneurs de l'hospitalité. Mais après avoir quitté l'île, ils furent pris dans une immense tempête et rejetés sur le territoire de Cyzicos, par une nuit sombre. Les indigènes ne reconnurent pas leurs hôtes de la veille et, les prenant pour des pirates, ils engagèrent contre les intrus une lutte sans merci, au cours de laquelle leur roi fut tué par Jason.

Au petit jour, les combattants des deux camps s'aperçurent de leur méprise et, par des jeux et des veillées funèbres, rendirent honneur aux dépouilles mortelles du roi et de ses guerriers. Après avoir quitté l'île, l'Argo fit escale sur la côte de Mysie, où Hylas fut entraîné dans les eaux par des nymphes trop éprises de lui. Héraclès et Polyphème, qui étaient partis à sa recherche, furent abandonnés par leurs compagnons, qui levèrent l'ancre et firent voile vers le pays des Bébryces chez le roi Amycos, qu'ils tuèrent ainsi que beaucoup de ses sujets.

Parvenus ensuite à Thrace, les Argonautes, avec l'aide des Boréades Calaïs et Zétès, réussirent à débarrasser le devin Phinée des Harpyes qui le tourmentaient sans cesse. En témoignage de reconnaissance, le devin donna à ses hôtes des conseils sur le moyen d'éviter les dangers qu'ils encouraient lors de leur voyage. Les Argonautes purent ainsi sans trop d'encombre passer entre les Symplégades.

Après avoir atteint la mer Noire, ils abordèrent en Colchide chez le roi Aiétès, possesseur de la Toison d'or. Grâce au concours de Médée, la fille du roi, Jason put s'en emparer et reprit la route de la mer. Médée, qui s'était enfuie avec les Argonautes, tua son frère Absyrtos et répandit tout au long de sa route les membres du malheureux, afin d'empêcher Aiétès, occupé à ramasser les restes de son fils, de continuer à les poursuivre. Ce geste criminel déplut cependant à Zeus, qui dépêcha sur le navire *Argo* une puissante tornade. Un devin déclara que seule Circé pourrait purifier les héros criminels. L'*Argo* remonta alors le cours de l'Éridan (le Pô) et du Rhône, puis descendit vers la Méditerranée et gagna la Sardaigne et l'île d'Aeaea, le royaume de Circé, où ils firent escale ; la magicienne purifia les Argonautes, et ils purent reprendre la mer. Ils résistèrent aux chants mélodieux des sirènes grâce à Orphée, qui, de sa lyre, surpassa les dangereuses magiciennes, passèrent ensuite sans dommage entre Charybde et Scylla et atteignirent Corcyre, le pays des Phéaciens.

Le roi Alcinoos, ami d'Aiétès, leur demanda la restitution de Médée, mais seulement si elle était vierge. Aussi Jason s'empressa-t-il d'épouser celle qui l'avait suivi si fidèlement. Le navire fit route par la suite vers la Libye, la Crète, où le Géant Talos, qui tuait tous les étrangers, succomba aux enchantements de Médée en se déchirant la veine du pied, ce qui provoqua sa mort. Lorsque les Argonautes quittèrent cette île, une nuit opaque les entoura soudain. Ils supplièrent Phoebos de les éclairer. Le dieu les exauça et les navigateurs réussirent à aborder dans la petite île des Sporades. Dès lors, leur périple touchait à sa fin. Après avoir débarqué à Égine, ils regagnèrent Iolcos, avec la précieuse Toison d'or.

Cet immense voyage ne serait, selon certains mythographes, que l'image d'une entreprise de colonisation dans le Pont-Euxin et en Asie Mineure, ou bien le symbole de la découverte dans le Caucase (l'ancienne Colchide) de merveilleuses mines d'or.

Médée la Magicienne

La fille d'Aiétès, Médée, était une magicienne et tenait ses pouvoirs du Soleil, son grand-père. Or Héra savait que Jason aurait besoin d'aide pour s'emparer de la Toison d'or. Elle ordonna donc à Éros de faire tomber Médée, amoureuse de Jason.

Jason et ses compagnons se présentèrent au roi, qui les accueillit et les invita à dîner. Puis Jason se mit à parler sérieusement : il voulait la Toison d'or. Aiétès, qui ne voulait pas la lui céder, lui dit donc qu'il pourrait l'obtenir s'il réalisait une tâche impossible : mettre au joug deux taureaux aux sabots d'airain qui crachaient le feu, labourer un champ avec, y semer des dents de dragon, et repousser l'armée de soldats qui jaillirait immédiatement des dents semées. Jason répondit qu'il allait essayer.

La rencontre nocturne de Médée et de Jason, et l'onguent d'invincibilité

Médée rendit visite à Jason cette nuit-là et lui donna un onguent avec lequel il devait s'enduire et enduire ses armes pour devenir invincible, insensible au fer et au feu. Elle lui dit que, si les soldats du dragon l'attaquaient, il devrait jeter une pierre au milieu d'entre eux, et alors ils se battraient les uns contre les autres. Jason promit de l'emmener avec lui en Grèce et lui jura une fidélité éternelle, et elle rentra sans bruit au palais.

Ouais, elle m'a bien aidé

Le lendemain, Jason se présenta à Aiétès et à tous les spectateurs qui étaient venus regarder. Il attela sans peine les taureaux géants et laboura le champ, en jetant, au fur et à mesure, les dents du dragon dans les sillons. Lorsqu'il eut fini de labourer et de semer, les soldats étaient déjà debout et prêts à l'attaquer. Il jeta une pierre au milieu d'eux, et ils se taillèrent mutuellement en pièces, exactement comme l'avait dit Médée.

Le roi Aiétès n'était pas content du tout. Il commença à réfléchir pour trouver des moyens de se débarrasser de Jason, mais Médée courut une fois de plus voir les Argonautes pour leur dire qu'ils devaient s'emparer de la Toison d'or et s'enfuir avec avant que son père ne les capture.

Il semble bien que les liens de parenté ne soient pas toujours les plus forts...

Un serpent géant gardait la Toison d'or. Médée l'endormit grâce à un charme, et Jason retira facilement la Toison d'or de l'arbre auquel elle était suspendue. Puis ils regagnèrent l'Argo à toute vitesse, et s'enfuirent en ramant de toutes leurs forces en emmenant avec eux Médée et son frère. Comme ils étaient poursuivis par Aélès, Médée conçut un stratagème horrible : elle tua son frère, le dépeça, et jeta les morceaux de son corps un par un à la mer. Aiétès dut s'arrêter pour récupérer les morceaux du cadavre de son fils, et il abandonna la poursuite. Jason et Médée s'enfuirent.

Derrière chaque héros se cache une grande sorcière

De retour en Grèce, les Argonautes se séparèrent, et Jason et Médée apportèrent la Toison d'or à Pélias. Ils découvrirent que celui-ci avait forcé le père de Jason au suicide, et que sa mère elle aussi était morte. Jason demanda à Médée de l'aider à se venger.

Oh oui, Jason trouvait Médée très gentille...

Médée dit aux filles de Pélias qu'elle pourrait rendre à leur père sa jeunesse, et leur fit la démonstration de sa technique : elle dépeça un vieux bélier, fit bouillir les morceaux dans son chaudron, proféra quelques paroles magiques, et un agneau ressortit d'un bond du chaudron. Convaincues, les filles de Pélias découpèrent leur père en morceaux et le firent cuire. Puis elles allèrent chercher Médée pour que celle-ci dise la formule magique. Mais la magicienne avait disparu. Pélias était mort, et Jason tenait sa revanche.

... mais il voulut quand même changer d'épouse en faveur d'un modèle plus royal...

Jason et Médée s'exilèrent à Corinthe, où ils eurent deux fils. Ils vécurent heureux comme cela pendant quelques années. Mais un jour, Jason annonça qu'il allait épouser la fille de Créon, le roi de Corinthe. Il s'agissait d'une décision politique : il voulait des enfants royaux, alors que ceux que lui avait donnés Médée n'avaient aucun droit et n'étaient pas des héritiers qui lui convenaient. Le roi corinthien, qui se méfiait de Médée, de ses pouvoirs magiques et de ses deux fils, ordonna qu'elle quitte le pays avec ses enfants. Jason expliqua alors à Médée qu'elle était trop folle et trop dangereuse pour lui, et que c'était sa faute s'il fallait qu'elle s'en aille. Pourtant, en grand seigneur qu'il était, il avait demandé au roi de Corinthe de l'envoyer en exil et de ne pas la tuer. Il allait en outre faire en sorte qu'elle ait suffisamment d'argent pour son voyage, quelle qu'en soit la destination.

... et ce fut l'enfer

Médée lui passa un beau savon, et lui rappela toutes les fois où elle lui avait sauvé la peau. Mais il refusa de reconnaître qu'elle ait fait quoi que ce soit pour l'aider, en affirmant que sa réussite était due aux dieux qui avaient été à ses côtés. À partir de là, Médée se mit vraiment en colère. Elle tua la mariée en lui faisant cadeau d'une magnifique tunique empoisonnée et en faisant en sorte que ses propres fils l'apportent à sa rivale. Lorsque celle-ci l'enfila, sa chair se mit à fondre et elle s'écroula, morte.

Puis Médée prit la décision la plus affreuse que peut prendre une mère. Elle savait que ses garçons seraient sans défense sans leur père, et elle ne pouvait supporter l'idée de les voir devenir des esclaves. Elle les tua donc elle-même. Jason vint la voir, indigné qu'elle ait assassiné sa fiancée. Il trouva ses fils morts, et vit Médée s'enfuir sur un chariot tiré par des dragons. Il la maudit alors qu'elle s'enfuyait.

Chapitre 7

L'Iliade, la fin de la guerre de Troie, et *L'Odyssée*

Dans ce chapitre :

- La guerre de Troie et sa distribution des rôles
- La guerre de Troie dans *L'Iliade* d'Homère
- La mort d'Achille et le cheval de Troie
- L'odyssée d'Ulysse

La guerre de Troie et les aventures d'Ulysse étaient les histoires les plus excitantes de l'Antiquité. La belle Hélène enlevée à son mari, les exploits des héros virils Achille et Patrocle, le cheval de Troie, Ulysse aux mille ruses et ses rencontres avec des monstres, des sorcières et des séductrices : toutes ces histoires proviennent pour la plupart de *L'Iliade* et de *L'Odyssée*, qui furent toutes deux écrites par Homère, et elles furent ensuite complétées par plusieurs autres mythographes.

Quasiment tous les hommes et femmes de l'Antiquité, instruits ou non, connaissaient ces contes et les adoraient.

Les Grecs de l'Antiquité n'avaient pas de livre sacré qui leur indiquait ce qu'ils devaient croire. Mais ils avaient *L'Iliade* et *L'Odyssée* d'Homère, deux longs poèmes qui racontaient la guerre de Troie. Ces livres n'étaient pas religieux, bien qu'ils fussent bourrés d'histoires de dieux, de prières et de sacrifices, mais ce n'était pas grave. De même que les Chrétiens se servent de la Bible, les Juifs de la Torah et du Talmud et les Musulmans du Coran, les Grecs se servirent de la poésie d'Homère qui leur racontait qui ils étaient. Tout au long de l'Antiquité, les petits Grecs apprenaient par cœur les poèmes homériques et grandissaient au rythme des exploits d'Hector et d'Ulysse.

Les poèmes d'Homère racontent la guerre de Troie. *L'Iliade* parle des événements qui se produisirent durant la dernière année de cette guerre, et *L'Odyssée* raconte l'histoire du héros Ulysse, qui mit dix années à essayer de rentrer chez lui après la fin de la guerre.

La métrique des poèmes épiques

Les poèmes épiques furent transmis d'abord oralement, ils étaient écrits en vers parce qu'ils étaient destinés à être déclamés ou à être chantés accompagnés de musique par les « aèdes ». Mais surtout, les poèmes épiques racontaient les grands exploits du passé. Voici quelques éléments spécifiques qui caractérisent les poèmes épiques d'alors :

- **le système de versification, ou *métrique*, emploie l'*hexamètre dactylique* (non, non, rien à voir avec le ptérodactyle)** : *L'Iliade* et *L'Odyssée* sont des poèmes écrits en grec. Mais pas dans la langue que tout le monde parlait à l'époque. Ils le sont dans un dialecte poétique artificiel que les gens comprenaient mais qui était assez différent de la langue parlée. Cette poésie n'a pas de rimes (ou du moins elle ne devrait pas rimer), mais elle est *métrique*, ce qui veut dire qu'elle possède un rythme fondé sur une alternance de syllabes longues et de syllabes brèves. La métrique de la poésie épique emploie *l'hexamètre dactylique*, ce qui signifie que chaque vers est divisé en six mesures ou pieds, et que chaque pied se compose lui-même soit de deux syllabes longues (appelées spondées), soit d'une syllabe longue et de deux brèves (appelées dactyles).
- **les expressions toutes faites (épithètes : expansives, digressives, répétitives), les scènes classiques, les discours standard et les morceaux traditionnels** : certains mots, certaines phrases, certains vers et pans entiers de vers deviennent des *formules*, qui présentent ainsi des blocs de texte pratiques qui s'insèrent bien dans la métrique et sont faciles à retenir pour les aèdes qui les chantaient à la cour des rois ou sur la place publique. Les formules que l'on remarque le plus sont les combinaisons du type *nom-épithète* ; le poète ne dit jamais simplement « Achille », mais ajoute au contraire toujours une épithète à ce nom propre : « Achille au pied léger », « Achille le Divin », « Achille fils de Pélée ». De même, Hector est parfois « divin », parfois « assassin ». Ces épithètes permettent aussi au poète d'éclairer ses personnages sous des angles différents à des endroits particuliers du poème, tout en respectant la métrique.
- **les comparaisons** : dans la poésie d'Homère, le poète décrit fréquemment une action au moyen d'une comparaison enveloppée dans une métaphore filée. Qu'est-ce que cela signifie ? La comparaison est un passage du type « Exactement comme… » qui évoque une image (du monde de la nature, habituellement) pour illustrer comment Diomède, par exemple, se lança dans la bataille.
- **les invocations** : au début d'un poème épique, le poète invoque la Muse pour qu'elle l'inspire. Souvent, il lui demande de chanter elle-même. C'est ainsi que *L'Iliade* commence par « Chante, Déesse, la colère d'Achille. »

Plantons le décor : voici les événements qui ont conduit à la guerre de Troie

L'Iliade commence neuf ans après le début de la guerre de Troie, qui se déroula à Troie. Cette ville se trouvait dans le nord-ouest de ce qui est aujourd'hui la Turquie, près de la côte donnant sur le détroit des Dardanelles (qui unit la mer Égée à la mer de Marmara). Mais beaucoup de choses durent d'abord se passer pour mettre en branle cette grande guerre.

Le jugement de Pâris

Cette histoire de souffrances et de carnages sur trois générations commença tout simplement parce qu'un organisateur de cérémonie nuptiale oublia d'inviter une déesse importante.

Pélée, un homme mortel, fut donné en mariage à Thétis, une Néréide (Nymphe de la mer). Pélée avait participé à plusieurs aventures, en accompagnant Méléagre à la chasse au *sanglier de Calydon* et Jason à la recherche de la Toison d'or. Il avait été marié auparavant, mais cette union avait tourné au vinaigre lorsqu'il avait accidentellement tué son beau-père. Il savait, par un oracle, que le fils de Thétis était destiné à devenir plus puissant encore que son père. Il avait donc tout intérêt à ce que la belle Néréïde épousât un mortel…

Ce mariage fut un événement important ; tous les mortels célèbres et tous les dieux et déesses y assistèrent. Mais Thétis (ou tout autre responsable des cérémonies ayant dressé la liste des invités) avait décidé de ne pas inviter Eris, la Discorde, en espérant ainsi éviter des conflits. Bien entendu, ça ne marcha pas. Eris, ulcérée par cet affront, s'invita elle-même à la cérémonie, durant laquelle elle jeta une pomme d'or, dédiée « à la plus belle », sur la piste de danse.

La pomme d'or se transforma en pomme de discorde. Qui donc était la plus belle, la plus merveilleuse ? La concurrence était rude, entre

- Athéna, fille de Zeus et vraie « fille à papa »
- Héra, épouse de Zeus et impérieuse reine des dieux
- Aphrodite, déesse de l'Amour.

Elles demandèrent à Zeus de décerner le trophée. Comme il n'était pas fou, il refila le bébé à un jeune prince nommé Pâris. Pâris était le fils de Priam, le roi de Troie.

Comment se fait-il que Pâris ait obtenu cet honneur douteux ? Eh bien, en réalité, Zeus savait que cette décision poserait des problèmes, mais il savait aussi que Troie était condamnée par le destin à disparaître. Des années plus tôt, Laomédon, le roi de Troie, avait eu des ennuis avec Apollon et Poséidon. Les deux dieux avaient accepté de construire les murs de la ville, mais Laomédon avait ensuite refusé de les payer le prix convenu. Les dieux olympiens en gardèrent une rancune terrible. Zeus a demandé à Pâris qu'il tranche entre les trois déesses afin de mettre les choses en branle. En fait, juste après la naissance de Pâris, sa mère fit le rêve qu'elle avait donné naissance à une torche qui allait mettre le feu à la cité tout entière – et il est évident que cette torche, c'était son bébé, Pâris. Les parents essayèrent de se débarrasser de leur bébé en l'abandonnant dans la nature, mais le petit Pâris fut sauvé par un berger et, une fois adulte, revint à Troie, où il fut accueilli par ses parents.

Chaque déesse essaya de soudoyer Pâris :

- Athéna lui promit la victoire à la guerre.
- Héra lui promit le pouvoir.
- Aphrodite lui promit la plus belle femme du monde.

Pâris accepta l'offre d'Aphrodite, mais fut pourtant forcé de constater que la plus belle femme du monde était déjà mariée. C'était Hélène, la fille de Léda, une mortelle, et de Zeus. (Zeus avait séduit et fécondé Léda en prenant la forme d'un cygne. Hélène naquit donc en sortant d'un œuf !) Elle était mariée à Ménélas, le roi de Sparte. Pâris se rendit donc de Troie, en Asie mineure, à Sparte, dans le sud de la Grèce, afin de l'enlever.

L'enlèvement d'Hélène

Pâris avait déjà une épouse, Œnone, qui l'avertit de ne pas procéder à l'enlèvement, mais il ne l'écouta pas. Il partit pour Sparte en bateau afin de se faire recevoir au palais de Ménélas. Une fois sur place, soit :

- il enleva Hélène de force pour la ramener à Troie, soit
- il la séduisit et ils s'enfuirent ensemble à Troie.

À vous de choisir entre la version romantique, et la version plus banale et vulgaire.

Il faut savoir que l'un des portefeuilles de Zeus, c'était celui de « protecteur de l'hospitalité » (Zeus Xenios). Le fait de kidnapper la femme de son hôte, cela heurte sans aucun doute les lois de l'hospitalité. Donc, si Troie n'avait pas déjà été destinée à être détruite, désormais, elle l'était pour de bon !

Lorsque Ménélas découvrit que son épouse avait été enlevée, il fila chez son grand frère Agamemnon, le roi de Mycènes. Celui-ci consentit à mettre sur pied une expédition et à partir en guerre contre Troie pour ramener Hélène.

En raison de cette grande expédition pour la récupérer, la carte de la Figure 7-1 vous permet de voir d'où venaient tous ces bateaux, et où ils se rendirent.

Agamemnon disposait d'un atout pour la planification de son invasion. Lorsque le père d'Hélène, Tyndare, avait organisé les noces de sa fille, quasiment tous les célibataires de Grèce lui avaient fait une proposition. Cette situation semblait pourtant potentiellement dangereuse, car Tyndare courait le risque de gagner un gendre et mille ennemis pleins d'amertume. Ulysse le rusé lui suggéra de demander à tous les prétendants de promettre :

- de ne pas tuer l'heureux élu ;
- de répondre à l'appel de l'heureux élu, si jamais il réclamait leur aide. En y regardant de plus près, cet effort destiné à éviter les ennuis conduisit directement à une guerre de dix ans qui envoya de nombreuses âmes de héros tout en bas, chez Hadès. Peut-être que ce n'était pas une si bonne idée que ça, après tout.

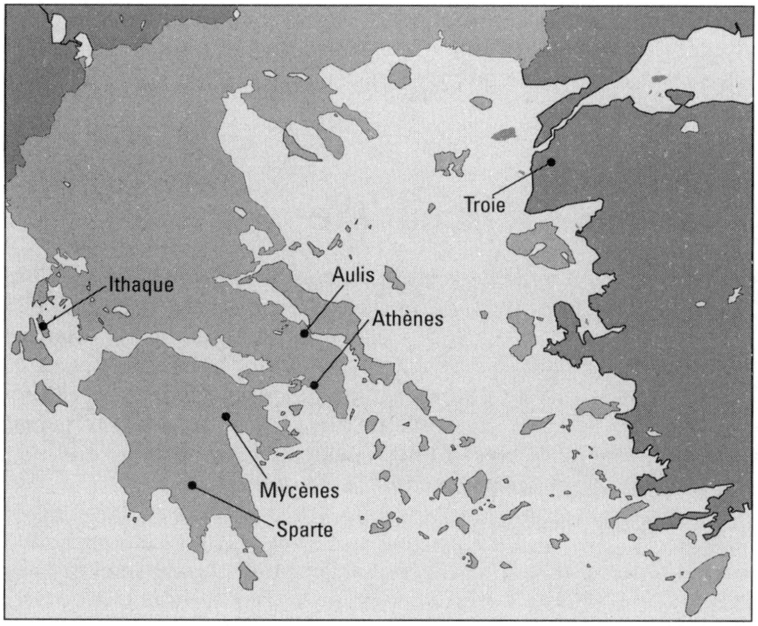

Figure 7-1 : Carte de la région.

Malheureusement, maintenant qu'Hélène avait été vraiment enlevée, ces gars-là ne débordaient pas d'enthousiasme pour aider Ménélas ! Ulysse, par exemple, fit semblant d'être fou lorsque le recruteur arriva pour le chercher ; il attela un bœuf et un âne à sa charrue et sema du sel dans ses champs. Le recruteur mit alors le bébé d'Ulysse devant la charrue, et Ulysse s'arrêta juste avant de faucher l'enfant. Il dut alors bien admettre qu'il était " apte " à partir en guerre.

L'union de Pélée et de Thétis dura suffisamment longtemps pour qu'ils aient un fils, Achille.

Thétis avait, elle aussi, essayé de tirer son fils d'affaire. Alors qu'Achille avait 9 ans, le prophète Calchas lui avait prédit que Troie ne pourrait pas être prise sans la participation d'Achille, et elle essaya donc d'éviter toute cette guerre qui coûterait la vie à son fils (Thétis, en tant que déesse de la mer, savait prédire l'avenir) en le dissimulant. Elle envoya Achille au palais de Lycomède, sur l'île de Scyros, dans lequel il passa plusieurs années, déguisé en fille et se comportant comme telle, bien qu'il ait aussi fécondé la fille du roi, qui lui donna un fils.

Les Grecs envoyèrent Ulysse chercher Achille chez Lycomède. Ulysse ne pouvait naturellement pas deviner à l'œil nu qui était Achille parmi toutes ces filles, et il usa donc d'un stratagème. Selon une version de cette histoire (celle des *Métamorphoses* d'Ovide), Ulysse laissa tomber lourdement un panier rempli de jolis vêtements de fille, ainsi que d'une armure et d'armes. Toutes les filles se précipitèrent sur les robes, alors qu'Achille s'intéressa à l'armure – il était fait !

Le sacrifice d'Iphigénie

Même lorsque son armée fut enfin au complet, les problèmes d'Agamemnon furent loin d'être terminés. Alors que les Achéens se préparaient à monter à bord de leurs bateaux, les vents tombèrent, empêchant les bateaux de naviguer vers l'est sur la mer Égée en direction de Troie. Agamemnon consulta alors le devin Calchas, qui annonça qu'il s'agissait d'une accalmie provoquée par Artémis, qui aimait Troie et ne supportait pas Agamemnon. Le roi pouvait faire à nouveau souffler ces vents, mais seulement au prix du sacrifice d'Iphigénie, sa propre fille, à Artémis.

Agamemnon envoya un message à son épouse, Clytemnestre, lui disant qu'il voulait donner Iphigénie pour épouse à Achille. La mère et la fille firent leurs bagages et s'en allèrent à Aulis en se préparant à un mariage. Lorsqu'elles arrivèrent, Agamemnon fit tuer par Calchas sa fille sur un autel, exactement comme s'il avait sacrifié un animal. Le calme plat cessa, et la flotte grecque put enfin partir. La guerre de Troie avait donc commencé par ce crime horrible. Clytemnestre en porta rancœur à son mari pour toujours ; voir le chapitre 8 pour savoir quelle fut la punition d'Agamemnon.

La rancœur d'Artémis envers Agamemnon

Pourquoi Artémis ordonna-t-elle aux vents de cesser de souffler sur Aulis ? On sait qu'Artémis – les mésaventures d'Actéon ou de Niobé racontées plus haut nous l'ont appris – était une déesse particulièrement susceptible ; et Agamemnon, un roi particulièrement orgueilleux… En effet, pour passer le temps, tandis que les marins chargeaient les navires en rade à Aulis, Agamemnon partit chasser ; il aperçut une superbe biche qu'il tua d'une seule flèche. Mais au lieu de remercier la divine chasseresse pour cet incroyable coup de chance, le chef de l'expédition des Achéens s'écria au contraire qu'Artémis elle-même n'aurait pu mieux faire ! La déesse n'en manqua pas un mot et fit en sorte qu'une accalmie surnaturelle tombât soudainement sur le port d'Aulis, plombant du même coup le moral des troupes, qui supportaient mal ce délai, et compromettant d'autant l'autorité d'Agamemnon. C'est alors qu'il demanda à Calchas de lui expliquer la cause de ce calme plat et qu'il sacrifia son honneur de père à son rôle d'homme politique… Agamemnon était de ceux chez qui l'ambition l'emporte sur les liens du sang. Artémis n'était pourtant pas une déesse (à ce point) cruelle et sanguinaire, réclamant pour calmer son courroux la mort d'une innocente : on dit qu'à l'instant où le bourreau frappa sur l'autel la pauvre Iphigénie, elle disparut et fut remplacée par une biche ; Artémis emmena Iphigénie loin de là, en Tauride (la Crimée actuelle), où elle devint sa prêtresse et eut pour tâche de répandre son culte sur cette lointaine terre barbare.

La distribution des rôles

Les Grecs

Il est important de se rappeler que, dans la guerre de Troie, les deux camps étaient les Achéens d'une part, et les Troyens de l'autre. Les auteurs postérieurs aux guerres médiques, qui virent opposer au Ve siècle av. J.-C. les Grecs aux Perses, venus précisément d'Asie Mineure, ont fait un amalgame à des fins politiques et ont assimilé les Troyens, qui vivaient en Asie Mineure à des Barbares, comme les Perses, et les Achéens aux Grecs. Ce raccourci historique avait l'immense avantage de donner à la guerre entre Perses et Grecs un arrière-plan historique de près de mille ans et justifiait encore la victoire des Grecs en en faisant une seconde guerre de Troie. Et c'est de là que vient l'habitude de croire que la guerre de Troie s'est déroulée entre Grecs et Troyens, alors même qu'à l'époque d'Homère le terme de « Grecs » ou d'« Hellènes » n'existait pas dans ce sens (il ne désignait qu'une tribu parmi tant d'autres). Il est clair que les Troyens, dans *L'Iliade*, sont des Grecs à part entière : ils portent des noms grecs, parlent grec, vénèrent les dieux grecs, signes incontestables de leur identité ethnique. De même, les adversaires des Troyens, qui sont nommés Achéens ou Danaens dans l'épopée, ne sont que les membres de tribus de la Grèce continentale venus défier les habitants d'une cité grecque d'Asie Mineure devenue particulièrement puissante, Troie.

Les héros grecs étaient issus de tous les coins du monde hellénique : ils représentaient Mycènes, Sparte, Pylos, la Crète, Thessalonique et des centaines d'autres villes. Homère les cite toutes, *in extenso*, dans le livre II de *L'Iliade* dans la partie connue sous le titre " Catalogue des bateaux " ; la liste est si longue qu'Homère lui-même semble intimidé alors qu'il en commence la lecture, et qu'il appelle la Muse deux fois à la rescousse au cours de ce récit.

- **Agamemnon** : roi de Mycènes, chef des Achéens.
- **Ménélas** : plaignant du litige, roi de Sparte ; mari d'Hélène. Ménélas est dépeint comme une chiffe molle (comme d'ailleurs son pendant troyen, Pâris).
- **Achille** : le « plus brave des Achéens ».
- **Patrocle** : meilleur ami d'Achille.
- **Phœnix** : le vieil homme qui éleva Achille, car Pélée était apparemment trop occupé à régner sur Phthie.
- **Ulysse (*Odysseus*)** : roi d'Ithaque. Le plus malin des Achéens.
- **Ajax fils de Télamon (*Aias* en grec)** : grand et valeureux, mais pas méchant ; à ne pas confondre avec Ajax, fils d'Oïlée, petit, couard et méchant.
- **Diomède** : héros polyvalent. Durant *L'Iliade*, comme Achille fait la gueule la plupart du temps (on trouvera des détails plus loin dans ce chapitre), Homère se sert de Diomède pour donner un exemple générique du grand guerrier.
- **Nestor** : Nestor – roi de Pylos et doyen des Achéens – est trop âgé pour combattre, mais il donne des tas de conseils et aime raconter de longues histoires sur sa gloire passée.

Achille

Le plus grand des héros grecs, Achille, a été chanté longuement par Homère dans *L'Iliade*. Sa gloire a traversé les siècles. Sa légende s'est enrichie de mille détails. Aussi, par souci de simplification, on distingue généralement l'Achille de la tradition homérique et celui des traditions posthomériques. Fils de Thétis et de Pélée, roi de Phthie en Thessalie, Achille, confié à Phoenix, apprit de ce savant précepteur l'art de l'éloquence et le maniement des armes. On dit également qu'il reçut du centaure Chiron des leçons de médecine. Avide de gloire et d'exploits, il suivit, en compagnie de son inséparable ami Patrocle, les deux héros grecs Nestor et Ulysse, qui rejoignaient le siège de Troie. Il préférait, malgré les avertissements de Thétis, une vie courte, mais glorieuse, à une existence plus longue, mais obscure.

Sa beauté, sa bravoure, sa fermeté d'âme, la précieuse protection que lui accordèrent Héra et Athéna contribuèrent à accroître sa renommée. Cependant, le caractère du héros n'était pas dénoué de faiblesses. Ombrageux, excessif dans ses passions et ses rancunes, il abandonna la lutte lorsque Agamemnon lui eut ravi Briséis, la belle captive dont il était amoureux. Privés de son appui, les Grecs essuyèrent défaite sur défaite. Mais à la nouvelle de la mort de son ami Patrocle, tué par Hector, Achille sortit de sa réserve et revêtit une armure magique, forgée par Héphaïstos à la demande de Thétis. Il s'engagea de nouveau dans la bataille. Il tua Hector à l'issue d'un combat singulier et traîna le corps de son ennemi tout autour de la ville de Troie, sous les yeux des Troyens épouvantés. Puis, s'apaisant, il finit par consentir, en un beau geste de piété, à restituer la dépouille d'Hector à Priam, son père. Les jours du héros étaient toutefois comptés. Achille ne devait pas voir la victoire finale des Grecs. Il tomba, devant les portes Scées, au pied des murailles de Troie, frappé de la main de Pâris guidé par Apollon. Il fut enseveli, au milieu des pleurs et des gémissements, sur le rivage de l'Hellespont.

Selon les traditions postérieures, Thétis tenta, à plusieurs reprises, de procurer à son fils Achille l'immortalité. Pour cela, elle le frottait le jour avec de l'ambroisie et le plongeait la nuit dans le feu. Enfin, elle le trempa dans les eaux du Styx. Le corps d'Achille devint invulnérable, à l'exception du talon, par où sa mère l'avait tenu. Lorsque la guerre de Troie éclata, Thétis recommanda à son fils de se déguiser en femme et de se mêler, sous le nom de Pyrrha, au groupe des filles du roi Lycomède, afin d'échapper à la pression des guerriers. Mais Ulysse, ayant appris du devin Calchas que la présence d'Achille dans les rangs de l'armée des Grecs était nécessaire à leur victoire, contraignit Achille par la ruse à le suivre : il se déguisa à son tour en marchand et alla proposer aux filles du roi Lycomède des tissus de grande qualité et des armes.

Toutes les filles se dirigèrent vers les voiles et les tuniques, excepté Achille qui allait essayer les armes, se montrant sous son vrai jour. Plus tard, au cours du siège de Troie, il fut sur le point de trahir ses alliés par amour pour Polyxène, fille de Priam, mais il périt, le talon percé d'une flèche qui était son point faible. Il est vrai que ces récits tardifs, s'ils n'ajoutent rien à la gloire d'Achille, n'ont pas réussi à émousser l'adoration des Grecs pour leur héros préféré, qui, selon une tradition courante, passerait une éternité bienheureuse soit dans l'île Blanche, à l'embouchure du Danube, soit aux Champs Élysées.

En fait, bien plus qu'un héros, Achille fut considéré dans l'Antiquité comme un demi-dieu et vénéré en mainte région de la Grèce. On lui dédia des temples et un culte, notamment à Sparte et à Élis. On l'imagina poursuivant une vie posthume radieuse, entouré de divinités dont il partageait l'existence et les plaisirs au sein d'une joie éternelle, entrecoupée de festins et de combats sans nombre.

Ajax

Trop âgé pour prendre part à la guerre de Troie aux côtés des Grecs, Télamon, roi de Salamine, y envoya ses deux fils, Teucer et Ajax. Ce dernier, dans *L'Iliade*, passe pour le plus vaillant des guerriers après Achille : à lui seul, il repoussa une contre-attaque de Troyens qui menaçaient d'incendier le navires grecs. Il se signala au cours de combats singuliers et blessa même Hector. Mais comme il était écrit que ce dernier ne pouvait mourir que de la main d'Achille, Ajax accepta une trêve. Après la mort d'Achille, Ajax et Ulysse se disputèrent les armes du héros, et Ulysse l'emporta ; pris d'un soudain accès de démence, Ajax sortit alors la nuit de sa tente et égorgea les troupeaux, pensant tuer des guerriers. Lorsqu'il reprit ses sens, il fut l'objet de la risée générale et, devant ce déshonneur, se jeta sur son épée et se tua. Toujours prompt à envelopper les récits mythiques de métamorphoses et de métaphores, Ovide raconte que le sang d'Ajax donna naissance à une fleur, Hyacinthe, dont les premières lettres *a i* sont aussi les premières lettres d'Ajax (Aias en grec). Télamon vengea la mort de son fils en attirant les vaisseaux d'Ulysse contre les récifs de la côte de son royaume. Le tombeau d'Ajax fut élevé au cap Réthée. Un culte fut rendu au héros à Salamine et un temple lui fut spécialement affecté.

Patrocle

Né en Locride, où régnait son père Ménoetios, époux de Sthénélé, Patrocle, jeune encore, tua, dans un excès de colère, l'un de ses compagnons de jeux. Il dut s'exiler. Accueilli par Pélée, roi de Myrmidons, à Phthie en Thessalie, il reçut la purification nécessaire à l'expiation de son meurtre. Mais, comme il s'était lié d'amitié avec Achille, le fils de ce généreux monarque, il ne rentra pas dans son pays.

Lorsque la guerre de Troie éclata, il y suivit son ami, à la tête d'un contingent de Myrmidons, et se livra sous les murs de Troie à de vaillants exploits. Il suivit Achille sous sa tente, lorsque ce dernier se brouilla avec Agamemnon. Il refusa, comme lui, de continuer la lutte. Pourtant, comme le sort des armes ne favorisait pas les Grecs, Patrocle consentit à reprendre le combat, et Achille lui prêta même ses armes et son armure. Il réussit à repousser les Troyens. Mais, au cours d'un combat singulier, il fut tué par Hector. Rendu furieux par cette mort, Achille fut saisi d'un tel désir de vengeance qu'il sortit de sa réserve, reprit les armes et tua Hector. Il honora la mémoire de son ami par des jeux funèbres solennels. Les deux inséparables compagnons devaient se retrouver, plus tard, dans l'île Blanche, demeure mythique et bienheureuse des héros, où ils continuent, par-delà la mort, une existence éternellement héroïque.

Diomède

Diomède, fils de Tydée, passe pour l'un des plus vaillants héros de toute l'Antiquité. Élevé par le centaure Chiron, il succéda à son grand-père Adraste sur le trône d'Argos et prit une part effective à l'expédition des Épigones, afin de venger la mort de son père, l'un des Sept Chefs. Par la suite, il se lia d'amitié avec Ulysse et l'accompagna à Troie à la tête de quelque quatre-vingts vaisseaux. Outre les exploits qu'il accomplit avec son ami, soit en allant chercher Philoctète et ses flèches indispensables à la victoire à Lemnos, soit en s'emparant des chevaux de Rhésos, soit en enlevant de Troie le Palladion, qui passait pour protéger la ville, Diomède n'hésita pas à affronter en combat singulier les plus réputés des héros troyens, tels Hector et Énée ; il ne fut jamais vaincu. De plus, protégé par Athéna, il osa s'attaquer au dieu Arès, qu'il blessa au flanc – à la déesse Aphrodite, dont il perça la main de sa lance.

Mais cette audace déplut à la déesse de l'Amour. Elle inspira à l'épouse de Diomède, Aegialé, des amours adultères ; Diomède, regagnant Argos, découvrit l'infidélité de sa femme. Il quitta alors son royaume et aborda en Italie du Sud, en Apulie, où il rencontra le roi de la contrée, Daunus, qui lui donna sa fille en mariage ; Diomède s'installa dans le pays et fonda de nombreuses villes de l'Italie méridionale. Selon les uns, il fut tué par le roi Daunus, selon les autres, il disparut sur l'ordre des dieux sous les yeux de ses compagnons, qui furent métamorphosés en oiseaux. Enterré dans une des îles qui portent aujourd'hui son nom, il fut adoré comme un dieu.

Nestor

L'un des douze fils de Nélée et de Chloris, Nestor, vit périr ses frères de la main d'Héraclès, mais fut épargné. Roi de Pylos, guerrier sage et juste, il participa en particulier à trois hauts faits, qui, dans la mythologie grecque, occupent une place de choix. Il défit, aux côtés des Pyliens, les Épiens. Il prit part au combat des Lapithes contre les Centaures et à la chasse du sanglier de Calydon, en compagnie des Argonautes. Apollon, lui ayant accordé de vivre trois générations d'hommes, il put s'embarquer à la tête de quatre-vingt-dix vaisseaux qu'il conduisit au siège de Troie. Son rôle éminent, en tant qu'élément modérateur, et son souci constant d'apaiser les discordes entre les héros grecs – tels Achille et Agamemnon – sont attestés par les nombreux portraits élogieux qu'en trace Homère dans *L'Iliade* et dans *L'Odyssée*. Après la chute de Troie, il fut l'un des rares guerriers grecs à revenir sans encombre dans sa patrie, où il demeura jusqu'à sa mort, faisant régner dans ses États la justice et la piété.

Ménélas

Comme son frère Agamemnon, ce fils d'Atrée fut mêlé au conflit qui opposait son père à Thyeste. Lorsque les circonstances attribuèrent à ce dernier le trône d'Atrée, il se réfugia à la cour du roi Tyndare de Sparte, qui avait une fille d'une grande beauté, Hélène. Ménélas s'en éprit et l'épousa. Tandis qu'Agamemnon réussissait à reprendre le trône d'Argos, il s'installa sur celui de Sparte que lui avait légué son beau-père en mourant. Il devait vivre heureux avec Hélène, qui lui donna de nombreux enfants, jusqu'au jour où Pâris, fils de Priam, roi de Troie, de passage à Sparte, vint le trouver. Ménélas le reçut avec bienveillance, puis dut partir pour offrir un sacrifice. En son absence, Pâris séduisit Hélène, l'enleva et, avec elle, gagna Troie. Apprenant la fuite de son épouse, Ménélas convoqua tous les anciens prétendants d'Hélène pour tirer une vengeance exemplaire de cet affront. Ménélas et Ulysse furent envoyés en ambassade à Troie pour réclamer pacifiquement la restitution d'Hélène. Mais, devant le refus des ravisseurs, ils se préparèrent à la guerre. La plus grande partie des États grecs manifesta sa solidarité et mit sur pied une armée commune. Pendant le guerre de Troie, qui devait durer dix ans, Ménélas tua de nombreux troyens, et Pâris aurait péri sous ses coups si Aphrodite ne l'avait protégé.

À la mort de Pâris, Hélène, ayant épousé Déiphobos, ce fut vers la maison de ce Troyen que Ménélas se dirigea lorsqu'il put mettre la ville à feu et à sang. Déiphobos périt de sa main. La rencontre d'Hélène et de Ménélas, après tant d'années d'absence, fut dramatique. Mais, ébloui par sa beauté, le héros pardonna à sa jeune femme, et la réconciliation fut totale. Après un voyage de retour mouvementé, qui dura huit ans, parce que Ménélas dans sa joie avait négligé de sacrifier aux Dieux, il vécut à Sparte longtemps encore avec son épouse, au milieu de la prospérité et du bonheur. À sa mort, il fut transporté par les dieux jusqu'aux lointaines contrées de la félicité éternelle, les Champs Élysées.

Les Troyens

Les Troyens, eux non plus, n'étaient pas tous de Troie. Beaucoup de héros venus d'autres cités d'Asie Mineure les rejoignirent. Mais, malgré toute cette diversité géographique, tous les héros sont en fait grecs, dans les deux camps ; ils parlent tous la même langue, ils ont les mêmes coutumes et les mêmes valeurs, et ils vénèrent les mêmes dieux.

Voici la liste des principaux héros troyens :

- **Priam** : roi de Troie, un vieil homme respecté et père de cinquante enfants !
- **Hécube** : femme de Priam, avec qui elle eut quatorze enfants.
- **Pâris (connu aussi sous le nom d'Alexandre)** : l'un des nombreux fils de Priam. Ravisseur d'Hélène. Pâris est plutôt mauviette.

- **Andromaque** : c'est elle, la femme d'Hector (comme dirait Brassens) ; belle et courageuse entre toutes, elle donne à Hector un fils, Astyanax.
- **Énée** : une sorte de Diomède troyen. Pour en savoir davantage à son sujet, voir le chapitre 11. Il ne joue qu'un rôle mineur dans *L'Iliade*, mais Virgile saura en faire un véritable héros.
- **Cassandre** : sœur d'Hector, elle fut ardemment courtisée par Apollon qui lui promit le don de divination. Comme elle repoussa ses avances, il la punit à prédire l'avenir, mais à ne jamais être crue.
- **Sarpédon** : l'un des nombreux fils illégitimes de Zeus.
- **Hector** : le fils aîné de Priam. Et certainement pas une femmelette : il est le plus beau et le plus vaillant des Troyens. Tout le monde sait que seul Hector pourra sauver Troie, mais comme tout le monde sait aussi que Troie est condamnée, tout le monde sait donc qu'Hector est condamné.

Cassandre

Fille de Priam et d'Hécube, cette Troyenne de sang royal fut une prophétesse infaillible. Elle avait reçu ce don d' Apollon, qui lui demandait de céder à ses instances. Elle fit mine d'accepter, mais, nantie de sa faculté divinatoire, elle refusa de tenir sa promesse. Le dieu, indigné, fit en sorte que les prophéties de Cassandre ne fussent jamais prises au sérieux. Aussi, Cassandre assista, impuissante, aux préparatifs de la guerre de Troie qu'elle avait prédite. Elle s'opposa sans succès à l'entrée dans Troie du fameux cheval de bois. Lors de la prise de la ville, elle fut poursuivie et retenue prisonnière par Ajax (le Petit), fils d'Oïlée, qui la viola.

Après le sac de Troie, elle échut en partage au roi Agamemnon, qui conçut pour elle un amour véritable. Ils eurent deux enfants. C'est en vain qu'elle supplia son maître et amant de ne pas retourner dans sa patrie. Agamemnon fut tué à Argos par Clytemnestre, son épouse, et Cassandre, ainsi que ses deux enfants, partagèrent le même sort.

Hector

Si Achille est le champion des Achéens, Hector est le chef incontesté des Troyens ; fils aîné de Priam et d'Hécube, il dirige les armées des Troyens et de leurs alliés ; respecté pour sa piété et sa sagesse, Hector est sans doute le personnage le plus humain de l'épopée homérique. En effet, alors que les autres guerriers sont tous marqués par un vice qui leur sera fatal (Agamemnon et Ajax sont orgueilleux, Achille est irascible, Ulysse est fourbe, Pâris est lâche, etc.) Hector, lui, n'a pour seul défaut que de trop aimer les siens, en particulier sa femme, la belle Andromaque, et son fils, le petit Scamandrios (les Troyens le surnomment en revanche Astyanax, « le Seigneur de la ville », car ils espèrent le voir succéder un jour à son glorieux père sur le trône de la ville).

Dans *L'Iliade*, c'est lui qui mène l'assaut contre les Achéens, alors qu'Achille a déserté le champ de bataille. Il défie en combat singulier le grand Ajax, fils de Télamon ; leur duel dure jusqu'à la tombée de la nuit, et les deux guerriers, reconnaissant leur valeur mutuelle, se quittent en échangeant des présents : Ajax donne au fils de Priam son baudrier, tandis qu'Hector fait présent à Ajax de son épée (c'est avec cette épée qu'Ajax, dans la tragédie de Sophocle, se suicide). Protégé par Apollon, c'est encore lui qui conduit l'armée troyenne jusqu'au camp achéen, et qui manque de peu de réduire en cendres les navires de ses ennemis, en même temps que leurs espoirs de victoire. Sans l'aide d'Athéna, Diomède ou Nestor seraient morts de sa main, et il terrasse Patrocle, pourtant revêtu des armes d'Achille, dont il le dépouille.

D'après *L'Iliade*, la mort d'Hector était le préalable nécessaire à celle d'Achille, et le duel entre les deux héros occupe de nombreux vers. Zeus pèse les âmes des deux guerriers et constate qu'Hector doit mourir. Dès lors, l'issue du duel est inévitable, Apollon est contraint d'abandonner son protégé, et Hector succombe aux coups de son adversaire. Au moment de mourir, il prédit néanmoins à Achille sa mort prochaine et le supplie de restituer son corps à son père. Mais l'orgueilleux Achille, aveuglé par sa colère, n'a cure des dernières volontés du mort, et son père est obligé d'aller le supplier dans sa tente de lui rendre la dépouille de son fils bien-aimé.

L'Iliade se clôt sur les funérailles d'Hector, car désormais, privée de son rempart le plus solide, Troie ne peut plus échapper à son destin. Ainsi, on peut dire qu'Hector est le héros principal de *L'Iliade* : à lui tout seul, il symbolise le tragique d'une condition humaine, où les plus braves, les plus pieux, les plus justes, en un mot les meilleurs, ne sont pas récompensés à la mesure de leur grandeur.

Énée

Issu de la race royale de Dardanos et parent de Priam, roi de Troie, dont il épousa la fille Créüse, Énée était le fils d'Anchise et de la déesse Aphrodite. Élevé dans les bois par des Nymphes et le centaure Chiron, Énée ne prit pas part au commencement de la guerre de Troie ; cependant, un jour qu'il gardait ses troupeaux, il fut attaqué par Achille, qui lui ravit une partie de son bétail. Il se réfugia alors à Lyrnessos et, poursuivi par Achille, dut quitter cette ville pour Troie, où il s'engagea dans les rangs des guerriers troyens. Au cours de cette longue guerre, Énée fut un héros courageux, sage et pieux ; il savait payer de sa personne, mais il eut bien souvent recours, dans des situations périlleuses, au secours et à la protection des Dieux, notamment lorsqu'il se mesura à Achille : Poséidon le voyant en danger de mort, le ravit, dans une nuée, aux yeux de son ennemi. Lors de la destruction de Troie et l'extinction de la race de Priam, Énée, selon l'une des plus anciennes traditions, se serait retiré sur l'Ida avec son père, son fils et quelques fidèles, et il aurait fondé un nouveau royaume de Troade.

Cependant, selon des traditions plus tardives, Énée s'enfuit de Troie, portant son père Anchise, aveugle et paralysé, sur son dos, traînant son fils Ascagne d'une main, tenant dans l'autre les dieux de la cité – les Pénates –, ainsi que le Palladion – statuette de Pallas-Athéna qui était placée dans le temple de la déesse et qui protégeait la cité. Il réunit quelques compagnons sur l'Ida et s'embarqua pour les Hespérides, l'Occident mal connu. Au cours d'un périple mouvementé, il établit de solides liens d'amitié avec le pilote de son navire, Palinure, avec Achate, dont la fidélité devint proverbiale, et avec bien d'autres Troyens. Il fit escale en Thrace, passa par Délos, puis arriva en Crète. Pendant plus de sept ans, il erra ensuite sur la mer à la recherche d'un rivage, bravant les tempêtes et la colère des divinités, en particulier celle d' Héra. Sur le point de toucher les côtes d'Italie, après avoir fait étape en Sicile, à Drépanon, où mourut le vieil Anchise, les navires d'Énée furent rejetés brusquement par une tempête sur la côte africaine, près de Carthage. La reine Didon, la fondatrice de Carthage, y accueillit le héros et l'aima. Mais les dieux ne souhaitaient pas un mariage entre Didon et Énée ; Zeus ordonna à celui-ci de regagner les rivages de la Sicile, où il reçut l'hospitalité du roi Aceste. Parvenu enfin sur les côtes d'Italie, à Cumes, il descendit aux Enfers, guidé par la sibylle, puis, revenu parmi les vivants, il se dirigea vers le Latium. Là, après avoir conclu une alliance avec Evandre, il combattit et tua Turnus, le chef des Rutules, afin d'obtenir la main de Lavinia, la fille du roi Latinus. C'est sur cette victoire que s'achève le poème de Virgile.

Pâris

Appelé aussi « Alexandre », Pâris était le fils cadet de Priam, roi de Troie, et d'Hécube. Avant sa naissance, sa mère rêva qu'elle enfantait un brandon enflammé qui incendiait toute la ville, rêve prémonitoire de la ruine de Troie. Redoutant ce mauvais présage, Hécube abandonna Pâris sur le mont Ida, où il fut recueilli par le berger Agélaüs. Ayant réussi à découvrir son origine, le héros retourna à la cour de Priam, se fit reconnaître au cours de jeux funèbres par son frère Déiphobos et par sa sœur Cassandre, la prophétesse, et fut accueilli aussitôt avec joie par son père, qui le croyait mort.

À Pâris se rattache l'histoire d'un jugement célèbre. Lorsque Pélée et Thétis célèbrent leurs noces, tous les Dieux furent invités à l'exception d'Eris, la Discorde. Furieuse de cette omission volontaire, la déesse jeta une pomme d'or parmi les convives avec cette inscription : « À la plus belle ». Aussitôt, Aphrodite, Athéna et Héra revendiquèrent cette prodigieuse épithète. Pour les départager, Zeus en appela au jugement de Pâris. Les trois déesses se présentèrent devant lui, dans leur nudité. Héra lui promit la souveraineté sur l'Asie, Athéna la gloire des guerriers, et Aphrodite la plus belle des femmes. C'est à cette dernière que Pâris offrit la pomme. Afin d'exaucer sa prophétie, la déesse le protégea et lui permit d'enlever Hélène, épouse de Ménélas, roi de Sparte : telle fut l'origine de la guerre de Troie. Et, jalouses de n'avoir point été choisies, Athéna et Héra témoignèrent au cours de cette guerre d'une haine farouche à l'égard du Troyen Pâris et protégeaient les Grecs. Pâris échappa de peu aux coups de Ménélas, qui l'avait provoqué en combat singulier. Aphrodite le cacha dans une nuée. Il tua de nombreux guerriers et, surtout, perça mortellement Achille au talon. Blessé lui-même par une flèche de Philoctète, Pâris devait succomber peu après, sa première épouse Oenone ayant refusé de le soigner.

Hécube

Fille de Dymas, roi de Phrygie, ou fille de Cissée, roi de Thrace, suivant les traditions, Hécube épousa Priam, souverain de Troade, et donna le jour à de nombreux enfants, qui, tous, devaient s'assurer dans la légende de la guerre de Troie une célébrité tragique : Hector, Pâris, Créüse, Laodicé, Polyxène, Déiphobos, Hélénos, Pammon, Politès, Antiphos, Hipponoos, Polydoros, Troïlos, Cassandre. Un devin ayant prédit que Pâris ruinerait la ville de Troie, Hécube exposa cet enfant ; mais celui-ci réussit à survivre et à rejoindre plus tard sa ville natale, où il fut accueilli avec joie par son père Priam. Si Hécube joue un rôle modeste dans la légende, les malheurs dont elle fut accablée, le massacre de ses enfants, presque sous ses yeux, sa solitude autant que sa fermeté d'âme lui ont donné une grandeur incontestable : après la prise de Troie, alors qu'elle était choisie comme esclave par Ulysse, elle aperçut sur le rivage le corps de Polydoros, qu'elle avait confié avec des trésors considérables au roi de Chersonèse, Polymestor. Hécube décida de se venger ; elle convoqua le roi traître, lui arracha les yeux et tua ses deux fils. Poursuivie par les compagnons du roi, qui voulaient la mettre à mort, sur le point d'être lapidée, elle fut métamorphosée en chienne et sauta dans la mer, au lieu appelé depuis lors Cynossema (« le tombeau du chien »).

Priam

Le roi des Minyens s'appelait primitivement Podarcès, c'est-à-dire « pieds légers ». Il était le fils de Laomédon tué par Héraclès pour avoir refusé le prix convenu en échange de la délivrance de sa fille Hésioné. Épargné parce qu'il avait été le seul à soutenir Héraclès contre son père, il fut racheté par sa sœur et prit alors pour nom Priam, « celui qui a été vendu ». Il monta sur le trône de Troie, épousa Arisbé puis, en secondes noces, Hécube. Selon Homère, il fut le père de nombreux enfants qui, presque tous, jouèrent un rôle éminent au cours de la guerre de Troie : Hector, Pâris, Déiphobos, Polyxène, Pammon, Politès, Antiphos, Hipponoos, Polydoros, Troïlos, Cassandre, Créüse, Laodicé, Hélénos, qu'il vit périr à peu près tous. Tout jeune encore, Priam soutint les Phrygiens dans un combat contre les Amazones ; mais il était d'un âge avancé lorsque éclata la guerre de Troie, et *L'Iliade* raconte qu'il ne prit pas une part active à la guerre. Il consentait à présider les conseils ; mais seul Hector décidait du déroulement des opérations.

Il a, en fait, un rôle pathétique à la fin de *L'Iliade*, au moment où il supplie Achille de lui rendre le corps de son fils Hector. La douleur d'un père et l'émotion du vainqueur ennemi, l'une et l'autre confondues dans les mêmes et fatals malheurs de la guerre, donnent au texte de *L'Iliade* et au personnage de Priam un puissant relief. Lorsque Troie fut envahie par les Grecs, le roi se réfugia avec Hécube au fond de son palais et enserra l'autel de Zeus. Mais le dieu suprême ne pouvait rien faire en faveur du malheureux souverain, qui fut égorgé par Néoptolème.

Les Dieux

Le siège de Troie est donc une guerre panhellénique, au sens où toutes les parties du monde grec y sont impliquées ; mais c'est aussi un sujet digne d'épopée, parce que les dieux ont participé activement à la guerre, et protégeaient de leur faveur l'un ou l'autre camp.

- **Zeus** : le roi des dieux, se doit d'être impartial ; il est en effet l'arbitre ultime, qui pèse les âmes d'Hector et d'Achille lors de leur duel ; son impartialité est d'ailleurs proprement tragique, lorsqu'il doit regarder mourir son fils bien-aimé Sarpédon, incapable de fléchir le cours du destin.
- **Héra** : depuis le jugement de Pâris, qui lui a préféré Aphrodite, l'irascible reine des dieux est farouchement anti-troyenne et fait tout pour aider les Achéens.
- **Athéna** : elle aussi garde une dent contre Pâris et les Troyens ; en outre, ses protégés Ulysse et Diomède sont dans le camp des Achéens, ce qui lui donne une bonne raison d'intervenir en faveur de ces derniers. Elle apparaît même dans la mêlée pour sauver Diomède avec son bouclier, alors qu'Arès voulait le tuer. Elle changea cependant brutalement d'avis sur les Achéens, au moment du sac de la ville, quand Cassandre se fait violer par Ajax, fils d'Oïlée, dans son propre temple et sous les yeux de sa statue !

- **Poséidon** : lui aussi est nettement soutien des Achéens. On se souvient que Laomédon n'avait pas rempli son contrat, et qu'il avait refusé de payer Apollon et Poséidon, comme cela était convenu, alors qu'ils avaient bâti pour lui l'imprenable rempart de Troie. Poséidon, qui est à la fois susceptible et rancunier, intervient à plusieurs reprises dans la bataille pour aider les Achéens. Énée est le seul Troyen – sans doute parce que, contrairement aux fils de Priam, il ne descend pas de Laomédon – à trouver grâce à ses yeux.
- **Apollon** : contrairement à Poséidon, Apollon ne tient pas rancune aux Troyens de l'impair de Laomédon. Il est sans doute le dieu le plus pro-troyen : protecteur indéfectible d'Hector, il le fait disparaître aux yeux d'Achille, quand celui-ci cherche à le tuer ; il tombe amoureux de Cassandre, la fille de Priam ; il envoie la peste ravager le camp des Achéens, comme le raconte le premier chant de *L'Iliade* ; bref, si Zeus l'avait laissé faire, les Troyens, guidés par le puissant Hector, auraient sûrement résisté victorieusement au siège de leur ville.
- **Aphrodite** : la grande gagnante du concours de beauté ne pouvait que protéger de ses faveurs les Troyens ; ils étaient beaux et raffinés, ils avaient bon goût et, surtout, comptaient dans leurs rangs Pâris, qui l'avait élue Miss Olympe, et Énée, son propre fils ! Aussi n'hésita-t-elle pas à entrer dans la mêlée pour aider les Troyens et sauver son fils ! Elle protège de près Pâris, qui ne brillait pas par le courage : quand il est menacé, elle l'entoure d'un nuage magique et le dépose bien à l'abri dans le palais de Priam.
- **Arès** : l'amant d'Aphrodite est lui aussi un farouche défenseur d'Hector et des Troyens. Il adore se mêler directement aux combats et faire un carnage d'Achéens. Mais il n'eut pas toujours le dessus. Alors qu'il allait tuer Diomède, Athéna, invisible, protégea l'Achéen de son bouclier, et ce dernier frappa Arès à la cuisse, l'obligeant à remonter illico sur l'Olympe en poussant un cri qui effraya les deux armées.

L'Iliade décrit un épisode de la guerre de Troie dans sa neuvième année

L'Iliade d'Homère (de *Ilion*, l'autre nom de Troie) se déroule au cours de la dixième année de la guerre de Troie. Le poème traite des événements qui eurent lieu sur une courte période – seulement deux semaines – pendant la guerre. La réputation de ce poème provient en partie du fait de la manière dont il associe les événements et les thèmes de la guerre dans un tout, en se concentrant sur la querelle entre Achille et Agamemnon, et la tragédie d'Hector qui en résulte.

Deux gars pour une fille, combien de possibilités ?

Les Grecs avaient passé les années précédentes à piller les villes voisines pour y chercher des butins, des captives et de l'amusement. Durant l'un de ces raids, Achille emmena les Grecs à la victoire sur la ville de Chrysè, où ils prirent de nombreuses femmes captives et se les partagèrent entre eux comme trophées de guerre.

Au moment où *L'Iliade* commence, les Grecs sont campés sur la plage à environ un kilomètre et demi de la ville, et les Troyens sont en sécurité derrière leurs murs. Un vieil homme nommé Chrysès, prêtre d'Apollon de la ville de Chrysè, arrive au camp grec pour essayer de racheter sa fille, Chriséis (à propos, ces noms ne sont pas réellement des noms, ils signifient simplement « homme de Chrisè », et « fille de Chrisès », ces personnages ne comptent pas en tant qu'individus, mais en tant que partie de l'histoire).

Agamemnon avait capturé Chriséis, et il ne voulait pas la rendre. Agamemnon dit au vieil homme de ficher le camp, et le menaça si jamais il osait revenir. Mauvaise manœuvre – il n'est *jamais* recommandé de montrer les dents à un prêtre d'Apollon. Apollon offensé frappa le camp grec d'une épidémie de peste.

Des querelles de garçons

Après la mort de plusieurs Achéens, on demanda au devin Calchas d'expliquer ce qui se passait. Calchas dit que la seule manière d'apaiser Apollon, c'était de rendre la fille. Agamemnon refusa, ce qui entraîna une dispute avec Achille. Finalement, Agamemnon consentit à rendre Chriséis à son père pour sauver l'armée, mais insista sur le fait qu'en remplacement il fallait qu'il obtienne une femme nommée Briséis, prise de guerre d'Achille. Achille, contraint d'obéir, prit néanmoins la mouche et refusa dès lors de se battre.

Ce conflit est la source de la colère d'Achille, et il donne du souffle au poème jusqu'à sa fin.

Touche pas à mes affaires !

Pourquoi Achille était-il autant en colère ? C'était une question d'honneur. Tous les héros voulaient obtenir autant de distinctions qu'ils le pouvaient, en se battant bien ou en donnant de bons conseils. Les prix (l'or, l'argent, les chevaux, les femmes captives, etc.) constituaient ainsi les signes visibles de leur réussite. Voir le chapitre 6 pour en savoir davantage sur les héros et sur leur code de conduite. Donc, lorsque Agamemnon prit la captive d'Achille, il réduisit la gloire d'Achille pour rehausser la sienne. Pour aggraver les choses, la mère d'Achille lui avait dit qu'il allait avoir une courte vie, et donc il était pressé de collecter autant de trophées que possible.

Achille reprend ses jouets et rentre chez lui

Achille adressa une prière à sa mère, Thétis, et lui demanda de convaincre Zeus de permettre aux Troyens de prendre l'avantage pendant un moment, afin d'humilier Agamemnon et de souligner la valeur d'Achille dans le camp achéen. Thétis savait que cela ne ferait que causer des problèmes, mais elle accepta quand même de convaincre Zeus. Alors qu'Achille boudait, les Troyens et les Achéens se livrèrent une bataille sauvage entre la plage et la cité, qui eut pour résultat de réduire les Achéens à la défensive.

Patrocle essaie de sauver la situation et se déguise en Achille

Les Achéens accumulaient les défaites ; Hector, le plus vaillant des Troyens, emmena son peuple jusqu'au camp achéen et, fort de la protection d'Apollon, manqua de tuer Nestor et Diomède. Pour les Achéens, le désastre était imminent, et les bateaux risquaient d'être incendiés d'un instant à l'autre ; Patrocle, le meilleur ami d'Achille – on raconte qu'il était aussi son amant – eut alors pitié de leurs (anciens) alliés. Il proposa un plan destiné à aider les Achéens, sans qu'Achille doive céder et se battre : selon ce plan, Patrocle porterait l'armure d'Achille, et se montrerait aux Troyens ; ils se mettraient à paniquer, et les Achéens les vaincraient. En tout cas, c'était l'idée.

Mais Patrocle se laissa emporter et entraîner dans la bataille. Ce fut une grande journée pour lui, il tua des Troyens par dizaines. Mais finalement, il se retrouva en face du chef des Troyens, Hector. Ils projetèrent leurs lances. Celle de Patrocle manqua sa cible, mais pas celle d'Hector. Patrocle périt, et Hector lui retira l'armure d'Achille.

Achille ivre de douleur

Lorsque Achille apprit que Patrocle était mort dans la bataille, il perdit la tête. Tout ce à quoi il pouvait penser, c'était à la vengeance et il voulait tuer Hector. Il fit ramener le corps de Patrocle dans sa tente et sa mère Thétis lui fit fabriquer une nouvelle armure.

Une cruelle vengeance

Dans les débuts de *L'Iliade*, Achille est, de manière générale, un type bien. Même les Troyens s'accordaient là-dessus. Mais après la mort de Patrocle, Achille cesse d'être un chic type. Dans ce sens, *L'Iliade* est une tragédie, car Achille s'accroche à son sens de l'honneur mais perd son bon caractère. Lorsqu'il retourne à la bataille, il tue tout ce qui bouge. À un moment donné, il rencontre un garçon troyen, qu'il avait déjà capturé une fois et libéré contre rançon. Le garçon prie pour qu'Achille lui laisse la vie sauve. Achille lui rit au nez et le tue. Il attaque même le fleuve Scamandre, et l'emporte presque ! Finalement, il se trouve face à face avec Hector.

Ce dernier, qui, jusque-là, avait donné l'image du courage et du bon sens, est sauvé par Apollon. Mais Zeus somme son fils d'abandonner Hector. Achille le pourchasse dans toute la ville jusqu'à ce qu'Hector finisse par s'arrêter pour combattre. Ce n'était pas une joute, surtout parce que les dieux étaient tous du côté d'Achille. Il tue Hector et traîne son cadavre autour de Troie derrière son char, pendant onze jours !

Achille redevient humain

Hector mort et son cadavre déshonoré, Achille commence à se calmer et à redevenir un type bien. Il organise des concours d'athlétisme en l'honneur de Patrocle, et distribue les prix d'une manière très, très équitable. Même le vieux Nestor, qui ne peut pas lutter contre les autres hommes plus jeunes, obtient un prix parce qu'il est vieux et sage. Finalement, le vieux roi Priam, père d'Hector, se rend à la tente d'Achille pour demander le corps de son fils. Achille et Priam pleurent ensemble – Priam pour son fils et pour sa cité, et Achille pour son propre père et pour son ami Patrocle – et Achille rend le corps d'Hector à Priam contre rançon. *L'Iliade* se termine sur la scène du bûcher d'Hector en train de brûler, et sur un banquet funéraire.

La fin de la guerre de Troie

Certaines des meilleures histoires de la guerre de Troie ne se trouvent toutefois pas dans *L'Iliade* d'Homère. La mort d'Achille, les conflits qui en résultent, et la légende du cheval de Troie proviennent d'autres sources.

La mort d'Achille

Avec la mort d'Hector, le destin de Troie était scellé. Les combats reprirent. Juste après les événements décrits dans *L'Iliade*, Achille périt d'une flèche décochée par Pâris et guidée par Apollon, l'indéfectible protecteur de Troie. Un fait assez ironique, car Pâris avait la réputation d'être le plus poltron des types se battant pour Troie, et, en ces temps-là, une flèche était considérée comme une arme de lâche. Mais Achille avait vécu. La prophétie de sa mère était avérée : il vécut une vie courte, mais très glorieuse.

Ulysse et Ajax se disputent l'armure d'Achille

Achille était mort, et la question se posait désormais de savoir qui allait hériter de son armure magique. Ulysse et Ajax la convoitaient tous deux. Dans certains récits, ils jetèrent les dés ou ils jouèrent aux échecs pour la gagner. Selon une autre version, on interrogea pour savoir qui des Achéens avait été le plus valeureux. Ajax aurait dû recevoir l'armure, car il était plus brave qu'Ulysse, mais Ulysse l'emporta. C'en était trop pour le pauvre Ajax. Il devint fou et voulut tuer tous les Grecs. Il n'y parvint pas et ne put tuer que quelques vaches par erreur. Ce dernier échec humiliant le poussa au suicide. Les Achéens n'autorisèrent pas que son corps fût brûlé sur un bûcher funéraire, en raison de sa mort honteuse, et à la place, ils l'enterrèrent.

Selon une autre version, on interrogea les Troyens pour savoir qui des Achéens avait été le plus valeureux et méritait de recevoir les armes d'Achille. Ajax aurait naturellement dû les gagner, car il était bien plus brave qu'Ulysse, mais les Troyens, soit par envie de nuire aux Achéens, soit parce que le fourbe Ulysse les en avait convaincus, déclarèrent que les armes revenaient à Ulysse. C'en était trop pour le pauvre Ajax. Il devint fou et voulut tuer tous les Achéens. Croyant tuer les chefs de l'armée, il massacra pendant la nuit les troupeaux des Achéens. Au petit matin, il retrouva sa lucidité et, humilié par ce qu'il avait fait, se donna la mort avec l'épée qu'il avait reçue d'Hector. Les Achéens n'autorisèrent pas que son corps fût brûlé sur un bûcher funéraire, en raison de sa mort honteuse, et, à la place, ils l'ensevelirent.

L'arc de Philoctète et la mort de Pâris

Philoctète était un guerrier qui avait accompagné les Achéens dans leur expédition contre Troie. Lorsqu'ils s'arrêtèrent sur l'île de Ténédos, un serpent mordit Philoctète au pied, qui se mit dès lors à sentir terriblement mauvais. Tellement qu'Ulysse le Rusé dut abandonner le pauvre gars sur l'île de Lemnos. C'est là qu'il demeura avec son pied puant qui refusait de guérir. Tout ce qu'il avait à manger, c'étaient les oiseaux qu'il tuait grâce à son arc, qui avait auparavant appartenu à Héraclès.

Quand les Achéens arrivèrent devant Troie, ils reçurent un autre oracle : ils ne vaincraient jamais Troie sans l'aide de cette arme magique : l'arc de Philoctète. Ulysse et Diomède le capturèrent donc ou, au contraire, réussirent, en s'humiliant profondément, à faire accepter à Philoctète leurs excuses, et ce dernier rejoignit alors les Grecs à la bataille. Dans la tragédie de Sophocle, *Philoctète*, Ulysse et Néoptolème, le fils d'Achille essaient de convaincre par la ruse Philoctète de revenir à Troie. Leur plan ne marche pas, mais Héraclès apparaît au dernier moment et ordonne à Philoctète de se rendre à Troie. Là, il se sert de son arc pour tuer Pâris.

Et le cheval de Troie, bien sûr !

Patrocle, Hector, Achille, Pâris et Ajax étant tous morts, les deux camps commençaient à se trouver à court de héros. Il était temps de terminer la guerre. C'est bien sûr Ulysse qui élabora le plan qui permit de gagner la guerre de Troie. Pendant la nuit, il fit construire par les Achéens un gigantesque cheval de bois, dont l'intérieur était creux. (La Figure 7-2 en montre une version recréée.) Une troupe de soldats d'élite s'y cacha, alors que le reste de l'armée achéenne regagna ses bateaux et s'en fut se cacher derrière une île proche, hors de la vue des Troyens. Ils abandonnèrent le cheval devant les portes de Troie en guise d'offrande à Poséidon.

Figure 7-2 : les autorités turques ont construit un cheval de bois pour que les touristes puissent se faire prendre en photo devant !

Lorsque les Troyens se réveillèrent le lendemain matin, l'armée achéenne avait disparu, mais ce gigantesque cheval se trouvait devant les portes de la ville. Un « déserteur » fit irruption et raconta aux Troyens que les Achéens avaient reçu des signes leur disant de laisser Troie en paix, et qu'avant de repartir, ils avaient abandonné ce grand cheval comme offrande au dieu de la mer.

Il va sans dire que certains des Troyens étaient sceptiques en entendant cette histoire. L'un d'eux, Laocoon, pensait que le cheval pourrait être en fait rempli de soldats grecs n'attendant qu'une chose : que les Troyens fassent entrer le cheval dans la ville. Les Troyens testèrent la plausibilité de cette théorie en demandant à Hélène d'appeler les noms de quelques-uns des Grecs, en imitant les voix de leurs épouses respectives. À l'intérieur du cheval, Ulysse dut vraiment user de toute sa persuasion pour que les gars restent silencieux.

Quelqu'un jeta une lance, qui vint se planter dans le côté du cheval. Puis la déesse Athéna, qui haïssait Troie et adorait Ulysse, fit sortir des eaux un serpent géant qui dévora Laocoon et ses fils. Cette scène est représentée à la Figure 7-3. Les Troyens interprétèrent cet événement comme le signe que le scepticisme de Laocoon déplaisait aux dieux. C'était certes vrai, mais la conclusion qu'ils en tirèrent ne fut pas si intelligente. Ils décidèrent de tirer le cheval à l'intérieur de la ville, d'aller se coucher, et de s'en occuper le lendemain.

Figure 7-3 : Laocoon et ses fils dévorés par les serpents.

Bon, eh ben, voilà pour Troie...

La nuit tombée, trois grands événements intervinrent successivement et donnèrent l'avantage aux Achéens :

1. l'armée achéenne revint sur la plage avec ses bateaux, et marcha jusqu'aux murs de la cité ;
2. Ulysse et ses soldats sortirent du cheval et ouvrirent les portes de la cité ;
3. ils incendièrent la ville tout entière, tuèrent les hommes et prirent les femmes en esclavage.

Les Grecs furent cruels. Le roi Priam se réfugia près d'un autel, ce qui aurait dû le protéger, mais les Grecs le tuèrent alors qu'il s'accrochait à l'autel (il fut décapité par le fils d'Achille, Néoptolème, encore appelé Pyrrhos). Les Grecs prirent aussi le fils d'Hector, Astyanax, et le jetèrent du haut des remparts pour le tuer. Finalement, la plupart des Grecs (mais pas Ulysse le Rusé !) oublièrent d'offrir des sacrifices aux dieux pour les remercier de leur aide. Ce qu'ils eurent à regretter amèrement par la suite…

L'Odyssée : un héros rentre à la maison après la guerre de Troie

Tous les Grecs eurent du mal à rentrer chez eux après la guerre. Ménélas fut emporté sur les mers par les vents et se retrouva en Égypte. Il dut lutter contre Protée, le dieu marin, pour apprendre comment rejoindre Sparte. Agamemnon n'eut pas autant de chance. Il rentra tout de suite chez lui, mais fut immédiatement exécuté par son épouse, Clytemnestre. Voir le chapitre 8 pour les détails sanglants.

Le retour le plus célèbre est celui d'Ulysse, qui fait l'objet de son propre poème épique, *L'Odyssée* (Ulysse, en grec, se dit *Odysseus*). C'est l'histoire d'aventures par excellence, elle est pleine de sexe, de scènes de violence, de tromperies, et de monstres. Elle pose aussi une question intéressante. Entre les créatures fantastiques que rencontre Ulysse sur le chemin du retour et les prétendants de son épouse, Pénélope, qu'il retrouve dans sa maison à Ithaque, qui sont les plus monstrueux ?

Ne m'attends pas ce soir, chérie

Lorsque Ulysse partit pour Troie, il laissa sur l'île d'Ithaque son épouse Pénélope avec leur fils Télémaque, qui était encore bébé. Au moment où commence *L'Odyssée*, la guerre est terminée depuis dix ans, mais Ulysse n'est toujours pas rentré.

Pénélope avait des problèmes. C'était une femme riche et belle, d'environ quarante ans, bref, un très beau parti. Mais était-elle disponible ? Des tas d'hommes d'Ithaque et des îles avoisinantes supposaient qu'elle l'était, car Ulysse devait être mort depuis tout ce temps. Tous ces types se rendirent à Ithaque et s'installèrent dans la maison d'Ulysse. Ce sont les prétendants, les « méchants » de *L'Odyssée*.

Pénélope disait toujours qu'elle choisirait l'un des prétendants pour l'épouser, mais elle ne le fit jamais. Un jour, elle déclara à tous ces types pleins d'espoir qu'elle était occupée à tisser un beau linge qui servirait de linceul lorsque le vieux père d'Ulysse, Laërte, mourrait, et qu'elle choisirait un nouveau mari lorsqu'elle aurait terminé. Chaque jour, Pénélope tissait beaucoup, mais chaque nuit aussi elle défaisait son travail de la journée. Elle réussit à faire durer ce manège pendant deux ans avant que l'une de ses esclaves ne la dénonce et que les prétendants ne la forcent à terminer le travail.

Mais au fait, pourquoi Pénélope ne disait-elle pas à ses prétendants d'aller se faire aimer ailleurs ? Pour deux raisons :

- d'abord, cela rajoute du suspense au poème que d'avoir Pénélope sous pression constante de céder à un nouveau galant : Ulysse ferait bien de se dépêcher s'il veut recevoir son dû ;
- si Pénélope ne s'était pas jouée de ses prétendants, ceux-ci seraient allés trouver son père et ils lui auraient fait organiser un nouveau mariage pour sa fille ; en les promenant comme elle le fit, elle gagnait du temps tout en conservant un certain contrôle sur sa propre vie.

À ce moment-là, Télémaque avait environ 20 ans. Il voyait tous ces prétendants manger toute la richesse de la famille, qui était supposée être son héritage. Mais que pouvait-il bien faire, ce jeune homme seul contre soixante-dix prétendants ?

Quel long et étrange voyage !

Ulysse et ses hommes firent un voyage extraordinaire après avoir quitté Troie. La première chose qu'ils firent fut de se rendre au pays des Cicones et de les affronter. Cette aventure ne se passa pas bien, et ils ne réussirent que tout juste à sauver leurs peaux en s'échappant. (Ulysse fait quantité d'erreurs idiotes au début de *L'Odyssée*, mais elles lui servent de leçon, et cette expérience l'aidera plus tard à faire face aux méchants prétendants lorsqu'il sera de retour chez lui.) La leçon tirée de cette aventure : ne t'engage pas dans un combat si tu n'es pas sûr de pouvoir le gagner.

Ils s'en furent ensuite au pays des Lotophages, les Mangeurs de lotus. Ces gens-là ne faisaient rien d'autre que de manger des *lotus*, une sorte de fruit qui rendait amorphe quiconque en mangeait. Quelques-uns des hommes d'Ulysse se camèrent au lotus, et il dut les ramener de force au bateau.

Ulysse et les Cyclopes

La rencontre d'Ulysse avec le Cyclope Polyphème fut sa plus célèbre aventure. Ulysse accosta sur une île et dit à ses hommes qu'il voulait voir le genre d'hommes qui y vivaient – peut-être lui donneraient-ils des cadeaux ! Sur l'île, ils trouvèrent une grotte géante remplie d'objets géants, ils s'y introduisirent et attendirent que le propriétaire rentre. Lorsqu'il rentra, ils virent que c'était un homme monstrueusement grand avec un seul œil. Il fit rentrer ses moutons dans la grotte avec lui, puis il fit rouler un gigantesque rocher sur l'entrée de la grotte : une forme primitive de « fermer la porte à clé ».

Alors, il s'adressa aux invités indésirables : « Qui êtes-vous, et d'où venez-vous ? Êtes-vous des pirates ? » (C'était une question qu'Ulysse se vit poser par quasiment tous les gens qu'il rencontrait. Apparemment, être un pirate, ce n'était en ces temps qu'un métier comme un autre, que personne ne se sentait obligé de dissimuler.) Ulysse lui dit que son nom était « Personne » et il suggéra à son « hôte » que celui-ci lui fasse un cadeau, car ce genre de gestes étaient de ceux qui plaisaient à Zeus lorsque deux étrangers se rencontraient.

Le Cyclope dit qu'il s'appelait Polyphème et qu'il se souciait comme d'une guigne de ce qui plaisait à Zeus. *Son* propre père, à lui, c'était Poséidon ! Mais, pour faire un joli cadeau à sa nouvelle connaissance un peu chétive, il promit à Ulysse de ne le manger qu'en dernier. Puis il attrapa deux des hommes d'Ulysse, les jeta violemment au sol pour les tuer, et les dévora tout crus. Il dormit toute la nuit, et il mangea deux hommes de plus à son petit déjeuner. Puis il sortit avec ses moutons et referma l'entrée de la grotte en faisant rouler le gigantesque rocher, enfermant ainsi les hommes à l'intérieur.

Ulysse passa la journée à élaborer un plan. Il trouva un long morceau de bois, aiguisa l'une des extrémités pour en faire un pic, et durcit la pointe au feu. Polyphème rentra à la maison ce soir-là et dévora deux hommes de plus, mais cette fois-ci Ulysse lui donna du vin, beaucoup de vin, suffisamment pour le mettre en état d'ivresse. Puis ses hommes et lui prirent leur pieu, le chauffèrent dans le feu, et le plantèrent droit dans l'œil unique de Polyphème. Le Cyclope aveugle essaya d'attraper ses attaquants mais il ne le put. Il poussa des cris pour alerter les autres Cyclopes, mais lorsque ceux-ci lui demandèrent qui l'attaquait, tout ce qu'il put répondre fut le nom qu'Ulysse lui avait dit : Personne. Personne ne put donc l'aider ! Cet Ulysse était décidément rusé comme un renard !

Ulysse prit les moutons et les attacha par groupes de trois, les uns à côté des autres. À l'aurore, les hommes s'accrochèrent sous les moutons tandis que ceux-ci sortaient de la grotte. Polyphème inspectait le dos des moutons pour être bien sûr que personne ne se trouvait dessus, mais il ne pensa pas à vérifier leur ventre, et les hommes purent donc s'échapper. Ils s'enfuirent vers leur bateau et mirent les voiles. En partant, Ulysse cria une dernière insulte au Cyclope. Polyphème, de rage, prit un gigantesque rocher et le jeta en direction du bateau. Il faillit l'écraser et, en tout cas, fit des vagues gigantesques. Ulysse cria son nom en direction du Cyclope une fois qu'ils se trouvèrent en sécurité. Grave erreur, car Poséidon sut ainsi qui haïr.

Les vents de la futilité

Ils arrivèrent aux îles Éoliennes, au royaume du roi Éole, le dieu des Vents. En cadeau, il donna à Ulysse un sac contenant tous les vents sauf celui qui soufflerait pour les ramener chez eux. Mais les compagnons d'Ulysse, ces imbéciles, crurent que le sac était plein de trésors. Et dès qu'Ulysse fut endormi, ils l'ouvrirent. Tous les vents en sortirent d'un seul coup et ils se retrouvèrent au beau milieu d'une épouvantable tempête. Ils retournèrent finalement sur la plage d'Éole, mais celui-ci était trop en colère pour vouloir les aider à nouveau.

Circé trouve enfin son maître et l'envoie en visite aux Enfers

Ensuite, ils accostèrent sur l'île de la magicienne Circé. Circé appartenait à une famille de puissantes sorcières : fille du soleil, elle est aussi la tante de Médée. Elle transforma d'abord tous les compagnons d'Ulysse en animaux. Hermès apparut et donna à Ulysse une racine magique pour le protéger contre les sorts et lui expliqua comment récupérer ses hommes : il devait menacer de tuer Circé avec son épée à moins qu'elle ne les libère. Apparemment, cela plut à Circé : dès qu'elle vit à quel type d'homme elle avait affaire, elle tomba immédiatement amoureuse de lui. Ses hommes et lui passèrent encore une année bien agréable chez elle dans son palais.

Ce fut Circé qui leur dit ce qu'ils devaient ensuite faire : se rendre aux Enfers et demander au prophète mort Tirésias (voir le chapitre 8) comment ils pourraient rentrer chez eux. Les morts aimaient le sang et, lorsqu'ils se rendirent aux Enfers, Ulysse tua un mouton et remplit un bassin de son sang. Tous les fantômes se précipitèrent pour en avoir, mais Ulysse les tint en échec avec son épée jusqu'à ce que Tirésias apparaisse. Le devin but le sang puis leur dit qu'Ulysse rentrerait sans doute chez lui et qu'en tout cas ils devaient à tout prix éviter de causer du tort aux bœufs consacrés à Hélios (le Soleil). Un tas d'autres âmes de disparus vinrent leur « faire un petit coucou » ; elles furent si nombreuses qu'Ulysse et ses compagnons, effrayés, s'enfuirent en courant vers le bateau.

Les Sirènes enchanteresses

L'île des Sirènes constituait l'obstacle suivant. Les *Sirènes* étaient des créatures à corps d'oiseau et buste de femme qui chantaient merveilleusement bien et se servaient de leur chant pour attirer les navigateurs sur les récifs entourant l'île afin qu'ils fassent naufrage. Ulysse boucha les oreilles de ses compagnons à la cire pour les protéger, mais il voulait lui-même entendre ce chant. Il se fit donc attacher au mât, et fit promettre à ses hommes de ne pas le détacher, sans se soucier de ce qu'il pourrait leur raconter. Lorsqu'il entendit le chant des Sirènes, il supplia et implora ses hommes de le libérer pour qu'il puisse aller voir les Sirènes. Mais les hommes ne pouvaient pas l'entendre et ils l'ignorèrent. Ils passèrent donc l'île en toute sécurité.

Charybde et Scylla, les bœufs d'Hélios, Calypso

Le passage entre Charybde et Scylla était l'épreuve suivante. (Certains affirment qu'il s'agit du détroit de Messine entre la Sicile et l'Italie). Scylla était un monstre femelle à six têtes et, si l'on s'en approchait trop, elle happait les marins pour les dévorer. Mais Charybde était un tourbillon qui engloutissait d'énormes quantités d'eau et, s'ils s'en approchaient trop, le bateau tout entier serait englouti. Ulysse choisit dont Scylla ; au moment où ils passèrent près d'elle, elle se baissa et happa six hommes ; tous les autres furent atterrés, mais le bateau put traverser sans autre problème.

Fatigués, affamés et démoralisés, Ulysse et ses hommes s'arrêtèrent sur l'île du Soleil, où Hélios élevait ses célèbres bœufs et auxquels, selon Tirésias, il ne fallait toucher sous aucun prétexte. Les compagnons d'Ulysse se souciaient comme d'une guigne de l'avertissement : ils tuèrent et dévorèrent les bœufs sacrés alors qu'Ulysse s'était éloigné. Dès qu'ils quittèrent cette île, Apollon détruisit le bateau et tous les hommes périrent, sauf Ulysse qui fut épargné. Il s'accrocha à l'épave, et fut jeté sur le rivage de l'île de Calypso. Là, il dut passer plusieurs années en tant qu'esclave d'amour au service de cette Nymphe. Finalement, sur l'entremise des dieux, Calypso lui rendit sa liberté, et il construisit un radeau sur lequel il repartit pour échouer finalement sur le rivage de l'île des Phéaciens (aujourd'hui Corfou).

Oh, mon pauvre cœur brisé

Ulysse se demandait maintenant : Mais où suis-je donc ? Il était assis sur la plage, en train de pleurer. La Nymphe Calypso l'avait ensorcelé, et il avait été son esclave d'amour pendant des années. Heureusement, Athéna, sa déesse protectrice, décida que cela suffisait maintenant et elle demanda à Zeus la permission de faire rentrer son protégé à la maison. Zeus accéda à cette requête, en faisant toutefois remarquer à Athéna que ce ne serait pas chose facile, car Poséidon en voulait vraiment à Ulysse pour avoir privé de la vue son fils le Cyclope.

Athéna mit quand même les choses en branle. Elle rendit visite à Télémaque et l'incita à partir en voyage à la recherche de son père. Le but était double :

- cela ferait de lui un homme ;
- cela le tiendrait à l'écart des prétendants, qui avaient comploté de le tuer parce qu'il était l'héritier d'Ulysse et voulait les empêcher de mettre la main sur les biens du héros.

Elle envoya ensuite Hermès signifier à Calypso qu'elle devrait rendre la liberté à son « animal domestique ». Calypso, pas très contente, accepta tout de même d'aider Ulysse à construire un radeau.

Le naufragé sur l'île des Phéaciens

Ulysse partit à bord de son radeau sur les flots pour rentrer chez lui. Tout se passa bien jusqu'à ce que Poséidon le remarque et essaye de le tuer en lui envoyant une gigantesque tempête. Cela faillit marcher : le radeau fut disloqué, mais Ulysse réussit à nager jusqu'au rivage de l'île de Corfou (Corcyre).

Évanoui sur la plage, Ulysse se réveilla alors que Nausicaa, la fille du roi Alcinoos, jouait à la balle avec ses compagnes. Cachant sa nudité avec des branchages, Ulysse se dirigea vers les jeunes filles ; elles partirent toutes, effrayées par cette apparition. Seule Nausicaa, succombant au charme d'Ulysse, resta, l'accueillit et le conduisit au palais de son père. Au palais royal, Ulysse raconta toute l'histoire de ses voyages, du moment où il avait quitté Troie après la guerre jusqu'à son arrivée à l'île de Calypso.

Au retour, les têtes tombent

Après avoir écouté ce récit fabuleux, le roi des Phéaciens donna à Ulysse un nouveau bateau et un tas de cadeaux d'adieu. Avec son équipage phéacien, Ulysse gagna Ithaque. Il était endormi lorsqu'ils arrivèrent. L'équipage le déposa donc avec ses affaires sur la plage et repartit sans le réveiller. Lorsqu'il ouvrit les yeux, à Ithaque, il fut complètement désorienté.

Un jeune homme vint à sa rencontre lui parler. C'était Athéna déguisée. Elle l'informa qu'il se trouvait à Ithaque et que sa maison était pleine de prétendants qui importunaient son épouse et son fils. Elle lui promit de l'aider à les déloger, et ils élaborèrent ensemble un plan.

Déguisé en vieux mendiant

Déguisé en mendiant, Ulysse s'en fut loger chez son vieux porcher, gardien fidèle, et Athéna fit en sorte que Télémaque vint l'y trouver. Ulysse enleva son déguisement et se présenta à son fils, qui ne l'avait pas vu depuis vingt ans.

Le lendemain, Ulysse, déguisé à nouveau en mendiant, se rendit à son palais. Sur le chemin, personne ne se rendit compte qu'il était déguisé. Personne, sauf son très vieux chien Argos, couvert de tiques, abandonné et couché sur un tas de fumier, qui le reconnut aussitôt. Argos avait attendu vingt ans pour revoir Ulysse une dernière fois. Lorsqu'il le vit, le chien remua la queue et mourut.

Il trouva les prétendants à table, repus et ballonnés après un copieux repas. Ils se moquèrent tous de lui. Pénélope apparut. Elle ne savait pas qui était le mendiant, mais voulut lui parler. D'abord, elle se plaignit auprès des prétendants du fait qu'ils ne lui avaient pas fait de cadeaux précieux comme ils l'auraient dû, et ils réagirent au quart de tour en la couvrant d'une pluie d'or et de bijoux. Puis elle fit venir le mendiant pour lui parler. Ulysse ne révéla pas sa véritable identité, mais il lui dit qu'il avait récemment vu son mari en vie. Pénélope pleura lorsqu'elle entendit ces mots. Elle laissa le mendiant dormir sous son toit cette nuit-là.

La seule personne à percer le déguisement divin d'Ulysse fut Euryclée, la vieille nourrice d'Ulysse. En lui lavant les pieds, elle le reconnut à une vieille cicatrice qui datait de son enfance. Ulysse la pria instamment de garder le silence, ce qu'elle fit.

L'arc d'Ulysse ne connaît qu'un seul maître

Le lendemain matin, encore inconsciente du fait qu'Ulysse était de retour, Pénélope apporta le vieil arc d'Ulysse pour mettre les prétendants au défi : si l'un d'eux réussissait à le bander et à faire passer une flèche à travers douze anneaux alignés, elle le prendrait comme époux. Télémaque disposa les anneaux et encouragea les prétendants à essayer. Tous essayèrent, mais aucun ne fut assez fort pour bander l'arc.

Le « mendiant » Ulysse demanda qu'on lui laisse tenter sa chance. Les prétendants protestèrent, mais Télémaque insista pour qu'il essaye. Rapide comme l'éclair, Ulysse saisit l'arc et décocha une flèche à travers les douze anneaux. Télémaque et ses assistants accoururent lui apporter d'autres flèches, et Ulysse massacra tous les prétendants, sauf deux d'entre eux, qui demandèrent grâce. Ulysse tua l'un de son épée, mais épargna l'autre parce que c'était un musicien.

Les vieux domestiques se réjouirent que leur maître soit de retour. Ils coururent annoncer à Pénélope que son mari était revenu. Pénélope, qui n'était pas folle, voulut mettre cet homme étrange une fois de plus à l'épreuve pour s'assurer qu'il était vraiment Ulysse. Elle lui dit donc : « Super ! Déplaçons notre lit pour le mettre à un meilleur endroit, et ensuite faisons l'amour ! » Ulysse déjoua le piège : « Personne ne peut déplacer ce lit-là, répondit-il, parce qu'il est bâti sur une souche enracinée dans le sol. » Ce fait, que personne d'autre qu'Ulysse ne pouvait connaître, convainquit Pénélope que c'était bien son mari qui se trouvait enfin devant elle.

Les parents des prétendants tués causèrent quelques tracas, mais Athéna intervint et leur dit que leurs fils n'avaient que mérité ce qui leur était arrivé, et expliqua à Ulysse comment faire un dernier voyage pour apaiser Poséidon. Après quoi, son long périple s'acheva.

Chapitre 8

La tragédie grecque

Dans ce chapitre :

- La tragédie grecque, en l'honneur de Dionysos et d'Athéna
- Une idée fausse très répandue, la « faute » tragique
- Les auteurs dramatiques enthousiasment les audiences
- Après le spectacle, n'allez pas dîner chez les Atrides !
- Œdipe et les Cadméens

L'une des meilleures manières de découvrir les mythes grecs consiste à étudier la tragédie grecque. Il s'agit de pièces de théâtre écrites au Ve s. av. J.-C., qui étaient jouées aux frais du contribuable dans la ville d'Athènes. La plupart des tragédies grecques traitent de sujets mythologiques, en particulier de deux familles aux problèmes légendaires, et d'événements et de personnages de la guerre de Troie. Il se trouve que seule une poignée de ces tragédies a survécu jusqu'à aujourd'hui, représentant une infime fraction de l'ensemble des tragédies grecques qui existèrent au Ve siècle. Mais même si l'échantillon rescapé est faible, ces tragédies nous apprennent quand même beaucoup de choses sur les mythes grecs, surtout sur la façon dont plusieurs versions différentes d'un même mythe pouvaient exister côte à côte, voire sur la façon dont un auteur pouvait changer la version canonique d'un mythe pour les besoins de sa pièce.

Qu'est-ce qu'il y a au théâtre aujourd'hui ?

Les gens parlent toujours des pièces de théâtre qu'ils ont vues, et certains en font même un métier. Le premier « critique professionnel de pièces de théâtre » du monde occidental fut le philosophe Aristote. Il écrivit, parmi environ une douzaine d'autres ouvrages, *La Poétique*, un livre sur la poésie qui traitait tous les genres poétiques – poèmes épiques, comédies, tragédies et dithyrambes (cantiques consacrés à Dionysos). Pourtant, la partie de l'ouvrage qui a survécu traite, pour la plus grande part, de tragédie. Aristote était un homme à la pensée claire et méthodique, qui abordait prudemment les sujets. La manière dont il décida de parler de la tragédie a grandement déterminé la manière dont les gens ont, depuis, parlé de la tragédie, et du théâtre en général.

Aristote définit différents aspects de la tragédie et déclara qu'ils sont tous importants pour le succès de la pièce, notamment :

- **la musique** : toutes les pièces de théâtre étaient accompagnées de musique ;
- **le spectacle** : c'est-à-dire les décors et costumes ;
- **l'intrigue** : ce qui se passe ;
- **les personnages** : qui dit quoi et comment ;
- **le chœur** : il représente la cité, le peuple. Il commente la scène, donne son avis, juge les protagonistes.

La Poétique d'Aristote est une œuvre normative, c'est-à-dire qu'elle énonce comment le poète devrait faire les choses, en fonction, bien sûr, de ce qu'Aristote considère comme ce qui est le mieux. Mais Aristote était un type malin : son opinion avait du poids à son époque, et elle compte encore aujourd'hui. Le problème, c'est que les Athéniens du Ve siècle n'avaient pas lu Aristote ! Aussi, on ne peut pas appliquer les critères aristotéliciens aux trois grands Tragiques : Eschyle, Sophocle et Euripide…

Le théâtre grec nécessitait trois acteurs et un chœur. Tous les acteurs et les membres du chœur étaient des hommes, même s'ils jouaient des rôles de femme dans la pièce. Les acteurs et les choreutes (membres du chœur) portaient tous des costumes et des masques. Les pièces de théâtre étaient toutes accompagnées de musique, en tout cas vraisemblablement au moins par un flûtiste et un percussionniste, mais, aujourd'hui, personne ne sait à quoi ressemblait la musique d'accompagnement de ces pièces.

Temple certains jours, théâtre d'autres

À Athènes, les tragédies et les comédies étaient jouées dans le théâtre de Dionysos. Il s'agissait d'un théâtre grec type avec une scène semi-circulaire en bas et des niveaux de fauteuils se déployant graduellement vers le haut à partir de la scène. Les visiteurs de l'Acropole, la colline centrale d'Athènes, peuvent en fait regarder vers le bas le théâtre de Dionysos, qui est découpé dans l'un des flancs de la colline. (En réalité, le théâtre qui s'y trouve aujourd'hui est le nouveau théâtre amélioré construit par les Romains, mais ce n'est pas grave.) Ce théâtre était plus qu'un simple théâtre. C'était un temple dédié au dieu Dionysos. En fait, Dionysos n'avait aucun autre temple à Athènes, seulement ce théâtre, ce qui faisait que le public n'avait qu'à bien se tenir, parce que mal se comporter dans le théâtre était considéré comme un sacrilège susceptible de faire l'objet d'un châtiment sévère. Un jour, deux spectateurs se bousculèrent pour la même place, et le gars qui avait causé la dispute fut reconnu coupable de sacrilège. Tous ses biens furent confisqués, et il fut banni de la cité !

Selon Dionysos, il faut se battre pour faire valoir ses droits à faire la fête !

Dionysos était le dieu du Vin, de la Folie occasionnelle, de l'Ivresse et du Théâtre. Ces trois domaines formaient un tout, car tous exigent de mettre la réalité normale entre parenthèses, même si ce n'est que pour un court moment. Deux fois par an, Athènes rendait honneur à Dionysos (et s'amusait bien ce faisant) en célébrant des « festivals de théâtre », des grandes fêtes dans toute la ville centrées sur la représentation de pièces de théâtre. Les deux fêtes données à Athènes étaient la *Dionysie* de la Cité, un gigantesque festival de théâtre de printemps en l'honneur de Dionysos, et les Lénéennes en hiver, plus douillettes, un festival de plus petite envergure en l'honneur de Déméter.

Et le gagnant est...

Les Dionysies comme les Lénéennes étaient des concours dramatiques : les pièces représentées étaient mises en concurrence. Une fois que toutes les tragédies avaient été jouées, un jury décernait les prix – de la meilleure trilogie, des meilleurs costumes, des meilleurs acteurs – d'une façon assez semblable à la remise des Oscars aujourd'hui. Gagner le prix « de la meilleure trilogie » pouvait, à l'époque, assurer le succès d'un dramaturge.

Des subventions pour le théâtre !

Tous les Athéniens (sauf les esclaves), tous les étrangers résidents et tous les visiteurs étrangers étaient conviés à voir les pièces pour le prix d'un billet. En fait, les Athéniens étaient tellement convaincus de l'importance de ces pièces de théâtre qu'au IVᵉ s. av. J.-C. la démocratie athénienne mit en place un *fonds théorique*, sorte d'administration publique chargée de subventionner les billets de théâtre en faveur de tous les Athéniens qui étaient trop pauvres pour en acheter. Le théâtre était, à Athènes, un véritable service public.

Le b.a.-ba de la tragédie

Ce que toutes les tragédies grecques ont en commun et ce qui en fait des tragédies grecques est presque impossible à expliquer. La plupart de ces tragédies traitaient de mort et de souffrance. La plupart des tragédies sont sérieuses, mais pas toutes, et de loin. *Hélène*, la tragédie d'Euripide, est en fait comique ; personne n'est tué, et elle a une fin heureuse. Aristote, auteur du premier ouvrage de vulgarisation sur cet art, explique qu'à son avis les meilleures tragédies ont certains éléments en commun, mais il ne dit pas que toute tragédie devrait posséder tel ou tel élément.

Alors, qu'est-ce qui faisait d'une pièce une tragédie ? La mythologie apporte peut-être une réponse. Parmi les tragédies qui ont survécu, toutes, sauf une, ont des intrigues s'appuyant sur la mythologie. L'exception, c'est *Les Perses* d'Eschyle, qui raconte la bataille de Salamine au cours des guerres médiques du début du Ve siècle (conflits ayant opposé les Grecs à l'Empire perse). On pourrait même dire que la victoire sur les Perses fut si importante, et si improbable, qu'elle devint « instantanément » de la mythologie. De toute façon, à par *Les Perses*, toutes les tragédies ont des trames mythologiques, ce qui les distingue des comédies, qui, elles, traitaient invariablement du monde quotidien d'Athènes.

Dans la tragédie, le chœur représentait en général les « gens normaux » qui, pendant toute la pièce, observaient les principaux personnages et commentaient leurs comportements. Les tragédies étaient groupées en trilogies, qui sont des suites de trois tragédies. Un poète écrivait donc trois pièces de théâtre qui devaient être jouées ensemble, l'une après l'autre. Parfois, les trois pièces racontaient une seule et même histoire, mais en trois parties (c'est le cas de la trilogie dont les trois pièces existent encore aujourd'hui, *L'Orestie* d'Eschyle). Dans d'autres cas, les trois pièces racontaient trois histoires différentes, mais sur le même thème.

Les mythes et le recyclage mythologique

De quoi parlaient ces tragédies grecques ? De sujets tragiques, bien sûr, mais pas uniquement. Les tragédies avaient tendance à traiter de personnages et d'événements mythologiques. La guerre de Troie a bien sûr fourni abondante matière aux poètes tragiques, mais également d'autres mythes. Ils se servirent aussi des légendes de deux familles royales mythologiques, la maison de Cadmos de Thèbes et celles des Atrides de Mycènes. Dans de nombreuses tragédies, l'un ou l'autre des personnages fait observer que « lorsqu'une famille est maudite elle sera malheureuse à jamais. » Les histoires respectives de ces deux familles élargies donnent sans aucun doute des preuves venant étayer cette thèse.

Ce corpus mythologique fournissait beaucoup de matériau aux poètes tragiques, mais pas suffisamment pourtant pour qu'ils puissent éviter de se répéter. Après tout, ils devaient produire environ une vingtaine de pièces par an, et ils réussirent à tenir ce rythme effréné pendant près d'un siècle !

Quelques histoires nous sont parvenues dans différentes versions provenant de plusieurs poètes tragiques. Par exemple, on trouve l'histoire d'Électre dans des pièces d'Eschyle, de Sophocle et d'Euripide. Les trois poètes partirent du même mythe, mais chacun d'eux en présenta une version légèrement différente. À l'évidence, les Athéniens ne leur en voulaient pas pour ça.

La « faute tragique » est en réalité une idée fausse

Le moment est venu de mentionner deux conceptions erronées très répandues au sujet de la tragédie grecque. Nombreux pensent que les tragédies grecques ont pour objet une « faute tragique » (*hybris*, qui signifie en grec « orgueil »), et que, à cause de son orgueil ou de sa démesure, le héros est la victime d'un désastre tragique. C'est bien ça ? Eh bien non !

Comment une erreur causée par l'ignorance...

Mais alors, d'où vient cette notion de « faute tragique » ? Elle vient d'une erreur que les gens font en lisant le philosophe Aristote dans le texte grec original. Aristote dit dans *La Poétique* que, dans les meilleures pièces, la tragédie provient d'une erreur causée par l'ignorance, ou *hamartia* en grec. Pour Aristote, ce type d'erreur n'était aucunement un acte intentionnel. Si, en réparant mon toit, je laissais accidentellement tomber une planche sur quelqu'un et que cette personne était tuée, on pourrait parler d'*hamartia* : quelqu'un est mort, mais ce n'était pas un crime parce que je n'avais pas l'intention de tuer cette personne.

... se transforma en véritable péché !

Ce qui pourtant se produisit, c'est que les érudits du XIXe siècle lurent Aristote en grec après avoir lu le *Nouveau Testament* en grec. Dans le *Nouveau Testament* (écrit cinq cents ans après Aristote), *hamartia* veut dire « péché ». Ils pensèrent donc qu'Aristote disait que les meilleures tragédies dépendent d'un péché quelconque ou, comme ils l'appelèrent, d'un « faute tragique ». En outre, cette façon de voir les choses, c'est-à-dire celle du *Nouveau Testament*, fonctionne assez bien lorsqu'on l'applique aux tragédies de Shakespeare : Hamlet a des problèmes parce qu'il est irrésolu, le roi Lear est vaniteux, Macbeth est mené par le bout du nez par son épouse, etc.

Mais ce n'est pas comme ça que les Grecs voyaient les choses

Pourtant, ce n'est pas comme cela que la tragédie grecque fonctionne. Et quel est le plus tragique des deux ? Le personnage qui n'obtient « que ce qu'il mérite », ou celui qui fait réellement tout son possible, mais souffre quand même ?

Les trois grands

Eschyle, Sophocle et Euripide furent les trois grands poètes tragiques du Ve s. av. J.-C. Eschyle fut le premier des trois, suivi ensuite de Sophocle (qui fut un peu le contemporain d'Eschyle), puis vint Euripide. Bien sûr, de très nombreux autres poètes écrivaient des tragédies à cette époque. Le numéro quatre sur la liste des poètes tragiques fut probablement Agathon. Aucune de ses pièces n'a survécu, mais on le connaît bien à partir d'autres sources, surtout à cause de son apparition dans le *Banquet* de Platon. Ion de Chios, un homme aux multiples talents, écrivit aussi des tragédies et d'autres œuvres de poésie dans de nombreux autres genres, y compris (peut-être) la comédie (ce qui ferait de lui le seul poète connu pour avoir écrit à la fois des comédies et des tragédies). Après le Ve siècle, il n'y eut plus de grands poètes tragiques grecs, et les Athéniens se mirent de plus en plus à recréer les vieux classiques.

Eschyle

Ce fut le premier des trois : sa carrière commença aux alentours de 499 av. J.-C. et dura jusqu'à sa mort en 456 av. J.-C. Eschyle fut un pionnier. Avant lui, la tragédie grecque n'était bâtie que sur deux acteurs, ce qui en limitait l'intérêt. C'est Eschyle qui eut l'idée d'en ajouter un troisième. Avec trois acteurs sur scène, il pouvait créer une véritable tragédie, car la troisième personne pouvait servir de repoussoir aux deux autres. Par exemple, deux amants et un méchant ; ou un tueur, une victime et un témoin ; ou un imposteur, un non-imposteur et le gars qui doit distinguer le vrai du faux. Les pièces d'Eschyle ont remporté au moins treize fois le premier prix aux concours dramatiques. Parmi les plus fameuses, on peut citer *Agamemnon*, *Les Sept contre Thèbes*, et *Prométhée enchaîné*. Nous en parlerons davantage plus loin.

Sophocle

Sophocle fut le second. Sa carrière fut un peu contemporaine de celle d'Eschyle et, plus tard, de celle d'Euripide. Ses premières pièces étaient en concurrence avec celles d'Eschyle en l'an 468 av. J.-C., et ses dernières pièces furent créées en 406 av. J.-C., ce qui fait en tout une carrière de soixante-deux ans ! Il écrivit plus de 120 pièces, ce qui fait de lui le plus prolifique de tous les poètes tragiques, et il remporta des premiers prix à 20 festivals. Ses pièces les plus célèbres sont *Œdipe roi* et *Antigone*. Les tragédies de Sophocle sont puissantes, en partie parce qu'il les a écrites dans une langue simple, qui contraste avec l'expression ampoulée d'Eschyle.

Euripide

Le troisième grand poète tragique fut Euripide. La première représentation publique d'une de ses pièces eut lieu en 455 av. J.-C., l'année qui suivit la mort d'Eschyle. Il mourut en 407 ou 406 av. J.-C., juste avant Sophocle. On sait qu'Euripide écrivit 90 pièces, mais il ne remporta pas, et de loin, autant de prix qu'Eschyle ou que Sophocle. En revanche, il connut un immense succès à l'époque hellénistique. Euripide fut sans aucun doute le plus innovateur des trois. Il aimait prendre des intrigues bien connues et les modifier. Dans sa tragédie *Électre*, par exemple, l'héroïne Électre, fille d'Agamemnon, est présentée comme une morveuse gâtée, ce qu'elle reste durant toute la pièce. Il aimait faire des plaisanteries et insérait des références subtiles et pleines d'esprit dans ses pièces.

La maison de Cadmos

La première famille de la tragédie grecque, c'était celle de la famille royale de Thèbes, la maison de Cadmos. Thèbes est une ville qui a véritablement existé au centre de la Grèce. Elle avait donc une véritable histoire, comme n'importe quelle autre ville.

NOTE TECHNIQUE

Dans l'Antiquité, deux célèbres villes s'appelaient Thèbes. L'une se trouvait au centre de la Grèce, l'autre en Égypte. La Thèbes grecque était appelée « Thèbes aux sept portes », et la cité égyptienne « Thèbes aux mille portes ». L'Égypte était un peu comme l'Amérique de l'Antiquité, tout y était plus grand qu'ailleurs.

Des débuts un peu bizarres

C'est à cause du désir charnel et d'une vache que tout commença. Agénor, fils de Poséidon et de la nymphe Libye, était roi de Phénicie (le Liban d'aujourd'hui). Il avait une fille très belle appelée Europe. Zeus en tomba amoureux (voir le chapitre 4 pour en savoir plus) et se transforma en taureau pour l'enlever et s'unir à elle. Agenor envoya ses fils à la recherche de sa fille disparue. L'un deux, Cadmos voyagea depuis l'Asie Mineure vers le continent qui se trouvait à l'ouest (et qui fut appelé Europe, en souvenir de sa sœur).

Des vaches et des hommes

Cadmos ne retrouva jamais Europe. Au bout d'un certain temps, il se rendit à l'oracle de Delphes pour demander à Apollon ce qu'il devait faire. La prêtresse lui dit d'oublier sa sœur, mais de suivre *une* vache errante et de fonder une cité à l'endroit même où celle-ci s'arrêterait pour se reposer. Cadmos quitta Delphes et arriva en Béotie (région du centre de la Grèce). Là, il y rencontra un homme du nom de Pelagon, qui possédait un grand troupeau de vaches. L'une d'elles s'écarta du troupeau, et Cadmos la suivit.

La vache finit par s'arrêter pour se reposer, et Cadmos trouva ainsi l'emplacement pour fonder sa nouvelle ville ! Il y avait une source à proximité, ce qui était bien pratique. Mais, celle-ci était consacrée au dieu Arès, qui y avait placé un dragon pour la garder. Cadmos tua le dragon, puis sacrifia sa vache à la déesse Athéna. Celle-ci lui suggéra de planter les dents du dragon pour voir ce qui se passerait. Lorsqu'il le fit, les dents se transformèrent immédiatement en soldats, les Spartois ou « hommes semés ».

Ces dents de dragon sont magiques !

Cadmos jeta des pierres au milieu du groupe. Chaque soldat pensa qu'un autre soldat lui jetait des pierres, et ils commencèrent tous à se battre les uns avec les autres. Lorsque la poussière retomba, tous les hommes étaient morts sauf cinq, et ils étaient trop fatigués pour inquiéter quiconque. Cadmos avait désormais une population pour sa nouvelle cité (modeste certes, mais il faut bien commencer).

Une famille qui a de la réussite

Cadmos fut forcé de servir Arès pendant huit années afin d'expier le meurtre du dragon. Mais ensuite, Athéna fit en sorte qu'il devint roi de la nouvelle ville de Thèbes. Zeus lui trouva même une épouse, la fille d'Arès et d'Aphrodite, une déesse nommée Harmonie. (La Guerre et l'Amour avaient un enfant qui s'appelait l'Harmonie !)

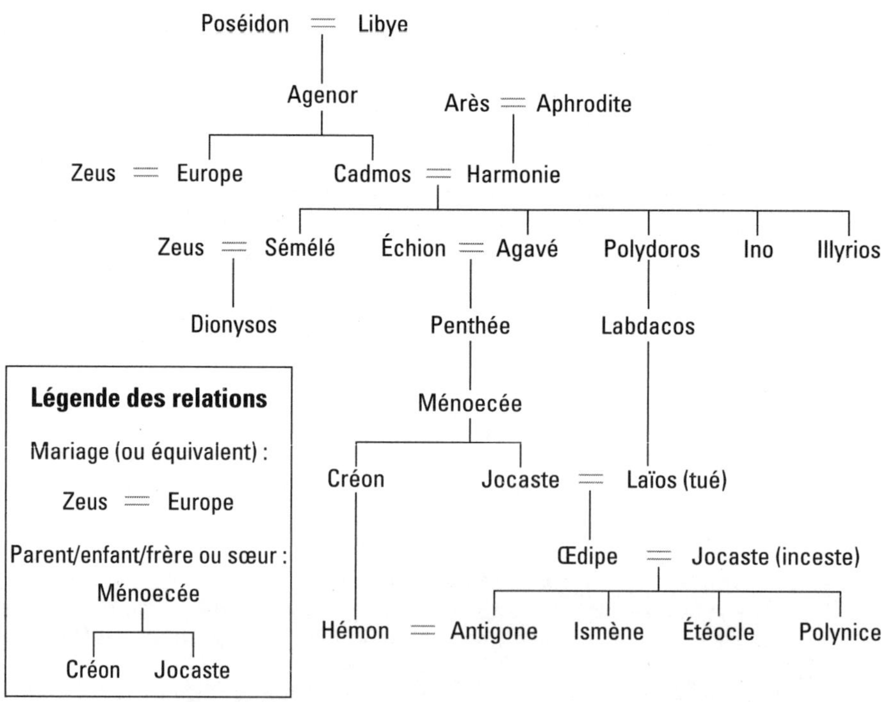

Figure 8-1 : la maison de Cadmos. À votre avis, qu'est-ce qui cloche ?

Cadmos et Harmonie eurent plusieurs enfants : quatre filles, Sémélé, Agavé, Antonée, Ino et deux garçons : Polydoros et Illyrios.

L'arbre généalogique de la maison de Cadmos est présenté à la Figure 8-1. Agavé, fille de Cadmos, épousa Echion, et ils eurent un enfant, Penthée. Lorsque Cadmos quitta Thèbes, c'est soit son fils Polydoros, soit son petit-fils Penthée, qui lui succéda. Cette partie du mythe est confuse. Illyrios naquit en dernier, après que Cadmos et Harmonie eurent déménagé pour s'installer en Illyrie (l'Albanie et la côte dalmate actuelle), où Zeus les transforma finalement en serpents lorsqu'ils furent vieux.

La saga d'Œdipe

Labdacos, le fils de Polydoros, devint roi de Thèbes, et son fils Laïos lui succéda. Laïos finit par se caser et épousa Jocaste, la fille de Ménoecée, lui-même fils de Penthée. Laïos et Jocaste étaient donc des cousins au troisième degré, mais, à la lumière de ce qui va arriver plus tard, un mariage entre cousins, ce n'est rien de bien grave ! Jocaste avait aussi un frère, Créon.

Oh, il y aura toujours un oracle quelque part

Après que Laïos eut épousé sa cousine Jocaste, il reçut un oracle d'Apollon qui disait en substance : « Apollon a le regret de t'informer que tu auras un fils qui te tuera. » Souvenez-vous que la règle numéro un avec les oracles d'Apollon, c'est qu'ils se réalisent toujours, quoi qu'il arrive !

Quoi qu'il en soit, lorsque Jocaste donna naissance à un petit garçon, Laïos et elle l'entravèrent en perçant ses talons et en attachant ses pieds ensemble, puis ils l'exposèrent sur le flanc d'une montagne pour que les bêtes féroces le dévorent. Mais ils n'eurent pas cette chance (bien sûr que non). Un berger trouva le bébé, le recueillit, le confia à un autre berger, qui lui-même le donna au roi et à la reine de Corinthe qui voulaient adopter un fils. Ils l'appelèrent Œdipe, ce qui veut dire « Pied enflé » en grec. Ils négligèrent aussi de lui dire plus tard qu'ils l'avaient adopté, ce qui se révéla être une erreur.

L'effet de la même prophétie chez l'autre personne concernée

Lorsque Œdipe était jeune homme, un oracle lui apprit que le sort avait voulu qu'il tue son propre père et épouse sa mère. Afin d'éviter ce sort, il décida de quitter ses parents adoptifs, le roi et la reine de Corinthe, qu'il croyait être ses véritables parents, et de prendre la route. Le drame d'Œdipe est en marche : en voulant échapper à son destin, il ne fait que précipiter sa chute en accomplissant la prophétie. En marchant, il arriva à un croisement de trois routes près de Delphes. Juste à ce moment-là, un chariot arriva avec apparemment à bord un personnage important, et les gens de la suite de cette personnalité lui donnèrent des coups de bâton pour l'écarter. Furieux,

Œdipe attaqua le groupe de voyageurs et tua tout le monde, y compris le vieux type dans le chariot. Pas grave, pensa-t-il (en ces temps-là, c'était dangereux de voyager).

L'énigme du sphinx

Continuant sa route, Œdipe arriva aux abords de la cité de Thèbes. Là, il découvrit qu'un monstre avait élu domicile dans le voisinage. C'était un *sphinx*, ou une sphinge, une créature à la tête de femme, au corps de lion, avec un serpent pour queue, et des ailes. Ce sphinx-là posait à tout le monde une énigme et tuait tous ceux qui n'en trouvaient pas la réponse. En fait, le roi avait récemment quitté la ville afin d'aller demander à la Pythie (la prophétesse de l'oracle d'Apollon) de Delphes quelle était la réponse. Mais il avait été assassiné quelque part en route, laissant Thèbes sans souverain. Voir la Figure 8-2.

Figure 8-2 : Œdipe et le sphinx.

Œdipe décida d'essayer de résoudre l'énigme, qui fut la suivante : « Quelle créature a quatre pattes le matin, deux à midi, et trois le soir ? » Œdipe sut que la réponse n'était pas un monstre mystérieux, mais l'homme, parce que les bébés avancent à quatre pattes alors que les vieillards s'aident d'une canne.

Le sphinx, de dépit, se suicida, et les habitants de Thèbes choisirent Œdipe comme tyrannos (ce mot donne en français « tyran », mais, pour les Grecs, il s'agissait simplement d'un souverain unique choisi par le peuple, par opposition à un roi, qui obtenait le pouvoir en vertu de son droit de naissance).

Un petit air de famille...

Le nouveau souverain devait épouser la veuve de l'ancien roi. C'était Jocaste, la mère d'Œdipe. Œdipe et Jocaste se marièrent, et ils eurent quatre enfants :

- Étéocle
- Polynice
- Antigone
- Ismène

Au bout de nombreuses années, les Thébains commencèrent à souffrir de la peste. Œdipe envoya le frère de la reine, Créon, à Delphes pour demander à Apollon ce qui devait être fait. Mais c'est un aveugle, un sage, appelé Tirésias, qui révéla à Œdipe l'insupportable vérité.

Œdipe roi, un « blockbuster » de l'époque

Créon se rendit donc à Delphes. C'est en ce lieu et à ce moment-là de l'histoire que commence la plus célèbre tragédie grecque de tous les temps, *Œdipe roi* (*Oedipus Tyrannos*) de Sophocle. Les événements de la pièce se résument facilement. Créon a rapporté à Œdipe que, selon Apollon, la peste ne disparaîtrait pas avant que les Thébains n'aient découvert le meurtrier de leur vieux roi, Laïos, et qu'ils ne l'aient traduit en justice. Œdipe promet de s'y consacrer entièrement, et il commence une enquête. Des indices dérangeants sont peu à peu découverts. Tout le monde dit à Œdipe de ne pas insister, de cesser de poser des questions, mais il a promis de sauver la ville. Finalement, la vérité est mise au grand jour.

Jocaste, de honte, se pend. Œdipe se crève les yeux. Pourquoi ? Son raisonnement était que, s'il se contentait de se suicider, il devrait se retrouver avec son père et avec sa mère et épouse dans les Enfers, ce qui serait une situation impensable. Il décide ensuite de quitter Thèbes à jamais. Sa fille Antigone l'accompagne dans son exil.

Créon devint souverain par intérim jusqu'à ce que les fils d'Œdipe et de Jocaste aient décidé lequel d'entre eux gouvernerait la ville. Les deux jeunes hommes, Étéocle et Polynice, furent d'abord d'accord pour partager le pouvoir. Chacun à son tour devait gouverner un an. Mais personne ne fut surpris que cet accord ne tienne pas. Étéocle expulsa son frère, et Polynice se rendit à Argos afin d'y chercher des alliés qui l'aideraient à reprendre le pouvoir à Thèbes.

Sophocle a le vent en poupe : Œdipe à Colone

La pièce *Œdipe à Colone* de Sophocle, qui fut aussi un autre « blockbuster » dans son genre à l'époque, traite du pauvre Œdipe, vieillard, que l'on a vu, pour la dernière fois, sans abri et aveugle, errer en étant guidé par sa fille Antigone. Étéocle (à Thèbes) et Polynice (hors de Thèbes, mais voulant gouverner cette cité) ont chacun reçu un oracle : la personne qui possédera le corps d'Œdipe sera bénie pour l'éternité. Œdipe était un homme à part, à cause de l'extraordinaire malédiction qui pesait sur lui et à cause aussi de sa souffrance extraordinaire, alors qu'il ne méritait ni l'une ni l'autre. Œdipe en eut vent et ne voulut en aucun cas devenir l'instrument d'une lutte pour le pouvoir entre ses deux fils. Il se rendit donc à Athènes. Thésée était alors roi d'Athènes, et il accueillit Œdipe à bras ouverts. Lorsque Œdipe comprit qu'il avait enfin trouvé quelqu'un qui le respectait en raison de sa vie remarquable, il décida que celle-ci était achevée. Il se dissimula dans un bosquet d'une banlieue d'Athènes appelée Colone. Soudain, il y eut un éclair, et plus personne ne revit jamais Œdipe.

N'OUBLIEZ PAS !

Beaucoup pensent que l'idée maîtresse d'*Œdipe roi*, c'est le fait qu'Œdipe a commis une « faute tragique » (*hybris* ou orgueil excessif) et que le désastre qui frappe la cité de Thèbes est la cause de son acte. Mais ce n'est pas vrai. Ce que montre cette pièce en réalité, c'est qu'*Œdipe a agi tout à fait justement !* Apollon lui enjoint de trouver le meurtrier, et il le trouve ! En fait, Œdipe est la seule personne de la pièce, avec le prophète Tirésias, qui semble prendre les dieux aux sérieux. Il doit sauver la cité. Et c'est exactement ce qu'il fait !

Les Sept contre Thèbes

Après la mort d'Œdipe, Athènes fut bénie, alors que Thèbes était encore maudite. Polynice rassembla une armée, avec six autres champions (ce qui faisait, avec lui, sept héros, un pour chaque porte de Thèbes). Ils attaquèrent la cité. Ces événements forment le sujet de la pièce *Les Sept contre Thèbes* d'Eschyle. La guerre se termina par sept combats singuliers, l'un à chaque porte. Les deux frères, Étéocle et Polynice, se firent face l'un à l'autre et réussirent à s'occire mutuellement et simultanément. Cette lutte pour le pouvoir étant terminée, Créon redevint souverain par intérim de Thèbes.

Antigone, un destin bien amer

En reprenant le fil de l'action là où elle s'y arrête à la fin des *Sept contre Thèbes*, Sophocle écrivit *Antigone*. La fille d'Œdipe était maintenant de retour à Thèbes, puisque son père était mort. Elle était aussi destinée à être mariée au fils de Créon, Hémon. Créon fit passer une loi précisant que tous les soldats morts en défendant Thèbes auraient des enterrements dignes, alors que ceux qui étaient morts en attaquant la ville seraient abandonnés à la décomposition. Antigone trouva cela insupportable : pourquoi honorer l'un de ses deux frères mais déshonorer l'autre ? La famille, même avec ses problèmes, et ses liens n'étaient-ils pas plus importants que la politique ?

Antigone se faufila donc en cachette hors de la ville et enterra le cadavre de Polynice (l'inhumation était un acte important, car, selon les croyances d'alors, l'âme d'un mort dont le cadavre n'était pas enterré ne pouvait pas descendre aux Enfers). Créon l'apprit, et il ordonna qu'Antigone reçut le châtiment prévu par la loi, à savoir qu'elle soit « tuée ». En fait, il n'ordonna pas exactement qu'elle soit tuée, parce que cela serait revenu à tuer une de ses parentes par voie de sang, et donc à transgresser un interdit absolu. Il la fit donc enfermer dans une grotte avec de la nourriture pour une journée uniquement, selon la bonne vieille excuse : « elle allait bien la dernière fois que je l'ai vue ».

Hémon, le fiancé d'Antigone, découvrit où elle se trouvait, et il la sauva. À la dernière minute pourtant, Créon fut pris de remords et il se rendit à la grotte pour en faire sortir Antigone. Trop tard ! Elle s'était pendue. Hémon l'avait trouvée morte et, lorsque son père arriva, Hémon se suicida aussi. L'épouse de Créon mit également fin à ses jours lorsqu'elle apprit toutes ces mauvaises nouvelles. Créon se retrouva bien seul.

Antigone représente celle qui choisit la justice du cœur, sa conscience, à la loi de la cité. Elle préfère braver la loi mais rester fidèle à ses principes, à ce que lui dicte son cœur. Cette décision précipitera sa mort, une mort assumée, revendiquée même.

Les Atrides, une maison maudite

Les Atrides forment l'autre grande famille complètement désaxée de la mythologie grecque, qui a fourni des tas de sujets de choix aux poètes tragiques. Contrairement aux descendants de Cadmos, qui étaient surtout malchanceux, la maison d'Atrée était pleine de personnages abjects, à commencer par le patriarche, Tantale.

Le supplice de Tantale

Il y a des siècles, le roi Tantale régnait sur la Lydie, pays qui fait partie, aujourd'hui, de la Turquie. Nul n'était plus riche que lui. La montagne du Sipyle lui donnait de l'or, ses champs s'étendaient à perte de vue et les épis de blé qui y poussaient étaient deux fois plus lourds que n'importe où ailleurs. Sur les flancs verdoyants des collines, les bouviers gardaient d'énormes troupeaux. Les dieux eux-mêmes couvraient Tantale de leurs faveurs. Ils lui permirent de participer à leurs festins à l'Olympe et d'écouter leurs discours.

Pourtant, Tantale n'était qu'un mortel. Comme pour les autres humains, le fil de sa vie avait été filé par la Moire Clotho. Il était dévidé par la deuxième Moire, Lachésis, et la troisième, Atropos, allait le couper. Mais Tantale ne pensait pas à la mort.

« J'assiste aux banquets des dieux, se disait-il, et il n'y a aucune différence entre eux et moi. Ils emplissent ma coupe avec le nectar divin, je partage avec eux l'ambroisie sacrée et je sais de quoi ils parlent. Personne ne peut penser que je ne suis pas un des leurs, moi aussi. »

« Mais tu ne sais pas tout », lui répondait sa conscience.

« C'est vrai, admettait le roi, mais les dieux eux-mêmes sont-ils omniscients ? Je vais les mettre à l'épreuve. »

Un jour, un audacieux vola dans le temple de Zeus, en Crète, un précieux chien en or. Sachant que Tantale ne craignait pas les dieux, il le lui apporta pour qu'il le dissimulât. Peu après, un prêtre visiblement indigné se présenta aux portes du palais.

« Ô roi, lui dit-il, l'usage ne veut pas que les gouvernants s'associent aux voleurs. Rends au temple ce qui ne t'appartient pas.

Le supplice de Tantale (suite)

– Je ne sais pas de quoi tu parles, lui fut-il répondu.

– Tu peux cacher un objet volé, poursuivit le saint homme dont les yeux flamboyaient, mais tu ne pourras te dérober à la colère divine.

– Si j'ai fait quelque chose de mal, sourit le coupable, l'Olympe, qui sait tout, l'aurait déjà appris et m'aurait puni. »

Le roi saura donc qu'il n'avait pas la statuette en or et le prêtre, désappointé, repartit.

Tantale était sûr que les dieux faisaient semblant d'être omniscients, mais qu'ils ne l'étaient pas plus que les mortels.

En fait, chacun des actes de Tantale était connu au ciel, mais une chance était laissée au roi félon de choisir la vérité plutôt que le mensonge, l'honnêteté plutôt que le vol et la justice plutôt que le mal.

Aussi l'arrogance de Tantale ne fit que croître.

Le nectar et l'ambroisie ne lui suffirent plus : il se mit à dérober à la table des dieux du breuvage divin et de la nourriture pour les rapporter sur terre. Ses forfaits étaient de constantes injures aux lois célestes et humaines. Un jour, il imagina un crime terrible.

Ayant assassiné son fils Pélops, il convia les dieux à un banquet où il leur offrit de se nourrir de la dépouille de son fils. La déesse des cultures, Déméter, perdue dans ses pensées, mangea un morceau de la viande présentée, mais les autres dieux, saisis d'horreur, se levèrent précipitamment de table.

Tantale s'effraya, il comprit alors la puissance des dieux et se prosterna devant eux en implorant leur pardon. Mais la mesure était comble. Zeus, divinité suprême, envoya sans hésitation le traître dans les ténèbres du monde inférieur, dans le Tartare. Pour le punir de toutes ses mauvaises actions, il fut condamné à la souffrance perpétuelle.

Depuis ce jour, au royaume des morts, Tantale doit se baigner dans une eau limpide et fraîche, tourmenté par une soif cruelle. Chaque fois qu'il se penche pour tremper ses lèvres sèches et gercées, l'eau s'échappe de ses mains et il ne retient que le sable.

Des fruits savoureux poussent à sa portée, mais Tantale ne peut apaiser sa faim dès qu'il touche une poire, une figue ou une pomme, le vent se lève soudain et l'objet de sa convoitise s'envole. Au-dessus de sa tête se tient en équilibre un énorme rocher qui menace de tomber à tout moment. Une angoisse mortelle étreint sans cesse sa gorge.

C'est ainsi que le roi félon subit parmi les ombres une triple torture.

Quant aux restes du fils de Tantale, Pélops, ils furent rassemblés par les dieux dans une marmite. Clotho retira du chaudron le jeune homme plus beau que jamais et lui rendit la vie. Seul manquait un petit morceau de son omoplate, mangé par la distraite Déméter.

Les dieux le remplacèrent par un morceau d'ivoire et, depuis lors, tous les descendants de Pélops ont une tache blanche sur l'épaule.

La malédiction du conducteur de char

Pélops ayant survécu à sa transformation en ragoût, il alla s'installer en Grèce. Il décida d'épouser Hippodamie, fille d'Œnomaos, roi de Pise en Élide (une région du sud de la Grèce). Œnomaos avait déclaré que quiconque voulait épouser Hippodamie devrait l'enlever dans un char, poursuivi par lui-même, et s'échapper avec elle. Les perdants seraient tués. Pélops réussit à obtenir Hippodamie en soudoyant Myrtilos, le conducteur du char d'Œnomaos à moins qu'Hippodamie n'ait promis une nuit d'amour ! Myrtilos desserra les axes du char d'Œnomaos qui mordit la poussière et fut tué, et Pélops s'échappa avec la fille et Myrtilos.

Pélops jeta ensuite ce dernier à la mer, soit pour dissimuler la manière honteuse avec laquelle il avait gagné la course, soit parce que Myrtilos en pinçait lui aussi pour Hippodamie. Avant de périr dans les vagues, Myrtilos maudit Pélops et tous ses descendants. Ce meurtre avait terni la réputation de Pélops, mais le dieu Héphaïstos le purifia. Il lui donna aussi un sceptre, qui était le symbole de pouvoir dans toute la Grèce du sud, dont la péninsule fut appelée, d'après lui, le Péloponnèse (il s'agit en fait d'une presqu'île).

Il est à moi, ce royaume !

Pélops et Hippodamie eurent de nombreux fils, qui grandirent et suivirent des voies séparées, et fondèrent des royaumes dans différentes régions du Péloponnèse. Mais une question se posait : qui serait le chef lorsque Pélops mourrait ?

Pélops avait un fils illégitime, Chrysippe, né avant que Pélops ne rencontre Hippodamie. Ses fils légitimes Atrée et Thyeste tuèrent Chrysippe en le précipitant dans un puits afin de protéger leur droit à la couronne, et aussi pour faire plaisir à leur mère (pleine de ressentiment à l'égard du fils bâtard de son mari). Pélops l'apprit et maudit ces deux fils-là. La famille était maintenant doublement maudite ! Voir la Figure 8-3.

Atrée était marié à Aéropé, mais celle-ci était amoureuse de Thyeste. Un jour, alors qu'Atrée se préparait à faire un sacrifice en l'honneur d'Artémis, un magnifique agneau d'or passa par là. Atrée captura l'agneau et le fourra dans un coffre, mais il en oublia du coup de terminer son sacrifice à Artémis (grave erreur !) Aéropé vola l'agneau et le donna à Thyeste.

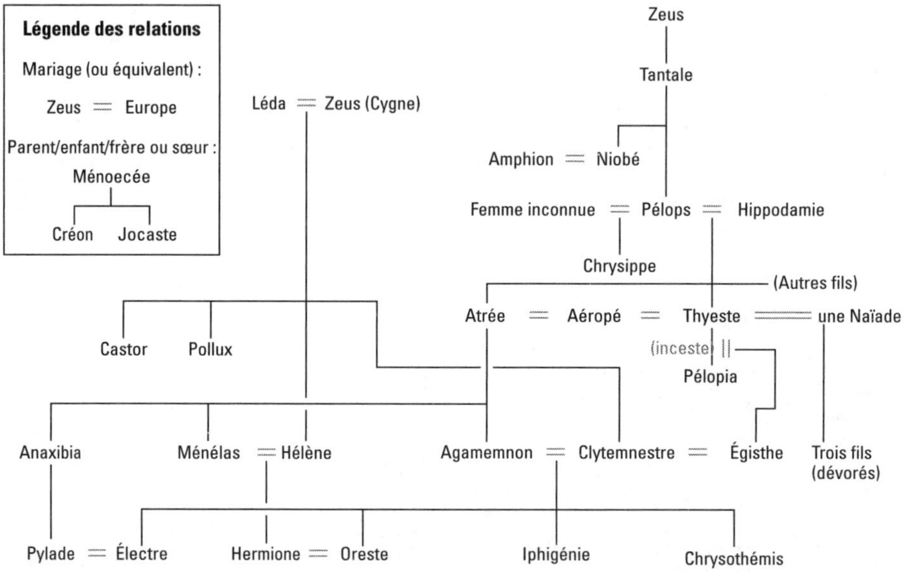

Figure 8-3 : les Atrides, une grande famille doublement maudite.

Peu après, les habitants de Mycènes reçurent un oracle leur commandant de faire en sorte qu'un des fils de Pélops devienne leur roi. Atrée et Thyeste se présentèrent pour essayer d'obtenir ce job convoité. Atrée, qui ne s'était pas rendu compte que son épouse avait dérobé l'agneau, proposa que quiconque possédait un magnifique agneau d'or devrait être roi de Mycènes. Bien évidemment, Thyeste accepta tout de suite. Cette acceptation si rapide ne manqua pas de surprendre Atrée, mais il fut carrément stupéfait de voir Thyeste sortir une boîte, l'ouvrir, et en tirer la Toison d'or.

Néanmoins, Zeus n'avait pas apprécié les moyens employés par Thyeste, et il donna donc quelques conseils à Atrée : prétendre s'accommoder des choses telles qu'elles étaient, mais demander à Thyeste de s'engager à restituer le trône le jour où le soleil irait à l'envers. Thyeste (qui aurait pourtant dû s'en douter) accepta ; le soleil se mit alors rapidement à tourner à l'envers, et ce fut Atrée qui devint, au bout du compte, roi de Mycènes.

C'est une recette que je tiens de mon grand-père

Atrée n'était pourtant pas encore satisfait. Il voulait se venger de l'adultère de son frère avec Aéropé. Il fit donc semblant de vouloir oublier le passé et invita Thyeste à dîner. Atrée tua les trois fils de Thyeste, coupa leurs mains et leurs pieds et en fit un ragoût qu'il servit en plat principal à son frère.

Après que Thieste eut mangé avec appétit, Atrée lui montra la tête et les pieds et lui dit probablement quelque chose comme « Ha ! Ha ! », ou tout ce qui semblerait approprié en de telles circonstances. Thyeste réalisa alors qu'il venait juste de manger ses propres enfants.

C'est Apollon qui expliqua alors à Thyeste comment se venger. Tout ce qu'il avait à faire, c'était de coucher avec sa propre fille, Pélopia, et le fils qui naîtrait de cette union grandirait pour se charger des choses. Thyeste commit donc un inceste avec sa fille, et celle-ci donna effectivement naissance à un fils, Égisthe. Pélopia essaya de se débarrasser du bébé Égisthe en l'abandonnant, mais des bergers le trouvèrent et le firent allaiter par une chèvre – ce qui explique peut-être le nom *Égisthe*, car le mot *aix* signifie « chèvre » en grec. Atrée entendit parler de ce bébé et il l'adopta et l'éleva comme s'il s'agissait de son propre fils.

Or Atrée, qui voulait en finir une bonne fois pour toutes avec son frère, envoya Égisthe capturer Thyeste ; le jeune homme le trouva et l'amena à son père. Mais Thyeste reconnut l'épée d'Égisthe : c'était celle qu'il portait le jour où il avait violé Pélopia, et que cette dernière lui avait prise à cette occasion. Il expliqua alors au jeune homme sa véritable ascendance, et Égisthe, fou de colère, rentra au palais tuer Atrée.

Thyeste était alors roi de Mycènes (et ses habitants doutaient probablement de la sagesse de leur décision d'avoir choisi pour roi un fils de Pélops). Sophocle a écrit une tragédie appelée *Thyeste*, mais elle ne nous est pas parvenue, ce qui est vraiment dommage.

Deux fils d'Atrée, Agamemnon et Ménélas vivaient encore. Une fois adultes, Ménélas devint roi de Sparte et Agamemnon, lui, retourna à Mycènes. Agamemnon tua Thyeste (mais pas Égisthe, son fils) et devint lui-même roi. Les deux frères épousèrent deux sœurs : Agamemnon se maria à Clytemnestre, et Ménélas à Hélène. Cela aurait pu faire une belle histoire, mais bien sûr ce n'est pas du tout ce qui se passa.

On n'a pas fini de rire !

Agamemnon fut le chef des Grecs durant la guerre de Troie. Une fonction qui, pour des raisons compliquées, le conduisit à sacrifier sa propre fille, Iphigénie (voir le chapitre 7).

Tandis qu'Agamemnon se battait à Troie pendant une décennie, le ressentiment de Clytemnestre au sujet de sa fille morte ne fit que s'aviver. Égisthe, qui était devenu l'amant de Clytemnestre et qui, en tant que fils de Thyeste, avait des tas de raisons de haïr un fils d'Atrée, surtout celui qui avait tué son père, l'encourageait.

Agamemnon et son butin de guerre

Lorsque Agamemnon rentra victorieux de Troie, ils l'attendaient de pied ferme. La pièce la plus célèbre d'Eschyle, *Agamemnon*, raconte l'histoire du retour du roi. Dans cette pièce, Agamemnon n'est pas un personnage sympathique. Entre autres choses, il se pointe avec sa nouvelle copine, Cassandre, une captive troyenne, et la première chose qu'il dit à son épouse c'est « occupe-toi d'elle, s'il te plaît, chérie ».

Clytemnestre et Égisthe tuèrent Agamemnon ; ils auraient fait de même avec Oreste, qui était son seul descendant mâle, si Électre, sa sœur, n'avait eu la présence d'esprit de le cacher et de le faire emmener loin de Mycènes. Les amants assassins épargnent Chrysothémis et Électre, mais traitent cette dernière, qui est ouvertement hostile à sa mère, comme une esclave. Oreste grandit à la cour du roi de Phocide, Strophios, et devint l'inséparable ami du prince Pylade. Une fois adulte, Apollon lui apparut et l'exhorta à rentrer à Mycènes pour se venger. Oreste accompagné de Pylade se rendit donc à Mycènes et, avec l'aide d'Électre, il tua les traîtres.

Cette histoire fait l'objet de trois tragédies qui ont survécu jusqu'à nos jours :

- *les Choéphores* d'Eschyle ;
- *Électre* de Sophocle ;
- *Électre* d'Euripide.

Pourchassé par les Érinyes

Oreste s'attira des ennuis, parce que tuer sa propre mère, c'était sacrément tabou. Les Érinyes (assimilées aux Furies romaines), des déesses qui n'avaient d'autre raison d'être que de punir les gens qui faisaient des choses comme ça, lui tombèrent dessus en moins de deux. C'était un peu injuste, parce que le dieu Apollon avait expressément dit à Oreste de se venger.

La tragédie *Oreste* d'Euripide raconte cette histoire, de même que *Les Euménides* d'Eschyle. Dans la pièce d'Eschyle, Oreste arrive finalement à Athènes avec les Érinyes sur les talons. Là, la déesse Athéna organise un jugement avec Apollon représentant le défendeur (Oreste) et les Érinyes comme procureur. Le jury, composé d'Athéniens, était dans une impasse, et Athéna trancha donc en faveur d'Oreste. Son raisonnement ? Les mères sont moins importantes que les pères, et donc Oreste avait eu raison de tuer sa mère pour venger son père. Sa justification ? Elle-même avait un père, mais pas de mère ! (Voir le chapitre 5 pour en savoir plus sur sa lignée.) Vous l'avez compris, pour Athéna, les mères étaient bien moins importantes que les pères !

Oreste, enfin tiré d'affaire, finit par épouser Hermione, la fille de Ménélas et d'Hélène, laquelle avait été la cause de la guerre de Troie. Hermione était certes la cousine germaine d'Oreste, mais, à en juger par sa mère, elle était probablement très belle. Électre épousa Pylade, lui aussi un cousin germain. Les cousins germains sont normalement trop proches pour qu'on puisse les épouser sans risque, mais avec une famille comme celle-là, c'était probablement tout aussi bien.

Troisième partie

La mythologie romaine, ce butin culturel de l'Empire

Dans cette partie...

Les Romains aimaient emprunter les dieux et déesses des peuples qu'ils soumettaient militairement. Avec leur panthéon en grande partie emprunté aux cultures étrangères, ils réussirent à engendrer et à élaborer un système très souple de croyances et de rites, dans lequel tout le monde se retrouvait.

Chapitre 9

Existait-il une véritable mythologie romaine avant l'Empire ?

Dans ce chapitre :

- À la conquête du monde
- Écrivons l'« histoire » pour qu'elle soit acceptable
- Des citoyens très pragmatiques et très superstitieux
- Des religions adoptées au fil des conquêtes, y compris la religion égyptienne et le christianisme

Rome emprunta presque tous ses mythes à la mythologie grecque et à d'autres sources. Les Romains avaient bien sûr leurs propres dieux maison et, comme tout le monde, ils aimaient raconter des histoires. Mais au fur et à mesure que l'Empire s'agrandissait, les Romains adoptèrent les dieux et les héros des peuples qu'ils avaient soumis. Il ne fallut pas longtemps pour que la limite entre la mythologie « romaine » et la mythologie « étrangère » ne s'estompe, pour disparaître ensuite complètement.

Mais même si les dieux romains ressemblaient incroyablement aux dieux grecs ou même si tel ou tel mythe romain ressemble à un plagiat d'un mythe perse ou égyptien, ces dieux et mythes sont quand même romains : ils étaient importants pour les Romains, vrais pour les Romains, et ils avaient un parfum romain caractéristique. Ainsi, *L'Énéide* de Virgile (voir le chapitre 11), qui raconte l'histoire des origines de Rome et de sa grandeur, relate comment un prince troyen, une reine africaine, des dieux grecs et indigènes et une prophétesse italienne servirent les besoins des conquérants du monde… les Romains !

Ce chapitre montre pourquoi la mythologie romaine est un terrain si glissant. Il explique comment Rome fonctionnait, comment les Romains travaillaient ensemble, et comment ils traitaient les non-Romains qui devinrent partie intégrante de l'Empire.

Les divinités d'avant l'Empire

À l'apogée de l'Empire romain, environ un million de personnes vivaient dans la ville de Rome et plus de cinquante millions dans tout l'Empire. Elles parlaient des centaines de langues et vénéraient une multitude de divinités. Rome en maintenait la cohésion grâce à une administration centrale d'expression latine extrêmement efficace, mais aussi en permettant, autant que possible, aux peuples d'observer leurs propres coutumes.

Pourtant, Rome ne fut pas toujours une grande cité contrôlant un immense empire. Aux VIIIe et VIIe s. av. J.-C., Rome était une modeste bourgade, rien de plus. Au début, les Romains vénéraient des divinités qui étaient sans forme (il n'en existait donc pas de statues qui auraient pu nous parvenir), associées étroitement à la Terre (il n'en existait donc pas non plus de temples), et sans personnalité distincte (il n'existait donc pas de grand corpus mythologique racontant leurs aventures, leurs amours, leurs guerres, etc.).

Ce n'est que lorsque les Romains commencèrent à fréquenter les Grecs (qui avaient de nombreuses colonies sur le territoire de ce qui est aujourd'hui l'Italie) et d'autres peuples de l'Italie ancienne, surtout les Étrusques (voir ci-dessous), que les dieux romains commencèrent à prendre une apparence humaine et que les Romains commencèrent à raconter des mythes les concernant.

Ainsi, à l'origine, la religion et la mythologie romaines ressemblaient beaucoup aux religions et aux mythologies d'autres peuples en Italie. Un bref survol de ces peuples, Étrusques et peuples italiques, nous permettra de mieux comprendre à quoi croyaient les Romains.

Les premiers dieux italiques « maison »

Rome était une cité d'Italie, mais tous les peuples italiques n'étaient pas des Romains (du moins, pas au début). Il fallut de nombreux siècles à Rome pour dominer toute la péninsule italique. Avant cette conquête, et même après, les divers peuples non-Romains avaient leurs propres dieux et leurs propres mythes. Certains étaient très semblables à ceux des Romains, mais d'autres ne l'étaient pas.

Voici quelques-uns des autres peuples qui partageaient l'Italie avec les Romains :

- les Étrusques ;
- les Osques ;
- les Ombriens ;

- les Sabins ;
- les Vénètes ;
- les Marses.

Tous les peuples d'Italie partageaient un ensemble de dieux de base. Pourtant, chaque peuple avait des noms légèrement différents pour les désigner, et des rites légèrement différents qui y étaient associés ; mais il possédait aussi ses propres dieux.

Variations sur Jupiter

On trouvait Jupiter partout dans l'Italie d'alors, sous le nom de Jupiter, Juve, Juveis, Juvei, etc. Idem pour Mars (connu sous le nom Mamars), Hercule (qui s'appelait aussi Hercle, Hercele, Herekleis), Junon et Vénus. Certains peuples vénéraient Fortune, dont on disait qu'elle était la première fille de Jupiter. Dans la région d'Iguvium (aujourd'hui Gubbio, une ville d'Ombrie), on vénérait une trinité de dieux particulière :

- Jupiter du chêne
- Mars du chêne
- Vofionus du chêne.

Il fallait une déesse des Moissons

La déesse des Moissons, Cérès chez les Romains, était adorée dans toute l'Italie. Le blé était très important, et peut-être que chaque groupe ethnique pensait qu'il fallait entretenir une relation privilégiée avec la déesse qui lui donnait son pain quotidien. La Figure 9-1 montre une statue de Cérès. Notons au passage, que du mot Cérès vient céréale.

Figure 9-1 : une statue de Cérès.

Au commencement étaient les Étrusques

De toutes les nations établies en Italie alors que les Romains étaient en train de bâtir leur Empire, celle des Étrusques était probablement celle qui possédait la culture la plus développée et le corpus de mythes le plus riche.

Et qu'est-ce que les Étrusques ont laissé à la postérité ? Des tombeaux et des miroirs. Ceux-ci nous en apprennent davantage que l'on pourrait penser. Les tombeaux étrusques étaient de petites chambres, ornées de belles peintures murales. À l'intérieur de chaque tombe, il y avait des sarcophages de pierre, sur lesquels on trouvait souvent des gravures décoratives : des scènes mythologiques y étaient souvent sculptées. Les miroirs sont des miroirs à main, en bronze, comparables à ceux dont on se sert encore aujourd'hui pour se brosser les cheveux. La face avant de ces miroirs était lisse et polie, mais leur dos était souvent décoré de scènes de la mythologie étrusque. Les thèmes favoris en étaient des scènes de la guerre de Troie, et des femmes portant des bébés.

Ce peuple, qui, contrairement aux Romains et aux Italiques, ne parlait pas une langue indo-européenne, a joué un rôle essentiel dans le devenir de la mythologie romaine : au milieu du VIIIe siècle, en effet, les Étrusques firent connaissance avec les Grecs, qui étaient venus implanter des colonies dans le sud de l'Italie. Les Étrusques imitèrent aussitôt ces nouveaux voisins et accueillirent à bras ouverts leur mythologie, qu'ils ont plus ou moins adaptée à la leur. S'ils avaient déjà dans leur panthéon un dieu à peu près doté des mêmes pouvoirs et des mêmes attributions que le dieu grec qu'ils souhaitaient emprunter, ils gardaient son nom indigène, mais lui prêtaient les aventures de son collègue grec. Ainsi le dieu étrusque du Ciel *Tinia* devint l'exact équivalent de *Zeus*, tout en gardant ses traits originaux. Si, en revanche, le dieu grec n'avait pas de parangon étrusque, ils empruntaient son nom, ses traits, ses attributs, bref, ils l'importaient. C'est comme ça que *Hercle*, étrusquisation du nom grec *Héraclès*, est devenu un dieu essentiel du panthéon étrusque. Cette liberté vis-à-vis de la religion du voisin, assez étonnante pour nous, Modernes, se retrouve au même degré chez les Romains, qui identifièrent également *Zeus* à leur dieu indigène *Jupiter* et empruntèrent de même *Hercle* l'Étrusco-Grec, en l'appelant *Hercules* et en lui prêtant les aventures que lui attribuaient les mythographes grecs.

Cela dit, on connaît malheureusement très mal la mythologie étrusque pour la simple et bonne raison que l'on a très peu de textes étrusques qui en traitent – et, qui plus est, comme cette langue est isolée, on a du mal à les comprendre. On est donc forcé d'interpréter les documents figurés, qui en revanche sont très nombreux, un peu à l'aveuglette. Et qu'est-ce que les Étrusques ont laissé à la postérité ? [...]

Les scènes gravées sur ces petits miroirs ronds sont, bien entendu, adaptées à leur public, les femmes de bonne famille, et l'on n'y trouve pas d'histoires sanglantes ; aux scènes de guerre sont préférées les scènes domestiques (déesse ou héroïne à sa toilette, beau héros vainqueur, etc.).

Même les scènes de la guerre de Troie sur ces miroirs se concentrent sur des thèmes féminins – des mères et des bébés, et un peu de sexe adultère pour corser le tout. Plusieurs miroirs montrent Uni (le nom étrusque d'Héra) donnant le sein à Hercle (Héraclès) adulte – sur l'une des scènes, Héraclès porte même sa barbe entière, ce qui laisse quand même penser qu'il était temps de le sevrer ! D'autres montrent Minerve/Athéna, Mercure/Hermès et beaucoup d'autres dieux tenant tous des bébés. Même les mythes qui font plutôt frissonner s'adoucissent et font un peu dans le sentiment lorsqu'on les retrouve au dos des miroirs étrusques : l'un montre Pasiphaé, reine de Crète, tenant le bébé Minotaure sur les genoux ! (Pour en savoir plus sur le Minotaure, voir le chapitre 6.)

Les scènes des sarcophages n'étaient pas de nature à vous rendre le cœur aussi léger. Nombre d'entre eux semblent être tirés de mythes populaires également chez les Grecs, en particulier ceux des Atrides et des descendants de Cadmos (voir le chapitre 8). On y voit fréquemment Étéocle et Polynice, les deux fils d'Œdipe, se battant l'un contre l'autre à Thèbes. On trouve encore Pélops tuant Œnomaos. (Pour en savoir plus sur ces mythes, voir le chapitre 8.)

Rome, avec un très grand « R »

La tradition nous apprend que Rome fut fondée en 753 av. J.-C. Elle commença son existence en tant que simple cité gouvernée par des rois. Au bout d'environ deux cent cinquante ans de ce régime, elle devint une République gouvernée par des magistrats élus. Cette phase dura de 509 à 31 av. J.-C. Pendant la République, Rome connut une expansion qui l'amena à contrôler toute l'Italie, la Sicile, la Sardaigne et la Grèce. Ainsi, et c'est quelque peu étrange, les Romains contrôlaient un empire bien avant d'être gouvernés par un empereur. L'empire romain existait avant l'Empire romain !

Puis Rome devint un Empire, gouverné par un empereur (bien que les Romains aient encore prétendu qu'il s'agissait toujours d'une République). Les empereurs agrandirent l'Empire pour qu'il s'étende sur la plus grande partie de l'Europe, du Moyen-Orient et de l'Afrique du Nord (voir la Figure 9-2). L'Empire romain dura jusqu'à ce que le dernier empereur romain d'Occident fut déposé, en 476 apr. J.-C.

Figure 9-2 : l'Empire romain à son apogée.

On ne peut comprendre la mythologie romaine si l'on n'a pas en mémoire l'immensité de l'Empire romain ni la diversité des peuples qu'il regroupait. Pour cela, il nous faut d'abord comprendre comment les Romains en vinrent à contrôler un empire aussi vaste.

Un Empire bâti grâce aux butins des guerres

L'une des raisons qui expliquent l'expansion de l'Empire romain et son intégration successive de si nombreux peuples, c'est que les hommes politiques romains avaient continuellement besoin d'argent, d'énormes quantités d'argent. La carrière d'un homme politique ambitieux pouvait passer successivement par une série de postes, et pouvait, au final, se terminer par la fonction de *consul*. Le consul était le chef du pouvoir exécutif et cette magistrature était collégiale : il y avait deux consuls. Cette carrière politique coûtait cher, mais un bon politique pouvait rembourser toutes ses dettes s'il réussissait à être nommé gouverneur d'une province.

S'il avait de la chance, il y aurait une guerre et il pourrait amasser un butin énorme (« trésor de guerre »), rentrer à Rome en homme riche, capable de rembourser toutes ses dettes (et s'il n'y avait pas de guerre, il pouvait toujours lever des impôts sur les peuples des provinces, ce qui marchait aussi). C'était donc dans l'intérêt de chaque gouverneur de chaque province romaine de faire une guerre. Et lorsque ces gouverneurs gagnaient des guerres, ils agrandissaient l'Empire. En conséquence, l'Empire romain s'accroissait, la civilisation romaine suivait l'avidité romaine à travers le monde, alors que de nouvelles mythologies et de nouvelles religions pénétraient les imaginations des Romains.

Bien sûr, ce sont des Romains, eux aussi

« Rome » est, en un certain sens, l'opposé de la « Grèce ». La « Grèce antique » désigne un nombre très important de personnes vivant toutes dans le bassin méditerranéen, dans des cités différentes et indépendantes, avec des types de gouvernement différents, qui faisaient toutes leurs propres affaires. Ce qui leur donnait leur cohésion, c'était une langue, une appartenance ethnique, une religion et une mythologie partagées. La « Rome antique », c'est une cité, avec relativement peu de Romains qui y habitent. Pourtant, ces gens-là se rendirent maîtres d'un grand nombre d'autres peuples. Une grande partie des peuples du monde devinrent partie intégrante de l'Empire romain, sans vraiment devenir romains pour autant : ils continuèrent de parler le grec, l'hébreu ou le gaulois ou toute autre langue, et ils gardèrent la mythologie qui était la leur.

Le résultat, c'est que la religion romaine devint un amalgame de diverses coutumes. Les Romains aimaient beaucoup la mythologie grecque – en gros, ils pensaient que la culture et la sophistication des Grecs étaient ce qui se faisait de mieux – et ils adoptèrent donc les dieux grecs. Mais les peuples qui vivaient dans la péninsule italienne bien avant que les Romains ne les gouvernent avaient également leurs propres religions ; les Romains leur permirent de continuer à exister et ils les reprirent aussi. Comme ils trouvaient les divinités égyptiennes assez attrayantes, ils incorporèrent aussi certains des mythes d'Isis et d'Osiris à leurs croyances. Et ainsi de suite.

Les mythes de la création de Rome

L'histoire de Romulus et Remus et des sept rois de Rome a permis d'expliquer tout cela et d'éviter que les Romains ne se sentent coupables d'avoir massacré des peuples indigènes.

Prenons l'animosité atavique de Rome contre Carthage, en Afrique du Nord (l'actuelle Tunisie). Bien sûr, les politiciens pouvaient dire que le peuple de Sicile avait voulu que ce soient les Romains qui les gouvernent et non les Carthaginois, et avance des arguments économiques en faveur de l'appartenance de la Sicile à Rome. Mais il était plus satisfaisant pour tout le monde de se rappeler que Carthage était l'ennemi de Rome depuis des siècles, et que c'était de sa propre faute puisque la reine de Carthage avait maudit les Romains. Ceux-ci se servirent de l'histoire d'Énée et de ses amours avec Didon pour justifier le fait qu'ils avaient conquis une partie de l'Afrique du Nord et qu'ils la conservaient.

Comment un tel pot-pourri de mythes s'est-il formé ?

La religion romaine, qui évolue sur près de mille ans, est le résultat d'un processus interminable d'intégration de dieux, d'histoires et de rites provenant de diverses cultures, pour les romaniser. On appelle le type de résultat ainsi obtenu *syncrétisme*.

Un Romain de l'époque de l'Empire avait donc la possibilité de s'incliner devant Lare et ses Pénates (dieux romains d'origine) le matin, de prier Isis (déesse égyptienne) au déjeuner, de participer à un banquet en l'honneur d'Héraclès l'après-midi, plus tard, de se faire prédire son avenir par un *haruspice*, devin qui avait appris l'art étrusque d'interpréter les volontés des dieux en examinant les entrailles des victimes), et de terminer la journée en participant à une cérémonie du culte de Mithra (une divinité persane dont les adeptes se réunissaient dans des cavernes ou des souterrains).

S'il faisait tout cela, le Romain en question ne trahissait aucunement sa culture ; au contraire, c'était un bon Romain !

Pourquoi le panthéon grec ?

Le chapitre 10 est entièrement consacré au panthéon romain (un panthéon, c'est l'ensemble des dieux d'une religion), mais ce n'est un secret pour personne que les grands dieux romains étaient à peu de chose près les mêmes que les dieux grecs, simplement avec des noms différents. Comment les dieux grecs arrivèrent-ils à Rome ? Ils suivirent les Romains qui rentraient chez eux, et les Romains décidèrent de les garder !

Voici l'histoire : Livius Andronicus était un Grec qui vécut approximativement de 284 à 207 av. J.-C. Il habitait la cité de Tarente, une colonie établie par les Grecs dans le sud de l'Italie. En 272, les Romains prirent la ville, et Livius devint l'esclave d'un Romain. Ce Romain ramena son esclave à Rome, et lui rendit sa liberté quelque temps plus tard.

NOTE TECHNIQUE

Livius Andronicus s'appelait probablement « Andronikos » (nom grec) à l'origine. Lorsqu'il fut affranchi de son esclavage (cet affranchissement s'appelait *manumissio*), il prit le nom de son ancien maître, qui était l'un des Livii, une très ancienne famille romaine, et porta son ancien nom grec comme surnom. Désormais, il s'appelait Livius Andronicus.

Affranchi, il se fit maître d'école. Mais il écrivait aussi. Sa plus grande œuvre, c'est la traduction en latin de *L'Odyssée* d'Homère, qu'il appela *Odyssia*. Il dut travailler dur pour traduire cette épopée grecque en latin et pour l'adapter à la société romaine d'alors. Les dieux romains ne correspondaient pas toujours très bien aux dieux grecs. Il procéda donc à quelques substitutions. Par exemple, il remplaça les Muses grecques (les filles de Zeus qui inspirent les poètes) par les Camènes romaines (déesses de fontaine). Il remplaça les Moires (divinités grecques du Destin) par les Parques (divinités latines du Destin). Livius Andronicus fit de son *Odyssia* bien davantage qu'une copie bon marché de *L'Odyssée*. Il en fit un véritable poème épique latin, destiné aux Romains. Et en peuplant l'histoire d'Ulysse avec des dieux romains – Jupiter, Vénus, Junon, et les autres –, il associa étroitement ces dieux aux dieux grecs. L'idée prit rapidement, puisque les Étrusques les avaient depuis longtemps habitués à ce genre d'interprétation, et la mythologie romaine devint subitement plus « grecque » qu'elle ne l'avait jamais été auparavant.

Des divinités importées d'« Outre-mer »

Rome obtint certains de ses dieux d'autres sources. Dans un grand empire, toutes sortes d'influences coexistent. Les gouverneurs des provinces et les armées qui les accompagnaient furent confrontées à diverses cultures et eurent souvent des épouses étrangères ; de nombreux habitants des provinces émigrèrent vers la grande métropole de Rome, y apportant leurs idées étrangères. Les Romains étaient toujours disposés à adopter de nouvelles modes, ils n'eurent donc aucun problème à incorporer certaines des croyances étrangères à leurs rites quotidiens.

L'Égypte

La déesse égyptienne Isis fut particulièrement populaire à Rome. Les Romains l'identifiaient à Déméter, Luna (déesse romaine de la Lune), et à Héra. Elle fut assimilée à d'autres déesses mères, et honorée en tant que Diane (Artémis) sur l'île grecque de Crète. Les Romains identifièrent Osiris à Bacchus et Horus à Apollon.

Le roi des dieux Égyptiens s'appelait Amon, et les Grecs avaient depuis longtemps décidé qu'Amon devait être assimilé à Zeus. Ils le vénérèrent donc, lorsqu'ils se trouvaient en Égypte, sous le nom de Zeus-Amon. Après qu'Alexandre le Grand eut conquis l'Égypte, tous les souverains de ce pays furent des Grecs – des rois tous appelés Ptolémée, et une longue lignée de reines toutes appelées Cléopâtre – et la religion égyptienne commença à s'helléniser (c'est-à-dire qu'elle devint de plus en plus grecque).

La dernière Cléopâtre fut celle qui est restée célèbre, celle qui fut incarnée par Elizabeth Taylor dans le film épique du même nom. Après elle, l'Égypte devint une province de Rome, et les influences romaines se mêlèrent aux influences grecques, elles-mêmes mêlées aux croyances égyptiennes. Cela se produisait chaque fois que les Romains envahissaient des pays étrangers, où ils rencontraient de nouvelles divinités qu'ils incorporaient à leurs mythologies. Donc, un temple dédié à l'origine au bon vieil Amon aurait pu être transformé à la fin du Ier siècle en un temple dédié à Jupiter-Zeus-Amon !

Lorsque le christianisme arriva à Rome, puis en Égypte, les choses se compliquèrent encore. Beaucoup de touristes qui se rendent en Égypte sont surpris de voir des peintures qui ressemblent à la vierge Marie et à l'enfant Jésus, mais qui sont, à vrai dire, celles d'Isis et de l'enfant Horus. Les deux histoires de la mère et de son enfant étaient si semblables qu'elles s'influencèrent réciproquement, ce qui s'exprima dans l'art.

La Perse

Avant que Rome ne devienne l'Empire gigantesque que l'on connaît, une grande partie du monde était sous contrôle de l'Empire perse. Cet empire partant de la Perse (l'actuel Iran) avait connu une grande expansion par les guerres et les conquêtes. Il s'étendait jusqu'en Inde à l'est, jusqu'à la mer Égée à l'ouest, de la Russie méridionale au nord à l'Éthiopie au sud-ouest. Des Perses gouvernèrent l'Égypte pendant plusieurs centaines d'années, et aussi plusieurs cités grecques implantées sur le territoire de ce qui est aujourd'hui la Turquie. L'Empire perse était donc à l'époque une puissance de premier plan.

Alexandre le Grand, un Grec de Macédoine, fit la conquête de l'Empire perse, mais sans mettre un terme à la culture perse. Il remplaça juste les bureaucrates perses par des bureaucrates macédoniens, et les choses reprirent leur cours habituel. Plus tard, les Romains remplacèrent ces bureaucrates macédoniens par des bureaucrates romains, mais la culture perse demeura encore bien vivante, et devint ensuite une riche composante de celle de l'Empire romain.

Les Perses avaient deux religions, qui se sont peut-être chevauchées :

- les Perses orientaux, ceux d'Iran, étaient zoroastriens : leur grand dieu, c'était Zarathoustra ;
- les Perses occidentaux étaient mazdéens : leur grand dieu, c'était Ahurâ Mazdâh.

Les Grecs et les Romains furent exposés à ces religions, qu'ils trouvèrent intéressantes.

Plutarque, un écrivain grec de l'époque romaine, écrivit un livre au sujet d'Isis et d'Osiris, deux divinités égyptiennes, mais en y incluant quantité de choses provenant de la mythologie perse. Il raconte les débuts du *zoroastrisme*, fondé par un prêtre du nom de Zoroastre (Zarathoustra), cinq cent ans avant la guerre de Troie, qui affirmait qu'il existait deux dieux qui se battaient pour la conquête du monde. L'un incarnait le bien, c'était Ahurâ

Mazdâh, et l'autre le Mal, c'était Ahriman. L'« arbitre », dans ce contexte de lutte pour le pouvoir sur le monde, c'était Mithra.

Le culte de Mithra, bien que perse, rencontra beaucoup de succès auprès des soldats romains, au point que Mithra devint quasiment un dieu romain (le chapitre 10 vous en apprendra davantage à son sujet).

La composante la plus célèbre de la religion perse aujourd'hui, c'est celle relative aux mages. La plupart de ceux qui connaissent le mythe du Christ connaissent aussi les Mages ou Rois mages, ces trois sages d'Orient qui suivirent une étoile pour adorer l'enfant Jésus à Bethléem. Les mages étaient, peut-être, des prêtres perses qui étaient spécialisés dans l'interprétation des rêves, qui récitaient des contes relatifs à la naissance des dieux et étaient chargés de l'éducation des jeunes souverains. Ces deux dernières fonctions expliqueraient leur voyage pour rencontrer le petit Jésus.

Le Moyen-Orient

Les Romains régnaient sur la Palestine au Ier s. apr. J.-C. Les Juifs étaient un peuple intégré à l'Empire romain, exactement comme tout autre peuple dans cette partie du monde. Il y avait aussi beaucoup de Juifs à Rome. Ils avaient la réputation d'être très instruits et très pieux, mais aussi celle d'être un peu bizarres.

En premier lieu, les Juifs étaient monothéistes. Ils ne reconnaissaient qu'un seul dieu et n'avaient aucunement l'intention d'honorer Jupiter, Isis, Ahurâ Mazdâh, ou tout autre dieu. Et ils n'étaient pas davantage disposés à vénérer Jules César ni Auguste. C'était une attitude très étrange et très dérangeante pour les Romains. Est-ce que Jupiter se mettrait en colère si un groupe de gens vivant à Rome refusait de le vénérer ?

Comme c'est trop souvent le cas, les Romains considéraient avec soupçon les gens qui avaient d'autres croyances, et les récriminations hostiles aux Juifs abondent dans la littérature romaine. Le poète Horace était particulièrement enclin à insérer des commentaires antisémites dans ses Satires.

Cette tension et beaucoup d'autres tensions politiques contribuèrent à créer une situation compliquée au Proche-Orient (à part ça, quoi de neuf ?). Les Romains firent tout leur possible pour s'en accommoder. Ils permirent à des rois juifs de régner sur la Palestine – le roi Hérode Ier le Grand notamment, tout en y installant les gouverneurs militaires romains afin de garantir les rentrées d'impôt et le maintien de la paix. C'est le poste qu'occupait à Jérusalem Ponce Pilate lors de l'incident provoqué par un certain Jésus de Nazareth.

Les problèmes entre les Juifs et les Romains atteignirent leur paroxysme dans les années soixante-dix après J.-C., lorsque le peuple de Palestine se révolta et que les Romains détruisirent une bonne partie de Jérusalem. De nombreux Juifs quittèrent alors le Proche-Orient, et ce fut le début de la *diaspora*, le dispersement du peuple juif partout dans le monde.

La religion romaine était entièrement destinée à satisfaire aux besoins des fermes

La religion jouait un rôle central de la vie romaine à la fois durant la République et durant l'Empire, et ce également dans les affaires publiques. Les Romains étaient incroyablement superstitieux. Ils n'étaient pas religieux de la manière dont on pense aujourd'hui à la religion – la religion romaine ne concernait pas la « foi », mais ils faisaient extrêmement attention à respecter certains rites et certaines règles. Les rites de la religion romaine servaient à garantir que le temps serait favorable, à assurer la fortune de la cité, son succès militaire, la fertilité des terres de ses fermes, la fécondité de son bétail et celles des Romains eux-mêmes. Les rites exécutés par les prêtres devaient l'être de *façon impeccable*, sinon cela attirait la malchance sur la cité. Les prêtres étaient chargés de l'exécution de ces rites afin de garantir la *pax deorum* (la paix des dieux).

Nous servons tous quelqu'un

Comme il n'existait pas de loi sur la séparation de l'Église et de l'État, les Romains ne faisaient pas de distinction entre magistrats et prêtres. En fait, certaines des charges sacerdotales supérieures étaient accordées sur vote, et elles conféraient un pouvoir politique à leur détenteur : la charge de grand pontife, c'est-à-dire de prêtre en chef de Jupiter, en était une. Être prêtre, ce n'était pas forcément un métier. Souvent les gens assuraient une charge de prêtre (comme celle d'un notaire, par exemple) en plus de l'exercice d'une profession à temps complet.

Il y avait quinze grands prêtres à Rome, appelés flamines. Il y avait aussi douze flamines mineurs, chacun attaché au culte d'une divinité spécifique, comme Cérès, Flora et Vulcain. Il y avait trois grands flamines :

- le flamine de Jupiter (*flamen Dialis*) ;
- le flamine de Mars (*flamen Martialis*) ;
- le flamine de Quirinus (*flamen Quirinalis*).

Ils étaient respectivement attachés au culte de Jupiter, de Mars et de Quirinus. Contrairement à d'autres prêtres moins importants, ces grands flamines étaient sélectionnés par d'autres prêtres dans une liste de patriciens (membres de familles aristocratiques), ils n'étaient pas élus. La plupart des flamines avaient vraiment une bonne planque. C'était une charge à vie, et le flamine obtenait une belle maison financée par les deniers publics, mais étaient soumis en contrepartie à certains devoirs et à certains tabous.

La divination et l'astrologie

L'une des fonctions les plus importantes des prêtres consistait à prédire l'avenir. Ils la remplissaient de plusieurs manières différentes. D'abord, tout aspect de la météo pouvait indiquer que quelque chose de bon ou de mauvais allait se produire. Le comportement d'un taureau durant son sacrifice avait une signification. Il était important que le taureau hoche la tête (les taureaux inclinent la tête de bas en haut, mais il fallait qu'ils le fassent sur l'autel pour que l'effet soit maximal) en signe de « consentement » au sacrifice.

Les augures étaient des prêtres qui consultaient aussi les cieux pour y lire les signes envoyés par les dieux (appelés aussi augures). L'astrologie était une industrie florissante à Rome, malgré des tentatives périodiquement renouvelées de chasser les astrologues les plus charlatans. Les deux hommes élus consuls – une fonction semblable à celle de président de la République, excepté qu'il y avait deux consuls – avaient également le droit et le devoir de prendre les auspices (c'est-à-dire observer le vol des oiseaux) avant de prendre leurs décisions.

Le vol des oiseaux pouvait indiquer, à ceux qui savaient l'interpréter, les faveurs ou le mécontentement des dieux. Le type d'oiseau, la direction dans laquelle il volait, ce qu'il transportait dans son bec et l'endroit où il s'arrêtait pour se reposer étaient autant de signes de la volonté des dieux.

Les Étrusques étaient passés maîtres – la tradition est unanime sur ce point – dans l'art d'interpréter ces signes ; cet art était d'ailleurs au centre de la religion étrusque, puisque les Étrusques disposaient de nombreux livres expliquant comment interpréter tel ou tel signe (le vol d'un oiseau, la chute d'un éclair, la naissance d'un mouton à cinq pattes, etc.). Et dès que les Romains avaient des problèmes (une famine qui durait, une guerre qui tournait mal, etc.), ils se dépêchaient de demander aux prêtres étrusques d'interpréter la volonté des dieux (c'était moins compliqué que d'envoyer une délégation au lointain temple d'Apollon à Delphes…).

L'art de prédire l'avenir en examinant un foie

L'un des arts divinatoires transmis aux Romains par les Étrusques était celui que déployaient les haruspices, des devins qui examinaient le foie d'un animal sacrifié pour prédire l'avenir. Mais au fait, comment les Étrusques apprirent-ils cette technique des plus utiles ? Un mythe nous le raconte.

Un jour, un paysan d'Étrurie, le pays des Étrusques, labourait son champ lorsqu'un petit bonhomme jaillit du sillon qu'il traçait. C'était Tagès, le « vieux bébé ». Il ressemblait à un bébé, mais il avait la sagesse d'un vieil homme. Les princes de toute l'Étrurie accoururent en grande hâte, et Tagès leur enseigna comment interpréter les signes envoyés par les dieux. Et les Étrusques consignèrent les préceptes dans les livres qu'ils conservèrent jalousement.

Lorsque les Romains eurent appris à faire ce tour pour amuser la galerie, ils ne le remirent jamais en question. Dès lors, il ne pouvait plus y avoir de grand rite complet sans une bonne séance d'interprétation des entrailles de la victime sacrifiée.

Chapitre 10

La religion romaine, mendiée, empruntée et volée

Dans ce chapitre :

- L'équivalence des divinités grecques et romaines
- Les divinités romaines d'origine
- Le côté féminin de la religion romaine

Nombreux sont les chercheurs qui nient l'existence d'une mythologie romaine, et qui affirment que les Romains ont simplement emprunté leur panthéon aux Grecs et n'ont fait aucune contribution originale à leur propre religion. Mais cet argument est tout simplement faux.

Certes, de nombreuses divinités romaines sont aussi des divinités grecques. Pourtant, non seulement les Romains avaient leur propre approche des divinités grecques, mais ils possédaient déjà un corpus gigantesque de divinités et d'esprits qui leur étaient propres. Les Romains étaient très superstitieux et adoraient les rites. Ils n'étaient pas non plus jaloux d'autres dieux ni intolérants quant aux dieux que leurs voisins avaient choisi d'adorer. La religion romaine était un ensemble de rites, de dévotions privées, d'observation publique et de fêtes. Ça manque d'originalité ? Pas vraiment.

Le panthéon gréco-romain

Durant la période républicaine (de 509 à 31 av. J.-C.), la Grèce était le dernier cri en matière de culture et de raffinement, et les Romains, qui adoraient la mode, importèrent les divinités grecques et se les approprièrent. Une grande partie d'entre elles furent reprises à l'occasion de la traduction en latin de *L'Odyssée* (voir le chapitre 7). Des noms romains furent substitués aux noms grecs, ce qui finit par donner une version complètement nouvelle des vieux immortels grecs que nous connaissons bien (nous en parlons davantage au chapitre 9).

Le Tableau 10-1 donne la liste des divinités romaines et de leurs équivalents grecs. La plupart de ces dieux « commencèrent leur carrière » en tant qu'originaux italiens. Avec le temps, ils furent de plus en plus assimilés à leurs pendants grecs, parce que les Romains passaient de plus en plus de temps à lire de la littérature grecque et qu'ils s'associaient de plus en plus aux Grecs. Ce qui explique qu'au IIe s. av. J.-C. les dieux grecs et les dieux romains étaient devenus très, très semblables.

Tableau 10-1 Équivalences entre les dieux grecs et romains

Divinité romaine	*Divinité grecque*	*Fonction*
Jupiter	Zeus	roi des dieux, dieu du Ciel
Junon	Héra	déesse du Mariage
Neptune	Poséidon	dieu de la Mer
Saturne	Cronos (peut-être)	roi des Titans
Tellus	Gaia	déesse de la Terre
Vénus	Aphrodite	déesse de l'Amour
Pluton (Dis Pater, « seigneur des richesses »)	Hadès	dieu des Enfers
Vulcain	Héphaïstos	dieu du Feu et du Travail des métaux
Cérès	Déméter	déesse des Moissons et de la Culture
Apollon	Apollon	dieu de la Musique
Minerve	Athéna	déesse de la Sagesse
Diane	Artémis	déesse de la Chasse
Mercure	Hermès	messager des dieux
Bacchus	Dionysos	dieu du Vin
Proserpine	Perséphone	reine des Enfers
Cupidon	Éros	dieu de l'Amour
Mars	Arès	dieu de la Guerre

VOCABULAIRE

Les dieux romains ont donné leur nom à de très nombreux mots français. Le mot *céréales*, par exemple, vient bien sûr de Cérès. *Jovial* vient de Jupiter. L'adjectif *vénérien*, relatif aux rapports sexuels, vient de Vénus. Le métal lourd employé pour fabriquer des armes nucléaires s'appelle le *plutonium*, parce qu'il vient tout droit des Enfers, le royaume de Pluton. Un tribunal militaire s'appelle une cour martiale, c'est-à-dire « cour de Mars ».

Minerve

Minerve était la fille de Zeus, et de lui seul. Adulte et armée, elle sortit du crâne de Zeus. Elle est avant tout la déesse de la Cité, protectrice de la vie civilisée, de l'artisanat et de l'agriculture. Elle était l'enfant préférée de Zeus, la plus importante des trois divinités vierges. Personnification de la sagesse, de la raison, son temple était le Parthénon.

Figure 10-1 : Le Printemps de Botticelli.

L'astronomie romaine

Les neuf planètes du système solaire portent les noms de dieux romains : Mercure, Vénus, Terre, Mars, Jupiter, Saturne, Uranus, Neptune et Pluton. Les scientifiques spéculent sur l'existence d'une dixième planète. Comme personne ne peut la voir, mais qu'elle rend la trajectoire de Pluton plutôt bizarre, ils ont surnommé cette planète fantôme Perséphone, du nom de l'épouse mystérieuse de Pluton.

Les satellites des planètes portent souvent le nom des enfants des dieux. Mars avait deux enfants, Phobos et Deimos, et c'est ainsi qu'on a nommé les deux petites lunes bosselées de Mars. Jupiter avait une flopée d'enfants, mais on le connaît surtout pour avoir eu quantité d'aventures amoureuses, c'est donc d'après les personnes concernées qu'on a nommé ses satellites. Parmi les plus grands satellites de Jupiter, on trouve Europe, l'une de ses maîtresses, et Ganymède, l'un de ses amants.

Tout ça, pour moi, c'est du romain !

Plusieurs noms de mois proviennent, eux aussi, de la mythologie (ou de l'histoire) romaine.

- *Janvier* vient de Janus, le dieu à deux visages.
- *Février* tire son nom d'une cérémonie latine de pardon des péchés, de purification à la sortie de l'hiver et à la fin de l'année (elle commençait primitivement en mars).
- *Mars* est nommé d'après le dieu Mars.
- *Avril*, dont l'étymologie est obscure, reste un mystère.
- *Mai* a reçu son nom de Maia, une vieille déesse du panthéon romain assimilée ensuite à Maia, la mère d'Hermès.
- *Juin* nous vient de Junon.
- *Juillet* vient de Jules César, à qui plaisait l'idée d'avoir un mois portant son nom ; avant sa mort, ce mois s'appelait plus simplement le « cinquième ».
- *Août* vient du successeur de César, Auguste, qui ne voulait pas être en reste ; ce nom a remplacé l'ancienne dénomination numérique, le « sixième ».
- *Septembre* signifie « septième mois ». Car avant que César et Auguste ne se mêlent de baptiser les mois, septembre était le septième mois du calendrier ; aujourd'hui, c'est bien sûr le neuvième. Les mois suivants, octobre à décembre, ont subi le même sort, ils ont été, eux aussi, décalés de deux mois.
- *Octobre* signifie « huitième mois ».
- *Novembre* : « neuvième mois ».
- *Décembre* : « dixième mois ».

Les noms des mois sont restés constants pendant environ deux mille ans, ce qui représente une performance plutôt bonne.

Les dieux romains « spécialisés »

Les Romains, les Étrusques et les peuples italiques (c'est-à-dire de l'Italie ancienne) ne manquaient déjà pas de divinités avant d'importer en bloc le panthéon grec, et ils continuèrent de les vénérer même après avoir construit des temples dédiés à Jupiter, à Cérès et à tous les autres dieux. Ces esprits venaient de partout, ils influençaient tous les domaines de la vie, de la façon de faire la cuisine à la citoyenneté romaine.

On vénérait les esprits à la maison et en public

Un Romain ne pouvait pas se retourner sans avoir affaire à une divinité. Les esprits concernaient tous les domaines de l'existence : le Lare domestique protégeait la maison et des *Lares* publics les carrefours, les Pénates veillaient aussi sur la maison, et Janus, le dieu à deux visages, montait la garde aux portes et aux portails. Et aucun Romain ne pouvait se débarrasser d'un père enquiquinant en faisant tout simplement mourir le vieux schnock, car les âmes des ancêtres venaient hanter les vivants sous la forme de Mânes à qui la population vouait un véritable culte.

Les Numina, divinités italiques des origines

Les chercheurs modernes appellent les dieux italiques d'origine les *Numina*, pluriel du nom latin *Numen* qui signifie divinité ou puissance divine. Les *Numina* n'étaient que peu nombreuses comparées aux dieux grecs, et en réalité il s'agissait plutôt de forces spirituelles – elles ne possédaient ni personnalité, ni sexe, ni d'ailleurs aucun autre attribut *anthropomorphique* (qui ressemble à l'homme). Comme elles n'avaient pas de corps, elles ne pouvaient pas avoir de rapports sexuels, ni manger, ni aller en visite, ni non plus jouer à des jeux, et les Romains n'avaient en conséquence pas beaucoup d'histoires à raconter à leur sujet.

Mais même sans de bonnes histoires, ces *Numina* étaient des forces qui s'occupaient de tout – oui, *de tout*. Les *Numina* gardaient les croisements et les limites de la cité, il s'agissait d'entités qui veillaient sur la pluie, le vent et les foyers domestiques, et des forces qui créaient la chance ou la malchance.

Les Lares, ces dieux domestiques

Les Lares étaient des *Numina* qui veillaient sur des endroits, des groupes, des activités ou des nations. Ils n'avaient ni forme, ni sexe, ni nombre, et les Romains n'avaient pas vraiment d'histoires à raconter à leur sujet comme les Grecs en avaient au sujet de leurs dieux et de leurs déesses. Une famille avait par exemple son Lare domestique, alors que la nation tout entière se partageait les Lares publics de Rome. Certains des Lares les plus importants poireautaient aux alentours des croisements, et avaient leurs propres prêtres.

De nombreuses maisons avaient de petits autels dédiés au culte de leur *lar familiaris* (le Lare de la famille). Les Lares étaient représentés par des statuettes ou des peintures de jeunes hommes en tunique courte portant des cornes d'abondance et une coupe ou par deux jeunes hommes et un chien. Dans les foyers romains, si de la nourriture tombait à terre durant le dîner, il était d'usage de la brûler devant l'autel du *lar familiaris*.

Les Lares étaient peut-être les fantômes des ancêtres défunts. L'une des inscriptions gravées dans la pierre qui subsiste de l'ancienne Rome témoigne d'un cadeau offert au *lar familiaris* et présente le Lare comme l'esprit d'un d'ancêtre. Lors d'une fête romaine, la fête des *compitalia*, les familles romaines suspendaient des petites marionnettes représentant tous les membres de la famille et tous les esclaves. L'idée était que, si le Lare voulait emmener quelqu'un au pays des morts, peut-être qu'il se tromperait et emporterait la marionnette à la place.

Les Pénates étaient les esprits des placards

Les *Pénates* (dieux des intérieurs) étaient aussi des *Numina* ; c'étaient les dieux des placards à provisions du foyer. Les Romains les vénéraient chez eux avec Vesta et le *lar familiaris* (voir la section précédente). L'État romain avait ses propres Pénates, qui étaient censés maintenir la nation solvable financièrement. Comme les Lares, les Pénates étaient représentés par de jeunes hommes. Certains pensent que les Pénates étaient en fait Castor et Pollux, qui étaient les fils jumeaux de Zeus et de Léda, donc les frères d'Hélène de Troie.

On trouve les apparitions les plus célèbres des Lares et des Pénates de la mythologie dans *L'Énéide* de Virgile. Énée, le père fondateur de la civilisation romaine, était un Troyen qui avait survécu à la guerre de Troie, s'était rendu en Italie puis s'y était établi (voir le chapitre 7). Dans le poème de Virgile, alors qu'Énée était en train de s'enfuir de Troie en flammes, il réussit à emporter avec lui son vieux père, Anchise, son fils, et ses statuettes de Lares et de Pénates, mais il perd son épouse de vue. Ses priorités ne font aucun doute…

Janus aux deux visages, le gardien des portes

Janus était le dieu à deux visages, gardien des portes et des portails (qui s'ouvrent dans les deux directions). Comme tout projet doit commencer par « sortir », Janus était aussi le dieu des commencements. Il démarre et il termine l'année, c'est pour cela que le premier mois de l'année, janvier, lui est consacré.

En hommage à l'époque où toutes les armées romaines se lançaient en campagne en traversant les portes de la cité, il y avait une porte spéciale sur le Forum romain (c'est-à-dire la place centrale de la ville), la porte du temple de Janus Geminius. Si les Romains étaient en guerre quelque part dans le monde, la porte était laissée ouverte (pour accueillir les armées chez elles). Ce n'est que dans les temps où la paix régnait complètement que la porte de Janus était fermée. Cela se produisit une seule fois en 235 av. J.-C., trois fois à la fin du Ier s. av. J.-C., lorsque Auguste était empereur ; et quelques autres fois sous d'autres empereurs. Mais la plupart du temps, la porte de Janus resta ouverte, car les Romains étaient perpétuellement en guerre pour agrandir leur empire et défendre ses frontières.

Les « imagines », ces masques des ancêtres

Les Romains n'avaient pas beaucoup de légendes au sujet de leurs propres dieux, mais ils se rattrapaient bien avec les discussions interminables qu'ils tenaient sur leurs ancêtres. Il était courant qu'un Romain sache ce que ses ancêtres avaient fait quatre cents ans plus tôt ! Ils savaient même à quoi ils avaient ressemblé, grâces aux *imagines* (dont le mot français « image » est dérivé).

Lorsqu'un Romain était élu à un poste politique, il obtenait le droit qu'à son décès on fasse de lui une *imago*. L'*imago* était un masque en cire de son visage, que sa famille conserverait dans une armoire spéciale de la forme d'un temple miniature. À l'intérieur du temple, on déposait un document qui décrivait tout de ce membre illustre de la famille, en particulier ses bienfaits.

Lorsque cette personne décédait, un acteur portait ce masque à son enterrement et, au cours de la procession de ses funérailles, en l'imitant si bien que les observateurs auraient presque juré qu'il était encore vivant. Et son propre enterrement n'était pas la dernière apparition au cours de funérailles. Une fois mort et devenu un « ancêtre » officiel, un acteur portant son masque et l'imitant marcherait dans toutes les cérémonies funèbres de la famille. Toute vieille famille de l'aristocratie romaine avait une armoire pleine d'*imagines* à côté de son armoire pleine de Pénates et de Lares. Une procession funéraire romaine devait être un spectacle assez impressionnant, avec tous ces ancêtres marchant à côté du nouveau défunt.

Et il y avait aussi des personnifications et des divinités mystérieuses

Certains dieux des Romains représentaient des idéaux. Certains dieux étaient en fait plus des personnifications que des divinités. Par exemple, plusieurs des esprits les plus importants personnifiaient les qualités humaines comme la parole donnée (Fides), l'honneur (Honos) et l'espoir (Spes). Les origines de certains dieux demeurent complètement obscures aujourd'hui. Saturne, célèbre pour ses fêtes, les *saturnales*, est l'un d'eux. Il s'agit sans doute, comme nombre de ses collègues, d'un dieu d'origine grecque.

Quirinus, le citoyen romain

Quirinus fut l'un des dieux italiques d'origine les plus importants. Bien que personne ne put dire ce qu'il était exactement, tout le monde savait qu'il était la personnification du citoyen romain. Les Romains désignaient un prêtre chargé spécialement de son culte et ils organisaient chaque année une fête en son honneur les *Quirinales*.

Quirinus était à l'origine un dieu soit romain, soit sabin, et sa demeure se trouvait sur le mont Quirinal à Rome. Cette colline fut incorporée à la nouvelle cité de Romulus (c'est-à-dire Rome), et Quirinus et Romulus furent en quelque sorte assimilés pour former une seule et même entité. Selon les légendes, après que Romulus eut fondé la cité de Rome et qu'il fut mort, il se manifesta dans un rêve à l'un de ses soldats et lui annonça qu'il était désormais le dieu nommé Quirinus. Comme Quirinus était désormais supposé être le fondateur mythique de Rome, il allait de soi qu'il personnifie l'idée de la cité et du citoyen, l'idéal des valeurs civiques.

Jupiter, Mars, Quirinus

Un savant français, Georges Dumézil, en comparant les récits mythologiques de tous les peuples indo-européens, s'est aperçu de correspondances structurelles étonnantes entre les religions de peuples aussi différents que les Indiens, les Grecs, les Celtes ou les Scandinaves. Le trait structurel le plus saillant est que la religion indo-européenne primitive – et la vision du monde qu'elle sous-tendait – reposait sur une distinction tripartite. Du strict point de vue mythologique, G. Dumézil a montré que les religions et mythologies des peuples indo-européens reposaient sur la hiérarchie entre trois fonctions, la fonction magico-religieuse (souveraineté), la fonction guerrière (force) et la troisième fonction, liée à la production et à la fécondité (fécondité de la terre et des hommes, reproduction, commerce, richesses, abondance de nourriture, etc.). Et ce cadre s'applique bien à la religion romaine primitive, où Jupiter occupe bien la première fonction (souveraineté), Mars la seconde (force) et où la troisième fonction (fécondité/prospérité) échoit à ce dieu très ancien, Quirinus, qui était à l'origine un dieu agraire. Ces trois dieux formaient la triade fondamentale sur laquelle reposait la toute première religion romaine ; et l'organisation sacerdotale romaine d'époque historique en garde un écho : les trois flamines majeurs, qui font partie des prêtres les plus prestigieux de Rome, sont consacrés, dans l'ordre, à Jupiter, Mars et Quirinus.

Les Saturnales

La fête la plus joyeuse de l'année romaine était les Saturnales, le 17 décembre. En ce jour de fête, les esclaves dînaient avec leurs maîtres, les gens allumaient des bougies, l'amour libre était de mise, et tout le monde se faisait des cadeaux. Un roi de la fête était couronné, le *Saturnalicus princeps*, dont la tâche était de présider aux fêtes et cérémonies. Le poète romain Catulle l'appelait « la fête la plus joyeuse de l'année ».

Mais qui était ce Saturne en l'honneur duquel les Romains s'autorisaient d'être si gais ? Personne ne le sait vraiment. Certains chercheurs voient en Saturne l'équivalent romain du dieu grec Cronos, mais ce dieu-là était tout sauf joyeux (*saturnien* signifie « sombre », « mélancolique » ; Saturne doit avoir eu la réputation d'être un sacré grincheux, peut-être à cause de celle de Cronos.) D'autres pensent qu'il provient du dieu étrusque, dont on ne sait rien. D'autres l'identifient encore à Satus, une sorte de divinité des semailles et de la culture du blé.

Quelles que soient ses origines, Saturne avait son propre temple dans un coin du Forum romain, et son culte comportait une délicieuse fête qui commençait le 17 décembre et durait six à sept jours (solstice d'hiver).

NOTE TECHNIQUE

Si cette fête ressemble beaucoup à Noël, ce n'est pas un hasard. Comme aucun des Chrétiens de l'Antiquité ne savait exactement la date de naissance de Jésus de Nazareth (pas plus qu'aujourd'hui d'ailleurs), la célébration de sa naissance en vint à coïncider plus ou moins avec la fête romaine traditionnelle du solstice d'hiver.

Des dieux pour tous les goûts

Comme chacun sait, Rome avait une grande armée. Quasiment tout homme de la République, et plus tard de l'Empire, passait du temps à parcourir la campagne afin de mater des révoltes ou pour conquérir de nouveaux territoires. Rome avait aussi une bonne population de marchands. Un grand empire prospère constitue un aimant pour n'importe quel commerçant, et les marchands pullulaient. En outre, quiconque a déjà vu les magnifiques jardins que l'on trouve dans toute l'Italie sait que les Italiens ont une grande affinité pour les plantes. Les Romains l'avaient déjà.

Les Romains avaient des dieux pour tous les goûts et pour les gens de toutes les conditions sociales. Les soldats aimaient beaucoup le dieu perse Mithra, alors que les commerçants estimaient par-dessus tout *Hercules Invictus* qui avait voyagé dans tout le monde barbare. Tout le monde sait qu'un jardin a besoin de statues, et c'est là que Priape, dieu de la végétation entrait en scène.

Mithra, l'arbitre du Bien et du Mal

Mithra parvint aux Romains de la Perse. Dans la religion dominante en Perse à l'époque, le Bien et le Mal se livraient un combat constant pour la domination du monde. Mithra était l'arbitre de cette lutte. C'était aussi le dieu des contrats juridiques et du vol de bétail. Il était donc en charge de toute une série de domaines, tous importants.

Un dieu pour la classe des travailleurs

Le culte de Mithra (mitraïsme) semble avoir été apporté en Italie par des pirates (ou des « marchands marins non officiels », en fonction du camp dans lequel vous vous trouviez) depuis la Cilicie, alors province romaine située sur la mer Noire. Une fois que Mithra fut connu à Rome, on l'associa au dieu Soleil, et certains des adeptes de son culte semblent l'avoir vénéré, du moins lorsqu'ils participaient à son culte, comme quasiment le seul et unique dieu. Son titre était *Deus Sol Invictus Mithras*, c'est-à-dire « Mithras dieu soleil invincible ».

Des gens ordinaires devinrent adeptes de son culte, en particulier des soldats et les fonctionnaires subalternes du gouvernement. Cela semble indiquer que c'était une religion agréable et terre à terre, mais, l'effet secondaire malheureux, c'était que ces gens-là n'écrivaient pas beaucoup de livres, et ils ne laissèrent donc pas beaucoup de traces de ce culte populaire.

En concurrence avec le christianisme

Le culte de Mithra fut particulièrement répandu parmi les Romains au cours des IIe et IIIe s. apr. J.-C., à l'époque où le culte de Jésus de Nazareth gagnait en popularité et se transformait en christianisme. Il existe en fait beaucoup de similitudes frappantes entre le culte de Mithra et le christianisme des origines.

Le mithraïsme était organisé en *cellules*. Les adeptes du culte appartenaient à une cellule donnée, qui servait souvent de point central de leur vie sociale, un rôle semblable à celui des églises, des synagogues ou des mosquées modernes.

Chaque cellule se réunissait dans une grotte, qui était, à bien des égards, l'opposé des temples érigés en l'honneur des dieux grecs et romains plus traditionnels. Les temples étaient lourdement ornés à l'extérieur, mais, à l'intérieur, ils n'offraient aucune place pour faire quoi que ce soit. Les gens se tenaient debout autour des temples et faisaient leurs sacrifices aux dieux qui vivaient à l'intérieur des temples. Les cavernes dédiées à Mithra étaient d'aspect simple à l'extérieur, mais elles avaient beaucoup de place à l'intérieur pour que les adeptes puissent pratiquer leur religion. On appelait ce temple *mithraïsme*.

Chaque cellule avait une hiérarchie compliquée, et les adeptes du mithraïsme assuraient différents postes de direction, semblables à ceux des diacres et des prêtres dans une église chrétienne.

De nombreuses cavernes dédiées à Mithra ont été conservées jusqu'à aujourd'hui, parce que les églises chrétiennes furent construites sur les mêmes emplacements – ce qui constitue encore un autre lien entre ces deux cultes. Parmi ces cavernes que l'on peut encore visiter de nos jours, citons par exemple celle qui se trouve dans la basilique Saint-Clément à Rome. Une autre, sous la chapelle de Sainte-Prisca à Rome, porte une inscription indiquant que Mithra « nous a tous sauvés par le sang qui a été versé », des paroles qui ressemblent à celles du rite chrétien. Dans le cas de Mithra, pourtant, le sang n'était probablement pas le sien, mais celui du taureau qu'il sacrifiait. La Figure 10-2 propose une représentation de Mithra.

Figure 10-2 : Mithra sacrifiant le taureau. Ce dieu sauvait ainsi le monde grâce au sang de l'animal.

Chez Hercule, il y a un buffet où l'on mange à satiété !

Les Romains connaissaient Héraclès, le héros grec qui fut transformé en dieu romain, sous le nom d'Hercule, emprunté aux Étrusques. Ils l'adoptèrent comme l'un des leurs, et ils l'adorèrent tout autant que les Grecs.

Comme il avait commencé sa vie en tant que mortel, travaillé dur pour aider les hommes, avait eu plus que sa part de souffrances, était mort à cause d'une trahison, mais était devenu un dieu (voir le chapitre 6 pour les détails), son histoire était encourageante. Probablement surtout à cause de la fin heureuse de sa biographie. Les Romains le vénéraient sous le nom d'Hercules Invictus (« Hercule invaincu »).

Le culte d'Hercule était pratiqué chez les Romains de toutes les classes sociales, mais surtout chez les marchands. Les marchands, comme Hercule, travaillaient sans cesse, et leur profession les forçait à voyager. Comme les adeptes du culte d'Hercule étaient censés verser au dieu la dîme – un dixième de leurs bénéfices, son culte était très riche.

À Rome, il avait un sanctuaire appelé *Ara Maxima*, le « plus grand autel », qui avait été fondé à Rome par les Étrusques au VIe s. av. J.-C. et qui était le lieu de sacrifices quotidiens en son honneur (quotidiens, parce que ses adeptes en avaient les moyens !). Les femmes et les chiens n'étaient pas admis dans ce sanctuaire, mais les hommes y étaient bienvenus, et ils y accourraient en foules. L'une des raisons de cette fréquentation aussi élevée était peut-être qu'une des règles du culte commandait que toute viande offerte en sacrifice au dieu devait être mangée le jour même.

Priape, un dieu de la Fécondité joyeux et paillard

Qu'est-ce qui aurait pu déplaire chez un dieu de la Fécondité, doté d'un sens de l'humour exceptionnel. Rien, selon les Romains ! Priape était donc le dieu du sexe avec une bonne dose d'humour.

C'était un dieu italique très ancien. Un poète grec vivant en Italie, Xenarque, écrivit une pièce de théâtre à son sujet au IVe s. av. J.-C., et son culte devint de plus en plus populaire au IIIe siècle. Il s'étendit à toute l'Italie ancienne.

On le représentait comme un homme exposant des parties génitales énormes, et il était donc naturel de l'associer à la fois à la sexualité et à la fécondité, et bien sûr aussi à la fertilité des champs. Il était rare qu'un dieu masculin soit chargé des choses qui poussaient en sortant de la terre, c'était normalement un domaine réservé aux divinités féminines comme Cérès (Déméter) ou Bona Dea. Mais Priape s'en acquittait avec un sourire.

De nombreux Romains avaient placé une statue de Priape dans leur jardin (un ancêtre des nains de jardin ?), et sa fonction était d'éloigner les intrus. Il était censé pour cela les impressionner avec son gigantesque phallus.

Genre poétique à part entière, les *priapées* sont de courts poèmes drôles dans lesquels Priape profère des menaces aux intrus avec un humour vraiment très cochon. Souvent, une bonne partie de l'humour de ces poèmes se fait aux dépens du dieu lui-même. Par exemple, dans un poème d'Horace,

Priape explique qu'il avait commencé sa vie en tant que figuier. Mais quelqu'un coupa cet arbre et en fit une statuette représentant le Priape même qui est en train de parler : il pense qu'il a eu de la chance, parce qu'il aurait tout aussi bien pu finir sous la forme d'un tabouret. Dans ces poèmes, Priape médite souvent sur son destin de dieu mineur, un état qui ne semble pas le déranger.

Les déesses, elles, gardent les pieds sur terre

Certaines des divinités les plus importantes de Rome étaient féminines. Vesta, la déesse du Foyer domestique, faisait fonctionner le ménage de toutes les familles ; les Vestales, ses prêtresses astreintes à la chasteté, étaient les garantes du salut de Rome. La *Magna Mater*, ou Grande Mère, était chargée de faire pousser toutes choses à chaque printemps. *Bona Dea*, la bonne déesse, était une divinité italique très ancienne de la Fertilité et de la Terre, tutélaire elle aussi de la croissance des choses qui poussent, aussi bien des plantes que des bébés qui allaient naître. Bien que les dieux masculins comme Mithra n'aient été vénérés que par certains groupes particuliers, ces déesses étaient au contraire honorées par tout le monde à Rome.

NOTE TECHNIQUE

Bien que les femmes romaines eussent un statut inférieur à celui des hommes, un sort semblable à celui des femmes dans la plus grande partie du monde depuis des siècles, elles participaient quand même dans une large partie à la vie de la cité. Les femmes s'occupaient activement de la vie familiale, et certains sacerdoces leur étaient réservés.

Vesta et les prêtresses vierges

Vesta était la déesse du Foyer domestique. Ou plutôt, elle incarnait elle-même ce foyer et était à l'origine une divinité du Feu. C'était l'un des plus anciens esprits romains, et elle était extrêmement importante à l'intérieur de la maison et de la famille. Chaque famille vénérait Vesta à côté de ses autres dieux domestiques, le Lare et les Pénates. Elle fut, lors de l'hellénisation du panthéon romain, assimilée à Hestia, elle aussi déesse du foyer.

Vesta faisait également l'objet d'un culte public très important, assuré par un groupe de prêtresses spéciales supervisé par le *Pontifex Maximus* (grand pontife), c'est-à-dire le chef des prêtres à Rome. Ces prêtresses s'appelaient les Vestales. Il y en avait toujours six, elles étaient astreintes à la chasteté, sans aucune exception ni excuses. La Figure 10-3 montre la statue de l'une d'elles.

Figure 10-3 : une Vestale était gardienne du salut de Rome.

Une vierge à vie (ou du moins, chaste jusqu'à sa retraite)

Le destin de Rome dépendait de la virginité des Vestales, et il n'était donc pas du tout question qu'elles fricotent avec qui que ce soit. Si quelqu'un accusait une vestale d'avoir été infidèle à ses vœux, elle était jugée devant un tribunal spécial. Si le tribunal la déclarait coupable, la sentence rendue était particulièrement dure : elle était condamnée à être enterrée vivante.

Les vestales débutaient en tant que jeunes filles leur carrière de prêtresse, et elles restaient vestales pendant environ trente ans. Elles pouvaient se marier après avoir pris leur retraite, mais, habituellement, elles ne le faisaient pas, car on pensait que cela portait malheur. Les vestales n'étaient aucunement enfermées. Elles pouvaient sortir en public, avoir des amis et faisaient des invitées bienvenues aux banquets. En quelque sorte, c'étaient des célébrités d'un type particulier à Rome.

Elles ne faisaient pas les vitres, mais exécutaient des travaux de secrétariat

Les Vestales exécutaient de nombreuses tâches importantes. Elles entretenaient le feu sacré du Foyer public. Elles étaient aussi chargées des archives publiques. Tous les testaments, actes de naissance, certificats de citoyenneté, documents consignant l'affranchissement d'esclaves et actes de décès étaient entreposés au temple de Vesta, et les Vestales les rassemblaient, les cataloguaient et les classaient pour les garder en sécurité et pouvoir les rechercher facilement. Tout citoyen romain pouvait déposer un testament auprès d'elles, et beaucoup de gens le faisaient : pour les pauvres, c'était l'une des rares occasions possibles de se sentir importants.

La Grande Mère

La *Magna Mater*, ou « Grande Mère », arriva à Rome depuis l'Anatolie, la Turquie d'aujourd'hui. On l'appelait aussi Cybèle (et dans certains récits perses, *Agdistis*). Son culte était pratiqué partout dans le monde méditerranéen, et les Romains l'accueillirent aussi à bras ouverts. Un temple en son honneur fut érigé sur le mont Palatin (l'une des sept collines de Rome) en 204 av. J.-C., et tous les prêtres de ce temple devaient être des Orientaux (pour que Grande Mère se sente chez elle).

Son culte célébrait des fêtes à chaque printemps, parce qu'elle était responsable au moins en partie de la croissance des plantes, une charge qu'elle partageait avec Cérès et d'autres déesses. Dans l'une des fêtes données en son honneur, on coupait un pin pour le placer dans son temple.

Un changement de sexe de l'Antiquité

Pourtant, *Magna Mater* n'était pas que douceur ni plantes en train de bourgeonner. L'un des mythes qui lui sont associés est la légende d'Attis. Il existe de nombreuses versions de ce mythe, mais aucune n'est bien jolie.

Le poète Catulle écrivit un poème racontant la version romaine la plus célèbre de ce mythe. Catulle y décrit Attis comme un jeune Romain dont était éprise Cybèle. Il se rendit en Phrygie, où la déesse vivait, et, dans un accès de zèle religieux, se coupa les parties génitales avec un silex. Le reste du poème de Catulle fait place aux plaintes d'Attis, qui regrette amèrement son geste et cherche à se soustraire au pouvoir de la déesse. Les versions les plus courantes, cependant, expliquent la mutilation d'Attis comme l'effet de la vengeance de Cybèle, qui aimait Attis et qui n'avait pas supporté qu'il la trompât avec une Nymphe.

Les adeptes du culte de la Grande Mère vénéraient aussi Attis, mais pas en tant que dieu ; les servants de la déesse étaient, à l'image d'Attis, des eunuques, et ce culte donnait lieu à de sanglants dérèglements parmi ses adeptes.

Bons baisers de Perse

Les versions perses disent qu'Agdistis (autre nom donné à Cybèle/Magna Mater) était à l'origine un dieu androgyne, mais que d'autres dieux le castrèrent. Les parties génitales coupées d'Agdistis poussèrent pour donner un amandier. Une divinité, Nana, mangea les amandes, qui la fécondèrent et elle donna naissance à un fils, Attis. Agdistis (désormais complètement femme après la castration) tomba amoureuse d'Attis, mais pour être bien sûre qu'il ne la tromperait pas, elle le castra. N'ayant dès lors rien de mieux à faire, il devint donc son serviteur dévoué.

Bona Dea, la bonne déesse

Bona Dea était la Bonne Déesse, elle n'avait pas de nom, ou plutôt, son nom était secret et censé n'être jamais prononcé. Tout le monde l'appelait donc *Bona Dea*. Elle n'était pas spécifiquement romaine, mais c'était une déesse italique, qui avait la responsabilité de la terre et de toutes les bonnes choses qui en proviennent. C'était aussi la déesse protectrice de la Chasteté et de la Fécondité des femmes (bien évidemment, chasteté et fécondité chacune à leur place respective). Les Romains en faisaient la fille de Faunus.

Un club réservé aux femmes

Des images de la Bonne Déesse la montrent avec une couronne de feuilles de vigne sur la tête, une amphore de vin à côté d'elle, et un serpent sacré près d'elle. Un temple était dédié au culte de la Bonne Déesse sur le mont Aventin (l'une des sept collines de Rome), et ce temple était habité par une multitude de serpents sacrés. Il y avait aussi un jardin dans lequel poussaient quantité de plantes médicinales.

Les hommes n'étaient pas autorisés à pénétrer dans le temple, parce que *Bona Dea* était une déesse réservée aux femmes uniquement.

Une soirée strictement entre femmes

Une fête annuelle était organisée en décembre en l'honneur de Bona Dea. Elle avait pour objet de mettre la Bonne Déesse au lit pour une année. Si le mystère (rite secret) n'était pas correctement exécuté, il était possible qu'elle ne dorme pas bien et que tous les phénomènes de reproduction et de croissance des êtres vivants soient maudits jusqu'à l'année suivante.

La fête était donnée dans la maison de l'un des deux consuls de Rome, mais le consul n'était lui-même pas présent. Seules les femmes pouvaient s'y rendre. La femme du consul et les Vestales présidaient à la fête. Lors de cette fête, les femmes de Rome disaient à haute voix le nom secret de la Bonne Déesse, et cela portait malheur à tout homme qui l'entendait. Toutes les femmes buvaient du vin, mais en l'appelant « lait », cela faisait partie de la nature entièrement féminine et secrète de la fête, parce que, selon les lois les plus anciennes de Rome, un mari pouvait en toute légalité tuer son épouse s'il la prenait sur le fait en train de boire du vin (cette loi était depuis longtemps caduque, mais cela devait quand même être amusant pour ces femmes que de boire beaucoup de vin en l'absence de tout homme pour les désapprouver).

En 61 av. J.-C., un Romain nommé Publius Clodius Pulcher se déguisa en femme et s'infiltra dans la fête de *Bona Dea*. Lorsqu'elles le découvrirent (sa voix le trahit), les femmes romaines furent prises d'épouvante, craignant que toutes les grossesses de l'année ne soient maudites. Clodius fut traduit en justice, et c'est le célèbre orateur Cicéron qui représenta le ministère public lors du procès. Clodius réussit pourtant à échapper à la condamnation, en achetant les jurés.

Chapitre 11

L'Énéide de Virgile et la fondation de Rome

Dans ce chapitre :

- *L'Énéide* de Virgile, un mythe élaboré à des fins de propagande
- Romulus et Remus, la fondation d'une ville
- Les sept rois de Rome

L'une des tâches de la mythologie consiste à justifier ou à valider l'état actuel des choses dans lequel nous nous trouvons. Ainsi les habitants de la cité grecque de Thèbes avaient un mythe selon lequel les habitants originels de la cité jaillirent directement du sol : cela justifiait l'existence de la cité, parce qu'ils pouvaient dire « nous avons toujours vécu ici ». De même, l'histoire de Christophe Colomb (à la fois vérité historique et mythologie) selon laquelle il « découvrit l'Amérique » justifie le contrôle du continent par les Européens, bien que de nombreux peuples y aient vécu bien avant que les Européens ne débarquent. Les Mythes comme ceux-là s'appellent des *mythes de fondation.*

Rome avait deux histoires de fondation, l'une avec les deux jumeaux Romulus et Remus, qui furent élevés par une louve, et l'histoire d'Énée le Troyen, racontée dans *L'Énéide*. Elle avait aussi une histoire sur la manière dont la République a été instaurée, après le viol d'une femme vertueuse. Toutes ces histoires aidaient les Romains à se comprendre eux-mêmes et à expliquer à tout le monde comment ils en vinrent à contrôler l'ensemble du bassin de la Méditerranée.

« À bas Carthage ! » Les Romains avaient besoin d'un autre mythe

Avant d'en apprendre davantage sur les mythes de fondation de Rome, vous devez d'abord savoir un minimum de choses sur Carthage. Carthage était une cité d'Afrique du Nord, son emplacement se trouve sur le territoire de l'actuelle Tunisie près de Tunis. Ses habitants s'appelaient les *Carthaginois*.

La Sicile, plus importante qu'on ne le pense peut-être

Sur une carte, on voit que l'Italie et Carthage se trouvent directement opposées à travers la Méditerranée, avec une seule chose entre elles : la Sicile !

Contrairement à son rôle actuel de petit coin perdu et charmant, la Sicile fut un lieu important dans l'histoire de l'Empire romain. Située au centre de la mer Méditerranée, et riche en ressources naturelles, c'était l'un des territoires que les empires cherchaient à conquérir.

La Sicile était le grenier à blé de l'Empire. En 264 av. J.-C., les Romains et les Carthaginois se heurtèrent en Sicile. La population sicilienne était en grande partie d'origine grecque ; les Grecs étaient venus de cités grecques, afin de coloniser l'île dès le VIIe s. av. J.-C. À cette époque, pourtant, la Sicile n'avait pas de gouvernement centralisé et elle n'était pas intégrée à Rome, ni à la Grèce, ni à aucun autre État. Les cités siciliennes contrôlaient les régions qui les entouraient et rivalisaient les unes avec les autres pour obtenir davantage de place sur l'île. Certaines de ces villes étaient grandes et puissantes, et Syracuse était la plus puissante de toutes.

Syracuse tirait sa puissance du commerce. Les Carthaginois, des navigateurs talentueux et des marchands hors pairs, étaient depuis longtemps installés sur la partie occidentale de l'île. Les dirigeants de Syracuse et de Carthage ne voyaient aucun inconvénient à contrôler toute la Sicile, qui était fertile et produisait beaucoup de nourriture.

Les Romains à la rescousse et la première guerre punique

Pourtant, d'autres peuples se trouvant en Sicile ne l'entendaient pas de cette oreille. Les habitants de la cité de Messine, sur la pointe nord-est de la Sicile, préféraient éviter que Syracuse ou Carthage ne leur dicte ce qu'ils avaient à faire, et ils demandèrent aux Romains de venir les protéger.

À ce moment-là, Rome n'était pas un grand Empire. Elle était juste à la tête de toute l'Italie, et les Romains avaient seulement la réputation d'être efficaces. Les Romains acceptèrent d'aider Messine, et ils se retrouvèrent engagés dans une guerre contre Syracuse et contre Carthage. Mince alors !

Comme Carthage était à l'origine une colonie des Phéniciens, c'est-à-dire des habitants du Liban actuel, et comme le nom latin désignant les Phéniciens est *Punici*, cette guerre fut appelée la première guerre punique. Elle dura de 264 à 241 av. J.-C. et fut suivie par deux autres guerres puniques, à l'issue desquelles Rome se rendit définitivement maîtresse de sa rivale !

Syracuse et Carthage possédaient de grandes flottes de guerre, et les Romains n'en avaient pas du tout. Cela posait problème pour la conquête de la Sicile qui était, après tout, une île. Les Romains bâtirent donc une marine de guerre, ils apprirent à s'en servir, puis ils vainquirent leurs ennemis pour gagner le contrôle de la Sicile. La Figure 11-1 montre une image d'un navire de guerre romain.

Figure 11-1 : une galère romaine.

C'est avec la guerre de Troie que tout a commencé

Mais quel est donc le rapport entre la première guerre punique et la mythologie ? Eh bien, il se trouve qu'un bon mythe de fondation peut contribuer à justifier cette conquête de la Sicile et rendre plausible une hostilité durable entre Rome et Carthage.

Les Romains possédaient déjà des mythes relatant leurs origines – Romulus, Remus, etc. – qui étaient tous bons et utiles. Mais il était certain qu'il aurait été aussi très utile d'avoir un mythe de fondation permettant de justifier le contrôle romain sur les cités grecques de Sicile.

Il faut savoir que les Romains étaient de grands ingénieurs. Ils résolvaient les problèmes qu'ils rencontraient, quels qu'ils soient. Donc, lorsqu'ils se retrouvèrent en guerre contre des gens qui se battaient avec des bateaux, ils construisirent eux-mêmes une flotte. Et, lorsqu'ils eurent besoin d'un mythe de fondation, les « ingénieurs des mythes » romains en créèrent un sans problème.

Voici comment : Naevius était un Romain qui avait combattu au cours de la première guerre punique. Alors que la guerre continuait mais qu'il s'était retiré des activités militaires, il composa un poème épique, la *Guerre punique*. Il s'agit de la première œuvre majeure de littérature romaine, du moins de ce qui est connu, qui raconte l'histoire d'Énée. Énée était un Troyen qui s'échappa de cette cité lorsque les Grecs la capturèrent. Dans le poème de Naevius, Énée s'enfuit en bateau et arrive à Carthage, où il tombe amoureux de la reine, Didon. Il finit par la quitter pour fonder une cité dans le Latium. Didon se tue, mais pas avant d'avoir maudit Énée, en appelant la haine entre Énée et son peuple d'une part, et Carthage de l'autre.

Voilà donc pourquoi Rome hait Carthage

Cette histoire de la *Guerre punique* existait depuis longtemps (voir la section qui précède), les Grecs la connaissaient déjà dans les années 400 av. J.-C., mais aucun Romain ne s'en était vraiment préoccupé auparavant. Naevius « en fit toute une histoire » exactement comme Virgile allait le faire deux siècles plus tard, en écrivant un autre poème épique ayant pour sujet les mêmes événements (voir la section suivante). L'objectif de Naevius était politique :

- Naevius écrivit une épopée. Tout le monde savait alors que la poésie épique était importante, car le contenu de celle-ci, c'était la *mythologie*, et donc que ce contenu était *vrai*. Ainsi, par le simple fait d'écrire son histoire en choisissant le genre littéraire de l'épopée, Naevius s'assura qu'elle serait prise au sérieux ;

- Énée était troyen, et ceux qui avaient lu les épopées d'Homère pouvaient se rendre compte que les Troyens étaient en fait des Grecs ; ils parlaient grec, ils vénéraient des dieux grecs, et ils faisaient exactement les mêmes choses que les Grecs.

En affirmant que Rome avait *en réalité* été créée par un Troyen, Naevius affirmait donc que les Romains étaient en fait des Grecs, ou du moins que les Romains et les Grecs étaient de proches cousins. En conséquence, tandis que Rome menait une guerre pour le contrôle de la Sicile (où de nombreux Grecs étaient alors établis), le poème de Naevius contribua à étayer la thèse selon laquelle les Romains avaient davantage d'intérêts en Sicile que les Carthaginois, parce que Rome était en fait une ville grecque et que les Romains et les Grecs étaient parents.

L'épopée de Naevius fournit une excuse mythologique aux Romains pour combattre les Carthaginois : Didon avait maudit Énée, et il était donc inévitable qu'ils fussent ennemis. Comme Rome ne combattait pas seulement Carthage mais aussi la cité grecque de Syracuse, le poème de Naevius justifiait aussi ce fait, en avançant que les descendants du Troyen Énée ne faisaient que prendre la revanche sur les descendants des Grecs qui avaient détruit Troie.

Et voilà le travail ! Une belle histoire mythologique toute neuve, destinée à aider les Romains à se sentir à l'aise avec ces guerres qui se sont étalées sur plus d'un siècle !

L'Énéide est un outil de propagande élaboré par Virgile sur commande de l'empereur Auguste

Lorsque Auguste se couronna lui-même empereur au Ier s. av. J.-C., en mettant ainsi fin à la période de la République romaine et en instaurant un nouveau régime connu sous le nom d'Empire, il pensa qu'un peu d'histoire serait la bienvenue pour servir sa cause. Vers 30 av. J.-C., il informa donc le poète Virgile qu'il ne verrait aucun inconvénient à ce que quelqu'un écrive un long poème épique narrant comment lui, Auguste, avait personnellement mis fin à un siècle de guerre civile qui avait déchiré l'Italie. Virgile étudia *L'Iliade* et *L'Odyssée* (voir le chapitre 7) et la *Guerre punique* de Naevius (voir la section précédente) pour y trouver le héros idéal : Énée (voir la section suivante). Il se mit ensuite à écrire un grand poème épique, *L'Énéide*, en 29 av. J.-C. et continua jusqu'à sa mort, le 20 septembre de l'an 19 av. J.-C. Dans son testament, il demanda en fait que le poème fût brûlé, parce qu'il y avait deux passages qui ne le satisfaisaient pas complètement. Pourtant Auguste, qui avait du nez, fit publier le poème.

Figure 11-2 : ayant déjà commandé à Virgile une épopée dans le style grec, l'empereur Auguste s'était aussi fait donner par un sculpteur l'apparence du dieu grec Apollon.

L'Énéide raconte certes l'histoire d'Énée, mais elle est aussi pleine de « prophéties » selon lesquelles c'est Auguste (en latin *Caius Julius Caesar Octavianus Augustus*) qui achèvera la réalisation de la mission d'Énée, la fondation de Rome. Cette épopée était une vaste entreprise de propagande destinée à ce que le public qui la lirait voit en Auguste un Sauveur envoyé par les dieux pour accomplir une destinée inévitable.

Mais pourquoi, alors qu'Auguste lui avait demandé de justifier par la poésie son œuvre politique, Virgile a-t-il choisi de chanter le geste d'Énée ? C'était très rusé de sa part, car en réalité Énée était un très lointain ancêtre d'Octave-Auguste, et personne, à Rome, ne l'ignorait. Nous avons déjà vu que les Romains vouaient un culte – dans tous les sens du terme – à leurs ancêtres, et qu'ils connaissaient tous leurs hauts faits dans les moindres détails. Or les familles nobles avaient tendance à en rajouter pour accroître leur prestige, en particulier en s'inventant un ancêtre divin ou héroïque. Quoi de mieux, en effet, pour (re)dorer un blason que de clamer haut et fort que l'on descendait de Jupiter ou d'Hercule ? La famille de Jules César était de celles-là : le nom de famille de César est en latin *Iulius* (d'où Jules, en français), et ce nom était compris par les Romains comme signifiant "(descendant) de Iule".

Or Iule était l'autre nom du fils d'Énée, Ascagne, ce qui revenait à dire que tous ceux qui portaient le nom de famille *Iulius* étaient en réalité de lointains descendants d'Énée. La classe ! Mais, direz-vous, et Octave-Auguste dans tout ça ? Octave – Auguste est le nom (c'est une épithète d'origine religieuse) qu'il s'est choisi quand il est devenu le seul et unique chef de l'État – était en fait un fils adoptif de César et, en vertu de l'adoption, il a remplacé son ancien nom de famille (*Octavius*, d'où Octave) par celui de son nouveau père. Octave-Auguste s'appelait donc, *in extenso, Caius Iulius Caesar* (comme son père adoptif) *Octavianus* (pour rappeler sa famille de naissance) *Augustus* (à partir de 27 av. J.-C.).

Par conséquent, chanter la gloire d'Énée, c'était chanter celle d'Auguste, son (lointain) descendant. Mieux encore, en choisissant de célébrer Énée, le quasi-fondateur de Rome, Virgile faisait d'une pierre deux coups : il rappelait que Rome était une ville grecque (puisqu'elle avait été fondée par des descendants de Troyens) et que donc l'Empire romain n'était qu'une continuation (légitime) de l'extraordinaire expansion grecque, et, en même temps, en comparant Auguste à son ancêtre mythique, il faisait implicitement de l'empereur un nouvel Énée, un nouveau fondateur de Rome, bref, il justifiait admirablement le nouveau régime et la nouvelle ère qu'instaurait Auguste.

Cette épopée peut donc se lire comme une vaste entreprise de propagande. Mais cela ne veut pas pour autant dire que *L'Énéide* n'est « que » de la propagande. Toute œuvre valant la peine d'être lue possède de nombreuses significations qui sont toutes « vraies » simultanément. Donc certes, *L'Énéide*, c'est de la propagande, mais c'est également de l'histoire mythologique, et aussi une belle œuvre d'art en soi.

Cet Énée si responsable, c'est l'homme qu'il nous faut !

Pourquoi le personnage d'Énée se prêtait-il aussi bien aux buts de Virgile ? C'était un Troyen qui s'échappa de la cité de Troie lorsque les Achéens la prirent. Ces événements sont racontés dans *L'Iliade* d'Homère (voir le chapitre 7). Selon d'autres légendes à son sujet, il s'était rendu en bateau en Italie et s'y était installé. Il a une ascendance divine directe puisque sa mère était la déesse Vénus ; avant sa naissance, elle avait eu la prémonition qu'il gouvernerait les Troyens et serait le fondateur d'une dynastie éternelle. Il n'avait rien fait de particulièrement atroce dans *L'Iliade*, et, fait important, surtout pour les Romains, il n'était pas non plus mort durant cette guerre.

Il s'enfuit de Troie à feu et à sang...

À la fin de la guerre de Troie, les Grecs détruisirent la cité et en tuèrent tous les hommes (en ce qui concerne les femmes, ils avaient d'autres projets). Énée réussit à s'échapper, portant son vieux père Anchise sur le dos et son fils Ascagne dans les bras. Il emporta aussi les images de son Lare et de ses Pénates, ses divinités du foyer (voir le chapitre 10).

La raison pour laquelle Anchise était trop faible pour marcher, c'est que, longtemps auparavant, il s'était uni à Vénus. Les Anciens savaient qu'avoir des relations sexuelles avec une déesse affaiblissait un homme mortel pour toujours (mais cela en valait quand même la peine). C'est comme ça que Vénus devint la mère d'Énée.

Le sentiment du devoir constitue un thème majeur de *L'Énéide*. Cette image d'Énée transportant tout ce qu'il pouvait sauf l'évier peut-être (ni son épouse d'ailleurs) hors de Troie résume ce héros : il avait le sens du devoir. Ulysse était malin et Achille courageux (voir le chapitre 7) ; Énée, lui, faisait ce qu'il était censé devoir faire. Un autre thème de *L'Énéide* est celui de la colère de Junon, qui haïssait Énée et l'idée qu'il était destiné à fonder Rome au détriment de Carthage, la cité qu'elle protégeait. En fait, *L'Énéide* aurait tout aussi bien pu s'appeler *Le Devoir contre la colère*.

Facile à dire, après coup !

L'Énéide de Virgile fut écrite entre 29 et 19 av. J.-C., mais les événements qu'elle raconte sont censés avoir eu lieu mille ans auparavant. Dans ce poème, divers prophètes révèlent à Énée « ce qui se passera » dans l'histoire de son peuple. Bien évidemment, bien que certains des personnages de Virgile soient des prophètes, Énée n'avait pas à être lui-même prophète, parce que les événements de la « prophétie » s'étaient déjà produits. La « prophétie » après coup, c'est celle qu'il est le plus facile d'écrire !

... pour effectuer une croisière sur la Méditerranée

Énée et compagnie rejoignirent un bateau et mirent les voiles. Énée eut des tas d'aventures au cours du voyage, et de fait, la première partie de *L'Énéide* ressemble beaucoup à *L'Odyssée* d'Homère (voir le chapitre 7). Énée passa même devant l'île aux Cyclopes, suffisamment près pour voir les grandes créatures (mais il ne s'y arrêta pas).

Suivant la suggestion de son père, les fugitifs troyens firent escale en Épire, dont Hélénos était roi. Hélénos était un autre des survivants troyens. C'était le fils de Priam, le roi de Troie. Comme sa sœur jumelle Cassandre (voir le chapitre 8) Hélénos avait le talent de divination, et il fit un peu de divination pour Énée et ses compagnons. Voir la section « Une vieille prophétie se réalise » plus loin dans ce chapitre pour savoir ce qu'il raconta à Énée. Celui-ci, de même que ses hommes, aurait bien aimé rester chez Hélénos en Épire, mais le devoir les attendait, et ils durent donc partir.

Ma reine carthaginoise

Après leur arrêt en Épire, ils continuèrent leur voyage. Le sens des responsabilités et la colère jouèrent un rôle très important dans ce qui s'ensuivit.

Un jour, il furent secoués par une terrible tempête, que Junon avait envoyée pour les mettre en pièces. Mais Jupiter, le mari de Junon (voir le chapitre 10 pour en savoir plus sur Junon et Jupiter) remarqua ce qu'il se passait et lui dit carrément qu'il ne lui permettrait pas de tuer Énée, parce qu'il faisait juste son devoir qui était de naviguer jusqu'à ce qu'il ait fondé Rome.

Le vaisseau d'Énée fini par échouer sur le rivage de Carthage, sur le territoire de l'actuelle Tunisie. Puis il rencontra Didon, la reine de Carthage. Didon était une Phénicienne, née dans la ville de Tyr (aujourd'hui Sour, au Liban). Elle avait fui sa patrie après l'assassinat de son mari, et elle s'était installée sur le site de Carthage, dont elle était juste en train de terminer la construction lorsque Énée et ses hommes débarquèrent.

Tu as de beaux yeux tu sais, on se met ensemble ?

Didon accueillit Énée et ses compagnons, et, c'était prévisible, Vénus fit en sorte qu'elle tomba amoureuse d'Énée. Il lui retourna son affection. Un jour, ils sortirent chasser et furent pris dans une tempête. Tous deux trouvèrent abri dans une grotte, dans laquelle ils firent l'amour pendant tout le temps que la tempête se déchaînait. Dès lors, ils vécurent ensemble comme un couple marié et Énée fit office de roi de Carthage. Didon se prit à espérer qu'il l'épouserait.

Mais les dieux ne l'entendaient pas de cette oreille. Fatigués du badinage d'Énée, ils envoyèrent Mercure lui rappeler qu'il était censé se rendre en Italie pour fonder une nouvelle Troie. Énée, toujours consciencieux, décida donc qu'il était temps de quitter Carthage et de continuer son voyage. Il n'avait aucunement l'intention d'emmener Didon avec lui, même si elle avait voulu le suivre.

Notre « héros » se comporta pourtant en véritable lâche. Il essaya de disparaître sans même prévenir Didon qu'il partait. Ce plan ne marcha pas, c'était la reine, après tout, et quelqu'un devait bien la prévenir. Elle le rattrapa donc au port et lui demanda de s'expliquer.

La malédiction de Didon vient étayer la théorie selon laquelle Carthage et Rome ne pouvaient pas s'entendre

Didon était courroucée, et, en face, Énée ne pouvait que maladroitement bafouiller que les dieux lui avaient dit de partir. Elle fit donc construire un gigantesque bûcher funéraire, affirmant que c'était un rite magique pour ramener Énée. Une fois le bûcher construit, Didon alla se coucher. Elle eut du mal à dormir, cette nuit-là, et, lorsqu'elle se leva le lendemain matin, ce fut pour découvrir qu'Énée et ses hommes avaient vraiment mis les voiles. Sans même dire au revoir.

Furieuse, Didon maudit Énée et appela de ses vœux une hostilité éternelle entre Carthage et les descendants de son amant infidèle, les futurs Romains. Puis elle monta sur le bûcher et se transperça avec l'épée d'Énée.

Comme Virgile l'avait « prédit », Rome et Carthage ne s'entendirent jamais vraiment bien. Les Romains se servirent de l'histoire de la malédiction de Didon pour justifier leur entrée en guerre contre Carthage sous le règne d'Hannibal (deuxième guerre punique, de 218 à 201 av. J.-C.).

Énée débarque en Italie

Après avoir abandonné Didon, Énée arriva finalement à Cumes (qui devait devenir plus tard une station balnéaire très appréciée des riches Romains). Là, il rencontra une prêtresse d'Apollon, la *Sibylle* (voir le chapitre 4). Elle l'emmena faire une brève excursion aux Enfers, où il rencontra son père. Celui-ci lui prédit qu'il allait engendrer une grande race, et il lui montra les âmes de futurs Romains qui attendaient de naître.

Énée rencontra aussi le fantôme de Didon. Il essaya de s'expliquer et de lui présenter des excuses, mais le fantôme ne voulut pas l'écouter et s'enfuit pour retrouver le fantôme du mari phénicien de Didon.

Une vieille prophétie se réalise

Énée repartit et, au terme de sa traversée, il débarqua au royaume du Latium, en Italie. Ses compagnons et lui-même naviguèrent jusqu'au Tibre, puis ils tirèrent leur bateau sur la berge. Exténués, ils décidèrent de déjeuner. Après qu'ils eurent épuisé leurs vivres, ils étaient encore tellement affamés qu'ils mangèrent les galettes de blé dont ils se servaient en guise d'assiettes. Ascagne, le jeune fils d'Énée, dit « Hé les gars, vous mangez vos tables », puisque les galettes de blé soutenaient comme des tables leurs aliments.

C'était ce que leur avait prédit Hélénos, il y avait bien longtemps, alors qu'ils étaient en Épire. (Voir plus haut la section « …pour effectuer une croisière sur la Méditerranée »). Comme c'est le cas pour la plupart des prophètes, les prophéties d'Hélénos étaient souvent difficiles à comprendre jusqu'à ce que ce qu'elles prédisaient ne se soit réellement produit (lorsque parfois c'était trop tard).

Hélénos avait dit à Énée que, lorsqu'il serait vraiment fatigué, il trouverait un endroit près d'un fleuve où une truie géante serait couchée en train d'allaiter trente porcelets. Il pourrait s'y reposer et il ne devrait pas se faire du souci s'il devait manger les tables, parce qu'Apollon arrangerait les choses.

Les voilà donc arrivés près d'un fleuve, en train de manger leurs tables. Mais où donc était cette truie géante et ses trente petits cochons ?

Cette truie blanche géante représentait la cité que les hommes d'Énée fonderaient. Énée fonda Lavinium sur la côte, mais Ascagne, le fils d'Énée, fonda une cité appelée Albe la Longue, en latin *Alba Longa* (*alba* signifie blanc en latin, la couleur de la truie) dont il fut le premier roi. Les trente porcelets représentaient les trente tribus « latines » et qui se regrouperaient plus tard pour former la ligue latine, que Rome finirait par diriger. Selon cette version, Alba Longa, la cité d'Ascagne, serait la « mère» de tous les peuples latins. Elle est même à l'origine de Rome puisque Romulus est un descendant direct d'Ascagne.

Il mène une guerre pour une mariée

Pour mener tout cela à bien, Énée dut se faire des relations locales. Il rechercha donc le roi du coin, un homme appelé Latinus, et lui promit qu'il pourrait épouser sa fille Lavinia – à laquelle un oracle avait prédit qu'elle épouserait un prince étranger. De plus, Énée était bel homme.

Malheureusement, Latinus avait déjà promis Lavinia à Turnus, le chef d'une autre tribu italique, les Rutules. Turnus se sentit offensé et déclara la guerre à Énée et à Latinus. Les armées s'affrontèrent et, finalement, Énée se retrouva face à face avec Turnus, qu'il tua en combat singulier.

Mais au bout du compte, non, il n'a pas fondé Rome

L'une des choses qui surprennent dans *L'Énéide*, c'est qu'Énée ne fonde en fait pas Rome. Il visite Pallantée, site sur lequel sera fondée, quelques siècles plus tard, la ville éternelle, lorsqu'il rend visite au roi grec Évandre pour lui demander de l'aider dans sa guerre contre Turnus (*Énéide*, chant VIII). Mais lui-même ne fait que fonder la ville de Lavinium, qu'il appelle ainsi en l'honneur de son épouse Lavinia, la fille de Latinus. Lors de son voyage à Pallantée, Évandre lui fait néanmoins visiter les lieux (Pallantée est en fait bâtie sur la colline du Palatin, qui deviendra le centre religieux de la future Rome) ; et, depuis cette hauteur, Énée contemple les six autres collines qui, avec le Palatin, formeront un jour les sept collines de Rome : le Palatin, le Capitole, le Viminal, l'Esquilin, l'Aventin, le Quirinal et le Caelius.

Romulus et Remus, et la fondation de Rome

Le nom « Rome » vient du nom du fondateur légendaire de la ville, Romulus. C'était pas un type facile.

ANECDOTE

Les Grecs virent un clin d'œil dans le nom « Rome », parce que *rhôme* signifie « force » en grec. Ce qui n'était probablement pas pour déplaire aux Romains.

Notre oncle ne nous aimait pas

Le roi d'Albe la Longue, la ville fondée par Ascagne, le fils d'Énée, s'appelait Procas. Il avait deux fils, Numitor et Amulius. Numitor était l'aîné, mais Amulius s'empara du trône et fit assassiner les fils de Numitor. Amulius força aussi la fille de Numitor, Rhea Silvia, à devenir Vestale (voir le chapitre 10), pour être certain que la famille immédiate de Numitor n'engendrerait pas de descendance directe de sexe masculin.

Les plans d'Amulius peuvent avoir semblé tenir la route, mais, en mythologie, les hommes proposent et les dieux disposent : Rhea Silvia fut séduite par Mars et fécondée par lui.

Lorsque son oncle le roi Amulius (l'ignoble !) se rendit compte qu'elle était enceinte, il la fit enchaîner et lorsqu'elle donna naissance à Romulus et Remus, deux frères jumeaux, Amulius les fit abandonner sur les bords du Tibre, où ils mourraient très probablement (c'est en tout cas ce qu'espérait Amulius).

ANECDOTE

L'infanticide était extrêmement courant dans l'Antiquité (et à une époque plus récente). Lorsque des parents avaient un bébé qu'ils ne pensaient pas pouvoir éduquer, ou lorsqu'une femme célibataire donnait naissance à un bébé sans que celui-ci ait un père. Plutôt que de ruiner la famille tout entière ou de la déshonorer, ils abandonnaient simplement les nouveau-nés qu'ils ne voulaient pas dans les rues, à flanc de coteau ou sur la berge d'un fleuve. Ils ne considéraient pas que c'était un meurtre, car il était toujours possible que quelqu'un trouve l'enfant et l'élève par la suite.

Romulus et Remus ne moururent pas. Une louve les trouva et les allaita, ce qui fit beaucoup rire les Romains car le mot *lupa*, « louve », signifie aussi la prostituée... La Figure 11-3 montre la célèbre sculpture de Romulus et de Remus avec la louve.

Finalement, un berger, Faustulus, trouva les bébés et les adopta. Ils grandirent et consacrèrent leur vie au crime.

Figure 11-3 : Romulus, Remus et la louve.

À la suite d'un vol de moutons qui avait mal tourné, Remus fut capturé et conduit devant son oncle, le roi Amulius. Faustulus décida que le moment était venu de raconter à Romulus l'histoire de sa naissance. Romulus se mit en colère, attaqua le château, tua son oncle, sauva son frère, et fit de son grand-père Numitor le roi d'Albe la Longue.

Romulus fonde Rome tout seul

Se sentant inspirés et motivés après la mort de leur oncle, Romulus et Remus eurent l'idée d'édifier leur propre ville à l'endroit même où la louve les avait sauvés. Mais ils ne purent se mettre d'accord sur lequel des deux aurait le privilège de fonder la nouvelle cité. Ils s'en remirent donc à la décision des dieux. Chacun sur une colline (Romulus choisit le Palatin et Remus l'Aventin), les deux frères attendaient un signe des dieux. Remus vit le premier six vautours qui lui passaient au-dessus de la tête, bon présage ! Mais, aussitôt après, Romulus en vit arriver douze – présage encore meilleur – et commença à tracer les limites de sa cité sur le mont Palatin ; cette ligne de frontière, tracée à la charrue, s'appelle le *pomoerium*. Piqué au vif, Remus voulut montrer qui il était à son jumeau et franchit d'un bond le *pomoerium* ; Romulus, exaspéré, le tua sans hésiter d'un coup d'épée en proclamant que mourrait ainsi quiconque voudrait franchir ses murailles. Puis il termina la fondation de sa cité, qu'il appela Rome (*Roma*), d'après son propre nom.

Maintenant, j'ai besoin de Romains. Et puis aussi de Romaines : à nous les petites Sabines !

Tout seul après avoir tué son frère et marqué son territoire, Romulus avait une cité, mais personne n'y habitait encore. Il proclama donc que quiconque cherchait un refuge – criminels, esclaves échappés –, serait bienvenu à Rome. Bientôt, il se trouva à la tête d'une belle brochette de voleurs, d'assassins et d'autres types louches.

C'était un début, mais une population d'hommes ne pouvait à elle seule faire fonctionner une cité bien longtemps. Il fallait des femmes pour faire des Romains une population autonome. Il envoya donc un faire-part au peuple voisin, les Sabins, en invitant tout le monde à une grande compétition sportive et à un grand pique-nique, en les enjoignant de venir avec toute leur famille. Les Sabins répondirent à l'invitation. Mais juste au moment où tout le monde commençait à bien s'amuser, Romulus donna un signal et ses hommes s'emparèrent de toutes les femmes sabines et s'enfuirent avec elles.

Trop tard, nous sommes déjà assimilées et nous avons aussi changé de culture !

Si l'on considère le type d'hommes louches qui vivaient là-bas à cette époque, ce comportement envers les femmes sabines n'est peut-être pas surprenant. Les Sabins en furent très contrariés. Le roi sabin Titus Tatius rassembla son armée et marcha sur Rome. Les Romains commencèrent à se battre contre eux, mais, au bout d'un petit moment, les femmes intervinrent pour faire cesser le massacre. Elles ne voulaient pas que leurs pères et frères fussent blessés et demandèrent qu'on se réconciliât.

Les Sabins et les Romains firent donc la paix et leurs deux peuples fusionnèrent. Titus Tatius et Romulus gouvernèrent ensemble pendant une courte période. Après la mort de Tatius, Romulus gouverna seul pendant trente-trois ans encore, il fut le premier roi de Rome.

Les dieux déifient Romulus

Lorsque Romulus « mourut », il disparut mystérieusement. Un jour, Romulus apparut dans un rêve à un habitant de Rome. Romulus lui déclara que les dieux l'avaient enlevé pour en faire l'un des leurs, et qu'il s'appelait désormais Quirinus. Fait intéressant, l'un des dieux locaux les plus importants, peut-être un dieu sabin, s'appelait aussi Quirinus. Les deux dieux furent alors assimilés, ce qui était un phénomène fréquent.

Les sept rois de Rome

En comptant Romulus, et avant l'aube de la République, Rome eut sept rois légendaires, ce qui fait sept rois pour la cité fondée sur sept collines (voir plus haut la section « Mais au bout du compte, non, il n'a pas fondé Rome »). Ces rois furent, dans l'ordre chronologique :

- Romulus, qui gouverna de 753 à 715 av. J.-C.
- Numa Pompilius, qui gouverna de 715 à 672 av. J.-C. Il fonda les principaux établissements religieux de la cité.
- Tullus Hostilius, qui gouverna de 673 à 642 av. J.-C. C'était un roi belliqueux.
- Ancus Marcius, qui gouverna de 640 à 616 av. J.-C. Il agrandit Rome.
- Tarquin l'Ancien, qui fut au pouvoir de 616 à 578 av. J.-C. Il fit ériger de nombreux temples et autres édifices, y compris le temple de Jupiter (sa construction ne fut cependant pas achevée par Tarquin).
- Servius Tullius, qui gouverna de 579 à 534 av. J.-C. Il dota la cité d'une nouvelle constitution et agrandit l'enceinte de la ville.
- Tarquin le Superbe, qui gouverna de 534 à 509 av. J.-C. ; ce Tarquin-là avait l'ambition d'agrandir le territoire de Rome, mais c'était un roi médiocre. Il fut renversé après que son fils Sextus eut violé Lucrèce, une Romaine à la vertu irréprochable.

Les Romains avaient des sentiments mitigés vis-à-vis de ces rois. D'un côté, ils avaient à cœur de célébrer leur histoire. De l'autre, une fois que la République fut établie, « roi » était devenu synonyme de « sale type qui dit à tout le monde quoi faire, contrairement à notre excellent Sénat, qui dit à tout le monde quoi faire. » Peut-être est-ce à cause de cette attitude circonspecte que le dernier roi, Tarquin le Superbe, avait une réputation aussi mauvaise. Sous la République, les Romains auraient pu dire quelque chose du genre : « Oh, les rois ont bien commencé, mais le dernier fut vraiment horrible, c'est pourquoi nous sommes vraiment contents d'avoir une République. »

Le dernier roi de Rome, Tarquin le Superbe, c'est-à-dire l'Orgueilleux, fut un tyran qui exaspéra son peuple. La goutte d'eau qui fit déborder le vase fut le viol de la noble et chaste Lucrèce par son fils, Sextus, épisode que nous raconte avec force détails Tite-Live, au premier livre de son *Histoire romaine*. Lucrèce était la fidèle épouse de Collatin, un jeune noble romain. Un soir, tandis que Collatin, Sextus Tarquin et d'autres nobles étaient en campagne militaire, ils en vinrent à parler d'amour – sujet de conversation fréquent dans les casernes ! – et chacun se mit à vanter les mérites de sa propre épouse. Collatin fit un tel éloge de Lucrèce que tous les autres hommes voulurent contrôler ses dires en débarquant à l'improviste chez Collatin. Et ils durent avouer que ce dernier n'avait pas menti : Lucrèce était chastement assise chez elle en train de filer la laine, activité féminine par excellence.

La femme de Sextus ne tenait pas la comparaison, et ce dernier, jaloux, décida qu'il posséderait lui aussi cette si vertueuse Romaine. Le lendemain, en l'absence de son mari, il va trouver Lucrèce et la contraint de se donner à lui : la jeune femme fut forcée d'obéir, car Sextus lui dit que, si elle refusait, non seulement il la tuerait elle et un de ses esclaves, mais qu'en outre il disposerait les deux corps de manière à faire croire qu'elle avait commis un adultère avec l'esclave.

Estimant par-dessus tout sa réputation, Lucrèce céda. Mais elle raconta dès que possible cette atroce affaire à son père et à son mari, puis se suicida pour ne pas avoir à vivre avec cette infamie sur la conscience. C'en était trop pour les Romains ; Brutus, un jeune noble, souleva le peuple et chassa Tarquin le Superbe du trône ainsi que ses fils, en proclamant la République : au lieu d'être gouvernés par des rois, les Romains se donneraient désormais des consuls élus chaque année et au nombre de deux, afin d'éviter toute dérive vers le pouvoir personnel. Brutus et Collatin furent naturellement les deux premiers consuls de la République romaine. En un sens, la fondation de Rome, dans ce qu'elle a de plus original, repose sur un viol.

Chapitre 12

Les Métamorphoses d'Ovide

Dans ce chapitre :

- Changeons des gens en araignées ou en autres bestioles
- On n'est jamais aussi bien servi que par soi-même : Pygmalion
- De la musique divine avec Orphée et Eurydice
- Le rendez-vous près du mûrier de Pyrame et Thisbé
- La vieillesse heureuse de Baucis et Philémon
- L'union de l'Amour et de l'me achevée par Cupidon et Psyché

La mythologie romaine est bourrée de bonnes histoires d'amours entre dieux, mortels et autres. Les Romains étaient d'excellents conteurs. En fait, ils étaient si bons que leurs contes, récits condamnés, d'identités erronées et de transformations magiques, sont souvent plus célèbres que les histoires grecques originales dont elles sont inspirées.

Le poète romain Ovide (43 av. J.-C. – 17 ou 18 apr. J-C.) obtint un immense succès littéraire avec *Les Métamorphoses*. Dans cette épopée mythologique, il raconte quantité d'histoires de passages de personnes d'une forme à une autre. Ovide s'inspira largement du corpus des mythes grecs, comme par exemple de la légende de l'enlèvement de Perséphone par Hadès et aussi des tas d'histoires relatives à la guerre de Troie et au héros Ulysse (voir chapitre 6). Toutes ces histoires étaient grecques à l'origine, pourtant toutes étaient devenues romaines une fois qu'Ovide eut fini de les transformer.

Les Métamorphoses d'Ovide commencent par la création du monde (durant laquelle le Chaos se changea en ordre), puis elles décrivent comment Jupiter envoya un déluge pour tuer tous les hommes, sauf Deucalion et Pyrrha, qui étaient vertueux. Puis Ovide, dans de très nombreux chapitres, décrit les aventures des dieux, en mettant un accent particulier sur leurs aventures amoureuses. Après les dieux, c'est au tour des héros de la guerre de Troie, et enfin (et c'est la meilleure partie) vient l'histoire racontant comment Jules César devint une star après sa mort.

Ovide ne fut pas le seul écrivain romain à convertir des mythes en littérature divertissante. L'histoire de Cupidon et de Psyché fut écrite par Apulée, un écrivain latin du IIe s. apr. J-C. Il la raconta dans un roman intitulé justement *Les Métamorphoses*, histoire de compliquer les choses. Les poèmes de Virgile, qu'il s'agisse de ses courts poèmes comme de ses épopées, regorgent de mythes, tous fortement influencés par les mythes grecs, et qui possèdent en outre une touche romaine bien caractéristique.

Pomone et Vertumne

Dans ses *Métamorphoses*, Ovide raconte une charmante histoire, peut-être d'origine étrusque, car Vertumne, dieu des saisons, est un dieu étrusque. Ce dieu intéresse au plus haut point Ovide parce qu'il a le pouvoir de changer de forme à volonté et de prendre l'apparence de n'importe quelle créature. Vertumne, donc, le dieu des Saisons, était tout naturellement tombé amoureux fou de Pomone, la déesse des Fruits et des Vergers. Mais voilà : celle-ci, non contente de mépriser les hommes, méfiante à l'extrême, ne se laissait approcher par aucun représentant du sexe fort. Ayant essayé divers stratagèmes sans succès, Vertumne eut alors l'idée de prendre l'apparence d'une vieille femme inoffensive et put, sous cette forme, approcher Pomone et lui conter les mérites de Vertumne. Il lui tient en vain de longs discours et, découragé, finit par reprendre son apparence normale ! Et alors qu'il s'attendait à recevoir une claque, voire pis encore, quel ne fut pas son étonnement de voir Pomone, séduite par sa beauté, se jeter dans ses bras !

Des transformations surprenantes et des chasseurs héroïques

Ovide nomma son épopée *Les Métamorphoses* parce qu'elle racontait des histoires de transformations magiques : par exemple, dans l'histoire d'Arachné (voir ci-dessous), une jeune femme est transformée en araignée. Dans certaines histoires, la transformation est insignifiante pour l'intrigue – par exemple, l'histoire de la chasse du sanglier de Calydon (voir également ci-dessous) concerne surtout une chasse au sanglier, mais Ovide raconte une transformation tout à la fin qui sert de prétexte pour inclure ce récit dans son poème.

Arachné et Minerve

Arachné était une jeune femme n'ayant aucune noblesse particulière, mais qui était célèbre pour son art du tissage. Elle y excellait, à tel point que les gens pensaient qu'elle devait tenir son talent de Minerve, dont la spécialité était justement le tissage. Mais Arachné affirmait que personne ne lui avait enseigné son art, et elle jeta même un défi à la déesse : celle-ci pourrait venir se mesurer à elle, et, si elle perdait, la déesse pourrait faire d'elle ce qu'elle voudrait.

Minerve (Athéna chez les Grecs) entendit ces propos et s'en alla relever ce défi. Toutes les autres femmes autour d'Arachné étaient terrifiées, mais celle-ci insista pour que la joute ait bien lieu. Elle et Minerve installèrent donc leurs métiers respectifs et se mirent à travailler. Minerve tissa une tapisserie illustrant toutes les grandes réalisations des dieux et des mortels insensés qui les avaient défiés. Arachné représenta toutes les fautes des dieux, en particulier les nombreuses femmes humaines que Jupiter avait séduites. La tapisserie d'Arachné était vraiment bonne, tellement bonne que personne ne pouvait y trouver la moindre chose à redire. Minerve perdit son sang-froid et lui donna un grand coup sur la tête. Arachné se sentit humiliée et alla se pendre.

Minerve se calma alors un peu ; elle déclara à Arachné qu'elle pourrait continuer à vivre, mais qu'elle devrait être suspendue en l'air pour toujours. Puis elle la transforma en araignée à l'aide d'herbes magiques. Arachné passa le reste de sa vie suspendue à un fil et toujours en train de tisser.

VOCABULAIRE

Le nom Arachné est à l'origine du mot *arachnide*, le nom scientifique qui désigne la classe d'animaux à laquelle appartiennent les araignées, et *arachnéen* pour qualifier un tissu impalpable.

Hermaphrodite

Vénus et Mercure avaient un fils qu'ils nommèrent Hermaphrodite (d'après Aphrodite et Hermès, les noms grecs de ces deux dieux). À l'âge de 15 ans, une Nymphe, Salmacis, le vit et en tomba amoureuse. Hermaphrodite ne voulut rien à voir affaire du tout avec elle, ni baisers, ni embrassades, ni rien d'autre d'ailleurs. Salmacis vivait dans un magnifique bassin, aux eaux claires comme de l'eau de roche, et entouré d'herbe très verte. Après qu'Hermaphrodite l'eut repoussée, elle le laissa près de son bassin et feignit de s'en aller. En fait, elle se cacha dans les bois pour l'observer. Il marcha jusqu'au bassin et y trempa les orteils, puis il décida d'y nager. Il se déshabilla, pour la plus grande joie de Salmacis, et y sauta.

Salmacis y sauta elle aussi et enlaça Hermaphrodite. Il la repoussa en refusant de lui céder. Salmacis pria instamment les dieux que rien ne puisse plus la séparer de l'objet récalcitrant de son amour. L'idée sembla plaire aux dieux qui exaucèrent le vœu d'une manière bizarre : ils fusionnèrent Salmacis et Hermaphrodite de telle sorte que leurs deux corps n'en fassent plus qu'un seul, présentant les deux natures : il était à la fois celui d'un homme et celui d'une femme. Hermaphrodite devint donc le premier des êtres bisexués, qu'on désigne aujourd'hui par l'adjectif « hermaphrodites ».

Hermaphrodite fit, lui aussi, un vœu dans cette histoire. Lorsqu'il se rendit compte de ce qui était arrivé, il appela son père et sa mère et leur demanda de lui rendre un service : que tout homme qui se baignerait dans le bassin reçoive le même traitement. Vénus et Mercure s'apitoyèrent sur le sort de leur fils et exaucèrent son vœu, et, depuis, selon Ovide et ses sources, tout homme qui se baigna dans ce bassin perdit sa virilité.

La chasse au sanglier de Calydon

Un jour, le roi Œnée de Calydon, alors qu'il procédait aux sacrifices annuels en l'honneur des dieux, se trompa et oublia de donner la part qui lui revenait à Diane. Offensée, celle-ci lança dans la nature un gigantesque sanglier afin de punir les habitants de la région. Cet animal était aussi grand qu'un taureau, il avait des défenses aussi grandes que celles d'un éléphant, et il crachait du feu comme un dragon. Il écrasait les pousses dans les champs, détruisait les plants de vigne, tuait des troupeaux de moutons entiers. Un véritable fléau.

Des super héros à la rescousse

Un héros du nom de Méléagre décida de s'occuper de ce problème. Il battit le rappel de tout un groupe de héros, dont beaucoup avaient leurs propres mythes : Jason, Thésée et Pirithoos, Pélée (le père d'Achille), Nestor (qui apparaît en vieillard dans *L'Iliade*), Iphiclès (le frère jumeau d'Heraclès), les jumeaux Castor et Pollux, et la guerrière Atalante en faisaient partie. Méléagre brûlait d'un désir ardent pour Atalante. Reportez-vous au chapitre 6 pour en apprendre davantage sur tous ces héros.

Deux pour Atalante...

Les guerriers chassèrent le sanglier dans la forêt, où, pour la plupart, ils ne réussirent pas à le blesser avec leur lance et tuèrent même accidentellement l'un des leurs. Alors qu'il s'enfuyait, Atalante le blessa d'une flèche, ce qui embêta bien ces messieurs. Le héros Ancaeus s'y attaqua avec une hache, mais le sanglier lui ouvrit l'aine avec ses cornes, ce qui fit sortir les entrailles du malheureux. Thésée et Jason lui jetèrent des lances, mais sans succès. Puis Méléagre envoya coup sur coup deux lances ; la première manqua son objectif, mais la seconde alla se loger dans le dos du sanglier. Chacun se rua sur le sanglier pour l'achever afin de pouvoir se vanter plus tard d'avoir participé à son élimination.

Méléagre fit cadeau à Atalante de la tête du sanglier, de ses défenses et de sa peau, mais ses deux oncles se mirent en colère et les lui enlevèrent : qu'est-ce qu'une simple femme pourrait donc bien avoir fait pour mériter de tels honneurs ? C'était à eux, ses plus proches parents, que revenaient les entrailles du sanglier, s'il n'en voulait pas. Méléagre se fâcha et embrocha les deux types de son épée.

... à zéro pour Méléagre

Ce geste eut pour résultat de mettre en colère la mère de Méléagre qui cachait un terrible secret à son fils. En effet, alors qu'il venait juste de naître, sa mère avait appris qu'il mourrait au moment où un tison magique serait consommé. Elle l'avait donc arraché au feu et placé en lieu sûr, mais maintenant elle ne savait plus vraiment si elle voulait encore que son fils vive. Elle lutta contre sa conscience pendant un moment, et son amour pour ses frères l'emporta finalement sur celui pour son propre fils. Elle jeta la bûche au feu et Méléagre mourut alors qu'elle se consumait. Après avoir tué son fils, la mère de Méléagre se suicida au moyen d'une épée. Ses sœurs pleurèrent amèrement la mort de Méléagre, et, finalement, Diane décida qu'elle avait suffisamment été vengée. Elle transforma les sœurs en oiseaux et arrêta de tourmenter tout le monde.

Les amants d'Ovide

Ovide adorait les histoires d'amour. En fait, avant d'écrire *Les Métamorphoses*, il avait publié des livres intitulés *Les Amours, Les Héroïdes* et *L'Art d'aimer*, qui parlaient de son sujet favori : l'amour. Il n'est donc pas surprenant que *Les Métamorphoses* soit une infinie variation autour d'histoires d'amour.

Pygmalion et Galatée

Le sculpteur Pygmalion était misogyne. Il ne voulait rien savoir des femmes. En fait, pas tout à fait. Il aimait les regarder, et décida de faire lui-même la sculpture d'une femme parfaitement belle. Il y travailla avec assiduité jusqu'à ce qu'elle soit plus belle que n'importe quelle femme vivante. Elle avait même l'air tellement vivante qu'elle ressemblait à peine à une statue.

Cette statue devint l'obsession de Pygmalion. Il la bécotait et l'embrassait, il l'habillait de beaux atours et il lui faisait même de petits cadeaux. Il la mettait au lit la nuit, en la bordant douillettement comme une poupée. Et il décida qu'après tout il voulait avoir une femme dans sa vie.

Vénus eut vent de cette étrange histoire et fut impressionnée par le fait qu'un mortel avait inventé un genre d'amour nouveau et inhabituel. Le jour de la fête de Vénus, Pygmalion se rendit à son temple et demanda à la déesse de l'aider à trouver une femme qui soit exactement comme la statue. Les flammes de l'autel eurent un sursaut au moment même où il exprima cette prière, ce qui semblait être bon signe. Puis il rentra chez lui.

Sa statue s'y trouvait, plus séduisante que jamais. Il l'enlaça comme à son habitude, et lui baisa les lèvres. Mais cette fois-ci, quelque chose se produisit : la statue lui rendit son baiser ! Il caressa tout son corps, et la pierre froide devint chaude et douce alors qu'il la touchait. Il la regarda dans les yeux, et la statue-femme lui sourit. Vous trouverez une représentation de ce moment magique à la Figure 12-1.

Figure 12-1 : la statue de Pygmalion s'anime.

Maintenant que la statue de Pygmalion était une femme, Pygmalion et elle se marièrent. Ils eurent un enfant et l'appelèrent Paphos, et c'est d'après lui que fut nommée plus tard la ville préférée de Vénus.

NOTE TECHNIQUE

Nous appelons cette histoire « Pygmalion et Galatée », mais Ovide ne donne pas de nom à la statue-mariée. Le nom Galatée semble avoir été ajouté à la Renaissance, et il est devenu conventionnel aujourd'hui. Si vous lisez une traduction d'Ovide, vous la trouverez probablement mentionnée dans la table des matières ou l'index, bien que son nom n'apparaisse pas dans le texte. On trouve une autre Galatée dans les mythes grecs, il s'agit d'une Néréide, une Nymphe de la mer dont un Cyclope tomba amoureux, mais cette Galatée-là est différente de la femme de Pygmalion.

ANECDOTE

La pièce *Pygmalion* de George Bernard Shaw raconte l'histoire d'un gentleman britannique qui transforme une pauvre fille de la rue en dame distinguée, surtout en l'habillant comme il sied et en lui donnant des leçons d'orthophonie (prononciation correcte) pour éliminer son accent effroyable et lui donner l'accent aristocratique. Cette pièce inspira le film *My Fair Lady*.

Orphée et Eurydice

Orphée était le fils de l'une des Muses. C'était le plus grand musicien que la terre ait jamais porté. Lorsqu'il jouait, tous les êtres vivants, et même les rochers et les rivières, s'arrêtaient pour l'écouter. Voir la Figure 12-2.

Figure 12-2 : Orphée.

Orphée se maria à une Dryade appelée Eurydice. Tout de suite après leurs noces, un serpent mordit Eurydice et elle tomba raide morte. Orphée ne voulait pourtant pas la laisser partir. Il décida de se rendre aux Enfers pour la ramener.

Le pouvoir de sa musique lui permit de passer. Cerbère, le chien tricéphale, s'endormit en l'écoutant jouer. Sisyphe arrêta de faire rouler son rocher, Tantale en oublia sa soif pendant un moment, et même les Furies se mirent à pleurer devant la beauté du chant d'Orphée.

Le tonneau des Danaïdes

De même aujourd'hui parle-t-on souvent du tonneau des Danaïdes à propos d'une dépense dont on ne voit jamais la fin ; on fait alors référence au supplice des cinquante filles de Danaos, qui tuèrent, sur ordre de leur père, leurs cinquante maris la nuit même de leurs noces (en fait, seule Hypermestre désobéit à son père). Aussi Hadès, pour les punir, les obligea-t-elles à remplir pour l'éternité un tonneau sans fond... Tous les suppliciés du Tartare – voyez Sisyphe, condamné à pousser un rocher en haut d'une pente de laquelle il roule inexorablement vers le bas – nous mettent en garde contre des tâches insurmontables.

Beaucoup de personnages mythologiques réapparaissent dans le français courant. Tantale avait été condamné à un châtiment éternel. Il avait servi son propre fils en repas aux dieux à dîner ; ceux-ci l'avaient condamné à souffrir d'une faim et d'une soif dévorantes et perpétuelles tout en étant entouré de nourriture qu'il ne pourrait pas toucher et d'eau qu'il ne pourrait pas boire. On appelle *supplice de Tantale* la souffrance de quelqu'un qui ne peut assouvir un désir dont l'objet se trouve pourtant à sa portée.

Le roi des morts lui-même ne put résister à la musique d'Orphée. Il déclara à celui-ci qu'il pouvait emmener Eurydice, mais à une condition : elle devrait marcher derrière lui jusqu'au monde des vivants et il ne pourrait pas la regarder avant qu'ils ne soient tous deux sortis des Enfers.

Orphée se mit à marcher pour sortir des Enfers. Il pouvait entendre Eurydice marcher derrière lui. Cela le rendait fou, mais il put résister à la tentation de regarder en arrière jusqu'à ce qu'il soit presque sorti. Juste au moment où il allait s'avancer dans la lumière du jour, il entendit une pierre rouler et, instinctivement, se retourna. Eurydice était juste là, mais elle n'était pas encore complètement sortie des Enfers. Au moment où il allait la toucher, elle disparut. Il n'entendit qu'une voix lui dire « adieu ».

Orphée erra ensuite seul sur la Terre, en jouant de la musique pour lui-même et pour les rochers et les arbres. Un jour, une bande de Bacchantes ivres de vin lui tombèrent dessus et le mirent en pièces. Elles dispersèrent les morceaux de son cadavre, mais sa tête flotta en chantant sur l'eau d'un fleuve jusqu'à la mer ; elle échoua sur l'île de Lesbos. Orphée retourna aux Enfers, où il fut réuni pour toujours avec Eurydice.

Pyrame et Thisbé

Pyrame était le plus beau jeune homme de Babylone, et Thisbé la plus belle jeune fille. Il se trouvait qu'ils étaient voisins. Les maisons respectives de leurs parents avaient un mur mitoyen. Ils s'aimaient, mais leurs parents ne voulaient pas les laisser se marier.

Les amoureux frustrés découvrirent une fissure dans le mur qui les séparaient. Chaque jour, ils chuchotaient des mots tendres à travers elle. Avant d'aller se coucher, ils baisaient la fissure du mur, faute de pouvoir s'embrasser.

Un jour, ils décidèrent de se rencontrer en cachette. Ils avaient prévu de se retrouver sous un mûrier à la tombe de Ninus, la nuit tombée. Thisbé arriva la première à la tombe. Elle attendit un bon moment, mais Pyrame ne venait pas. Soudain, elle vit arriver une lionne qui venait boire à la source près de la tombe. Elle s'enfuit pour se cacher, en laissant tomber son écharpe. La lionne venait de dévorer un animal et sa gueule était pleine de sang. Elle sauta sur l'écharpe et la déchira un peu avant de s'en aller. Bien entendu, c'est à ce moment-là que Pyrame arriva. Il vit l'écharpe de Thisbé déchirée et ensanglantée, et tira immédiatement la conclusion que la lionne l'avait tuée. De désespoir, il se poignarda.

Thisbé revint. Elle trouva son amoureux au sol en train de mourir. Elle le prit dans ses bras et lui fit ses adieux ; il ouvrit les yeux et la reconnut avant de rendre l'âme. Thisbé vit son arme au sol et elle se poignarda elle aussi. Elle mourut près de Pyrame.

Les parents des amants s'adoucirent après ces événements, et ils placèrent leurs cendres ensemble dans la même urne. Les baies du mûrier, dont la couleur était passée du blanc au rouge sanglant tandis que le sang de Pyrame inondait ses racines, symbolisent, depuis, leur amour éternel.

ANECDOTE

L'histoire de Pyrame et de Thisbé a probablement été l'un des contes favoris de Shakespeare. Non seulement sa pièce *Roméo et Juliette* en emprunte une bonne partie de l'intrigue, mais on le retrouve encore dans *Le Songe d'une nuit d'été*, où un groupe d'artisans peu instruits en exécute une version très drôle pour un mariage royal.

Philémon et Baucis

Un jour, Jupiter et Mercure se déguisèrent en pauvres voyageurs et s'en allèrent frapper à des portes en Phrygie (alors une région d'Asie Mineure, la Turquie actuelle). C'était pour mettre les habitants à l'épreuve, pour voir s'ils étaient accueillants.

Ils frappèrent à des portes et demandèrent de la nourriture et un endroit où se reposer, mais personne ne leur ouvrit. La plupart des gens furent parfaitement grossiers et leur claquèrent la porte au nez.

Vous arrivez juste à l'heure pour le dîner !

Ils arrivèrent finalement à la plus misérable demeure de tout le pays. Ils frappèrent à la porte et demandèrent de la nourriture, et, cette fois-ci, les propriétaires les firent entrer. C'était un vieil homme et son épouse, ils s'appelaient Philémon et Baucis.

Philémon attira un banc près du feu pour y installer les visiteurs tandis que Baucis s'affairait à préparer un repas plutôt frugal. Une fois prêt, elle fit asseoir les dieux à leur table cassée et leur servit du chou bouilli et du vin bon marché. Le couple de petits vieux était enchanté d'avoir de la visite et prenait visiblement plaisir à la conversation.

Pourtant, ils remarquèrent quelque chose d'étrange : bien que leurs invités aient mangé et bu en énorme quantité, le plat restait garni de nourriture et le broc rempli de vin. Lorsqu'ils s'en rendirent compte, ils comprirent que leurs visiteurs devaient être des dieux. Ils s'excusèrent de leur avoir servi de la nourriture aussi mauvaise, et leur annoncèrent qu'ils allaient maintenant capturer et tuer leur oie pour cuisiner un meilleur repas en l'honneur de leurs invités.

L'oie ne se laissa pas attraper, bien que les deux vieux tentèrent de la poursuivre pendant un moment, ce qui fit bien rire Jupiter et Mercure. Finalement, Philémon et Baucis abandonnèrent, morts de fatigue.

Être protégé des dieux, ça présente des avantages incomparables

Jupiter et Mercure récompensèrent leurs hôtes. Ils les informèrent qu'ils étaient bien des dieux et leur dirent que tous les autres habitants du pays allaient mourir, mais pas eux. Baucis et Philémon regardèrent autour d'eux et s'aperçurent que tout le pays qui les entourait était maintenant recouvert d'eau. Leur minuscule chaumière s'était transformée en un merveilleux temple de marbre au toit d'or. Jupiter leur déclara qu'il exaucerait n'importe lequel de leurs souhaits. Leur demande fut aussi humble que leur vie l'avait été : ils demandèrent à être les prêtres du nouveau temple de Jupiter et à mourir en même temps – car ils avaient vécu ensemble si longtemps qu'aucun d'eux ne pouvait supporter la seule idée de vivre sans l'autre.

L'apprenti sorcier

Cette légende ne nous vient pas d'Ovide. Lucien de Samosate, un écrivain grec qui vécut au temps de l'Empire romain (de 125 à 192 apr. J.-C.) la conte dans son *Histoire vraie*. Dans cette histoire, un jeune homme servait d'apprenti à un magicien. Chaque soir, le magicien jetait un sortilège sur le pilon (un pilon de bois dont on se servait pour broyer les grains de blé et en faire de la farine). Le sortilège donnait vie au pilon, qui descendait chercher deux sceaux d'eau pour qu'ils soient utilisés. Ensuite, le magicien proférait un autre sortilège, et le pilon redevenait un pilon ordinaire. Un soir, alors que le magicien était sorti, l'apprenti essaya de refaire le tour. Il proféra le sortilège et anima le pilon sans anicroche. Mais lorsque le pilon eut apporté suffisamment d'eau, l'apprenti fut incapable de reproduire le sortilège qui le faisait s'arrêter. Paniqué, il saisit une épée et coupa le pilon en deux. Bien essayé, mais cela ne fit qu'empirer les choses, car dès lors il avait deux pilons animés qui lui apportaient de l'eau. Juste au moment où les choses étaient en train d'échapper à tout contrôle, le magicien rentra chez lui, proféra les mots magiques, et rendit leur état ordinaire et inanimé aux deux moitiés de pilon.

Cette histoire, tirée d'un récit de l'Antiquité, est devenue mythologique grâce à un poème écrit par Goethe, le célèbre écrivain allemand, qui inspira au compositeur français Paul Dukas une pièce de musique, laquelle inspira à son tour Walt Disney. Ses animateurs donnèrent le rôle de l'« Apprenti sorcier » à Mickey dans une séquence du film *Fantasia*, qui sortit en 1942.

Baucis et Philémon vécurent dans le temple de nombreuses années. Un jour, ils se mirent à évoquer le temps passé, le temps où ils avaient vécu dans une pauvre masure, mais avaient été très heureux. Tandis qu'ils parlaient, leurs peaux se transformèrent en écorce et des feuilles se mirent à pousser. Ils eurent juste le temps de se dire adieu l'un à l'autre avant d'être complètement transformés en arbres, un chêne et un tilleul poussant du même tronc.

Cupidon et Psyché

Cette histoire nous vient de la plume d'Apulée, et non de celle d'Ovide. C'est l'un des mythes romains les plus connus, il explique comment l'Amour et l'Âme furent unifiés.

Psyché était trop belle pour que ça plaise à Vénus...

Psyché, dont le nom signifie « âme », était la plus belle des trois filles d'un roi. Elle était si belle que tout le monde la comparait à Vénus, la déesse de l'Amour (voir chapitre 10), et qu'on se mit même à lui faire les offrandes réservées jusqu'alors à Vénus. Cela mit Vénus en rogne.

Elle appela Cupidon, son fils, et lui demanda de décocher une flèche à Psyché pour la faire tomber amoureuse d'un homme qui soit une espèce de monstre ou un horrible rustre. Cupidon acquiesça, mais à l'instant où il la vit il tomba désespérément amoureux d'elle !

Vénus ignorait tout et pensait que la jeune Psyché allait bientôt tomber amoureuse d'une créature ignoble. Mais ce ne fut pas le cas. En fait, elle sembla ne tomber amoureuse de personne, alors que personne non plus ne tombait amoureux d'elle. Les hommes venaient admirer sa beauté, mais jamais il ne leur vint à l'esprit de lui demander de l'épouser. C'était frustrant pour ses parents qui étaient prêts à la donner en mariage. Son père se rendit à l'oracle d'Apollon (voir le chapitre 4) pour découvrir quel était le problème. Cupidon avait tout raconté à Apollon sur son amour, et Apollon avait accepté de l'aider. L'oracle donna donc quelques instructions au père de Psyché : il fallait habiller Psyché de vêtements de deuil, et l'envoyer seule sur une colline rocheuse. Elle devait attendre sur place jusqu'à ce que son nouveau mari arrive (c'était la bonne nouvelle). Ce nouveau mari serait un monstre (c'était la mauvaise nouvelle).

Les parents de Psyché et le reste de la famille étaient désespérés ; ils étaient sûrs que le dragon la tuerait. Mais Psyché dit qu'elle préférait mourir ainsi que de passer sa vie à souffrir et à être seule parce que Vénus était jalouse d'elle. Elle enfila donc une tenue de deuil, fit ses adieux à sa famille, et attendit sa fin, assise au sommet de la colline.

Psyché au pays des merveilles

Soudain, elle sentit le vent qui l'enlevait et la transportait à travers les airs pour la déposer dans une prairie verdoyante, où elle s'endormit. Lorsqu'elle se réveilla, elle vit une superbe demeure digne d'un dieu, qui semblait inhabitée.

Psyché entra dans la maison et entendit des voix qui lui parlaient, lui disant que cette maison était la sienne et qu'elles étaient ses serviteurs. Elle ne pouvait pas les voir, mais elles n'attendaient qu'un signe de sa part pour la servir. Elle passa la journée seule, puis elle se mit au lit pour attendre son mari. Elle n'avait pas aussi peur que la veille.

Après s'être mise au lit et avoir soufflé la bougie, elle sentit qu'un homme se glissait dans le lit. Elle ne pouvait pas le voir, mais au toucher, il n'avait pour sûr rien d'un dragon ! Il firent l'amour toute la nuit, et Psyché trouva ça pas mal.

Mais elle ne put jamais le voir. Elle passait chaque jour seule, et, chaque nuit, elle couchait avec son mari qu'elle était dans l'impossibilité de voir. Elle se demandait qui il était et à quoi il ressemblait.

Ça se complique...

Une nuit, il lui dit que ses sœurs allaient venir sur la colline où elle avait disparu pour déposer des fleurs sur sa tombe. Il ne voulait pas qu'elle s'y rende. Mais comme elle voulait désespérément voir ses sœurs, elle le supplia et elle l'implora jusqu'à ce qu'il finisse par céder. Pourtant, il l'avertit que si elle se laissait persuader par ses sœurs de découvrir qui il était, leur union serait ruinée.

Le lendemain, elle alla rencontrer ses sœurs et les invita dans sa nouvelle maison. Les sœurs furent assez impressionnées par tout l'or et par toutes les victuailles qu'elles y virent, et elles insistèrent pour savoir qui était le mari de Psyché. Pourtant, tout ce qu'elle leur répondit, c'est que c'était un jeune homme et qu'il était parti à la chasse. Elle leur donna des cadeaux et les renvoya chez elles.

Cette nuit-là, le mari invisible de Psyché lui dit qu'elle ne devrait désormais plus voir ses sœurs. Elle refusa de l'écouter, et se plaignit que, comme elle ne pouvait jamais le voir, ce n'était pas juste qu'elle ne puisse pas voir au moins ses sœurs. Il céda une fois de plus, et le lendemain les sœurs revinrent.

Elles étaient devenues très soupçonneuses vis-à-vis du mari de Psyché. Psyché n'avait pas répondu de façon convaincante à leurs questions, et elles pensaient qu'en réalité elle ne l'avait jamais vu. Elles lui dirent qu'elles avaient entendu, de l'oracle d'Apollon, que son mari était en fait un dragon, et que, bien qu'il soit gentil en ce moment, un jour, il se transformerait et la dévorerait.

Psyché en fut effrayée – et si elles avaient raison ? Elle suivit donc le conseil donné par ses sœurs : elle cacha une lampe et un couteau sous le lit. Cette nuit-là, après que son mari fut endormi, elle saisit le couteau et alluma la lampe.

Et elle vit que ce n'était pas un monstre qui se trouvait dans son lit, mais le plus beau jeune homme qu'elle avait jamais vu. Sa main trembla, et elle fit tomber un peu d'huile brûlante sur l'épaule de son mari. Il se réveilla, la regarda, et disparut immédiatement. Psyché lui courut après dans la nuit. Elle ne pouvait pas le voir, mais elle entendit sa voix. Il lui cria qu'il était Cupidon, et que son manque de confiance avait ruiné leur union.

Cupidon rentra chez sa mère pour lui demander de soigner sa brûlure. Lorsque Vénus apprit de quelle façon il s'était brûlé, elle le laissa en plan avec ses douleurs et alla se venger de Psyché.

La chère belle-maman s'en mêle

Psyché cherchait son mari de partout. Finalement, elle alla voir directement Vénus. Avec beaucoup de dédain, celle-ci lui donna des tâches humiliantes à exécuter. Elle fit tomber un tas de petites graines par terre et dit à Psyché de les trier d'ici au soir. De minuscules fourmis vinrent l'aider. Ensuite, Vénus l'envoya chercher les toisons d'or des moutons sur une berge rocailleuse de rivière ; elle attendit jusqu'à ce qu'ils soient repartis et elle récolta la laine d'or dans les buissons où ils l'avaient perdue.

Puis Vénus l'envoya aux Enfers demander à Perséphone, la reine des morts, de lui prêter un petit onguent de beauté (en arguant qu'elle était épuisée d'avoir à s'occuper de Cupidon et que sa beauté en souffrait). Psyché fit tout le chemin pour se rendre aux Enfers et Perséphone lui donna de l'onguent dans un pot. Mais avant de le rapporter à Vénus, Psyché l'ouvrit pour voir si elle ne pouvait pas utiliser un peu de crème de beauté pour elle-même. Elle fut alors instantanément plongée dans un sommeil profond.

La brûlure de Cupidon avait fini par guérir. Il retrouva Psyché endormie, la réveilla, et lui dit qu'il allait tout arranger. Il alla voir Zeus et lui demanda de faire de Psyché une déesse. Zeus y consentit, et, lors d'une assemblée des dieux et déesses, Cupidon et Psyché furent officiellement mariés. L'Amour et l'Âme étaient désormais réunis.

Quatrième partie

Mythologies de l'Europe du Nord

« C'est le fils des voisins, le fils du géant Surt qui garde les feux du Muspell. Il demande si nous avons un extincteur. »

Dans cette partie...

Le climat froid de l'Europe du Nord a-t-il donné aux habitants de ces rudes contrées des pensées spécialement héroïques ? Toujours est-il que la plupart de leurs mythes racontent des histoires de guerriers, de batailles et de monstres, même si les légendes arthuriennes sont aussi agrémentées d'une bonne dose de sexe. Cette quatrième partie présente les mythes et les divinités nordiques ainsi que les deux héros de sagas importantes, celle de Beowulf et des Völsungar, et la légende du roi Arthur, que tout le monde connaît.

Chapitre 13

Les divinités nordiques, glaciales comme l'Arctique !

Dans ce chapitre

- Le gotha des dieux et déesses de la mythologie scandinave
- Vie et mœurs des divinités du Grand Nord
- La création du monde et la fin des temps

La mythologie nordique est froide et sombre, elle reflète ses origines, celles d'un pays de neige et de glace. Ces mythes nous viennent des Normands (qui se nommaient eux-mêmes Vikings), ces peuples de guerriers, navigateurs et marchands scandinaves (Norvégiens, Danois, Suédois) qui prirent d'assaut le nord de l'Europe entre 780 et 1070. Les Vikings étaient des descendants de peuples germaniques qui avaient vécu dans la zone de l'actuelle Allemagne sous l'Empire romain. Après le déclin de Rome, ces peuples émigrèrent vers le Danemark, la Norvège et la Suède et colonisèrent finalement une bonne partie des îles Britanniques, des territoires en Espagne, en France, en Russie, en Islande et au Groenland. Ils atteignirent l'Amérique du Nord.

Les ancêtres germaniques des Vikings racontaient de nombreuses histoires où des divinités et des monstres entraient en conflit ; les dieux mirent progressivement de l'ordre dans ce chaos que les monstres et les géants menaçaient constamment. Les Scandinaves conservèrent nombre de ces histoires, qui convenaient bien à leurs manières agitées et à leur vie dans un climat rigoureux. Les peuples de Norvège, de Suède et du Danemark gardèrent leur vieille religion bien après que le christianisme fut établi à travers toute l'Europe continentale et sur les îles Britanniques ; les Scandinaves ne se convertirent qu'au XIe siècle.

Les peuples du Nord possédaient une poétique très élaborée, et les poètes étaient des membres très importants de la communauté. La plupart des mythes étaient dits, répétés et transmis de la sorte par la tradition orale.

Imaginez-vous tous les habitants d'un village assis autour du feu lors d'une soirée d'hiver excessivement longue, le poète au centre, chantant pendant des heures les histoires de personnages que tout le monde connaissait et adorait. C'était au moins aussi bien que la télé.

Les poèmes oraux peuvent changer lorsqu'on les déclame, et c'est ce qui s'est passé. On commença à raconter des histoires de divinités germaniques bien avant la naissance du Christ, et ces divinités se transformèrent progressivement en dieux et en déesses plus spécifiquement nordiques. La plupart des poèmes nordiques ne furent pas écrits avant le Xe siècle, et bien que les histoires aient commencé à se cristalliser à ce moment-là, il en existait encore de nombreuses versions différentes. C'est pourquoi il est impossible d'obtenir une vue complètement cohérente de la cosmologie nordique.

Nous connaissons la mythologie nordique grâce à plusieurs sources. L'*Edda en prose* et d'autres ouvrages du poète islandais Snorri Sturluson (1179-1241) en constituent les principales et sont extrêmement importantes. L'*Edda poétique* est un recueil de poèmes d'Islande, source d'un grand nombre de mythes nordiques. Les sagas islandaises comme la *Völsunga saga* (« saga des Völsungar » – voir le chapitre 14) comptent également. Il y a aussi les histoires véritables, dont de nombreuses furent écrites par des visiteurs de passage en Europe du Nord. Toutes ces sources ont contribué à nous donner une idée de la Scandinavie préchrétienne.

La création du monde selon les mythes scandinaves

La mythologie nordique est pleine d'histoires drôles et intéressantes, mais nous n'avons pas la place ici d'en raconter beaucoup. Nous allons donc vous proposer une version résumée de la création du monde selon les Nordiques. Elle est tirée du *Gylfaginning*, texte du XIIIe siècle. Trois personnages sont réunis : Thridi raconte, Ganglari pose des questions, et Har répond.

Au commencement existait une étendue de vide appelée *Ginnungagap*, l'espace des forces primordiales. Au nord se trouvait le *Niflheim* gelé, et au sud le *Muspell* brûlant de tous ses feux. Le Ginnungagap avait été gelé, mais il était en train de se réchauffer. La glace se mit à fondre et, alors que l'eau tombait goutte à goutte, certaines de ces gouttes se transformèrent en un méchant géant du givre appelé Ymir. Ce géant primordial fut l'ancêtre de tous les géants du givre.

Ymir s'endormit. Pendant son sommeil, il transpira et de la sueur tomba de ses aisselles. De sa transpiration naquirent, sous son bras gauche, un homme et une femme. L'un de ses pieds engendra un fils. La glace continua de fondre et cette eau se transforma en une vache nommée *Audhumla*. Il coula de ses pis quatre rivières de lait qui nourrirent Ymir. Quant à la vache, pour s'alimenter, elle léchait les pierres couvertes de givre salé. Quant elle les eut léchées, la chevelure d'un homme sortit des pierres ; puis une tête, et enfin un homme tout entier : il s'appelait Buri.

Buri avait (on ne sait pas comment) un fils nommé Burr. Burr épousa une géante de gel qui s'appelait Bestla, et ils en eurent trois fils : Odin, Vili et Vé. Les trois fils de Burr haïssaient Ymir et finirent par le tuer. Il coula tant de sang de son corps qu'il noya tous les géants du givre sauf un seul, Bergelmir, et son épouse, qui échappèrent au déluge dans un bateau fait d'un tronc évidé.

Odin et ses frères transportèrent le corps d'Ymir au centre de Ginnungagap et créèrent le monde à partir de ce corps. Pour la terre, ils se servirent de sa chair, pour les montagnes, de ses os non brisés. Ils firent un océan de son sang et le disposèrent en cercle autour du monde. Ils mirent le crâne d'Ymir dans le ciel et placèrent un nain au-dessous de chaque coin ; ces quatre nains avaient pour nom Est, Ouest, Nord et Sud. Ils disposèrent ensuite des étincelles et des braises dans le ciel pour former le soleil, la lune, les étoiles et les planètes. Puis ils jetèrent la cervelle d'Ymir dans le ciel pour faire les nuages.

Les dieux réservèrent aux géants une région appelée *Iotunheim* (« la terre des géants »). Ils entourèrent la plus belle des régions avec les sourcils d'Ymir, et la baptisèrent *Midgard* (« l'enceinte du milieu ») ; c'est là qu'allaient vivre les hommes.

Odin, Vili et Vé créèrent ensuite les hommes. Ils trouvèrent deux arbres abattus et les transformèrent en un homme nommé Ask et une femme nommée Embla. Tous les hommes et toutes les femmes en sont les descendants.

L'un des géants avait une fille qui s'appelait Nuit et dont le fils était Jour. Odin mit Nuit et Jour sur des chars tirés par des chevaux et les fit traverser le monde chaque jour. Un homme eut ensuite deux enfants, un fils qu'il appela Lune et une fille qu'il nomma Soleil. Odin prit ces deux enfants et les plaça dans le ciel pour guider les chars du Soleil et de la Lune dans leur périple quotidien.

Les dieux se rendirent ensuite compte que les vers commençaient à grouiller dans la chair d'Ymir. Ils transformèrent les vers en nains et leurs donnèrent les grottes et les cavernes pour qu'ils y vivent.

Enfin, les dieux construisirent l'*Asgard* (« la demeure des Ases »), une puissante forteresse qui surplombait le Midgard. Les deux régions étaient reliées par le *Bifrost* (« le chemin coloré »), le pont arc-en-ciel flamboyant. Tous les *Ases*, les gardiens des humains, traversèrent le pont et s'installèrent dans l'Asgard. Là se trouvaient douze dieux, douze déesses, et de nombreux autres Ases.

L'arbre cosmique *Yggdrasill* (« cheval d'Odin » ou « cheval d'Yggr ») poussait au-dessus de tout. Ses trois racines plongeaient vers l'Asgard, l'Iotunheim et le Niflheim, et sous chacune d'elles se trouvait une source. Un aigle et un faucon se trouvaient dans ses branches, un écureuil s'affairait en montant et en descendant le tronc, des cerfs en dévoraient le feuillage et l'écorce, et un dragon essayait de le ronger par en dessous. Yggdrasill avait toujours existé et existerait toujours.

Les divinités nordiques : le bon, la brute et le mortel

Il y avait deux familles de divinités nordiques : les *Vanes* et les *Ases*. Les Vanes formaient la famille des anciens dieux de la Fécondité ; ils comprenaient Freyr, Freyia, et Niord. Les Ases étaient des dieux plus modernes et plus guerriers, Odin et Thor faisaient partie de cette famille. La mythologie scandinave raconte l'histoire d'une guerre qui opposa les Vanes et les Ases après la création ; comme elle s'éternisait, les divinités convinrent d'une trêve et échangèrent des membres de leurs familles respectives. Résultat, ces familles s'unirent pour n'en former plus qu'une seule, qu'on appela désormais Ases. Les chercheurs pensent que cette légende décrit une époque durant laquelle deux cultes furent en concurrence et finirent par fusionner.

Avant que les Vikings ne commencent leurs pillages dans toute l'Europe, leurs ancêtres, les anciennes tribus germaniques, contrôlaient une bonne partie du continent. Ces tribus avaient aussi leurs propres collections de personnages mythologiques, dont beaucoup se transformèrent en divinités nordiques le moment venu. Cela explique le fait que les noms des dieux germaniques et scandinaves soient si semblables, que leurs caractères, leurs attributs et leur histoire se répètent d'une mythologie à l'autre. De nombreux personnages sont pour l'essentiel les mêmes, sous des noms différents. Par exemple, le dieu germanique Wotan (ou Wodan) devint Odin dans la mythologie scandinave, et son épouse Frīja (ou Frigg) devint Freyia.

Ce qui est bizarre chez les divinités nordiques, c'est qu'elles n'étaient pas immortelles. Elles pouvaient mourir, et elles mouraient bel et bien, contrairement aux immortels dieux grecs qui vivaient sur le mont Olympe (voir les chapitres 4 et 5). Leurs intérêts étaient les mêmes que ceux des hommes. Elles aidaient les hommes ou les faisaient souffrir, selon leur volonté. Les divinités existaient pour combattre les monstres et l'obscurité extérieure, et une partie de l'intérêt qu'elles portaient aux hommes était dûe au fait qu'elles voulaient rassembler suffisamment de guerriers pour le combat final contre les démons.

Les dieux nordiques, une bande de durs à cuire

À en croire les légendes qui nous sont parvenues, les dieux nordiques passaient la plus grande partie de leur temps à errer en quête de quelque chose d'intéressant à faire. N'ayant pas de tâche quotidienne à accomplir, ils disparaissaient de la circulation pour quelques jours et cela n'avait aucune conséquence.

Le roi Odin

Odin était le roi des dieux. Il était le père de la plupart d'entre eux et, dans certains récits, c'est lui qui avait tout créé, le ciel, la terre et les hommes. Cela explique son surnom d'*Alfadr* ou *Alfadir,* « Très Grand Père ». Il siégeait sur un trône spécial appelé *Hlidskialf*, duquel il pouvait tout voir dans tous les mondes. Seuls lui et son épouse Freyia avaient le droit de s'y asseoir mais, à certaines occasions (lorsque personne ne regardait), d'autres divinités s'y assirent. Voir la figure 13-1 pour savoir à quoi ressemblait Odin.

Odin disposait d'une sagesse infinie, mais cette sagesse lui avait coûté cher. Il acheta l'hydromel, la boisson d'une source de sagesse, au prix fort : l'un de ses yeux. Ce breuvage lui donna envie d'acquérir encore plus de sagesse. Il passa donc neuf jours suspendu à l'arbre Yggdrasill et transpercé par un javelot afin de devenir plus sage encore. Au cours de cette expérience, il mourut symboliquement et ressuscita. Il semble qu'Odin ait été embarrassé par l'orbite vide de son œil manquant, parce qu'il prit l'habitude de se couvrir la tête d'un couvre-chef à larges bords ou d'une cagoule profondément enfoncée – à chaque fois qu'un vieillard borgne fait son apparition dans une saga, il est facile de l'identifier : c'est Odin.

NOTE TECHNIQUE

Ceux qui vénéraient Odin lui offraient des sacrifices humains, qu'ils exécutaient en pendant leurs victimes à un arbre et en les transperçant avec des javelots. Pour obtenir de la sagesse, Odin mourut de la même manière que les victimes qui lui étaient sacrifiées mais il ressuscita. L'histoire de la pendaison d'Odin à Yggdrasill rappelle en plusieurs points celle de la crucifixion du Christ, mais les chercheurs ne pensent pas que les poètes nordiques aient été particulièrement influencés par l'histoire chrétienne.

Figure 13-1 : Odin le borgne.

Odin était le dieu de la Guerre et de la Bataille, un rôle qu'il avait hérité de deux dieux germaniques plus anciens, Wotan et Tiwaz. Il adorait déclencher la guerre chez les hommes. Les guerriers morts au combat étaient invités à faire la fête dans son immense palais, le *Val-Hall* (ou *Walhalla*, ou encore la *Valhalle*), un séjour paradisiaque ; ils y étaient conduits par des divinités féminines guerrières, les Valkyries qui leur servaient des festins. Seuls les plus héroïques étaient choisis pour cet honneur par les Valkyries.

ANECDOTE

Une secte de guerriers-prêtres appelés les *Berserkir* (« guerriers-fauves ») était entièrement vouée à Odin. Les Berserkir avaient coutume d'aller au combat habillés de peaux d'ours et dans un état extatique tel qu'ils étaient de vrais fous furieux : ils se battaient comme des démons et semblaient insensibles à la douleur.

Odin était aussi le dieu de la Poésie, et c'est peut-être la raison pour laquelle on le mentionne dans autant de poèmes. C'est lui qui était chargé d'apporter l'hydromel magique de la poésie à Asgard (voir la section précédente). Un géant avait volé cet hydromel et chargé sa fille de le garder. Odin s'introduisit dans sa grotte sous la forme d'un serpent et puis reprit sa forme humaine, absolument irrésistible. Il passa trois jours et trois nuits avec la fille du géant, après quoi il aspira tout l'hydromel et le garda dans sa bouche. Il se transforma alors en aigle, et s'envola pour rentrer à Asgard. À son arrivée, il cracha l'hydromel dans un pot, et toutes les divinités purent alors le boire.

Loki le rusé

Loki était un personnage étrange. D'un côté, c'était un arnaqueur rusé, dont les tours et espiègleries faisaient souvent rire, et habile à se tirer lui-même, comme les autres dieux, de situations embarrassantes. De l'autre, il était malveillant et rancunier, et se battit à la tête des géants lors du dernier combat de la fin du monde (le *Ragnarok* ou « Crépuscule des puissances »). Il est difficile de savoir s'il faut ou non le haïr.

Loki était le fils de deux géants, mais il grandit comme frère adoptif d'Odin. Dans les histoires des aventures de Loki, il est difficile de savoir s'il était dieu ou géant, parce qu'il se comportait comme les deux : il était parfois un membre content et utile de la communauté des dieux à Asgard, et parfois il était leur ennemi le plus décidé. Son tempérament actif et imprévisible rendait l'existence de tous nettement moins ennuyeuse ! De nombreux mythes nordiques racontent que Loki se retrouve lui-même dans des situations difficiles ou y met tous les dieux, simplement parce qu'il fourre son nez partout.

Loki pouvait changer de forme à volonté, et il se métamorphosa souvent en différents animaux pour atteindre ses objectifs. Il se transforma par exemple en puce pour voler le collier de Freyia, et en saumon pour échapper au courroux des dieux après qu'il eut causé la mort de Baldr. Un jour, un géant proposa aux dieux de construire un mur autour d'Asgard en échange de Freyia qui deviendrait sa femme. Juste avant qu'il n'ait achevé le travail, Loki se transforma en une jument en rut, par ses hennissements évocateurs, il éloigna l'étalon du géant pendant suffisamment de temps pour que celui-ci soit incapable de terminer le mur à temps pour obtenir sa récompense. Loki quitta Asgard et y revint plusieurs mois plus tard, conduisant par la bride un poulain à huit jambes. Il lui avait donné naissance au cours de son existence de jument après avoir été fécondé par l'étalon. Il fit cadeau du poulain, appelé Sleipnir, à Odin.

Ce cheval ne fut pas le seul rejeton de Loki. Bien qu'il ait eu une épouse, il s'échappait de temps à autre pour fricoter un brin avec une géante, Angrboda. Celle-ci lui donna trois enfants, qui furent tous source de graves préoccupations pour les autres dieux :

- Fenrir, leur premier fils, était un loup. Il devint si grand que les dieux décidèrent qu'il fallait l'enchaîner. Tyr, le fils d'Odin, joua un rôle essentiel dans cette action, comme vous pourrez le lire plus loin ;
- Iormungand, leur deuxième fils, était un serpent géant. Odin le précipita dans l'océan entourant le Midgard. Il grandit tellement qu'il encercla le monde entier et se mordit la queue. Les Nordiques l'appelaient le « serpent de Midgard » ;

- Hel, leur fille, avait un corps vivant de la taille à la tête et mort des hanches aux pieds. Odin l'enferma dans le Niflheim, c'est-à-dire aux Enfers ou monde souterrain. Elle y devint la déesse des Morts.

Ces trois créatures monstrueuses attendaient la fin du monde, le *Ragnarok*, pour être enfin libérées et pouvoir se livrer au pillage.

Thor, le maître du Tonnerre

Thor était le fils d'Odin et de la Terre. Alors qu'Odin symbolisait la violence et la guerre, Thor représentait l'ordre : c'était le dieu auquel se vouaient les Nordiques s'ils voulaient de la stabilité. Il était immensément fort et viril. Il portait un gigantesque marteau, Miollnir, grâce auquel les géants se tenaient à carreau. Car s'il le lançait, peu importe comment, il revenait toujours dans sa main, comme un boomerang. Il pouvait le rendre minuscule et le dissimuler sous sa tunique. Thor portait une barbe rousse et broussailleuse, avait un énorme appétit et était plutôt soupe au lait, bien que ses colères soient de courte durée. Thor était aussi le dieu du Tonnerre et des Éclairs ; les roues de son char causaient les roulements du tonnerre tandis qu'une pierre à aiguiser placée dans son crâne lançait les éclairs.

Un jour, le roi des géants du givre vola le marteau de Thor. Il refusa de le lui rendre à moins d'obtenir Freyia pour femme. Les dieux firent semblant d'accepter, mais se servirent d'une supercherie pour tromper le géant. Thor se déguisa en mariée, Loki en demoiselle d'honneur, et tous deux se rendirent ensemble au palais des géants. Les géants les invitèrent à s'asseoir à leur table, et Thor se mit à dévorer toutes les victuailles et à boire tout l'hydromel d'une manière qui ne sied pas, mais alors pas du tout, à une jeune mariée. Loki expliqua que « Freyia » n'avait pas mangé depuis des jours tant elle était excitée à l'idée de son mariage. Enchanté, le roi des géants fit apporter le marteau de Thor en cadeau à sa fiancée afin qu'il puissent ensuite prononcer leurs vœux de mariage. Thor s'en empara immédiatement, arracha son voile et massacra tous les géants présents au festin.

Freyr le fécond

Freyr était le dieu de la Prospérité. Il semble descendre d'une Terre mère que les anciens Danois avaient vénérée (et qui avait d'une façon ou d'une autre changé de sexe en voyage). Il décidait de l'ensoleillement et de la pluie, et donc de la fertilité de la terre.

Les Nordiques s'adressaient à Freyr lorsqu'ils voulaient obtenir la prospérité pour eux-mêmes ou avoir des enfants. La statue de Freyr à Uppsal, une ville de Suède, avait pour attribut un énorme phallus : on savait ce qu'il fallait attendre de lui ! Son objet préféré, un bateau magique, et son animal préféré, un sanglier magique, étaient aussi depuis très longtemps des symboles de fécondité.

Tyr le courageux

Tyr était le fils d'Odin. C'était le plus courageux des Ases, les dieux guerriers. Il commença sa carrière mythologique sous le nom de Tiwaz, le dieu germanique de la Guerre, en fait le précurseur d'Odin. Pourtant, il avait perdu de l'importance au cours des années.

Tyr n'avait qu'une seule main. Il avait perdu la main droite en attachant le loup Fenrir, le fils de Loki. Fenrir était devenu si grand que les dieux, ayant peur qu'il ne tue Odin, décidèrent de l'enchaîner. Le loup ayant cassé les deux premières chaînes, les dieux demandèrent aux nains de fabriquer une autre chaîne, plus résistante. Cette chaîne, qui ressemblait à un ruban de soie, s'appelait *Gleipnir*.

Lorsque Fenrir vit la chaîne, il déclara qu'il ne laisserait pas les dieux l'attacher, à moins que l'un d'eux ne mette la main dans sa gueule. Seul Tyr fut suffisamment courageux et plaça sa main droite dans la gueule de Fenrir. Les dieux enchaînèrent Fenrir avec Gleipnir. Fenrir avait beau se débattre comme un beau diable, il ne pouvait pas casser ses liens. Il arracha la main de Tyr, mais il était pris. Les dieux l'attachèrent à un gros rocher qu'ils enfoncèrent profondément dans la terre.

Les autres dieux

Le panthéon nordique comptait plusieurs autres dieux. En voici quelques-uns :

- Niord gouvernait la mer et les vents des océans, il était aussi le gardien des bateaux et des marins. Il était le père de Freyr et de Freyia ;
- Heimdall était le gardien des dieux. Personne ne sait exactement ce que cela signifie, mais il était associé à la mer. Il était le fils de neuf vierges, ou peut-être de neuf vagues. Il avait un grand cor, Giallarhorn, dont le son pouvait être entendu dans les neuf mondes.
- Baldr le Beau était le plus sage, le plus doux et le plus clément de tous les dieux ; une fois qu'il avait prononcé un jugement, celui-ci ne pouvait plus être modifié. Sa mort entraîna le conflit qui eut pour conséquence la fin du monde.

Des déesses dures, sexy et sur un pied d'égalité

Les femmes nordiques avaient les mêmes droits que les hommes, et elle n'étaient pas commodes ! On trouve des femmes connues pour leur franc-parler dans de nombreux poèmes. Les déesses ont elles aussi leur propre opinion, et elles étaient les égales des dieux. Malheureusement, peu de poèmes nous sont parvenus dans lesquels les déesses jouent un rôle important.

Freyia, la déesse de l'Amour

Freyia était la déesse de l'Amour et du Désir. Tout homme qui la voyait avait envie de coucher avec elle, et beaucoup le firent. Elle était d'une beauté fabuleuse et ruisselait de bijoux en or. Lorsqu'elle pleurait, elle essuyait des larmes d'or. (Cela arrivait assez souvent, parce qu'elle était toujours promise en mariage à un horrible géant ou à un autre.) Elle se transformait en faucon pour rendre quelques visites occasionnelles aux Enfers.

Son accessoire le plus célèbre était son collier magique. Freyia le fit fabriquer par douze nains, les Brisingar ; en échange, elle devait passer une nuit avec chacun d'entre eux – et comme elle voulait vraiment le collier, elle en accepta le prix. Lorsque Loki découvrit comment elle se l'était procuré, il le raconta à Odin, qui lui ordonna de lui dérober ledit collier. Loki se transforma en puce, mordit la joue de Freyia alors qu'elle était endormie, de telle sorte qu'elle tourna la tête, et il ouvrit le fermoir. Odin refusa de lui rendre son collier avant qu'elle n'accepte de semer la guerre parmi les hommes.

De ce fait, Freyia devint aussi une déesse de la Guerre. Elle partait en guerre sur un char tiré par deux chats, et aidait Odin à trier les guerriers morts sur le champ de bataille : la moitié allait au Val-Hall, l'autre dans son palais à elle, le *Sessrumnir*. La figure 13-2 montre Freyia conduisant son char.

Figure 13-2 : La belle déesse Freyia.

Frigg, l'épouse et la mère

Frigg (ou *Frîja*) était l'épouse d'Odin. Elle était l'une des filles de la Terre et, comme Freyia, représentait probablement une évolution de l'ancienne déesse

Terre/Mère. Comme Odin, elle pouvait deviner le sort des hommes. Les femmes en train d'accoucher pouvaient l'invoquer pour obtenir son aide.

Les chercheurs adorent étudier les similarités entre différents mythes. En ce qui concerne les divinités nordiques, certains pensent que Frigg et Freyia représentent les deux aspects de la féminité, Frigg en tant qu'épouse et mère et Freyia en tant que maîtresse et séductrice, comme Héra et Aphrodite dans les mythes grecs. Artémis, la jeune vierge, était la troisième déesse du trio grec ; on ne la retrouve pas de façon évidente dans la mythologie nordique, bien que Skadi, la déesse du ski, ait peut-être à une époque occupé cette place.

Hel, la déesse de l'autre monde

Hel était la déesse des Morts. C'était la fille de Loki et de la géante Angrboda. Son aspect extérieur était surprenant : de la taille à la tête son corps était rose et chaud, alors que des hanches aux pieds sa chair était verte et à moitié décomposée. Hel avait sa citadelle (qui s'appelait aussi Hel) à Niflheim. Tout le monde s'y retrouvait après la mort.

Hel, la citadelle des morts, était très différente de l'enfer chrétien. Il n'était pas nécessaire d'avoir été particulièrement méchant pour s'y retrouver, et même si l'on ne peut guère qualifier l'endroit d'« agréable », ce n'était pas non plus un lieu de tourments éternels, bien qu'il y ait fait assez froid.

Les autres déesses

Parmi les autres déesses, citons :

- Idunn, la gardienne des pommes de jouvence. Les dieux devaient manger ces pommes pour rester jeunes. Loki aida les géants à les voler, et tous les dieux vieillirent du jour au lendemain. Mais ils les récupérèrent, une fois encore grâce à Loki ;
- Skadi était la déesse du Ski et la fille du géant Thiazi. Elle épousa Niord, le dieu de la Mer, mais cette union fut un échec parce qu'elle voulait vivre dans les montagnes gelées alors que lui voulait habiter près du rivage fertile ;
- Sif était l'épouse de Thor. Loki coupa ses magnifiques cheveux blonds pour faire une (mauvaise) plaisanterie, mais il se racheta en faisant fabriquer des cheveux d'or par les nains, qui, à cette occasion, firent d'autres cadeaux aux dieux, y compris le marteau de Thor ;
- Les Nornes étaient les divinités du Destin, et façonnaient le sort des hommes. Il y en avait trois : Urd (le Destin, parfois considérée comme le passé), Verdandi (le présent), et Skuld (l'avenir). Elles sont parfois représentées comme tisserandes, comme les Moires grecques ou les Parques romaines (voir le chapitre 5).

Quelques autres êtres magiques

Les dieux et les déesses n'avaient pas le monopole de la magie ; le cosmos nordique était rempli de créatures diverses et fantastiques. La plupart d'entre elles n'étaient pas en très bons termes avec les dieux d'Asgard, bien qu'elles soient capables de relations pacifiques avec eux.

Les géants

Les géants étaient surtout méchants ; ils étaient constamment en train d'essayer de prendre le dessus sur les dieux et les déesses. Mais cela ne les empêchait pas d'avoir des relations presque normales (bien que quelque peu tendues) avec les dieux. Thor et Loki passèrent deux jours en visite au palais des géants.

Le mot « géant » implique bien sûr une grande taille ; il est évident que les dieux étaient (ou auraient pu être) plus ou moins de la même taille, parce qu'ils avaient eu plusieurs relations amoureuses (et sexuelles) avec des géants. Les géants demandaient toujours à épouser la superbe déesse Freyia, et Odin comme Loki avaient des maîtresses géantes ; en fait, Loki lui-même était peut-être un géant. À la fin du monde, la ligne de démarcation entre les dieux et les géants est extrêmement nette, et il ne fait pas le moindre doute qu'ils se trouvaient dans des camps opposés.

J.R.R. Tolkien

John Ronald Reuel Tolkien, célèbre pour son épopée *Le Seigneur des anneaux*, s'inspira en grande partie de la mythologie nordique pour écrire sa *Terre du Milieu*. En particulier, sa propension à nommer des objets inanimés comme des épées se retrouve dans de nombreuses légendes d'Europe du Nord. Les noms des nains que l'on trouve dans *Bilbo le Hobbit* (et celui du magicien Gandalf) sont directement tirés de l'*Edda en prose*. Le nom *Mordor*, de l'ancien anglais, signifiait « murder », donc « meurtre » en français. Tolkien acheva des études de lettres classiques et de littérature anglaise à Oxford puis, après avoir contribué à l'élaboration de l'*Oxford English Dictionary*, se mit à enseigner l'ancien anglais et la littérature anglaise dans cette université. Seule la littérature anglaise la plus ancienne l'intéressait – et *Beowulf* était l'un de ses héros préférés. Il connaissait un nombre important de langues médiévales, dont le vieil anglais, le moyen anglais, le vieil haut allemand, le moyen haut allemand et le gotique.

Les nains

Les nains étaient de vilaines petites créatures, assez semblables à des hommes, qui vivaient sous terre. Ils devaient se protéger du soleil, qui les aurait sinon transformés en pierres. Les nains étaient les meilleurs forgerons que l'on puisse trouver. Ils pouvaient créer des objets magiques, comme le magnifique collier de Freyia et le puissant marteau de Thor, et c'est pour cette raison que les dieux s'associèrent à eux en termes amicaux. Les nains pouvaient aussi cohabiter avec les divinités ; certains couchèrent même avec la déesse Freyia, c'était le prix que les Brisingar lui avaient demandé pour le collier.

D'autres bêtes imaginaires

La cosmologie nordique était aussi peuplée de diverses autres créatures magiques. On y trouvait les elfes, génies lumineux ou ténébreux, idéalisés ou diabolisés. Les elfes étaient semblables aux nains. Ils sont mentionnés de temps en temps dans les mythes, mais ils ne font pas grand-chose. Il y avait aussi les trolls, des lutins avec qui Thor se battait de temps à autre, et bien sûr des dragons – voir à ce sujet le chapitre 23.

Le monde des anciens Nordiques : auprès de mon arbre...

Malgré leur réputation belliqueuse, la plupart des peuples nordiques consacraient en fait la plus grande partie de leur temps à des occupations pacifiques, en cultivant la terre, en pêchant et en inventant des histoires à raconter pendant les longues nuits d'hiver. Leurs mythes reflètent la dureté de la vie dans le Grand Nord : les dieux devaient parcourir de grandes distances d'une maison à l'autre en terrain accidenté pour se rendre visite, ils étaient accablés par les tempêtes de neige et souffraient de la faim.

Ils divisaient l'univers en trois parties, reliées entre elles par un arbre magique, Yggdrasill. Au sommet de tout se trouvait l'Asgard, le séjour des dieux et des déesses ; les divinités possédaient chacune leur propre maison à l'intérieur des murs d'une citadelle. On y trouvait aussi des résidences célestes comme le *Vanaheim*, où vivaient les Vanes, ces divinités anciennes de la Fertilité, avant leur fusion avec les Ases et l'*Alfheim*, le pays des elfes lumineux.

Au milieu, le Midgard, l'« enceinte du milieu », le territoire des hommes, était entouré d'une mer dans laquelle vivait un serpent géant. Iormungand, encore appelé le « serpent de Midgard », encerclait ainsi le Midgard et se mordait la queue. Le séjour des géants, Iotunheim, se trouvait soit à ce niveau soit de l'autre côté de la mer. Les nains vivaient au *Nidavellir*, et les elfes ténébreux au *Svartalaheim*. L'Asgard et le Midgard étaient reliés par un pont arc-en-ciel flamboyant, le Bifrost.

Au niveau inférieur se trouvait le Niflheim, ou Monde obscur, un lieu où il faisait extrêmement froid et où la nuit était éternelle. Hel, la déesse des morts, y avait sa résidence, qui s'appelait aussi Hel. La figure 13-4 propose une illustration de cette représentation du monde.

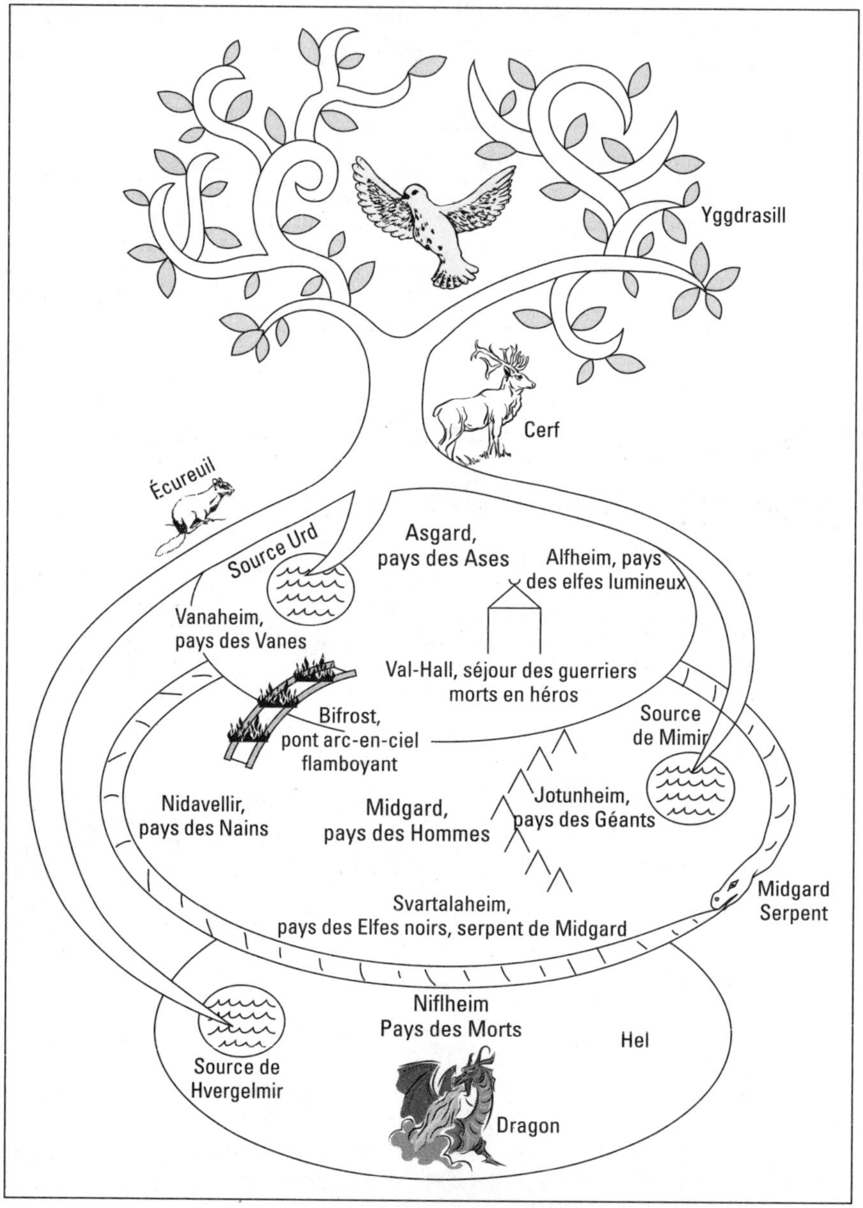

Figure 13-4 : Yggdrasil, l'arbre de vie, et les neuf mondes de la cosmologie nordique.

Tous ces lieux se trouvaient dans les « neuf mondes » de la cosmologie nordique. Yggdrasill, l'arbre de vie, en formait l'axe ; c'était un frêne éternel, qui allait survivre à la fin du monde, le *Ragnarok*. Yggdrasill avait trois racines, une dans l'Asgard, une dans le Iotunheim, et une dans le Niflheim. Un dragon rongeait sa racine la plus profonde. Divers animaux vivaient dans cet arbre cosmique ou près de lui, et ses fruits étaient censés assurer le bon déroulement des accouchements.

Le Ragnarok, c'est la fin du monde

Les mythes nordiques donnent une description très claire de la fin du monde, appelée *Ragnarok* (« Crépuscule des puissances », transformé plus tard en « Crépuscule des dieux » par les romantiques). L'histoire peut prêter à confusion car le Ragnarok, le grand et dernier combat qui cause la destruction du monde, n'a pas encore eu lieu alors que les événements qui l'entraîneront se sont déjà produits. Mis à part cette singularité temporelle, la légende est semblable à d'autres mythes décrivant la fin du monde et de ses créatures, suivie de la résurrection de la race humaine grâce à deux survivants.

Les Scandinaves avaient profondément conscience de la destinée et de la nature passagère de la vie, ce qui se reflète dans ce conte. Bien avant que le Ragnarok ne se produise, le dieu Odin sait déjà quelle sera son issue ; au cours de sa quête constante de connaissance, il avait un jour demandé aux morts comment il mourrait et ils l'informèrent que le loup Fenrir le dévorerait. Odin sait aussi que Loki le retors est en train de conspirer pour la chute des bons dieux et qu'il réussira. Tel est le destin des dieux : ils ne peuvent l'éviter.

La mort de Baldr

La fin du monde commença par la mort du plus gentil des dieux, Baldr, le chouchou de tout le monde. Pour le protéger, sa mère Frigg avait voyagé à travers le monde et demandé à tous les éléments de jurer qu'ils n'attenteraient pas à la vie de Baldr ; tous les éléments acceptèrent, sauf le gui à qui Frigg n'avait pas adressé cette requête car elle le considérait comme insignifiant.

Cela donna aux divinités l'idée d'un nouveau jeu – ils lançaient des objets sur Baldr et riaient à gorge déployée en voyant leurs projectiles rebondir sur lui sans le blesser. Tout le monde s'amusait bien sauf Loki, le dieu de l'Astuce, car il adorait les problèmes et la souffrance, et cela le rendait fou de voir Baldr imperméable aux attaques. (Bien que dans d'autres récits Loki soit un membre coopératif de la communauté des dieux d'Asgard, à ce moment-là il est sans conteste leur ennemi. Comme nous l'avons dit au début, il est toujours difficile de savoir exactement où l'on en est avec Loki.)

Loki se procura une branche de gui et la tailla pour en faire une courte flèche. Il la donna au frère aveugle de Baldr, Hod, qui se sentait exclu du jeu, et l'aida à la projeter. Elle frappa Baldr, qui tomba raide mort. Le courageux dieu Hermod fit à cheval tout le chemin pour rendre visite à Hel, la déesse des Morts, et lui demander de rendre Baldr à la vie, mais elle refusa.

Tous les dieux voulurent punir Loki. Ils le capturèrent, le traînèrent dans une grotte et l'enchaînèrent à un rocher. La déesse Skadi apporta un serpent vivant dans la grotte et le suspendit au-dessus de Loki pour que son venin tombe goutte à goutte sur le visage de Loki. Sigyn, la fidèle femme de Loki, se tenait à côté de lui, tenant une cuvette au-dessus de sa tête pour intercepter les gouttes de venin. Mais elle devait parfois retirer la cuvette pour la vider, et alors le venin touchait sa cible. Loki se contorsionnait de douleur pendant ces moments-là, ce qui causait des tremblements de terre. Il était donc enchaîné dans cette position et allait y rester jusqu'au Ragnarok.

La mort de Baldr, le fils d'Odin, est le début de la fin parce qu'elle force les dieux à constater que Loki est leur ennemi et que leur pouvoir est limité. Les lignes de bataille sont tracées et il est facile de voir qui est dans quel camp. Les dieux emprisonnent Loki, mais ils savent que ce dernier va les combattre avec l'aide de ses trois enfants monstrueux (Fenrir, Hel et le serpent de Midgard).

Le Ragnarok, ou la fin des temps

Voici comment finira le monde selon la mythologie nordique. D'abord, le Midgard sera secoué par des guerres pendant trois hivers. L'institution de la famille va se dissoudre : les pères tueront les fils, les frères tueront leurs frères, les mères séduiront leurs fils, et les frères séduiront leurs sœurs. Ensuite viendra un grand hiver, qui durera trois années complètes sans aucun été.

Deux loups dévoreront le Soleil et la Lune et les étoiles disparaîtront du ciel. Les arbres seront arrachés, les montagnes culbutées et le loup géant Fenrir sera relâché. Le niveau de la mer s'élèvera tandis que le serpent de Midgard se contorsionnera et se frayera son chemin vers les terres sèches. Les géants se mettront en route sur un bateau fait avec les ongles des morts. Loki prendra lui aussi la mer, dans un bateau rempli des morts de Hel (le pays des morts, gouverné par la fille de Loki, qui porte le même nom).

Fenrir et le serpent de Midgard (fils de Loki) avanceront côte à côte ; la mâchoire inférieure de Fenrir raclera le sol tandis que les dents de sa mâchoire supérieure écorcheront le ciel ; le serpent de Midgard fera fuser du venin de partout, ce qui empoisonnera toute la Terre. Tous les géants, tous les morts et toutes les créatures maléfiques s'associeront.

Entre-temps, les dieux s'armeront et réuniront tous leurs guerriers du Val-Hall. Ils marcheront à la rencontre de l'ennemi, avec à leur tête Odin et Thor. Yggdrasill, l'arbre de la vie, fera des signes de ses branches et sera secoué d'un tremblement alors que deux humains se cacheront à l'intérieur.

Odin attaquera immédiatement le loup Fenrir ; après un long combat, Fenrir avalera Odin et ce sera la fin du Très Grand Père. Le serpent de Midgard s'attaquera à Thor ; ils s'entre-tueront. Surt, le géant du Feu, tuera Freyr. Tyr et un chien féroce s'entre-tueront, de même que Loki et Heimdall, qui étaient ennemis de longue date. Vidar, le fils d'Odin, saisira les mâchoires de Fenrir et déchiquettera le loup, vengeant ainsi son père.

Surt, le géant du Feu, projettera du feu dans toutes les directions, et tout brûlera dans les neuf mondes. Toutes les créatures périront et la terre sera engloutie dans la mer.

Tout le monde mourra, sauf les deux humains qui s'étaient cachés à l'intérieur même d'Yggdrasill (et sauf quelques dieux qui seront ressuscités, dont Baldr) : un homme et une femme appelés Lif et Leif-thrasir. La Terre émergera à nouveau de la Mer, luxuriante et verte, et les oiseaux et les poissons y reviendront. Les deux humains auront des enfants, qui auront eux-mêmes des enfants, et la vie recommencera.

Chapitre 14

Les grandes sagas nordiques, avec les tueurs de dragons !

Dans ce chapitre

- Une brève introduction à la poésie de l'Europe du Nord
- Sigurd et les Völsungar
- Beowulf, le tueur de monstres

Assis dans le froid et l'obscurité pendant tout l'hiver, les peuples de Scandinavie et d'Europe du Nord durent bien trouver quelques activités pour passer le temps. Ils tissèrent donc des tapisseries complexes, forgèrent des pièces de métal élaborées et composèrent des poèmes. Chaque groupe avait son poète, le *scalde*, qui chantait pendant des heures les légendes de grands héros et de femmes très belles, de dragons, de monstres et de batailles anciennes, et des histoires d'amour qui avaient mal tourné.

Les poètes mémorisaient ces poèmes, car ils n'étaient pas écrits. Le parchemin et l'encre étaient rares, et la plupart des gens ne savaient de toute façon pas lire. Pendant des siècles, les poètes durent ainsi développer de prodigieuses mémoires pour se souvenir d'histoires incroyablement longues. Pour cela, ils se servirent de quelques astuces : par exemple, le dernier mot d'un vers commençait par la même lettre que le premier mot du vers suivant. Mais les œuvres non écrites se modifient et évoluent, et il est en conséquence impossible de dire quelle est la « véritable » version d'une saga antique ou médiévale, quelle qu'elle soit. Tout ce dont nous disposons, c'est de textes écrits par des personnes en quelque sorte prises au hasard, dont il se trouva qu'ils survécurent suffisamment longtemps pour être repris par des lecteurs plus modernes.

Les poèmes célèbres, comme le *Lai de Beowulf* et la *Völsunga saga* (« saga des Völsungar ») mêlaient les histoires véridiques aux légendes. Dans la *Völsunga saga*, on trouve des personnes ayant existé, comme Attila, le roi des Huns, et divers groupes ethniques. Y apparaissent également des figures historiques, comme saint Grégoire de Tours dans le *Lai de Beowulf* (un *lai* est un petit poème narratif ou lyrique). Mais ces histoires possèdent aussi des éléments à caractère entièrement mythique, comme tous les monstres du *Lai de Beowulf* et les apparitions fréquentes d'Odin dans la *Völsunga saga*. (Dans le *Lai de Beowulf*, un poète raconte en fait l'histoire des Völsungar lors d'un banquet).

Depuis deux cents ans, les chercheurs débattent de la signification des contes héroïques nordiques, et on peut dire beaucoup de choses à leur sujet. Mais la raison principale pour laquelle les gens lisent encore ces poèmes aujourd'hui est la même que celle qui motivait les hommes du Moyen Âge quand ils demandaient au poète de les raconter au cours d'une soirée : ce sont des histoires vraiment extraordinaires.

La saga des Völsungar, une histoire digne des heures de grande audience

La *saga des Völsungar*, ou *Völsunga saga*, est l'histoire d'une famille de héros. Volsung, le personnage qui prête son nom à la saga, ne fait qu'une brève apparition au début de la légende, mais il est important : tous ses descendants s'appellent les Völsungar, et ce sont les héros les plus forts, les plus courageux et les plus ambitieux. Les Scandinaves de l'époque médiévale connaissaient tous cette saga, avec son dragon, son anneau de pouvoir et ses amants désorientés. Ils savaient aussi ce qu'est la vie au milieu de guerres incessantes car les Vikings ne menaient pas une existence qu'on pourrait qualifier de pacifique. Tout cela a fait de la *Völsunga saga* un récit favori des foules.

VOCABULAIRE

Une *saga* est une histoire qui traite des mythes et légendes des anciens héros germaniques ou de rois historiques ; de nombreuses sagas furent écrites en Islande entre 1200 et 1400. De nos jours, le terme désigne toute histoire se déroulant sur plusieurs générations.

La *saga des Völsungar* fut écrite en Islande, au XIIIe siècle, par un auteur inconnu. Son histoire est tirée de l'ancienne poésie et de la tradition norvégienne. Il a associé des événements d'anciennes guerres avec les Huns, les Burgondes, les Goths, les exploits mythiques de Sigurd le tueur de dragon, auxquels il a ajouté les thèmes de la trahison, de l'amour non partagé, et de la vengeance d'une reine barbare. L'histoire se déroule quelque part en Europe du Nord au cours des IVe et Ve siècles. Durant cette époque, différents groupes ethniques erraient à travers l'Europe, alors que les frontières nord de l'Empire romain étaient enfoncées et que les tribus germaniques et les Huns venus d'Asie envahissaient la plupart des parties auparavant civilisées du continent.

Dans cette saga, les bons étaient les Burgondes, c'est-à-dire la tribu des frères de Gudrun, Gunnar et Hogni. Les descendants des Burgondes historiques se trouveraient actuellement en Allemagne près de la ville de Worms (Rhénanie-Palatinat). Les Huns étaient des nomades d'Asie centrale qui se groupèrent derrière Attila au Ve siècle et marchèrent sur l'Europe. Les Goths vinrent de la région du nord de la mer Noire (Ukraine actuelle) et firent des ravages parmi les peuples d'Europe civilisés ; les Huns exterminèrent presque complètement les Goths. Est-ce que cela a de l'importance ? Pas particulièrement, parce que la plus grande partie de ceux qui écoutaient ce poème, à l'origine, ne connaissait pas vraiment l'histoire et la géographie. Ce public-là voulait juste entendre parler de bons et de méchants.

Les événements qui ont précédé la naissance de Sigurd

Il était une fois… un roi de Hunland et sa reine qui ne pouvait pas avoir d'enfant. Frigg, la déesse de la Fécondité, demanda à Odin (voir le chapitre 13) de leur venir en aide ; Odin leur apporta alors une pomme magique, et la reine fut fécondée. Pourtant, le roi mourut au combat, et la reine resta enceinte pendant six ans sans accoucher. Elle demanda finalement à ses serviteurs de lui ouvrir le ventre pour en faire sortir l'enfant. Son fils de 6 ans eut juste le temps de l'embrasser avant qu'elle ne meure. Il s'appelait Volsung, c'était de lui qu'allait descendre la lignée des Völsungar.

Volsung se maria, et son épouse eut deux jumeaux, une fille du nom de Signy et un garçon nommé Sigmund. Ensuite, ils eurent encore neuf garçons. Volsung construisit un gigantesque palais autour d'un arbre géant, Barnstock, dont les branches passaient à travers le toit.

Un mariage de déraison

Volsung donna Signy en mariage à Siggeir, le roi goth de l'île suédoise de Gotland. Durant le banquet de mariage, un vieil homme borgne entra à grandes enjambées dans la salle, enfonça une épée dans l'arbre Barnstock, mit au défi quiconque de l'en retirer, puis s'en alla. Tous les guerriers essayèrent de retirer l'épée du tronc, mais aucun n'y parvint. Finalement, Sigmund s'avança et l'en retira aisément. Le roi Siggeir était en colère parce qu'il voulait l'épée, et il jura de se venger.

Le vieil homme borgne, c'était Odin, le roi des dieux nordiques. Il avait tendance à descendre de temps en temps sur terre pour aider les héros ou pour semer la pagaille. Vous en apprendrez davantage à son sujet au chapitre 13.

Le lendemain, Signy dit à son père qu'elle n'aimait pas son nouveau mari, mais Volsung insista sur le fait qu'elle devait se rendre chez lui. Le mari et la femme s'en allèrent en bateau, et Siggeir invita tous les Völsungar à leur rendre visite trois mois plus tard. Lorsqu'ils arrivèrent, Siggeir les attaqua, tua Volsung et fit prisonniers ses dix fils. Signy le supplia de ne pas les tuer et, accédant partiellement à sa prière, il les attacha à des piloris dans les bois. Chaque nuit, pendant neuf nuits consécutives, un loup vint en dévorer un, jusqu'à ce qu'il ne reste plus que Sigmund. Le dixième soir, Signy badigeonna le visage de Sigmund de miel. Le loup vint et commença par lécher le miel ; avec ses dents, Sigmund saisit la langue du loup, l'arracha et tua ainsi la bête (une technique qui semble efficace, puisque Beatrix Kiddo l'utilise avec succès pour parer une tentative de viol dans *Kill Bill, vol. 1*).

Sigmund se réfugia dans les bois. Signy lui envoya ses deux fils pour voir s'ils pourraient l'aider, mais ils se révélèrent être des lâches, et elle dit donc à Sigmund de les tuer. Un jour, elle échangea son corps avec celui d'une sorcière, alla voir son frère et coucha avec lui pendant trois nuits. Neuf mois plus tard, elle donna naissance au fils de Sigmund, Sinfiotli. Après qu'il eut grandi, elle l'envoya à Sigmund (qui pensa alors qu'il s'agissait du fils de Siggeir), et Sinfiotli se révéla aussi courageux et fort que possible. Sigmund pensa qu'il lui faudrait un bon moment pour endurcir le garçon avant qu'il ne parte se venger. Ils trouvèrent des peaux de loup magiques qui leur permirent de se transformer en loups et de ravager les bois ; agir comme une bête sauvage se révéla être un bon programme d'entraînement pour un jeune guerrier.

La vengeance de Sigmund et de Signy

Après avoir passé quelque temps avec Sinfiotli, Sigmund décida finalement que ce dernier était prêt à l'aider à venger la mort de son père, Volsung. Ils se rendirent tous deux au château où ils s'attaquèrent au roi, mais ils furent capturés. Le roi les fit enterrer vivants. Heureusement, Signy réussit à jeter l'épée de Sigmund dans la cave avant qu'elle ne soit obturée. Ils se servirent de l'épée pour se tailler un passage à travers les rochers, remontèrent à la salle où tous les soldats du roi dormaient et y mirent le feu.

Signy révéla alors à Sigmund que Sinfiotli était son fils. Maintenant qu'elle s'était vengée, elle décida de mourir avec son mari Siggeir et marcha dans les flammes. Sigmund et Sinfjotli rentrèrent chez eux et eurent d'autres aventures.

Sigmund épousa une femme qui s'appelait Borghild. Sinfiotli et le frère de Borghild se disputèrent à cause d'une femme, et Sinfiotli le tua. Borghild empoisonna Sinfiotli pour se venger, et Sigmund la chassa de la cour. Elle mourut peu de temps après.

NOTE TECHNIQUE

L'histoire de l'empoisonnement de Sinfjotli par Borghild est très semblable à celle de la tentative de Médée d'empoisonner Thésée à la cour de son père. Voir le chapitre 6 pour cette histoire.

Sigmund se remaria. Sa nouvelle femme, Hjordis, était la fille d'un puissant roi, Eylimi, et la plus belle et la plus sage des femmes. Un autre homme voulait l'épouser, mais le père d'Eylimi, sachant qu'il y aurait des problèmes quel que soit l'homme qu'elle choisirait, lui laissa le choix. Elle jeta son dévolu sur Sigmund, bien qu'il fût alors très vieux.

Peu après leur mariage, le rival éconduit partit en guerre contre Sigmund. Sigmund fut mortellement blessé (après qu'Odin lui eut rendu visite sur le champ de bataille ; voir le chapitre 13 pour en savoir plus sur l'intérêt que portait Odin aux guerriers morts en héros) et sa célèbre épée se brisa. Juste après la bataille, Hjordis le retrouva en train d'agoniser. Il lui dit qu'elle donnerait naissance à un fils qui serait le chef de la lignée des Völsungar. Il lui demanda aussi de conserver les morceaux de son épée cassée, qui permettraient de fondre une nouvelle épée, Gram. Son fils s'en servirait. Puis il expira.

Sigurd, le grand Danois (l'homme bien sûr, pas le chien)

Après la mort de Sigmund, le roi des Danois se rendit sur le champ de bataille, y vit Hjordis et écouta son histoire. Il l'emmena chez lui et l'épousa. Elle donna naissance à son fils et l'appela Sigurd. C'était le plus grand et le plus fort des garçons des environs, et tout le monde l'adorait.

Un précepteur du nom de Regin était responsable de la plus grande partie de l'éducation de Sigurd. Il lui enseigna plusieurs langues, les sports, les échecs et l'écriture runique. Regin et Odin aidèrent Sigurd à choisir un cheval, un descendant de Sleipnir, le cheval d'Odin. Ce cheval s'appelait Grani. Ensuite, Regin expliqua à Sigurd qu'il avait besoin de davantage de richesses, et lui indiqua où il pourrait se les procurer : en s'emparant du trésor du dragon Fafnir. (Fafnir était le frère de Regin, mais celui-ci était prêt à le tuer pour s'emparer de son trésor.)

ANECDOTE

Les runes sont des caractères de l'ancien alphabet utilisé par les peuples germaniques et nordiques. Elles servaient à graver des inscriptions sur le bois ou la pierre, et avaient un usage à la fois pratique et magique. J.R.R. Tolkien s'en est largement servi dans *Le Seigneur des Anneaux*.

Et maintenant, occupons-nous de ce dragon !

Ayant décidé de s'approprier les richesses de Fafnir, Sigurd eut besoin d'une épée pour tuer le dragon. Il alla voir sa mère, qui lui donna les morceaux de l'épée de son père. Regin les transforma en une épée, Gram, capable de trancher absolument n'importe quoi. Après un petit détour destiné à occire le roi qui avait tué son père, Sigurd se mit à la recherche de Fafnir.

Regin montra à Sigurd où vivait le dragon, et lui indiqua où et comment creuser une tranchée pour s'y cacher. Puis Regin, qui n'était pas fou, alla se mettre à l'abri. Alors que Sigurd était en train de creuser, un vieil homme – Odin – s'avança et lui dit qu'il s'y prenait mal, et qu'il devrait creuser plusieurs tranchées pour que le sang empoisonné du dragon puisse s'y écouler, et une autre pour s'y cacher et le frapper. Puis le vieil homme disparut. Sigurd creusa ses tranchées comme le vieil homme avait suggéré. (C'était bien dans les habitudes d'Odin de faire de brèves apparitions puis de disparaître ; voir le chapitre 13).

Fafnir sortit de sa tanière pour boire, en dodelinant de la tête, et Sigurd se cacha dans sa tranchée. Alors que le dragon s'avançait vers lui, Sigurd plongea son épée jusqu'à la garde dans la poitrine de Fafnir, qui se débattit comme un beau diable, en détruisant tout ce qui se trouvait autour de lui, avant de mourir.

C'est le petit oiseau qui me l'a dit

Regin revint sur les lieux et félicita Sigurd pour sa victoire, mais il était un peu triste parce que son frère était mort et que c'était sa faute. Il demanda à Sigurd de lui rendre un service : découper le cœur du dragon, le faire rôtir sur le feu et le lui donner à manger. Sigurd accepta, mais alors qu'il rôtissait le cœur du dragon, il le toucha et porta son doigt à sa bouche. Dès que le sang du cœur de Fafnir toucha sa langue, il put comprendre le chant des oiseaux.

Et que disaient ces oiseaux ? Que Regin allait le trahir et que Sigurd devrait le tuer, garder pour lui le trésor du dragon, et puis aller à la recherche de la très belle Brynhild. Regin se sentait coupable d'avoir fait tuer son propre frère et pensait qu'il pourrait en faire porter la responsabilité à Sigurd. Ensuite, il pourrait garder pour lui le trésor de Fafnir. (La saga n'explique pas comment les oiseaux savaient cela.)

Sigurd tua donc Regin avec son épée. Il mangea une partie du cœur du dragon et garda le reste pour plus tard. Puis il s'en alla à cheval dans l'antre du dragon, où il trouva un immense trésor. Il en chargea son cheval et s'en fut à la recherche de Brynhild.

Prédictions de voyante et amours malheureuses

Brynhild était une Valkyrie, une vierge guerrière. Sigurd la trouva endormie dans une tour, vêtue de son armure. Il la lui ôta, ce qui la réveilla. Il se présenta et lui dit qu'il était l'un des Völsungar. Brynhild lui répondit qu'elle avait fait le vœu de n'épouser qu'un homme qui ne connaîtrait pas la peur.

Outre ses talents de guerrière, Brynhild pouvait aussi prédire l'avenir. Sigurd lui dit qu'il voulait l'épouser, et Brynhild lui répondit qu'elle acceptait. Ils se séparèrent pour un certain temps : Sigurd pour participer à d'autres batailles, et Brynhild pour tisser une magnifique tapisserie dépeignant ses exploits. Sigurd se rendit alors à la maison de Brynhild et ils renouvelèrent leur engagement l'un envers l'autre. Mais Brynhild lui prédit qu'à sa place il épouserait une autre femme, qui s'appelait Gudrun.

Sigurd est piégé par la potion de l'oubli

Gudrun fait son entrée en scène peu de temps après. Fille d'un roi et amie de Brynhild, elle vint rendre visite à celui-ci pour lui demander conseil au sujet d'un rêve. Brynhild lui parla de Sigurd, puis lui prédit son avenir : Sigurd allait rendre visite à Gudrun, sa mère Grimhild lui donnerait une potion qui lui ferait tout oublier, il épouserait Gudrun mais mourrait peu après, puis elle épouserait le roi Atli, qu'elle finirait par tuer. Gudrun fut impressionnée par ces prédictions, et rentra à cheval chez elle.

Et tout se passa comme Brynhild l'avait prophétisé. Sigurd se rendit à la maison de Gudrun et Grimhild, la mère de celle-ci, fut convaincue qu'il ferait un bon mari pour sa fille. Elle prépara donc une potion d'oubli. Sigurd la but et oublia instantanément Brynhild. Il épousa Gudrun et prêta serment de fidélité à la famille.

L'anneau de feu

Gunnar, le frère de Gudrun, avait besoin d'une épouse. Sigurd lui proposa de l'aider à en trouver une. Ils décidèrent que Gunnar devrait épouser Brynhild, laquelle s'était entre-temps retranchée dans une tour protégée par un anneau de feu ; elle avait fait de ce retranchement un test et déclaré qu'elle n'épouserait qu'un homme qui viendrait à elle à cheval à travers les flammes.

Gunnar ne put persuader son cheval de traverser les flammes au galop. Sigurd et lui-même échangèrent donc leurs corps respectifs et Sigurd, dans le corps de Gunnar, galopa à travers les flammes en chevauchant Grani, le cheval magique dont il était devenu le propriétaire grâce à l'aide d'Odin (voir plus haut). Il se présenta comme s'il avait été Gunnar, passa trois nuits avec Brynhild puis rentra chez lui avec son beau-frère.

Brynhild s'en alla trouver son père, lui raconta qu'un homme avait traversé l'anneau de feu à cheval et déclara qu'elle allait l'épouser parce qu'il était évident que cet homme ne connaissait pas la peur. Puis elle se rendit chez Gunnar et l'épousa.

Un jour, alors que Brynhild et Gudrun se baignaient dans la rivière, elles se disputèrent, et Gudrun révéla à Brynhild que c'était Sigurd, et pas Gunnar, qui avait traversé l'anneau de feu. Brynhild en fut profondément chagrinée et s'alita. Tout le monde essaya de la réconforter et de la convaincre de reprendre le cours de sa vie, mais elle refusa ; on l'avait amenée par la ruse à épouser un homme inférieur et, désormais, elle ne voulait plus vivre.

Brynhild demanda à Gunnar de tuer Sigurd. Gunnar, déchiré, se rangea finalement à la volonté de son épouse et demanda à son frère Guthorm d'assassiner Sigurd. Guthorm le poignarda alors qu'il était au lit avec Gudrun. Sigurd se réveilla et parvint à tuer son assassin avant de mourir. Désespérée, Brynhild se poignarda aussi. Avant de mourir, elle demanda à Gunnar de la brûler avec Sigurd sur un bûcher funéraire, ce qu'il fit.

Gudrun et Atli

Gudrun quitta sa maison et s'installa à la cour royale du Danemark pendant sept ans. Sa mère Grimhild reprit contact avec elle et lui conseilla de se remarier pour se consoler de la perte de son mari. Elle donna à Gudrun une potion qui lui fit oublier ses problèmes, puis lui annonça qu'elle épouserait Atli. La figure 14-1 montre un portrait d'Atli.

Figure 14-1 : Attila le roi des Huns, encore appelé Atli.

Mais qui donc voudrait d'Attila pour époux ?

Gudrun répondit qu'elle ne voulait pas épouser Atli parce qu'il serait cruel envers ses frères. Sa mère insista. Les noces eurent lieu, mais ce ne fut pas un mariage d'amour. Atli passa son temps à intriguer pour obtenir l'or de Sigurd, que possédaient désormais les frères de son épouse, Gunnar et Hogni.

Il les invita à venir lui rendre visite. Gudrun essaya de les avertir de ne pas accepter, mais en vain. Atli leur tendit une embuscade et les fit prisonniers. Il arracha le cœur de Hogni et le montra à Gunnar. Puis il jeta Gunnar dans une fosse pleine de serpents. Gudrun envoya une harpe à Gunnar ; ses mains étaient liées, mais il en joua avec les orteils et charma ainsi les serpents jusqu'à ce qu'une vipère le morde et qu'il meure.

Atli essaya de se réconcilier avec Gudrun, qui restait très troublée par la mort de ses frères. Pour se venger, elle tua les fils qu'elle avait eu d'Atli (avec leur consentement, ils lui avaient dit qu'elle pourrait faire d'eux ce qu'elle voudrait), puis en servit le sang et les cœurs en repas à son mari. Elle acheva sa vengeance en poignardant Atli une nuit dans son lit. Elle lui donna quand même un bel enterrement avant de mettre le feu à son palais – et tous ses soldats, cherchant à s'échapper, s'entre-tuèrent dans une belle panique.

Tout est bien qui finit mal

Malgré sa séparation plutôt spectaculaire avec son deuxième mari, Gudrun réussit quand même à se trouver un troisième mari et à lui donner plusieurs fils. Sa vie au rythme rapide sembla alors se ralentir, et elle trouva le temps d'organiser le mariage de la fille qu'elle avait eue de Sigurd, une femme magnifique qui s'appelait Svanhild. Celle-ci devait épouser le roi Iotmunrekk.

Mais le fils du roi, que celui-ci avait envoyé la chercher, avoua à son père qu'il avait déjà couché avec Svanhild ; le roi ordonna qu'elle soit piétinée à mort par des chevaux.

Lorsque Gudrun apprit la mort violente de sa fille, elle enjoignit à ses trois fils de la venger ; elle prononça des formules magiques au-dessus de leurs armures pour qu'elles deviennent impossibles à percer par l'acier. Deux des frères tuèrent le troisième en route, mais se rendirent compte après coup que cela avait été une erreur. Ils trouvèrent ensuite le méchant roi et lui coupèrent les pieds et les mains. Puis les soldats du roi les découvrirent et les attaquèrent, mais le fer ne pouvait les blesser. Un borgne passant par-là (devinez qui, Odin bien sûr) suggéra aux soldats de se servir de pierres, et ce fut la fin des derniers enfants de Gudrun. C'est aussi la fin de l'histoire ; la *Saga des Völsungar* se termine sans aucun doute sur une note triste.

Beowulf, plutôt demandé !

Le *Lai de Beowulf* est le poème complet le plus ancien de toutes les langues germaniques. Une seule copie de ce manuscrit a survécu. Il a commencé à susciter de l'intérêt à la fin du XVIIIe siècle, alors que toute l'Europe était en train d'essayer de trouver des histoires qui expliqueraient l'existence de ses nations – une *Iliade* pour chaque nation, pour ainsi dire (voir le chapitre 7 pour l'histoire de l'*Iliade*, et le chapitre 11 pour une explication des mythes de fondation des nations). Les Allemands revendiquèrent la *Chanson des Nibelungen*, les Français la *Chanson de Roland* et les Anglais le *Lai de Beowulf.* Toutefois, les Danois et Allemands le choisirent aussi. Les Danois parce que l'action se déroulait au Danemark, les Allemands parce qu'il se passait dans le Nord avant l'arrivée du christianisme, et les Anglais parce qu'il était écrit en ancien anglais.

Le nom *Beowulf* vient peut-être des mots de l'ancien anglais *bee* (« abeille ») et *wolf* (« loup ») qui, combinés, donnèrent un nom signifiant *bear* (« ours »).

Les anglophones modernes ne peuvent pas comprendre l'ancien anglais, à moins de l'avoir étudié. Ce n'est pas la langue dont Geoffrey Chaucer s'est servi dans ses *Contes de Cantorbéry*, qui est le moyen anglais, facilement lisible par les anglophones d'aujourd'hui après un petit ajustement. L'ancien anglais s'appelle aussi l'anglo-saxon, et il ressemble davantage à de l'allemand qu'à de l'anglais moderne. L'anglais parlé aujourd'hui possède beaucoup de mots français qui y ont été mélangés du temps où les Normands vécurent en Angleterre après la conquête de Guillaume Ier le Conquérant en 1066.

Le poète qui écrivit l'histoire semble avoir été un chrétien (il est très probable qu'il était moine, parce qu'il savait écrire et qu'il avait à sa disposition de l'encre et du parchemin), portant son regard sur une époque païenne. On y trouve çà et là des morceaux de choix de ce qui semble avoir été des croyances païennes, comme la croyance de Beowulf en son destin et son désir d'obtenir la gloire et les honneurs durant sa vie, et pas après sa mort. Le maléfique Grendel présente des similitudes avec Caïn, mais aussi avec les géants nordiques malfaisants.

Quoi qu'il en soit, le *Lai de Beowulf* est l'histoire d'un type courageux qui s'appelait Beowulf et qui n'avait pas son pareil pour tuer des monstres. Beowulf était un Geat (Goth), et le peuple des Geats habitait quelque part en Suède.

Le monstre Grendel et son garde-manger du Héorot... Miam !

Un roi danois, du nom de Hrothgar, avait un immense succès au combat. Il construisit un immense château, le Héorot, et tous ses jeunes soldats y séjournaient avec lui lorsqu'ils n'étaient pas au combat.

Un jour, un monstre terrifiant vint jouer les trouble-fête, c'était Grendel. Il se tapit à l'extérieur du château, car il détestait le son des réjouissances. Descendant de Caïn et des géants, condamné par le créateur avec tous les autres trolls, elfes et morts-vivants qui luttaient contre Dieu, il vivait dans les marécages.

La nuit tombée, Grendel alla jeter un coup d'œil à l'intérieur de ce château où les gens s'amusaient tellement. Il y vit tous les guerriers allongés sur le sol après leur festin. Il s'empara de trente d'entre eux et les emporta pour les dévorer. Aux aurores, les autres guerriers se réveillèrent et remarquèrent que plusieurs d'entre eux manquaient à l'appel. Ils en eurent beaucoup de chagrin, Hrothgar plus que tous.

Grendel revint le lendemain soir et emporta un autre groupe de guerriers pour son dîner. Après cet événement, plus personne ne voulait dormir à Héorot, et le château resta vide pendant douze ans. Les Danois ne savaient que faire, car même les prières à leurs dieux païens ne donnaient pas de résultat.

Beowulf lui fait sa fête

Grendel dévorait les hommes de Hrothgar, ce qui, on le comprend, sapait vraiment le moral des Danois. C'est à ce moment de l'histoire que Beowulf le Geat fait son entrée. Il avait entendu parler des méfaits de Grendel, et vint exprès en bateau, de Suède, pour y remédier. C'était un grand héros qui avait l'ambition de devenir encore plus célèbre. Pour faire avancer sa carrière, un héros doit réaliser des exploits dangereux, spectaculaires, et qui plaisent aux foules. La garde de Hrothgar rencontra Beowulf et ses hommes au port, et après qu'il se fut présenté et qu'il eut déclaré ses objectifs, la garde royale conduisit les Geats au roi.

Beowulf déclara au souverain que lui-même et ses hommes voulaient débarrasser Héorot du monstre, ce qui de toute évidence était une proposition que Hrothgar ne pouvait pas décliner. Il conduisit donc Beowulf et ses hommes au château. Beowulf annonça que, comme Grendel n'avait ni armes ni armure, il ne s'en servirait pas non plus. Il indiqua au roi le lieu où il faudrait que son armure et ses armes soient envoyées s'il mourait et dit qu'il accepterait son destin, quel qu'il soit.

Beowulf employait le mot *wyrd* pour « destin ». Grâce à la pièce *Macbeth* de Shakespeare, le mot a survécu en anglais moderne et s'est transformé en *weird* : « inquiétant », « bizarre ».

Ce soir-là, tout le monde fit la fête à Héorot, avec de la bière blonde et un poète qui chantait des histoires de héros (y compris la *Völsunga saga*). Beowulf saisit l'occasion pour se vanter de ses exploits héroïques, en racontant par exemple qu'il avait, au cours d'une aventure, passé cinq jours à nager dans l'océan pour tuer des monstres marins. La magnifique reine et épouse de Hrothgar fit le tour du château pour accueillir tout le monde, et Beowulf prêta serment devant elle qu'il tuerait Grendel ou mourrait en essayant. Enfin, tout le monde alla se coucher, les Danois rentrèrent chez eux tandis que Beowulf et ses hommes étaient logés à Héorot.

Tout le monde s'endormit. Dans l'obscurité, Grendel s'introduisit en rampant dans le château, en colère contre tous les hommes du monde. Il vit les guerriers endormis et rit sous cape à l'idée de tous les manger. Il en attrapa un et l'avala immédiatement. Il s'apprêtait à en prendre un autre lorsqu'il fut lui-même saisi par le bras. Beowulf le tenait et ne le laisserait pas partir !

Grendel cria et se contorsionna, mais il ne pouvait pas se débarrasser de Beowulf. Finalement, celui-ci lui arracha le bras. Grendel s'enfuit en courant dans les marais, où il mourut bientôt de ses blessures.

Au tour de la mère de Grendel, maintenant

La victoire apparemment sans difficulté sur Grendel rendit tout le monde très heureux, et Hrothgar combla Beowulf de cadeaux. Ils firent un autre festin, en se servant du bras de Grendel comme décoration ! Mais cette nuit-là, une fois que tout le monde fut endormi, un autre monstre arriva. C'était la mère de Grendel. Elle n'était ni aussi grande ni aussi forte que son fils, mais elle était quand même assez effrayante, et se révéla être aussi dure à cuire que Grendel. Elle captura le guerrier préféré de Hrothgar et l'emporta avec elle dans les marais. C'était comme si Beowulf n'avait pas tué Grendel.

Beowulf dut donc accomplir d'autres exploits. Il enfila son armure, prit ses armes et marcha vers la mer, au fond de laquelle la mère de Grendel semblait habiter. Beowulf sauta dans l'eau, descendit dans les profondeurs pendant un jour tout entier et finit par trouver le monstre qui résidait à une très grande profondeur. (Comme vous le voyez, Beowulf pouvait retenir sa respiration pendant très longtemps.)

Il brandit son épée et attaqua la mère de Grendel, mais il ne put la blesser. Il la saisit donc de ses deux mains et la projeta sur le fond marin. Elle contre-attaqua et essaya de le poignarder, mais son armure le protégea. Puis Beowulf se saisit d'une ancienne épée géante qui faisait partie de la collection d'armures et d'armes que la monstrueuse créature conservait dans son repaire sous-marin, et la frappa au cou, ce qui entraîna sa mort.

Beowulf pouvait maintenant inspecter tout à loisir le repaire du monstre, et devinez qui il y retrouva ? Grendel, froid et mort. Il se servit de l'épée pour décapiter Grendel, puis remonta en nageant à la surface.

Après plusieurs autres festins, agrémentés de moult poèmes et de remises de cadeaux, Beowulf et ses hommes quittèrent la cour de Hrothgar au Danemark et rentrèrent chez eux, au Seeland, en Suède. Beowulf devint roi.

Le dernier combat d'un grand héros

Beowulf régna pacifiquement comme roi des Geats pendant cinquante ans. Un jour pourtant, un dragon entra dans la ville.

Ce dragon gardait une collection de trésors dans une caverne des collines, et avait vécu pacifiquement jusqu'à ce qu'un voleur lui dérobe une coupe. Le dragon quitta sa caverne à la recherche du voleur et, lorsqu'il rentra, découvrit que son trésor avait été une nouvelle fois pillé. Il entra donc en guerre contre les Geats, en brûlant leurs maisons et leurs champs de son souffle incendiaire.

Beowulf était devenu un vieillard, mais il se montra à la hauteur de la situation. Il prit ses armes et se dirigea vers la tanière du dragon. Bien qu'il soit parti avec tout un groupe d'hommes, la plupart de ses guerriers avaient peur d'approcher le monstre. Beowulf se tint donc seul devant la caverne du dragon. Il cria pour défier la créature, qui sortit pour le trouver ; chacun d'eux fut horrifié par l'autre.

Le dragon souffla du feu sur Beowulf, et Beowulf le transperça de son épée. Son bouclier stoppa une partie du feu, mais le coup d'épée ne fut pas le coup mortel qu'il avait espéré et ne fit qu'exaspérer le dragon. Beowulf était dans de sales draps.

Un jeune soldat du nom de Wiglaf déclara à ses compagnons qu'il n'était pas juste de laisser son seigneur mourir seul et se lança à sa rescousse. Beowulf frappa à nouveau le dragon, mais son épée se brisa et le dragon le saisit par le cou. Wiglaf plongea son épée dans la poitrine du dragon, qui relâcha un peu Beowulf et permit à celui-ci de lui donner un bon coup de poignard dans le ventre. Ensemble, ils réussirent à le tuer.

Wiglaf nettoya les plaies de Beowulf, mais celui-ci savait qu'il était en train de mourir. Il dit quelques mots sur sa tristesse de ne pas avoir de fils auquel il aurait pu léguer l'équipement de combat avec lequel il avait tué le dragon, mais qu'il ne regrettait en rien la manière dont il avait vécu sa vie. Il donna à Wiglaf son collier d'or et son armure, puis son âme s'envola pour recevoir son jugement.

Les autres soldats de Beowulf commencèrent à se montrer et trouvèrent Wiglaf assis près de son seigneur en essayant vainement de le ranimer avec de l'eau. Wiglaf leur dit que leur vie de héros était terminée parce qu'ils s'étaient déshonorés en n'aidant pas Beowulf. Il dit aussi que les Suédois ne tarderaient pas à les provoquer maintenant que leur chef était mort.

Les soldats se mirent tous ensemble à s'occuper du corps de Beowulf, mais ils tombèrent sur le dragon : 15 mètres de serpent volant crachant le feu, raide mort sur son trésor. Wiglaf fit construire par ses soldats un bûcher, le fit recouvrir d'or et y déposa l'armure du guerrier, puis ils brûlèrent le corps de Beowulf en chantant un chant funéraire. Enfin, ils enfouirent ses cendres avec d'autres trésors dans une tombe et élevèrent un tertre. C'est ainsi que s'achève l'histoire de Beowulf le Geat.

Chapitre 15

La cour du roi Arthur et les chevaliers de la Table ronde

Dans ce chapitre

- Le casting de la légende d'Arthur
- Ne jetez pas la pierre à la femme adultère, je suis derrière !
- La quête du Saint-Graal et d'autres aventures

Il n'existe aucune version définitive de l'histoire d'Arthur, le roi légendaire d'Angleterre, et de ses vaillants chevaliers de la Table ronde. Ce mythe est tellement populaire depuis de si nombreux siècles que quasiment chaque pays d'Europe occidentale en a élaboré sa propre version.

Le présent chapitre ne se propose donc pas de présenter tout ce que l'on peut savoir sur Arthur. Nous avons essayé de résumer quelques-unes des versions les plus célèbres (surtout celle de Malory, dont le travail influença la plupart des auteurs venus après lui) et de faire le portrait de quelques-uns des personnages principaux, mais nous ne les couvrons pas tous ici. Nous n'avons pas non plus la prétention de présenter « la version exacte » ; il en existe justement tant de versions différentes, et personne ne peut dire que telle ou telle soit la vraie. Malory a dit blanc, Tennyson a dit noir, Monty Python a dit rose bonbon, et tout le monde a raison. Car c'est une légende, et on peut la raconter comme on veut.

À la recherche du roi Arthur

Qui était le roi Arthur ? Personne ne le sait. Trop de poèmes et trop de prose ont été écrits à son sujet durant les mille dernières années pour que quiconque puisse le dire avec assurance. Il n'existe pas de sources précises provenant de l'époque à laquelle il est censé avoir vécu.

Arthur a probablement vécu au Ve, VIe ou VIIe siècle, à une époque où le pouvoir de Rome sur les îles Britanniques était en train de se désagréger et où le royaume du pays de Galles et le royaume d'Angleterre qui remplacèrent le gouvernement romain en étaient encore à leur phase de développement. Diverses tribus se combattaient les unes les autres et l'un des peuples saxons envahit une bonne partie de l'Angleterre.

Arthur a peut-être été un chef des Bretons (Britons), le peuple britannique autochtone qui lutta pour repousser la menace de l'envahisseur saxon. Il a peut-être aussi été un héros gallois. Certains avancent qu'il était un descendant de l'occupant romain. Une explication courante aujourd'hui veut qu'il ait été le général de cavalerie britannique Arturius qui combattit les Saxons et les défit à la bataille de Badon Hill en 517.

Au XIIe siècle, on trouva dans l'abbaye de Glastonbury une croix portant une inscription en latin dont voici la traduction : « Ci-gît le célèbre roi Arthur, dans l'île d'Avalon. » La figure 15-1 en propose une illustration. Cette croix fut vue pour la dernière fois au XVIIIe siècle, mais il en subsiste des dessins. Était-ce l'authentique tombe du roi Arthur, ou simplement un coup de pub des moines de l'abbaye de Glastonbury ? Personne n'en sait rien.

Figure 15-1 : La croix du roi Arthur de l'abbaye de Glastonbury.

Personne ne peut dire avec une absolue certitude qui était Arthur ou ce qu'il fit, et même s'il exista jamais. Est-ce important ? Pas vraiment. Au lieu d'être un roi venu de l'histoire, le roi Arthur est une figure littéraire qui jouit d'une longue durée de vie et d'une grande popularité. À travers les siècles, tout le monde a adoré les histoires du cycle d'Arthur, et ce, dès le début, c'est-à-dire au Moyen Âge, et les conteurs n'ont pas fini d'enjoliver encore son histoire !

Autrefois, tout le monde adorait Arthur ...

Dans son *Histoire des rois de Bretagne* écrite aux alentours de 1135, Geoffroi de Monmouth donna à Arthur sa place dans l'histoire médiévale, car cet ouvrage se voulait une sorte de biographie officielle. Une histoire littéraire au parfum romanesque, dont une bonne partie était reprise de l'histoire du pays de Galles et de ses légendes ; Monmouth semble l'avoir écrite pour donner aux Gallois et aux Bretons un peu de fierté nationale. Jules César et Brutus y font des apparitions, mais ce sont Arthur et son acolyte Merlin qui sont au premier plan dans l'ouvrage.

Les Français tombèrent amoureux d'Arthur et composèrent leurs propres histoires à son sujet. Ils écrivirent des poèmes courtois, en plaçant la légende dans un monde sophistiqué d'amour courtois, de philosophie et de chevalerie. C'est le poète Chrétien de Troyes qui écrivit le plus célèbre des poèmes français. Il vécut à la cour de France au XIIe siècle et écrivit ses ouvrages les plus célèbres entre 1170 et 1190. Il s'agit de *Lancelot ou le Chevalier à la charrette*, d'*Yvain ou le Chevalier au lion*, de *Perceval ou le Conte du Graal*. Les Allemands s'essayèrent eux aussi à cette légende : l'*Iwein* (Yvain) de Harmann von Aue et le *Parzival* de Wolfram von Eschenbach, écrits tous deux aux alentours de 1200, tirent leurs intrigues des versions françaises.

L'*amour courtois* était une forme sophistiquée d'amour pratiquée par les nobles du Moyen Âge ; les rapports courtois étaient des aventures extraconjugales secrètes dans lesquelles l'homme courtisait la dame avec des cadeaux, des chansons et d'autres tributs, auxquels elle répondait par d'occasionnels regards à son endroit. Les chevaliers étaient supposés suivre le code de la chevalerie qui incluait des valeurs comme la loyauté envers l'Église et son propre pays, la bonté envers les faibles, l'honnêteté et la générosité.

La version la plus célèbre de la légende d'Arthur est celle de sir Thomas Malory, *Morte d'Arthur*, écrite en 1485 alors que son auteur croupissait en prison pour divers crimes – vols et tentatives de meurtre entre autres. Il semble que Malory se soit servi de la plupart des sources à sa disposition, y compris de l'histoire de Monmouth et des romans français.

Arthur lui-même ne joue pas le premier rôle dans la plus grande partie de la littérature médiévale « arthurienne ». Les écrivains préféraient se concentrer sur sa cour et sur les exploits de ses chevaliers. Arthur apparaît au début et à la fin de nombre d'histoires, en figure plutôt distante et majestueuse qu'on ne peut importuner avec des histoires banales.

... et cet engouement se poursuit aujourd'hui !

Au Moyen Âge, on écrivit de multiples romans autour de la légende d'Arthur. La popularité de cette légende n'a pas fléchi au cours des dix derniers siècles, et elle a incarné des idéaux différents à des époques différentes. Tandis que les histoires les plus anciennes décrivaient des civilisations émergeant du chaos, les hommes du Moyen Âge considéraient le cycle de la Table ronde comme une sorte d'utopie chevaleresque. Les poètes victoriens se servirent de la légende pour exprimer des idéaux victoriens, et les auteurs modernes ont tendance à la brosser comme un champ de bataille dans lequel des idéaux nobles peuvent s'élever au-dessus de la souffrance.

La légende d'Arthur connut un énorme sursaut de popularité dans l'Angleterre du XIXe siècle. Le poète anglais Tennyson écrivit une longue version poétique de l'histoire du roi Arthur, les *Idylles du roi*. Tennyson fondait son histoire sur la *Mort d'Arthur* de Malory, mais il donna sa propre touche victorienne au conte. Il mit l'accent sur la bonté d'Arthur et sur son insistance à promouvoir les valeurs que sont l'harmonie, la chasteté, la tranquillité et l'abnégation – des vertus toutes victoriennes.

Ce n'est pas demain que l'intérêt pour le roi Arthur disparaîtra. Le XXe siècle a généré une production « arthurienne » importante : des livres (romans et autres), des pièces de théâtre, des films et des visites guidées historiques du Royaume-Uni. Il n'y a aucune raison de penser que cet engouement devrait cesser bientôt.

Casting au château de Camelot

Les légendes arthuriennes mettent en scène une foule de personnages, bien trop nombreux pour qu'on en donne la liste complète ici. Il y avait des rois, des sorcières et des magiciens, des dames très belles, l'ermite occasionnel, et des tas et des tas de chevaliers.

Une des choses qui embrouille un peu l'histoire, c'est l'habitude gênante qu'ont les personnages de prendre différents noms dans différentes sources.

Arthur est parfois appelé « Artus », Lancelot parfois « Launcelot » ; la Dame du Lac semble avoir eu toutes sortes de noms différents ; et au moins deux princesses différentes qui tombent amoureuses de Lancelot s'appellent « Élaine ». Mais ne vous en faites pas, lisez simplement les histoires et n'essayez pas de les faire se correspondre parfaitement.

Des machos d'antan...

Il n'est pas possible de faire du mélo sans hommes, et les histoires arthuriennes en comptent beaucoup – des bons, des méchants, et des personnages en demi-teinte. Voici quelques-uns des principaux protagonistes :

- **Arthur** (ou **Artus**) : Arthur était un grand roi d'Angleterre. Selon les légendes, il unifia tous les Bretons et amena une ère de prospérité au royaume. Au château de Camelot, la Table ronde de sa cour, autour de laquelle s'asseyaient les chevaliers rivaux, les mettaient sur un pied d'égalité, aucun plus haut ou plus bas que les autres. Les chevaliers de sa cour adoraient partir à la recherche d'aventures pour obtenir des honneurs, comme la quête du Saint-Graal. Arthur lui-même était un grand guerrier héroïque, mais il était aussi un peu tout le reste : généreux, indécis, indulgent, injuste, sage et stupide ;
- **Merlin** : Merlin était magicien. Il aida Uther Pendragon à séduire Ygraine et à engendrer Arthur. Il donna le bébé Arthur à un chevalier de confiance, sire Hector, pour qu'il l'élève à l'abri des dangers de la Cour. (voir la section « Les débuts d'Arthur, un drame médiéval » un peu plus loin). Dans certaines versions, Merlin fut le précepteur du jeune Arthur et s'arrangea pour que soit organisé le concours lors duquel celui qui parviendrait à retirer l'épée du rocher serait roi. Le vainqueur fut Arthur. C'est également lui qui fit donner par Viviane, la Dame du Lac, l'épée Excalibur à Arthur. Vers la fin de la vie d'Arthur, Merlin tomba amoureux de la fée-sorcière Viviane (la même, voir plus loin), qui le persuada de lui enseigner toute sa magie avant de l'enfermer dans une caverne enchantée ou dans une tour de verre. En voilà de la loyauté !

Certains chevaliers étaient plus proches d'Arthur que d'autres pour diverses raisons. Voici les chevaliers les plus importants et les plus influents du mythe :

- **Lancelot du Lac (ou Launcelot)** : ainsi appelé parce que sa mère adoptive l'éleva sous l'eau d'un lac. Ce fait constituait une addition tardive à la légende du roi Arthur, qui apparut pour la première fois dans l'œuvre de Chrétien de Troyes (bien qu'il y ait des raisons de croire que des histoires de Lancelot aient existé auparavant). C'était le meilleur chevalier du roi Arthur et son préféré, et il était loyal envers le roi en tout point, sauf un : Guenièvre et lui eurent une relation illégitime pendant des années ;

- **Galaad** : fils illégitime de Lancelot et d'Élaine. Pur et invincible, c'était le seul des chevaliers digne d'occuper le Siège périlleux, le siège de la Table ronde réservé à un chevalier désigné. Avant que Galaad n'arrive à Camelot, personne ne savait qui serait ce chevalier, mais personne ne s'y était jamais assis auparavant parce qu'un non-élu en serait mort ;
- **Gauvain** : neveu d'Arthur, fils de sa demi-sœur Morgane. Avant que Lancelot ne fasse son apparition dans le mythe, Gauvain était l'un des chevaliers les plus vaillants et les plus honorables. Plus tard il perdit de son élévation et de sa droiture morale, et dans certains récits il incita même Lancelot à mener une attaque contre Arthur. Gauvain était sous l'effet d'un enchantement qui rendait sa force plus importante le matin et la faisait culminer à midi, puis décliner dans l'après-midi ;
- **Mordred (ou Modred)** : fils illégitime d'Arthur avec sa demi-sœur, Morgane (elle le séduisit, il ne se rendit pas compte de qui elle était). Mordred était un empêcheur de danser en rond à la cour d'Arthur ; c'est lui qui dévoila l'adultère de Lancelot et de Guenièvre (tout le monde était au courant depuis des années, mais on avait jusqu'alors, avec tact, évité de dire quoi que ce soit), ce qui força Arthur à réagir, puis Mordred tenta d'épouser Guenièvre alors qu'Arthur était en France. Au cours de la dernière bataille, il blessa mortellement Arthur, qui alors le tua ;
- **Uther Pendragon** : père d'Arthur et roi de toute l'Angleterre. Il demanda à Merlin de le métamorphoser en duc de Cornouailles afin qu'il puisse coucher avec la femme du duc, Ygraine. Il confia ensuite à Merlin le fruit de cette union : Arthur.

...et des femmes indépendantes

« Une femme adultère est plus qu'une autre exquise. »

G. Brassens, À l'ombre des maris

Il est certain que tous ces hommes avaient bon nombre d'actions chevaleresques à accomplir, mais il n'y a pas de chevalerie sans dames à aimer ou pour qui combattre (ça s'appelle « l'amour courtois »). Les légendes arthuriennes ont leur part de femmes. Ne vous laissez pas berner par ces jolies frimousses ! Chacune d'elles savait très bien mener sa barque toute seule. Les voici :

- **Guenièvre** : épouse d'Arthur. Elle était éperdument amoureuse de Lancelot. Nombre de légendes décrivent sa liaison avec lui : ils se retrouvent dans les tours du château dans lequel elle était emprisonnée, elle le réprimande pour ses badinages avec d'autres femmes et se languit de son retour après ses aventures. Ses rapports avec Lancelot vont de l'amour courtois et chaste (« platonique ») dans les poèmes de Chrétien de Troyes à l'adultère le plus débridé dans le livre de Malory. Elle n'avait pas d'enfants ;

- **Morgane la fée** : fille d'Ygraine et du duc de Cornouailles, ce qui en faisait la demi-sœur aînée d'Arthur. C'était une sorcière, Merlin lui enseigna la magie. Dans certains récits elle aide Arthur, dans d'autres elle complote contre lui ;
- **Elaine** : cette jeune femme était une superbe princesse qui séduisit Lancelot et devint ainsi la mère de Galaad. Guenièvre la détestait. Au moins une autre dame portant le nom d'Élaine tomba aussi amoureuse de Lancelot : Élaine la Blanche, la pucelle d'Astolat ;
- **Ygraine** : mère d'Arthur. Épouse fidèle du duc de Cornouailles. Merlin donna à Uther l'apparence de son mari pour qu'Ygraine l'accueille dans son lit, et qu'ils conçoivent Arthur ; le duc de Cornouailles fut tué cette nuit-là. Ygraine épousa alors Uther et donna naissance à Arthur ;
- **La Dame du Lac** : mère adoptive de Lancelot. Différentes sources semblent la confondre avec Viviane. Elle fit cadeau à Arthur de l'épée magique Excalibur et la lui reprit lorsqu'il mourut. Merlin en tomba amoureux et lui enseigna toute sa magie. À la fin, elle en savait tellement qu'elle emprisonna Merlin dans une tour de verre (ou une caverne).

Les débuts d'Arthur, un drame médiéval

Il fallait bien qu'Arthur vienne de quelque part. L'histoire de sa naissance et de son enfance est excitante et bien connue. Elle commença, comme tout, par le désir.

Uther et Ygraine

Uther Pendragon était le roi de toute l'Angleterre. Le duc de Cornouailles s'était battu contre lui pendant de nombreuses années. Uther invita le duc à venir lui rendre visite pour discuter et peut-être se réconcilier avec lui. Celui-ci vint avec son épouse, Ygraine. Les négociations se déroulèrent bien, mais Uther tomba amoureux d'Ygraine et essaya de la séduire. Elle le signala à son mari, et le couple s'en alla aussitôt.

Lorsque le roi découvrit qu'ils venaient juste de disparaître, il piqua une colère. Le duc cachait son épouse au château de Tintagel. Lui-même et son armée se barricadèrent dans un autre château, qu'Uther attaqua. La bataille fit rage et il y eut de nombreux morts.

Mais Uther désirait tellement Ygraine qu'il en était presque malade. L'un de ses chevaliers, sire Ulfius, alla voir Merlin, le magicien, pour lui demander son aide. Merlin proposa le plan suivant : il donnerait à Uther l'apparence du duc de Cornouailles, de telle sorte qu'Uther pourrait rendre visite à Ygraine dans la nuit même. Elle aurait un fils de cette union, et Merlin exigea qu'ils lui donnent ce bébé dès qu'il serait né.

Dans la nuit qui suivit cette rencontre, Uther métamorphosé en duc de Cornouailles se rendit au château de Tintagel. Ygraine, croyant qu'il s'agissait de son mari, l'accueillit dans son lit. Il la quitta tôt le lendemain matin. Il se trouve que le duc mourut dans la même nuit, trois heures avant qu'Uther ne se rende chez Ygraine. Lorsque Ygraine apprit cette nouvelle, elle en fut troublée : avec qui avait-elle donc couché cette nuit-là ?

Le duc étant mort, tous les autres nobles se réconcilièrent avec Uther. Il épousa Ygraine pour sceller le pacte, et elle donna bientôt naissance à un fils. Merlin le prit, le baptisa « Arthur » et le confia à un chevalier du nom de sire Hector pour qu'il l'élève. Deux ans plus tard (ou quinze, suivant les versions), Uther mourut, juste après avoir déclaré que le petit Arthur était son héritier.

Cette épée bizarre fichée dans la pierre et l'enclume

Arthur grandit en pensant qu'il était le propre fils de sire Hector, et que Kay, le fils de ce dernier, était son frère aîné.

Une chose bizarre se produisit durant l'adolescence d'Arthur. Une épée enfoncée dans une enclume fut découverte dans la plus grande des églises de Londres ; elle portait l'inscription suivante : « Celui qui retirera l'épée de cette pierre et enclume sera le roi bien né de toute l'Angleterre. » De très nombreux hommes essayèrent de retirer l'épée, mais personne n'y parvint. Ils décidèrent donc d'organiser un tournoi pour décider qui devrait la gagner.

Un *tournoi* était une compétition à laquelle participaient les chevaliers dans des disciplines qui leur étaient propres. Ils étaient répartis dans deux équipes et combattaient avec des épées, des haches, ou d'autres de leurs armes favorites. Durant les *joutes*, deux chevaliers s'affrontaient au galop avec de longues lances en essayant de se désarçonner l'un l'autre.

Sire Hector et son fils sire Kay allaient participer à ce tournoi, et Arthur s'y rendit en tant qu'écuyer (assistant) de Kay. Arrivé sur le lieu de la joute, Kay se rendit compte qu'il avait oublié son épée à la maison, et envoya Arthur la chercher. Mais il n'y avait personne à la demeure de sire Hector, et Arthur ne put pas y entrer pour prendre l'épée. Il pensa donc qu'il pourrait aller à l'église et prendre l'épée qu'il avait vue enfoncée dans un rocher – il n'avait bien entendu pas la moindre idée de ce dont il s'agissait.

Arthur galopa à l'église, courut au rocher, en retira aisément l'épée et se précipita vers son frère. Kay la reconnût immédiatement. Il l'apporta à son père et dit :« Est-ce que je ne devrais pas être roi, puisque j'ai cette épée ? » Sire Hector n'était pas un imbécile, et demanda immédiatement à Kay comment il se l'était procurée. Kay lui dit qu'Arthur la lui avait donné. Arthur confirma qu'il venait juste de la retirer du rocher.

Hector savait déjà que son fils adoptif était spécial, mais il n'avait pas encore réalisé à quel point ; il s'agenouilla devant Arthur et le salua comme son roi. Tous les autres chevaliers se rendirent à l'église, et tous essayèrent de nouveau de retirer l'épée de la pierre. Arthur était le seul à y parvenir. Hector fit alors promettre à Arthur que son demi-frère Kay serait toujours son *sénéchal* (un grand officier qui commandait l'armée et rendait la justice au nom du roi), une demande à laquelle Arthur fut heureux d'accéder.

Le début du règne d'Arthur

Cette étrange épée avait ouvert une porte à Arthur. Hector l'emmena voir l'archevêque pour lui raconter l'histoire, et après quelques contestations et prises de bec avec certains chevaliers qui ne voulaient pas d'un roi enfant, Arthur fut couronné roi.

Je vais mettre un peu d'ordre dans tout ce royaume !

Le jeune Arthur se mit à l'œuvre pour stabiliser le royaume qui se trouvait dans une situation chaotique depuis la mort d'Uther. Il y incorpora bientôt l'Écosse et le pays de Galles. Il se servit de la Table ronde pour donner une place à tous les nobles importants : autour d'une table ronde, tous étaient sur un pied d'égalité, et aucun ne pouvait prétendre avoir la préséance sur d'autres.

Morgane de toi… Mordred de toi

Alors qu'Arthur était juste en train de mettre la Cour en place, la sœur de sa mère, Morgane, vint rendre visite à ses fils, dont Gauvain. Arthur et Morgane s'éprirent l'un de l'autre (ou peut-être n'était-ce que du désir, après tout, Arthur était encore un jeune homme à l'époque). Ils passèrent un mois ensemble, et c'est ainsi que Mordred fut conçu. Merlin annonça plus tard à Arthur que le bâtard Mordred causerait un jour la chute de sa cour. Espérant éviter la réalisation de cette prophétie, Arthur rendit un décret selon lequel tous les bébés nobles nés aux alentours du 1er mai devraient être amenés à sa cour. Il les mit ensuite tous dans un bateau et envoya celui-ci à la dérive. Il finit par couler, mais un bébé survécut, un homme le recueillit et l'éleva – c'était bien sûr bébé Mordred.

Excalibur, une autre épée, magique celle-là

Peu après, Merlin et Arthur, qui se promenaient à cheval, arrivèrent au bord d'un lac. Au centre de ce lac, ils virent un bras qui brandissait une épée et un fourreau ornés de pierres précieuses. Merlin confia à Arthur qu'il s'agissait de l'épée Excalibur et de sa gaine, et que la Dame du Lac voulait les lui donner en cadeau. Arthur alla donc les chercher en canot. Sur le chemin du retour, Arthur affirma qu'il préférait l'épée au fourreau, mais Merlin lui rétorqua que c'était stupide, car tant qu'il aurait le fourreau, il ne perdrait pas de sang, quelle que soit la gravité de sa blessure.

La reine de cœur

Après avoir réorganisé son royaume, Arthur tourna ses pensées vers l'amour. Il déclara à Merlin qu'il voulait épouser Guenièvre, la fille de son allié le roi Leodegan. Merlin l'avertit que Guenièvre avait pour destin d'aimer Lancelot, mais qu'il irait demander sa main à son père si Arthur voulait quand même l'épouser. Leodegan fut ravi de la demande, et Arthur épousa Guenièvre. Pourtant, comme l'avait prédit Merlin, elle n'aima jamais personne d'autre que Lancelot. Lisez ce qui suit pour le récit de leurs inconduites.

La cour du roi Arthur : des histoires de sexe, des tromperies et des joutes

Une fois la cour d'Arthur mise en place, il lui fallait organiser des activités variées pour ses chevaliers. Même si les chevaliers de la Table ronde passent leur temps à rechercher des aventures, les intrigues des légendes arthuriennes s'articulent en fait davantage sur les aventures érotiques que sur les exploits héroïques.

Lancelot et Guenièvre, à l'ombre du mari

Guenièvre n'aimait que Lancelot, et Lancelot n'aimait que Guenièvre. Il est difficile de dire quels étaient ses rapports avec Arthur. Arthur savait avant d'épouser Guenièvre qu'elle tomberait amoureuse de Lancelot. Merlin l'en avait averti. Le couple essaya de tenir leurs relations secrètes, ou du moins de faire en sorte qu'elles soient discrètes, mais à la Cour, tout le monde était au courant. En général pourtant, on fermait les yeux sur cette histoire, et il était évident que le roi avait choisi de ne pas les critiquer. La plupart des membres de la Cour laissaient faire. Après la mort d'Arthur, Lancelot et Guenièvre se repentirent tous deux de leurs années d'amour interdit et entrèrent chacun dans un ordre religieux.

Lancelot, ce bourreau des cœurs

Toutes les femmes en pinçaient pour Lancelot, et bien qu'il les rejetât toutes, cela rendait sans cesse Guenièvre extrêmement jalouse. Son aventure la plus célèbre fut celle qu'il vécut avec Élaine, la mère de Galaad (voir « Lancelot et Élaine »), mais il gagna aussi l'affection d'une autre Élaine, la belle pucelle d'Astolat.

Le roi Arthur annonça qu'il allait organiser un gigantesque tournoi au château de Camelot. Guenièvre resta à Londres, en prétextant une maladie. Il se trouva que Lancelot voulait lui aussi rester à Londres. Tout le monde pensa qu'ils voulaient tous deux passer du bon temps ensemble. Mais la reine décida que cette idée pourrait paraître suspecte, et elle envoya donc Lancelot au tournoi.

Il s'en alla et, pour dissiper toute suspicion, décida de se battre contre le roi Arthur et de porter les couleurs d'une autre dame. Il se battit pour le père d'Élaine, et porta ses couleurs à la bataille. Grièvement blessé, il fut soigné par Élaine avec qui il demeura pendant un moment, le temps de sa guérison.

Élaine la malheureuse

Lorsqu'il fut guéri, Élaine lui avoua son amour et lui demanda de l'épouser. Lorsqu'il refusa, elle lui proposa d'être sa maîtresse. Lorsqu'il refusa également cela, elle affirma ne plus avoir de joie dans la vie. Elle dépérit et mourut ; son père plaça alors son corps sur une grande barque drapée de noir qui descendit le fleuve vers le château de Camelot. Une lettre accompagnant le corps disait qu'elle était vierge et demandait à Lancelot de lui donner une sépulture. Cela irrita Guenièvre, mais Lancelot lui fit comprendre qu'il ne fallait pas insister. Cette histoire inspira un poème à Tennyson, *La Dame de Shalott*.

Lancelot et Élaine

Un jour, un ermite vint à la Cour annoncer que l'homme qui pourrait occuper le Siège périlleux (voir « Galaad » plus haut) naîtrait cette année-là et qu'il trouverait aussi le Saint-Graal.

Élaine berne Lancelot et abuse de lui dans la nuit… pour la bonne cause !

Juste après la visite de l'ermite, Lancelot partit comme de coutume à l'aventure. Il arriva dans une ville dont les habitants le supplièrent de sauver une femme qui était perpétuellement brûlée par de l'eau bouillante, à cause d'un envoûtement de Morgane la fée (la victime était aussi très belle et complètement nue…). Lancelot la sauva et rencontra le roi du pays, Pelles.

Pelles voulait que Lancelot fasse un enfant à sa fille Élaine. Lui-même descendait de Joseph d'Arimathie (l'homme qui apporta le Graal en terre bretonne) et savait que le fils de sa fille serait sire Galaad, le plus pur chevalier de tous les temps, et celui qui pourrait retrouver le Saint-Graal. Comme il savait aussi que Lancelot n'aimait que Guenièvre, il fit donc appel aux services d'une enchanteresse, dame Brisène, pour parvenir à ses fins.

Dame Brisène envoya un message à Lancelot pour l'informer que Guenièvre l'attendait dans un château proche. Lancelot s'en alla immédiatement la rejoindre et passa une nuit inoubliable avec elle, mais il fut abasourdi de découvrir le lendemain Élaine au lit avec lui à la place de Guenièvre. Il tira son épée pour la tuer, mais elle sortit du lit nue en suppliant qu'il lui pardonne et en lui disant qu'elle allait lui donner son fils. Elle était jeune et très belle, et il ne fallut pas bien longtemps à Lancelot pour qu'il se remette à l'embrasser.

Environ un an plus tard, après que Lancelot fut rentré à Camelot, Guenièvre et le reste de la Cour apprirent la nouvelle de la naissance de Galaad, le bébé d'Élaine. Tout le monde savait qu'il s'agissait du fils de Lancelot, et Guenièvre était furieuse. Mais Lancelot lui expliqua qu'il avait été ensorcelé et qu'il avait pensé lui avoir fait l'amour à elle, Guenièvre, son véritable amour, et elle lui pardonna.

Rebelote et dix de der : Guenièvre est folle de rage, et Lancelot perd la raison !

Après que Lancelot eut calmé le jeu avec Guenièvre, Élaine vint en visite à Camelot. Tous les hommes de la Cour admiraient sa beauté (sauf Lancelot, qui était gêné de la revoir) et Guenièvre qui fit semblant de bien l'accueillir. Élaine avait le cœur brisé parce que Lancelot ne voulait pas lui parler, et son amie la magicienne dame Brisène lui promit de faire en sorte que Lancelot vienne la trouver au lit. Lancelot avait promis à Guenièvre qu'il la retrouverait cette nuit-là. Mais dame Brisène fut plus rapide : après que Lancelot se fut retiré dans sa propre chambre, dame Brisène vint le voir et lui dit que Guenièvre l'attendait, puis elle le conduisit à Élaine. Comme la fois précédente, il se trompa d'amante (on dit qu'à l'époque, les châteaux étaient vraiment très sombres la nuit…).

Guenièvre envoya sa propre femme de chambre chercher Lancelot, mais la servante rentra en disant qu'il était parti. Furieuse, Guenièvre se mit au lit sans pouvoir fermer l'œil, certaine qu'il se trouvait avec Élaine. Au bout d'un moment, Lancelot s'endormit, et il commença à appeler Guenièvre dans son sommeil. Elle reconnut sa voix et toussa pour le réveiller (en fait, il se trouvait dans la chambre voisine ; il était surprenant qu'elle ne l'ait pas entendu plus tôt.) Il se rendit compte de là où il se trouvait et sortit de la chambre en chemise de nuit (en ces temps-là, même les hommes virils portaient des chemises de nuit) pour se rendre dans la salle du château, où la reine lui tomba dessus et lui passa un beau savon. Sous le choc, il s'évanouit.

Lorsqu'il se réveilla, il était fou. Il sauta de la fenêtre en chemise de nuit et passa deux années à courir dans les bois en divaguant. Guenièvre et Élaine eurent une âpre dispute, et la reine renvoya Élaine du château.

Guenièvre dépensa des sommes d'argent énormes pour envoyer des chevaliers dans les bois à la recherche de Lancelot, mais personne ne put le trouver. Dans sa folie, il erra pendant un moment avant de se retrouver chez Élaine, bien qu'il semble qu'ils n'aient alors pas été amants. Finalement, des chevaliers de la Table ronde le retrouvèrent et le ramenèrent chez Arthur. Arthur lui pardonna son absence et déclara que sa folie était probablement due à sa passion pour Élaine. Lancelot ne répondit pas, mais tout le monde savait bien qui l'avait en réalité rendu fou.

Les exploits chevaleresques

Les chevaliers de la Table ronde vécurent de nombreuses aventures et, après tout, c'était leur raison d'être. Le monde d'Arthur était peuplé d'étranges chevaliers et de sorcières – donc il y avait toujours de l'espoir. Le summum restait la quête du Saint-Graal, une quête au but ostensiblement chrétien mais avec bon nombre d'aventures magiques en chemin.

Gauvain et le chevalier vert

L'histoire de Gauvain et du chevalier vert est l'une des plus anciennes des légendes arthuriennes. Elle fut écrite à la fin des années 1300 par un auteur inconnu. Le style est semblable à celui des épopées scandinaves et aux vers anglo-saxons, en contraste par rapport à la poésie plus courtoise que l'on connaît par la suite.

Le roi Arthur et tous ses chevaliers se trouvaient à Camelot pour la période des fêtes de Noël. Ils avaient instauré une coutume selon laquelle personne ne pourrait manger le jour de l'an avant qu'une aventure n'ait eu lieu, et tous les gars étaient donc assis à attendre. Il ne durent pas attendre bien longtemps. Un chevalier vert géant arriva à la Cour pour lancer un défi : il permettait à n'importe quel chevalier de lui couper la tête, mais ce chevalier devait promettre de lui rendre la pareille et de laisser le chevalier vert lui couper la sienne dans un an.

Gauvain releva le défi et trancha immédiatement la tête du chevalier. Puis, à l'ahurissement général, le chevalier vert ramassa sa tête, rappela à Gauvain de le retrouver à la chapelle verte l'année suivante, et sortit à grandes enjambées.

Chose promise... hem !

L'année suivante, Gauvain se mit en route à la veille de la Toussaint. N'ayant aucune idée de là où se trouvait la chapelle verte, il partit donc largement en avance. À Noël, il se trouvait dans une forêt lugubre. Il s'agenouilla pour prier, et un château apparut devant ses yeux. Le seigneur lui donna un lit pour la nuit, lui dit que la chapelle verte se trouvait juste un peu plus loin sur la route, et qu'il y emmènerait Gauvain pour le jour de l'an, c'est-à-dire trois jours après.

Dans l'intervalle, il proposa à Gauvain un étrange défi : au cours des trois jours suivants, il irait chasser et Gauvain resterait au château avec la femme du seigneur. À la fin de chaque journée, tous deux échangeraient leurs butins respectifs.

Des vertes et des pas mûres

Chaque jour le seigneur s'en allait chasser, et son épouse venait trouver Gauvain dans son lit. Il la repoussait, mais elle réussissait quand même à placer quelques bisous. Le premier soir, le seigneur donna à Gauvain plusieurs cerfs, et Gauvain lui donna un baiser. Le deuxième soir, le seigneur lui donna un sanglier, et Gauvain lui donna deux baisers. Le troisième soir, le seigneur lui donna une peau de renard et Gauvain lui donna trois baisers. Mais Gauvain ne tint pas parole parce que, ce jour-là, la dame lui avait donné une ceinture verte magique qui le protégerait de tout dommage et Gauvain, qui prévoyait déjà sa petite épreuve extravagante de décapitation, garda secrète cette ceinture verte magique.

Le jour de l'an, l'un des serviteurs du seigneur emmena Gauvain à la chapelle verte, où le chevalier vert aiguisait sa hache. Gauvain s'agenouilla pour recevoir le coup. Le chevalier vert frappa deux fois sans le toucher et frôla son cou la troisième fois.

Le chevalier vert lui révéla alors qu'il était le seigneur du château et qu'il avait ordonné à son épouse de séduire Gauvain. Les deux premiers coups de hache le punissaient d'avoir embrassé son épouse, le troisième d'avoir triché en gardant pour lui la ceinture magique. Gauvain fut embarrassé et essaya de rendre la ceinture, mais le chevalier vert insista pour qu'il continue de la porter en souvenir de sa disgrâce. Et il lui dit que tout ce scénario bizarre était un plan de Morgane la fée destiné à mettre à l'épreuve les chevaliers de la Table ronde et à effrayer Guenièvre.

Arthur trouve une fin heureuse à cet épisode

Gauvain rentra à Camelot et raconta son histoire à tout le monde. Et Arthur annonça que désormais, tous les chevaliers porteraient une ceinture verte en sautoir pour commémorer l'aventure de Gauvain.

Galaad et la quête du Saint-Graal

Arthur et ses chevaliers venaient juste de s'attabler pour le banquet de Pentecôte lorsqu'une jeune femme entra à cheval dans le château et demanda à parler à sire Lancelot. Lancelot s'en alla avec elle jusqu'à une abbaye, où son fils Galaad, désormais adulte, l'attendait. Galaad voulait que son père fasse de lui un chevalier. Lancelot l'adouba et rentra à cheval à Camelot.

Il est temps de m'asseoir sur le Siège périlleux !

Le lendemain, Galaad se présenta à la Table ronde et s'assit sur le Siège périlleux. Ce siège, placé à la droite du roi Arthur, était réservé au *bon chevalier*, c'est-à-dire celui qui serait sans péché. Tout le monde fut émerveillé que Galaad ait pu s'y asseoir car cela signifiait qu'il devait être le chevalier qui trouverait le Saint-Graal. Ils furent tous pris de l'envie de se mettre à sa recherche, surtout après qu'ils eurent été témoins, au cours du dîner, d'une apparition du Graal au milieu de la Table.

Le Saint-Graal, appelé aussi Graal, était censé être une coupe d'argent dans laquelle Joseph d'Arimathie avait recueilli le sang et la sueur des blessures du Christ sur la croix. Joseph d'Arimathie avait emporté avec lui la coupe et la lance qui avait percé le flanc du Christ en Bretagne (Angleterre), où il avait fondé la première église chrétienne britannique. Élaine, la mère de Galaad, était une descendante de Joseph d'Arimathie.

Les dames étaient prêtes à accompagner les chevaliers dans cette quête, mais un ermite leur affirma qu'elles ne pouvaient pas partir car il s'agissait d'une mission sainte et les femmes n'y étaient pas bienvenues. Les chevaliers s'équipèrent donc de leurs armures et de leurs armes, et partirent dans différentes directions. Personne n'avait la moindre idée d'où pouvait se trouver le Graal. En conséquence, une direction quelconque semblait tout aussi bonne qu'une autre.

Galaad redresse les torts et trouve le Saint-Graal

Tous les chevaliers vécurent des aventures variées et captivantes, mais Galaad fut la vraie star de cette histoire. Comme il était pur (sans péché), il n'avait aucune difficulté à vaincre les chevaliers qui l'attaquaient de temps à autre. Il sauva le château des vierges, où sept rois emprisonnaient de jeunes pucelles. Sur un coup de tête, il décida de participer à un tournoi, dans lequel il blessa Gauvain. Il trouva un roi vieux de 100 ans et lui rendit sa jeunesse avant qu'il ne meure. Il trouva un puits dont les eaux bouillonnaient de désir, mais lorsqu'il les toucha, elles se refroidirent (Galaad était chaste et sans péché, ou peut-être que le fait d'être sans péché présuppose la chasteté). En résumé, c'était un bienfaiteur très occupé.

Galaad arriva finalement au château de Carbonek ou Corbénic, où se trouvait le Graal. C'était la fin de sa quête. Là, il répara la lance qui avait percé le flanc du Christ. Joseph d'Arimathie célébra une messe avec le Saint-Graal, assisté par plusieurs anges et en présence du Christ lui-même. Galaad remercia Dieu d'avoir accédé à son désir de voir le Saint-Graal, et demanda la permission de quitter le monde. Ce souhait fut également exaucé. Un groupe d'anges accompagnèrent son âme au paradis. Une main divine apparut et emporta le Saint-Graal et la lance, qu'on ne revit jamais plus.

Les derniers jours du roi Arthur

Un jour de mai, Mordred, frère de Gauvain et fils illégitime du roi Arthur, dénonça Lancelot et Guenièvre au roi. Pour prouver ses allégations, il attendit que Lancelot se rende dans la chambre de la reine et y fit irruption quelques instants plus tard. Il ne surprit pas le couple en pleins ébats, mais il déclara quand même tenir la preuve de ce qu'il avançait.

La fin de la Table ronde

Lancelot et Guenièvre se firent leurs adieux, et Lancelot se fraya son chemin hors du château par les armes. Quelque peu contre la volonté d'Arthur, la reine fut condamnée à mourir sur le bûcher. Ses gardiens l'amenèrent au bûcher en sous-vêtements, tenue humiliante et infâmante, ce qui était habituel lors de ce type d'exécutions. Comme tout le monde s'y attendait, Lancelot arriva à cheval pour l'enlever, et il la sauva (tout en prenant au passage une belle robe pour la vêtir), mais pas avant d'avoir tué un nombre impressionnant de chevaliers, y compris les frères désarmés de Gauvain.

Lancelot et Guenièvre s'installèrent au château de la Joyeuse Garde, avec de nombreux partisans. Arthur et Lancelot se firent la guerre pendant un certain temps, mais finalement Lancelot ramena Guenièvre à Arthur, qui lui aurait probablement pardonné s'il n'y avait pas eu Gauvain, furieux de la mort de ses deux frères. Le roi bannit Lancelot d'Angleterre, et ce dernier rejoignit la France où il avait de nombreux parents.

Arthur fit passer son armée en France pour combattre Lancelot, en laissant Mordred aux affaires en Angleterre. Mordred pensa alors que l'occasion était venue de s'emparer du pouvoir. Il falsifia des messages, annonça qu'Arthur avait péri, puis demanda à Guenièvre de l'épouser. Elle s'enfuit et se barricada à l'intérieur d'un château. Pendant ce temps, en France, Gauvain et Lancelot se battaient… Lors d'un combat, Lancelot fut sur le point de l'emporter sur Gauvain, mais comme il ne voulut pas frapper un chevalier à terre, la lutte continua.

Arthur identifie enfin son véritable ennemi

Mordred continua de harceler Guenièvre pour qu'elle l'épouse. De France, Arthur avait appris les manigances de Mordred en son absence, et il se rendit finalement compte que son véritable ennemi était Mordred, et pas Lancelot. Il décida de rentrer en Angleterre pour se venger de son traître de fils.

Arthur et son armée arrivèrent à Douvres, où Mordred les rejoignit avec son armée. Ils se livrèrent à une bataille que l'armée d'Arthur remporta facilement. Gauvain mourut peu après, car les blessures que lui avait infligées Lancelot s'étaient rouvertes. En mourant, Gauvain pardonna à Lancelot et regretta d'avoir été l'instigateur d'une guerre contre lui.

Arthur continua de poursuivre Mordred et ses hommes. Après plusieurs batailles, il proposa un traité de paix à Mordred. Ils étaient censés le signer devant leurs armées, mais par crainte réciproque de la traîtrise de l'autre, chacun donna à son armée l'ordre de passer à l'attaque à la seule vue d'une épée nue. La malchance jouant, un serpent mordit l'un des soldats, qui dégaina son épée pour le tuer. La bataille tourna mal pour les soldats d'Arthur. Finalement, Arthur et Mordred se firent face sur le champ de bataille. Arthur transperça le corps de Mordred de sa lance, et Mordred fendit la tête d'Arthur avant de s'écrouler mort.

Le roi et son épée disparaissent pour toujours

Arthur, allongé sur le sol en train de mourir, demanda à sire Bedivere, le seul chevalier qui restait à ses côtés, de jeter Excalibur dans le lac proche du champ de bataille. Bedivere le fit, et rapporta qu'une main sortit de l'eau pour saisir l'épée, la brandit trois fois, puis l'entraîna au fond avec elle.

Bedivere transporta ensuite Arthur au bord de l'eau, où les attendaient une reine, la sœur d'Arthur, Morgane la fée, et les dames de sa suite, à bord d'une barque. Elles embarquèrent Arthur à bord, puis partirent et disparurent hors de vue. Le lendemain, Bedivere rencontra un ermite agenouillé devant une tombe fraîche. L'ermite lui apprit que la veille un groupe de femmes avaient apporté un corps et l'avaient brûlé en cet endroit. Et que cette tombe était celle du roi Arthur.

Pourtant, personne ne voulut croire à la mort d'Arthur. Certains pensèrent même qu'il rentrerait un jour pour couvrir de nouveau l'Angleterre de gloire.

Cinquième partie

Survol des principales mythologies non européennes

« Oh ! dis donc ! Cette inscription raconte le rendez-vous de Chou, le dieu de l'Air, et de Tefnout, la déesse de l'Humidité sur un chemin isolé et obscur. Ils entendent parler d'un dieu maléfique échappé qui a un crochet en guise de main... »

Dans cette partie...

Aux temps reculés où les Européens se baladaient nus et se peignaient en bleu, de grandes civilisations étaient en train de se bâtir dans d'autres parties du monde. Les Égyptiens et d'autres peuples du Moyen-Orient (Sumériens, Babyloniens, etc.) construisaient des cités, menaient des batailles et élaboraient des mythes. Cette partie vous propose un aperçu des principaux mythes de différentes régions du monde : l'Égypte, le Proche-Orient, l'Inde, la Chine, le Japon, l'Amérique du Sud et l'Amérique du Nord.

Chapitre 16

Les mythologies mésopotamienne et hébraïque, avec déluge et création des hommes

Dans ce chapitre

- Les dieux mésopotamiens
- L'épopée de Gilgamesh
- La création du monde selon l'Enûma elish, la « Genèse babylonienne »
- Parallèle entre la « mythologie » hébraïque et d'autres mythologies

Le terme *Mésopotamie* signifie la « terre entre deux fleuves », les fleuves en question étant le Tigre et l'Euphrate. La Mésopotamie, qui est aujourd'hui l'Irak, fut le berceau de la civilisation et la source de nombreux mythes qui comptent parmi les plus anciens que l'on connaisse. À propos, le terme *Mésopotamie* désigne toute la région dans laquelle plusieurs civilisations se développèrent et disparurent. Pour bien décrire tous ces événements, il faudrait tout un livre. Pourtant, on peut dire que les gros bonnets, c'étaient les Sumériens, les Akkadiens, et les Babyloniens (Chaldéens). Dans le voisinage, mais plus à l'ouest, vers la mer Méditerranée, vivait le peuple ancien des Hébreux, qui ne constituait pas un empire très puissant selon les normes d'alors, mais devint important pour d'autres raisons.

La légende de Gilgamesh est probablement la plus ancienne des épopées jamais écrite. Aux environs de 3 000 av. J.-C., elle raconte l'histoire d'un héros sumérien qui vit des aventures avec des dieux et des monstres et qui crée une nouvelle civilisation. Elle possède des similitudes frappantes avec les histoires que l'on trouve dans la Bible. L'*Enûma elish* est le mythe de la création de la Babylonie, une histoire extravagante et violente semblable au mythe de la création que nous a laissé le poète grec Hésiode. Les mythes de création de la Bible hébraïque (c'est-à-dire l'Ancien Testament de la Bible chrétienne) sont radicalement différents de tout ce qu'on a pu voir dans la mythologie grecque ou mésopotamienne. L'histoire du Déluge dans la Genèse, bien qu'elle soit semblable dans ses détails à celle de l'épopée de Gilgamesh, en diffère par sa description des hommes et de leurs rapports à la divinité.

L'épopée de Gilgamesh, c'est le mythe sumérien de la création

L'épopée de Gilgamesh, qui date de plus de quatre mille ans, était commune à tous les peuples de Mésopotamie, et on la trouve dans des versions tant sumériennes que babyloniennes. Malheureusement, nous ne disposons pas d'un texte ancien vraiment bon qui raconte l'histoire complète de Gilgamesh. Chaque version existante a été reconstruite à partir de fragments. Certains sont anciens, d'autres plus récents, et certains sont écrits dans des langues différentes provenant de différentes régions. C'est donc grâce à toutes ces sources que l'épopée de Gilgamesh, le roi d'Ourouk, existe encore aujourd'hui.

Gilgamesh, le roi d'Ourouk

Gilgamesh était le roi légendaire de la cité d'Ourouk. Il était le fils du précédent roi, Lugalbanda, et de la déesse Ninsun. Selon la légende, il était en fait pour deux tiers dieu et pour un tiers humain, ce qui est déjà un miracle en soi. Selon la version hittite, il était haut de 11 mètres, mais les autres versions ne disent rien de sa taille extraordinaire.

Au début de l'histoire, Gilgamesh s'ennuyait. Il était roi, plus beau et plus fort que tout le monde, mais il n'avait rien à faire. Il se mit donc à chercher des ennuis et à se comporter comme une vraie peste. Il maltraitait ses sujets, violait leurs filles et leurs fils, et devint tout simplement si insupportable que le peuple d'Ourouk en vint à demander instamment au dieu Anou de faire quelque chose.

Enfin, un petit camarade de jeu !

Anou se débrouilla pour qu'Aruru, la déesse de la Création, crée un ami pour Gilgamesh. Cet ami, c'était Enkidu. Au début, Endiku était surtout un animal qui vivait dans la nature et fréquentait d'autres animaux. Mais un jour, il rencontra une prostituée de la ville et coucha avec elle. Après cet épisode, les autres animaux ne voulurent plus avoir affaire à lui.

Il retourna donc voir la prostituée, qui lui apprit comment se comporter de manière civilisée : il cessa de boire du lait et se mit à boire du vin, apprit à porter des vêtements et à se peigner les cheveux. Puis il entra dans la cité à la recherche de Gilgamesh, parce qu'il avait entendu dire que le roi se comportait en vrai soudard.

Lorsque Gilgamesh et Enkidu se virent pour la première fois, ils se mirent immédiatement à se battre. Ils se donnèrent des coups de poing et luttèrent, et Gilgamesh finit par l'emporter sur Enkidu. Mais le combat avait été si serré que Gilgamesh sut qu'il avait trouvé son égal. Comme le feraient bien d'autres garçons, ils cessèrent de se battre et devinrent les meilleurs amis du monde.

Ma première grande aventure

Enkidu suggéra à Gilgamesh qu'il prendraient peut-être plaisir à partir à l'aventure. Ils se mirent donc tous les deux en route pour aller tuer Humbaba, un monstre qui vivait dans la grande forêt de cèdres à l'ouest. Ils prirent leurs haches avec eux. Lorsqu'ils furent en route, Enkidu fut tenaillé de doutes quant à l'opportunité de cette aventure, mais Gilgamesh se moqua de lui et ils continuèrent. Alors qu'ils s'approchaient de l'antre du monstre, c'est Gilgamesh qui fut lui-même effrayé, et Enkidu qui se moqua alors de lui en se servant des mêmes mots. Finalement, ils se tinrent la main pour se soutenir moralement, approchèrent Humbaba et le tuèrent.

Dis « non » à la dame

Lorsque les deux compères rentrèrent à Ourouk, Gilgamesh avait mis ses habits d'apparat pour que son peuple puisse admirer son roi héroïque. Il était vraiment beau, et Ishtar, la déesse de l'Amour et de la Guerre, le désira ardemment. Mais lorsqu'elle lui fit ses avances, il lui rit au nez : « Oui très bien, dit-il, je me souviens de tous les autres types avec lesquels tu as couché, et regarde ce qu'ils sont devenus ! » Et Gilgamesh rappela à Ishtar qu'elle avait transformé l'un de ses amants en loup, un autre en taupe. « Pas question ! » lui dit-il.

Ishtar, déçue et embarrassée, lâcha alors le Taureau céleste dans la nature pour qu'il ravage les champs et terrorise les habitants d'Ourouk. Le dieu Enlil essaya de l'en empêcher, mais elle menaça d'ouvrir les portes des Enfers et de faire dîner les morts avec les vivants (une action qu'elle avait déjà effectuée auparavant), et Enlil céda. Gilgamesh et Enkidu tuèrent le taureau.

La fin de cette grande amitié virile marque une prise de conscience

Mais Enkidu mourut et Gilgamesh en fut angoissé. La mort d'Enkidu lui rappela que lui aussi devrait mourir un jour, malgré sa beauté et sa virilité. Il repartit donc seul pour une nouvelle quête : celle du secret de l'immortalité.

Gilgamesh part à la recherche de l'immortalité

Gilgamesh parcourut de très longues distances, il alla bien au-delà des limites du monde connu. Durant son voyage, il combattit plusieurs lions et dragons, négocia avec l'Homme-Scorpion son passage à travers la Montagne Sombre et arriva finalement… à un restaurant.

Le restaurateur était une femme appelée Siduri, la Femme-qui-fait-le-vin. Elle essaya d'abord de dissuader Gilgamesh de poursuivre son voyage, mais elle finit par lui donner un conseil – pourquoi ne se rendrait-il pas chez ce type qui était vraiment devenu immortel, Utnapishtim ? Gilgamesh s'en alla donc le trouver. Pour cela, il fallait qu'il traverse l'Eau de la Mort.

Après un voyage effrayant, Gilgamesh rencontra Utnapishtim, qui ressemblait juste à un type comme les autres. Gilgamesh et le voyage qu'il venait d'accomplir ne l'impressionnèrent pas. Au contraire, il dit à Gilgamesh qu'il était fou et l'enjoignit d'abandonner sa quête. Mais Gilgamesh insista sur le fait qu'il voulait entendre l'histoire d'Utnapishtim.

Utnapishtim lui raconte une histoire de déluge

Utnapishtim raconta à Gilgamesh des événements qui s'étaient produits à une époque depuis longtemps révolue, où les peuples sur Terre avaient fait trop de bruit et avaient importuné les dieux, qui décidèrent de tuer tout le monde. Pourtant, le dieu Ea avertit Utnapishtim, et celui-ci construisit un bateau et survécut au déluge. Ce déluge fut si violent qu'il terrifia les dieux eux-mêmes ; Ea saisit l'occasion pour suggérer que, primo, les dieux devraient y réfléchir à deux fois avant de refaire une chose pareille et que, secundo, ils rachètent leur erreur envers Utnapishtim et son épouse en les rendant immortels.

Un beau fiasco… qui permet une deuxième prise de conscience

Après cette histoire, l'épouse d'Utnapishtim proposa à Gilgamesh de faire une expérience simple : rester éveiller six jours de suite. Gilgamesh répondit que ce n'était pas un problème, et il s'endormit rapidement pour dormir six jours de suite. On ne sait pas exactement pourquoi. Peut-être que l'immortalité, c'est comme si on ne s'endormait jamais, et que Gilgamesh n'en voudrait pas si on la lui donnait. Ou peut-être le message signifie-t-il que

Gilgamesh n'est pas, et de loin, en mesure de conquérir l'immortalité, et qu'il perd son temps à essayer.

Quoi qu'il en soit, lorsqu'il se réveilla, Utnapishtim et son épouse eurent pitié de lui et lui expliquèrent comment il pourrait trouver une plante magique qui devait lui permettre de vivre éternellement. Gilgamesh trouva la plante, mais alors qu'il était en train de faire un somme (un de plus) près d'un fleuve, un serpent la mangea.

Le mythe a quand même une fin heureuse. Alors que Gilgamesh approchait de sa cité, Ourouk, il regarda les murs imposants qu'il avait construits et réalisa qu'il *connaîtrait* quand même une sorte d'immortalité, parce qu'il avait bâti une cité et une civilisation qui lui survivraient, et que l'histoire de ses aventures perpétuerait son souvenir.

Et jusqu'à aujourd'hui, cela s'est avéré exact !

L'Enûma elish est l'histoire de la création du monde selon les Babyloniens

L'*Enûma elish* est également appelée « Genèse babylonienne », mais elle est en fait plus ancienne que les Babyloniens. Cette histoire est écrite sur des tablettes d'argile que des archéologues ont retrouvées dans les ruines de Ninive, l'ancienne capitale de l'Empire assyrien. D'autres tablettes, portant d'autres morceaux de l'histoire, furent retrouvées dans les ruines de la cité d'Ourouk. Ces tablettes ne sont pas si anciennes que ça si on les compare à d'autres. Elles sont datées d'entre 1 000 et 500 av. J.-C., ce qui veut dire qu'elles furent gravées alors que la civilisation existait déjà dans la région depuis trois mille ans. Mais l'histoire est bien plus ancienne que cela. Elle remonte certainement à la première dynastie babylonienne, durant laquelle le roi Hammurabi, qui régna entre 1792 et 1750 av. J.-C, écrivit son célèbre code de lois.

Néanmoins, beaucoup de noms que l'on trouve dans l'*Enûma elish* sont sumériens, et l'Empire sumérien, qui fut peut-être le premier empire politique du monde, dura de 3800 à environ 2000 av. J.-C., et associa Sumer (région de la basse Mésopotamie antique près du golfe Persique) à l'Akkadie. L'Akkadie, au nord de Sumer, devait former la base de l'Empire babylonien quelque deux cents ans plus tard. Nous avons ici affaire à une histoire qui est très ancienne.

Le nom d'*Enûma elish*, tant que nous y sommes, vient simplement des deux premiers mots d'une histoire, qui se trouve sous la forme poétique « Lorsque au-dessus d'*Enûma elish* les cieux n'avaient pas encore été nommés... » L'arbre généalogique de l'*Enûma elish* est proposé à la figure 16-1.

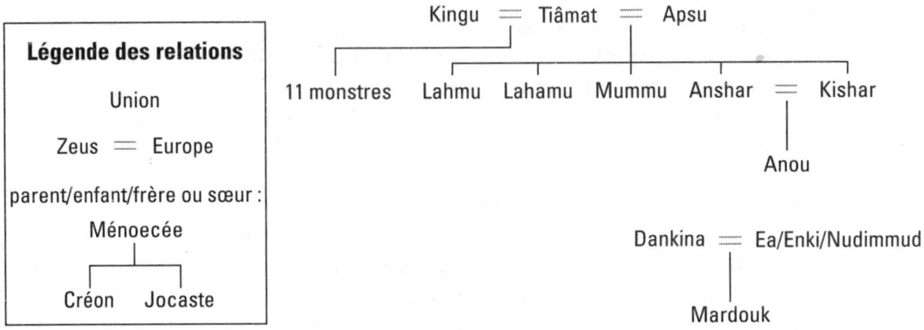

Figure 16-1 : Arbre généalogique de l'Enûma elish

Cette version de la création des dieux n'est pas complètement cohérente avec d'autres histoires racontant les rapports entre les dieux, mais c'est comme ça en mythologie.

Une grande famille tout simplement heureuse

L'histoire, sans aucun doute, commence bien. Avant qu'il n'existe Ciel ou Enfer, ou quoi que ce soit d'autre, Tiâmat et Apsû vivaient avec leur fils Mummu. Tiâmat était la déesse de l'Eau douce (en opposition à l'eau salée). Apsû était le dieu de l'Eau salée. Leur fils, Mummu était la vapeur qui se dégage de l'eau.

Puis Tiâmat et Apsû eurent quatre autres enfants, deux fois deux jumeaux. D'abord ils eurent Lahmu et Lahâmu, puis Anshar et Kishar, qui étaient plus malins et plus forts que la première paire de jumeaux. Anshar et Kishar eurent ensemble un enfant appelé Anou. Anou devin un dieu du Ciel.

Anou eut ensuit un enfant appelé Ea, que l'on appelait aussi Nudimmud ou Enki. Ea était de loin le meilleur de tous les dieux, malgré le fait qu'il en était aussi le cadet. C'était le dieu de l'Eau souterraine, de la Magie, et des bons plans bien préparés.

Mais ces jeunes qui font la nouba tard le soir au mépris des anciens...

La plupart des jeunes dieux – Lahmu, Lahâmu, Anshar, Kishar, Anou et Ea – prirent l'habitude de faire la fête et de rester debout jusque tard dans la nuit, ce qui empêchait Apsû et Tiâmat de bien dormir. Le seul dieu à ne pas causer de vacarme, c'était Mummu, le fils aîné d'Apsû et de Tiâmat. Apsû et Mummu se plaignirent auprès des dieux plus jeunes, mais ceux-ci ne les écoutèrent pas. Ils décidèrent donc de prendre des mesures plus sévères. Le père et le fils expliquèrent leur plan à Tiâmat : ils allaient tuer tous les autres dieux, puis dormir un peu.

Tiâmat était outrée et ne voulut en aucun cas y être associée. Mais Apsû et Mummu décidèrent de mettre leur plan à exécution. Lorsque les autres dieux l'apprirent – évidemment ils ne gardèrent pas ce plan secret –, ils paniquèrent et se mirent à errer sans but, ni sans savoir quoi faire.

... finissent carrément par se débarrasser du vieux

Seul Ea sut que faire. Il créa un cercle magique autour des autres dieux pour les protéger, puis proféra une formule magique qui plaça le mauvais sort sur son arrière-grand-père Apsû. Apsû s'endormit, Ea lui retira sa couronne et son pouvoir brillant et s'en revêtit. Puis il tua Apsû, emprisonna Mummu, et construisit une maison sur le corps d'Apsû, qu'il nomma, dans un accès d'originalité, Apsû. Il ne toucha pas à Tiâmat parce qu'elle n'avait pas participé au complot.

Une fois que sa nouvelle maison fut construite, il prit une épouse, Damkina, et ils eurent un fils, Mardouk (voir la figure 16-2). Ea rendit son fils « doublement égal » aux dieux. Si vous ne comprenez pas ce que « doublement égal » veut dire, rappelez-vous qu'Ea dispose de pouvoirs magiques, et ne vous en préoccupez pas trop.

La matriarche, épargnée, mijote pourtant quelque chose...

Tiâmat pourtant était songeuse, et elle commença à se mettre en colère à cause de la mort de son mari. Son nouveau mari, un dieu appelé Kingu, l'incita à se venger. Elle commença à mettre au monde des bébés de monstres-serpents pour en faire une armée. Une fois qu'elle eut donné naissance à onze d'entre eux, elle fut prête à agir.

Figure 16-2 : Mardouk, le jeune arriviste qui sauva les dieux.

Une restructuration s'impose, un nouveau chef aussi

Ea eut vent des intentions de Tiâmat, et paniqua au début, mais ensuite il se reprit et alla voir son grand-père Anshar pour lui demander conseil. Anshar lui suggéra de se servir de ses pouvoirs magiques pour défaire Tiâmat. Après tout, ça avait marché avec son premier mari. Ea essaya, mais ça ne marcha pas du tout.

Puis Anou, le père d'Ea, essaya de la raisonner, mais cela ne marcha pas non plus. Comme la magie et les négociations avaient échoué, il semblait que seul restait l'emploi de la force.

Mardouk à la rescousse !

Qui pourrait se charger de cette mission ? Mardouk ? Cela semblait le meilleur plan. Anshar, Anou et Ea firent venir le jeune Mardouk et lui expliquèrent le problème. Ea et Anou l'entraînèrent, lui donnèrent des pouvoirs de magie divine jusqu'à ce qu'il soit prêt. Une fois son entraînement terminé, Mardouk accepta d'entrer en guerre contre Tiâmat, mais exigea d'obtenir l'autorité absolue et de devenir le n° 1 en cas de victoire.

Pour commencer une guerre contre leur matriarche et reconnaître le jeune Mardouk comme le roi des dieux, il fallait l'approbation de tous les *Annunaki* (c'est ainsi que les dieux s'appelaient eux-mêmes). Anshar envoya donc Kaka, son secrétaire, demander à Lahmu, Lahâmu et Kishar et Damkina de les rejoindre. Ils furent tous terrifiés lorsqu'ils apprirent quel était le problème, mais grâce à un bon repas bien arrosé tout le monde se sentit mieux.

Finalement, Mardouk entra en scène pour montrer de quoi il était capable. Ils placèrent une tunique sur le sol, et Mardouk prononça quelques mots qui la pulvérisèrent. Il prononça ensuite une autre formule, ce qui la répara. Tous les dieux furent impressionnés et s'inclinèrent devant Mardouk, le reconnaissant comme leur roi.

L'affrontement final, duquel résulte la création du monde et des hommes, et la fondation de la cité de Babylone

Mardouk partit affronter Tiâmat et son nouveau mari Kingu. Ce dernier fut terrifié et n'opposa aucune résistance. Mais Tiâmat était d'un tout autre calibre, et elle livra un bon combat. Mardouk finit par la vaincre en soufflant un vent terrible dans sa bouche, ce qui la fit enfler, puis il décocha une flèche dans sa gorge qui alla la frapper au cœur.

Mardouk prit la « tablette du destin » de Kingu et la pendit autour de son cou. Il coupa le corps de Tiâmat en deux et d'une moitié il fit le Ciel, de l'autre la Terre. Il plaça les constellations dans les cieux et fixa un calendrier. Puis il tua son captif, Kingu, et fit les hommes avec son sang.

Il ordonna que la moitié des Annunaki soient des dieux des cieux et que l'autre moitié soient des dieux terrestres. Ils lui étaient si reconnaissants de les avoir sauvés de Tiâmat qu'ils construisirent la cité de Babylone en son honneur.

Les dieux mésopotamiens, craints mais méprisés

Les personnages de la mythologie mésopotamienne vénéraient leurs dieux, mais ne les aimaient pas particulièrement. Lorsque le vieil homme Utnapishtim offrit un sacrifice aux dieux après le déluge, il dit qu'ils « se précipitèrent dessus comme un essaim de mouches attirées par l'odeur du miel ». Lorsque la déesse Ishtar proposa au héros Gilgamesh de coucher avec elle, il lui répondit en substance : « Ça va pas la tête ? Barre-toi ! » (Voir la section « Dis "non" à la dame » plus haut dans ce chapitre.)

Cette attitude, la peur mêlée au mépris, provient peut-être de la brutalité qui régnait à cette époque et dans cette région, entre le Tigre et l'Euphrate. Les étés étaient torrides, les hivers rigoureux. Alors que le Nil, en Égypte, débordait de façon prévisible et bénéfique, apportant de riches sédiments qui fertilisaient les terres des habitants, le Tigre et l'Euphrate débordaient à des périodes bizarres, ce qui avait des conséquences catastrophiques. Examinez la carte de la région de la figure 16-3. De furieux orages ravageaient les plaines de l'Irak. Il est peut-être alors moins surprenant de voir que les personnages de la mythologie de ce dur monde faisaient des sacrifices pour apaiser les dieux, mais qu'ils ne chantaient pas beaucoup d'hymnes à leur gloire. Dans ces mythes, aucun homme n'est ami des dieux, de la façon par exemple dont Ulysse est le complice d'Athéna dans la mythologie grecque.

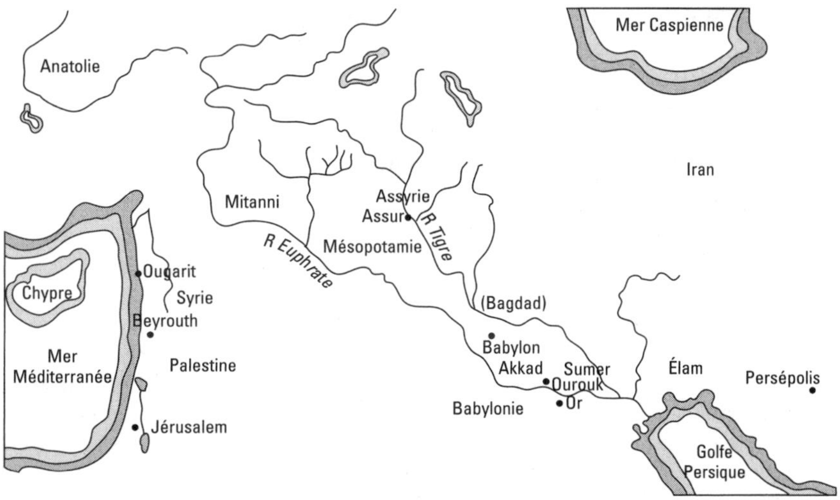

Figure 16-3 : La Mésopotamie : « La terre entre deux fleuves »

Qui étaient ces dieux ? Toute liste sera nécessairement incomplète car de nombreuses civilisations existèrent sur plusieurs millénaires en Mésopotamie : les Sumériens, les Hittites, les Assyriens, les Babyloniens et, pour finir, les Perses. Mais les mythes célèbres, comme l'*Enûma elish* et la légende de Gilgamesh étaient communs aux Sumériens, aux Assyriens, aux Babyloniens, et ils font apparaître certains des dieux que nous vous présentons ci-dessous. Notez que la plupart de ces dieux ont des noms différents en sumérien et en akkadien ; si l'on trouve l'un des noms dans un autre mythe que nous décrivons dans ce chapitre, nous le signalons. Les voici :

- **Anou** (parfois simplement appelé *An*) : père de tous les dieux, mais pas le roi des dieux. C'était le dieu de la partie supérieure des cieux. C'était le dieu le plus puissant, mais aussi le plus éloigné, et il n'avait pas grand contact avec les peuples de la Terre. Il s'unit à Ki ;
- **Ki** (appelée aussi *Ninhursag*, *Ninmah*, et *Nintu*) : c'était la Terre. De son union avec Anou elle eut un fils, Enlil ;
- **Enlil** : c'était l'air. Il avait moins de pouvoirs qu'Anou, mais il était plus actif. C'est lui qui faisait que des événements avaient lieu sur la Terre. À la naissance d'Enlil, tout était sombre et barbant ;
- **Nanna** (ou *Sin*) : c'était la Lune. Elle donna naissance à Shamash ;
- **Shamash** (ou *Utu*) : le Soleil (le mot arabe pour « soleil » est toujours *Shams*). À son tour, elle donna naissance à Ishtar ;
- **Ishtar** (ou *Inanna*) : déesse de l'Amour et de la Guerre ;
- **Ea** (ou *Enki*) : dieu sage, celui qui faisait régner la paix entre les autres dieux. Il avait beaucoup à faire pour brider Ishtar puisque, comme à son habitude, elle passe son temps, dans les mythes qui survivent de la Mésopotamie, à générer des troubles ;
- **Mardouk** : c'était *le* dieu de Babylone. Dans de nombreux mythes plus anciens, Mardouk n'existe pas du tout. Il semble avoir été propre à Babylone, et en vint à gouverner les autres dieux alors que Babylone régnait sur les autres peuples de la Mésopotamie. La « Genèse babylonienne », ou *Enûma elish*, raconte comment Mardouk devint roi des dieux, et ce poème fut probablement écrit pour légitimer la domination de Babylone sur les autres peuples selon le principe « Notre dieu a battu les vôtres ! ».
- **Kur** : dieu des Enfers. Il les partageait avec Ereshkigal ;
- **Ereshkigal** : c'était la sœur d'Ishtar.

Selon certains récits, Ereshkigal reçut en cadeau la permission d'être la reine des Enfers, alors que, selon d'autres, Kur l'enleva et l'y entraîna de force. Une histoire particulièrement détestable raconte comment les dieux pouvaient faire culminer la rivalité entre frères et sœurs. Ereshkigal était mariée à

Gugalanna, le Taureau céleste. Lorsqu'il périt, la déesse Ishtar décida de se rendre à ses funérailles car, après tout, il était le mari de sa sœur. Les obsèques devaient se dérouler aux Enfers, bien entendu, mais apparemment Ereshkigal n'appréciait pas l'idée que sa sœur entre sur son territoire. Elle demanda donc aux gardes des Enfers, à chacune des sept portes, d'exiger qu'Ishtar enlève un vêtement de sa tenue à chaque fois qu'elle passerait une porte. À son arrivée aux obsèques, Ishtar était nue. Bien sûr, se présenter nue à un enterrement, c'était manquer de respect, et Ereshkigal la tua et la pendit au mur. Finalement, Ea vint au secours d'Ishtar et la ressuscita – car mourir pour de vrai, ce n'est pas ce qu'on attend d'une déesse. Ishtar dut néanmoins trouver quelqu'un pour la remplacer parmi les morts. Elle choisit Tammuz, le roi d'Ourouk. Il n'était pas particulièrement joyeux à l'idée d'être désormais mort, et on se mit donc d'accord pour qu'il soit mort six mois par an et que sa sœur Geshtinanna soit morte les six autres mois (personne ne mentionne ce que Geshtinanna a pensé de cet arrangement).

La « mythologie » hébraïque

Les mythes que les hommes connaissent le plus aujourd'hui sont probablement ceux des anciens Hébreux, surtout ceux que l'on trouve dans le livre de la Genèse de la Bible hébraïque (c'est-à-dire l'Ancien Testament de la Bible chrétienne).

Ici, il nous faut expliquer sans la moindre ambiguïté ce que nous voulons dire lorsque nous appelons « mythes » les histoires de la Genèse. Nous ne voulons *pas* dire que ce sont des mensonges, qu'elles sont hors de propos ou qu'il ne faut pas les prendre au sérieux. Nous ne voulons même pas dire qu'elles ne correspondent pas forcément à des faits historiques. (Il existe des histoires qui sont exactes sur le plan des faits historiques *et* qui sont également devenues des mythes – pensez à la chanson de Roland !)

Ce qui rend les mythes différents des autres histoires, c'est que les mythes sont « vrais » dans la mesure où ils ont fondamentalement un sens. Nous autres, Amy et Chris, les auteurs de ce livre, pensons que qualifier une histoire de « mythe » accroît son importance au lieu de la diminuer. Toute histoire ancienne peut reposer sur des faits qui se sont vraiment produits, mais seules quelques-unes d'entre elles sont vraies. Pour notre part, nous ne pensons pas qu'il est très important que les événements décrits par un mythe se soient réellement produits, tant que l'histoire racontée est porteuse d'un sens et d'une vérité.

Nous n'allons pas nous attarder sur les mythes des Hébreux, mais seulement les survoler pour les éclairer dans le contexte de toutes les autres mythologies qui se trouvaient autour d'eux.

Au commencement

Les Hébreux racontent la création du monde d'une manière très différente de l'histoire babylonienne (voir la section « L'*Enûma elish* est l'histoire de la création du monde selon les Babyloniens » plus haut dans ce chapitre) ou de la version grecque racontée par Hésiode (voir le chapitre 5). Selon les Hébreux, il n'y eut pas de chamailleries entre les dieux, ni de dieux dévorant leurs propres enfants ou complotant contre leurs propres parents. Il n'y avait qu'un seul dieu, qui n'avait d'autre nom que Dieu, et qui créa toute chose simplement en parlant (bon, presque toute chose – nous allons d'ailleurs voir l'exception intéressante dans une minute).

Au commencement, il n'y avait que l'eau et le vent. Dieu créa la lumière et il la sépara de l'obscurité. Puis il construisit une voûte solide pour retenir l'eau et créer des terres sèches sous cette voûte. Puis il créa les plantes et les animaux, et pour finir les êtres humains. Tout cela prit six jours. Voir la figure 16-4.

Figure 16-4 : Dieu créant Adam dans ce tableau de Michel-Ange. Adam se tourne-t-il ici vers Dieu ou vers Ève, qui attendrait déjà en coulisse ?

La création des humains

La Genèse possède en fait deux mythes de création qui coexistent l'un à côté de l'autre :

- dans le premier, le dieu passe six jours à tout créer, et il exécute tout le travail de création simplement en parlant. Dans cette première version, deux humains sont créés simultanément, un homme et une femme ;
- dans le second mythe de création, il crée la terre et le ciel en un jour, et le même jour, avant de créer les plantes et les animaux, il crée un homme. Mais dans cette version, il ne crée pas les humains en disant simplement : « Que les êtres humains soient. » Il descend sur terre et façonne l'homme avec de la poussière. Dans cette seconde version, l'homme arrive d'abord, et Dieu crée ensuite la femme à partir d'une côte de l'homme. Cette seconde version ressemble beaucoup au récit grec, dans lequel Prométhée façonnait les humains avec de la boue.

Croque une pomme, une seule, et je te vire du jardin !

Hésiode rendit une femme, Pandore, responsable de tous les problèmes de l'humanité (voir le chapitre 3). Les anciens Hébreux firent de même. Selon eux, Ève, la première femme, fut tentée par le serpent, qui était le plus malin (le plus « subtil ») de tous les animaux. Pandore ouvrit la boîte, en laissant sortir tous les maux et une bonne chose (l'espoir) dans le monde. Ève, en mangeant le fruit défendu (la pomme) de l'arbre de la connaissance du bien et du mal, entraîna les conséquences suivantes : d'abord, les humains ne furent dès lors plus immortels ; ensuite, ils durent se mettre à travailler pour assurer leur subsistance. Mais elle donna aussi aux hommes le jugement moral, qui les rapprocha des dieux – raison pour laquelle l'immortalité devait disparaître. En effet, immortalité plus jugement égalent Dieu, et les humains ne pouvaient donc pas posséder les deux à la fois.

Et un déluge de plus !

Il semble que chaque culture qui a existé sur les rivages de la mer Méditerranée (ainsi que dans d'autres régions) a élaboré un mythe dans lequel un déluge tua tout le monde sauf un couple. L'histoire de Noé est la plus connue, mais les Mésopotamiens racontaient l'histoire d'Utnapishtim et de son bateau (voir « Utnapishtim lui raconte une histoire d'inondation » plus haut dans ce chapitre) et les Grecs et les Romains connaissaient pour leur part Deucalion et Pyrrha (voir le chapitre 12) qui survécurent à un déluge de fin du monde.

L'arche de Noé et Cie

Étant donné que ces mythes sont, à la surface, si semblables, leurs différences n'en sont que plus intéressantes. Dans le mythe hébraïque, Dieu voit toute la méchanceté qui se trouve dans le monde, et regrette d'avoir créé les humains. Il choisit Noé comme étant le seul qui vaille la peine qu'on le sauve. Lorsque l'histoire décrit la construction de l'arche, toutes les instructions et les détails de construction viennent de la bouche divine. Le texte dit seulement que « Noé exécuta tout ce que le Seigneur lui avait ordonné ». La version hébraïque se concentre donc vraiment sur Dieu, et Noé est un simple personnage, il est seulement l'instrument de la volonté de Dieu.

La tour de Babel et différentes langues

Bien sûr, l'une des fonctions communes aux mythes est d'expliquer l'origine des choses, et le meilleur exemple de ce fait nous en est donné par la Bible d'Israël dans l'histoire de la tour de Babel.

Selon le récit, il fut un temps où tout le monde parlait la même langue, et les humains décidèrent de construire une tour de brique qui irait jusqu'au ciel. Dieu l'apprit et commença à craindre qu'ils ne réussissent ; d'ailleurs, qui sait quels autres projets ambitieux ils auraient alors eus à l'avenir...

Il donna donc un ordre, et tous les hommes se mirent à parler des langues différentes. Incapables de communiquer entre eux, ils abandonnèrent leur projet de construction et se mirent à suivre des chemins séparés.

Pour finir, comparons brièvement trois mythes de la création : mésopotamien, hébraïque, et gréco-romain

Le mythe mésopotamien du déluge est très différent du mythe hébraïque. Utnapishtim est averti par Ea qui le prévient que le déluge va avoir lieu, mais rien ne permet d'affirmer qu'Utnapishtim était particulièrement bon, il eut simplement de la chance (voir la section « Utnapishtim lui raconte une histoire de déluge » plus haut dans ce chapitre). Personne n'obtient des honneurs pour quoi que ce soit dans cette histoire. Utnapishtim conçut le bateau et raconte cette histoire dans le moindre détail à Gilgamesh.

Il mentionne même que le déluge effraya les dieux, mais que lui-même ne fut pas effrayé. On peut donc dire que le mythe de déluge mésopotamien se concentre sur le héros humain, qui fait ainsi un pied de nez aux dieux méchants, sournois et poltrons.

Le poète romain Ovide commence ses *Métamorphoses* par un mythe de déluge, dans lequel Deucalion et Pyrrha sont les seuls survivants (voir le chapitre 12). Dans le récit d'Ovide, Zeus a été offensé par un roi humain et décide de tuer tout le monde. On ne nous donne pas de raison pour expliquer le fait que Deucalion et Pyrrha survivent ; ils apparaissent en flottant sur un bateau. Le récit d'Ovide se concentre sur le fait qu'il est vraiment étrange de voir le monde couvert d'eau, avec des dauphins nageant à travers les champs de blé, des bancs de poisson construisant des nids dans les arbres, et il souligne que les survivants étaient tristes et esseulés.

L'histoire de la tour de Babel présente de nombreuses similitudes avec l'histoire de Bellérophon, qui essaya de chevaucher Pégase, le cheval ailé, jusqu'au mont Olympe, ou l'histoire de Phaéton, qui exigea de conduire le char du soleil. Ces gars-là moururent tous deux à cause de leur orgueil et de leur démesure (voir le chapitre pour lire l'histoire de Pégase).

Un autre thème que l'on retrouve communément dans les diverses mythologies veut que les êtres humains ne soient aucunement autorisés à essayer de devenir des dieux. Les dieux accordent occasionnellement l'immortalité à un homme, comme ils le firent pour Héraclès et pour Utnapishtim, mais l'homme n'a pas le droit d'essayer de l'obtenir ! (Voir le chapitre 6 pour en savoir plus sur Héraclès.)

Chapitre 17

Le dieu solaire Rê et la mythologie égyptienne

Dans ce chapitre

- Les divinités égyptiennes
- La place de la religion dans la vie quotidienne égyptienne
- Les mystères des momies et d'autres aspects excitants de l'égyptologie

La civilisation égyptienne existe depuis très, très longtemps. Les dynasties égyptiennes furent fondées il y a environ cinq mille ans, bien avant l'avènement de la civilisation grecque. Et celles-ci tinrent sous leur emprise la région du Nil durant presque toute cette durée, en créant une civilisation sophistiquée, un système d'écriture élaboré, un ensemble de dieux complexe et des pratiques funéraires remarquables.

L'Égypte, c'était en fait deux pays d'Égypte : la Haute-Égypte et la Basse-Égypte. La Basse-Égypte était la partie nord du pays et comprenait Memphis, le delta du Nil et le site des grandes pyramides. La Haute-Égypte, bien plus grande, allait jusqu'à l'île Éléphantine, près du Soudan ; s'y trouvaient l'importante ville de Louxor et la vallée des Rois (site des sépultures de nombreux souverains).

N'OUBLIEZ PAS !

La Basse-Égypte se situait au nord de la Haute-Égypte, et était à une altitude plus élevée. Le Nil descendait de la Haute-Égypte vers la Basse-Égypte, puis se jetait, par un vaste delta, dans la mer Méditerranée.

Un fleuve vraiment grand

Le Nil était l'attribut selon lequel l'Égypte se définissait. La civilisation égyptienne s'est tout entière développée sur quelques kilomètres de part et d'autre du grand fleuve. En dehors de cette zone fertile, c'était le désert aride, mais les berges du Nil accueillaient une flore luxuriante et une faune abondante. Chaque année, le Nil était en crue, c'est-à-dire qu'il débordait de son lit et inondait les terres riveraines. Lorsque les eaux se retiraient, les plantes jaillissaient du sol comme par magie. C'était un endroit où il était relativement facile de vivre (à cette époque, en tout cas), ce qui en fit aussi un riche terreau pour la culture (artistique, religieuse, intellectuelle). Jetez donc un coup d'œil à la carte d'Égypte de la figure 17-1.

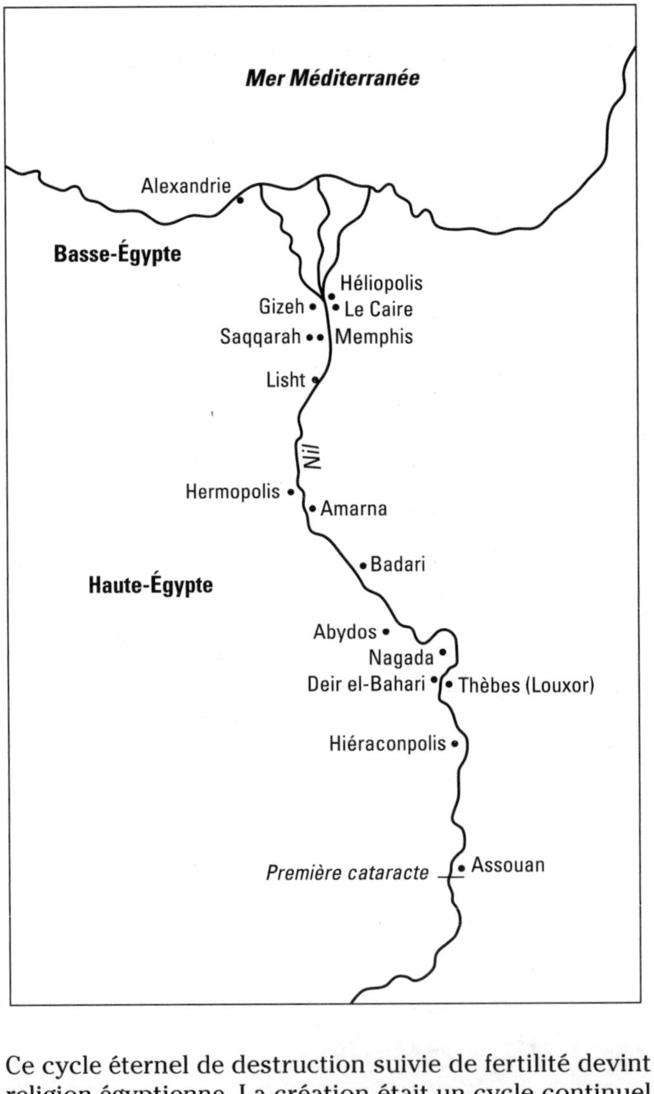

Figure 17-1 : L'ancienne Égypte.

Ce cycle éternel de destruction suivie de fertilité devint le fondement de la religion égyptienne. La création était un cycle continuel de renouvellement qui se répétait chaque jour, et la mission des Égyptiens consistait à aider les dieux à repousser les démons destructeurs qui auraient pu empêcher le cycle de se dérouler comme il le devait.

Les Égyptiens n'avaient pas le même type de mythologie que les Grecs ; les divinités étaient de vraies entités, mais elles ne s'engageaient pas dans des manigances ni dans des aventures amoureuses comme le faisaient les immortels du mont Olympe. Quelques histoires ont survécu jusqu'à notre époque, mais certaines des meilleures (comme l'histoire d'Isis et d'Horus) nous sont parvenues par le biais d'écrivains grecs. Les Égyptiens eux-mêmes ne se sont pas mis à écrire leurs mythes avant environ 2000 av. J.-C., alors que la civilisation égyptienne existait déjà depuis un certain temps.

Les Égyptiens, comme la plupart des peuples dont nous parlons dans ce livre, n'insistaient pas pour qu'on leur serve une seule et unique version d'une histoire ou d'un dieu comme étant *la vraie* version. Ils adaptaient les mythes pour qu'ils correspondent à différentes circonstances, et un dieu comme Seth pouvait passer du rôle de protecteur de la Haute-Égypte à celui de l'ennemi des dieux qui méritait qu'on le détruise. Et on n'était pas non plus en présence de ce qu'on appelle une religion « nationale ». Bien que plusieurs divinités aient eu un statut national, bien plus nombreuses étaient celles qui n'étaient que régionales. Donc, lorsque nous parlons de mythologie égyptienne, nous ne faisons en réalité qu'assembler divers éléments d'information venus de très nombreux endroits différents, qui y ont été dispersés au cours de plusieurs millénaires.

Conformément à cette situation, les Égyptiens n'avaient pas une seule et unique histoire de la création. À la place, les hommes qui peuplaient différentes régions du pays racontaient des histoires diverses et variées sur l'émergence du monde et sur la création des dieux et des gens. Par exemple, dans l'histoire que nous racontons ci-dessous, le monde se développe à partir d'une colline dans les eaux primordiales ; mais dans d'autres versions, une fleur de lotus émerge des eaux et s'ouvre pour révéler un dieu bébé. Selon les récits, les humains émergent des larmes de la première divinité ou sont façonnés dans de l'argile ou du métal par l'un des dieux. Cela embrouillerait beaucoup les choses de vouloir concilier l'une des versions avec une autre. Nous vous recommandons donc d'éviter ce genre de tentative. Lisez simplement les histoires pour ce qu'elles sont, sans tenter de les faire correspondre.

L'ordre issu du chaos, une variante de la création du monde

Au commencement, il y avait l'eau primordiale de la création. Une colline s'éleva en son milieu. Atoum, le dieu créateur ou *Démiurge*, émergea tout seul des eaux. N'ayant apparemment rien de mieux à faire, il se masturba. Il happa sa semence dans sa bouche, et en recracha deux enfants : Chou, le dieu de l'Air, et Tefnout, la déesse de l'Humidité. Chou et Tefnout s'en allèrent explorer les environs, et Atoum ne put les retrouver. Il envoya donc sa fille, une déesse fougueuse appelée également l'« œil divin d'Atoum », voir si elle pouvait les trouver. Elle les ramena, et Atoum pleura de voir ses enfants de retour en bonne santé. Ses larmes se transformèrent et donnèrent les premiers humains.

Chou et Tefnout eurent deux enfants : Nout, la déesse du Ciel, et Geb, le dieu de la Terre. Nout et Geb tombèrent amoureux l'un de l'autre et s'enlacèrent si étroitement qu'il n'y avait plus de place entre eux deux. Nout fut enceinte, mais il n'y avait pas de place pour que ses enfants naissent. Leur père, Chou, le dieu de l'Air, les sépara donc et maintint Nout très en haut au-dessus de la Terre (voir la figure 17-2) afin que les créatures vivantes aient de l'air et puissent respirer. L'eau entourait la Terre et le Ciel. Chaque nuit, Nout avalait le Soleil, et chaque matin elle lui redonnait naissance.

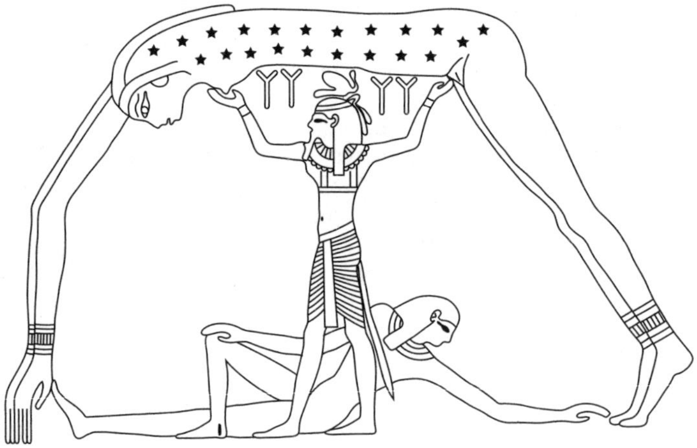

Figure 17-2 : Chou, dieu de l'Air, sépare la déesse du Ciel, Nout, du dieu de la Terre, Geb.

Nout engendra deux paires de jumeaux, Osiris et Isis, Seth et Nephthys. Osiris et Isis tombèrent amoureux l'un de l'autre dans la matrice de Nout, mais Nephthys (une fille) détestait son frère Seth. Peu importe, Nephthys devint l'épouse de Seth et Isis celle d'Osiris. En tant qu'enfant de sexe masculin né le premier, Osiris était destiné à gouverner l'Égypte, et c'est ce qu'il fit pendant une courte période.

Autres mythes relatifs à la création

Outre le fait qu'ils ont élaboré quelques mythes de création, les Égyptiens recensaient également quatre dieux créateurs, chacun faisant l'objet d'un culte particulier. L'histoire de l'origine du monde et de la création des hommes fut différente pour chacun d'eux.

Atoum le démiurge

Le dieu Atoum vénéré à Héliopolis, dans le Delta du Nil, était un serpent qui émergea du chaos primordial (comme Amon – voir la section suivante), bien qu'on le représente habituellement sous la forme d'un homme. Il disposait à la fois d'attributs masculins et d'attributs féminins. On l'appelait parfois Rê-Atoum et, dans ce cas, il représentait le soleil du soir qui rentrait dans la matrice de Nout – voir ci-dessus. Dans cette histoire, les humains sont issus des larmes d'Atoum.

La fusion Amon-Rê

Amon-Rê devint un dieu national au second millénaire av. J.-C., lorsque le dieu de la Fertilité Amon, qui faisait l'objet d'un culte à Thèbes, fusionna avec Rê, le dieu du Soleil. Dans ce mythe, il fut le premier être existant au monde. Selon une version, il prit la forme d'une oie et pondit un œuf cosmique qui engendra la vie. Dans une autre, il émergea du chaos primordial sous la forme d'un serpent, comme Atoum (voir la section précédente).

Khnoum, le sculpteur d'êtres humains

Khnoum faisait l'objet d'un culte sur l'île Éléphantine. Il contrôlait la crue annuelle du Nil et son pouvoir de dispenser la vie. Son animal sacré était le bélier, et on le représentait habituellement comme un homme à tête de bélier. Khnoum était un potier ; il façonnait des corps d'humains et d'animaux avec de l'argile auxquels il insufflait alors la vie.

Ptah, le deuxième démiurge

Ptah était vénéré à Memphis, où on le considérait comme le dieu qui existait au début du temps et comme le dieu qui a tout créé (démiurge). Il engendra tous les dieux en se les représentant mentalement et en prononçant leurs noms à haute voix. Il façonna des dieux et des rois dans de l'or et d'autres métaux, ce qui en fit aussi la divinité tutélaire des artisans.

Les dieux et déesses des sables

Les Égyptiens possédaient pléthore de divinités. À certaines étaient associées davantage d'aventures qu'à d'autres, mais toutes avaient leur importance.

Les principales divinités

Pourtant, certaines divinités étaient tout simplement plus significatives que d'autres et il semble qu'on les rencontre bien plus souvent. Vous trouverez ci-dessous quelques-unes des principales.

Rê (ou Râ), le dieu du Soleil

De manière générale, le dieu du Soleil était le principal dieu d'Égypte. Nout lui redonnait naissance chaque jour à l'aurore, il grandissait jusqu'à midi, et était vieux le soir, lorsqu'il retournait aux Enfers pour la nuit, avant de ressusciter le matin suivant. Il emmenait le Soleil dans une barque à travers le ciel. Osiris et la déesse du Ciel Nout le rejoignaient la nuit sur sa barque.

Le dieu du Soleil prit de nombreuses formes. L'une des plus populaires fut celle d'un scarabée, une créature qui façonne des boulettes de crotte pour nourrir ses larves et qui pousse ces boulettes pour les déplacer, une activité qui imite en quelque sorte la progression du disque solaire à travers le ciel. La figure 17-3 propose une représentation du dieu Rê.

Les Égyptiens croyaient que le monde finirait par disparaître et que Rê lui-même pouvait vieillir. Selon un récit, alors que Rê prenait de l'âge, certains se mirent à comploter contre lui. Il décida de les punir. Il envoya la déesse Sekhmet les tuer, mais l'arrêta avant qu'ils ne soient tous morts. Pourtant, il se sentit si fatigué qu'il décida de prendre sa retraite et nomma Osiris souverain de l'humanité (voir la section consacrée à Osiris un peu plus loin dans ce chapitre).

Le dieu du Soleil était appelé Rê ou Râ, mais son nom était habituellement associé à un autre nom de divinité. Par exemple, le soleil de midi s'appelait Rê-Harakthy, et celui du soir Rê-Atoum. En fait, son nom était secret. Alors que Rê était vieux, Isis l'amena par la ruse à lui révéler son nom secret, mais elle promit pour cela de ne le dire à personne d'autre qu'à Horus, et ainsi personne d'autre ne le trouva jamais.

Figure 17-3 : Rê, le dieu du Soleil.

Isis, une déesse influente

Isis était l'épouse et la sœur d'Osiris, et la mère d'Horus. Les Égyptiens la vénéraient comme la déesse mère. C'était l'une des grandes déesses anciennes de l'Égypte. Son nom est mentionné dans les textes des Pyramides, qui constituent certains des documents les plus anciens de la religion égyptienne (2465 à 2150 av. J.-C.).

Isis était une déesse influente. Alors que l'Égypte passait du gouvernement de ses rois traditionnels à l'époque grecque des rois Ptolémée, elle devint la déesse officielle du nouveau culte d'État. Elle voyagea aussi à travers le monde gréco-romain, dans lequel elle fut identifiée à Déméter, Séléné et Héra.

Dans un des mythes (extrêmement semblable à un autre mythe relatif à la déesse grecque Déméter, cf. le chapitre 5), Isis fut la nourrice du bébé d'une femme noble. Elle s'attacha à ce petit garçon et, voulant le rendre immortel, chaque nuit elle le trempait dans le feu. Une nuit, la mère la vit et poussa un cri de terreur. Le bébé mourut et Isis partit.

Osiris, premier entre ses égaux

Osiris était le frère et le mari d'Isis ; ils étaient tous deux enfants de Nout et de Geb. Osiris était le dieu suprême des Morts. Seth, son frère jaloux, l'assassina pour s'installer sur le trône, et Isis le momifia, ce qui fit aussi incidemment de lui la première momie, après quoi il alla prendre ses nouvelles fonctions de souverain des morts.

Osiris était le dieu de l'Agriculture et enseignait au peuple comment cultiver. Les Égyptiens comparaient sa mort par dépeçage à la récolte annuelle et à la coupe des céréales. Sa résurrection signifiait que les céréales pousseraient de nouveau l'année suivante.

Lorsque Rê prit sa retraite, il transmit son trône à Osiris. (Voir plus haut « Rê, le dieu du Soleil »). Le règne d'Osiris fut bref en tant que roi de la Terre, responsable des divinités et de tout le reste. Il régna avec sa sœur-épouse Isis, et ce fut un âge d'or.

Seth

Seth était le frère d'Isis et d'Osiris ; après avoir assassiné Osiris et avoir eu un conflit qui s'éternisa avec Isis et son fils Horus, il accepta finalement le job de dieu des Tempêtes. Voir la section suivante pour l'histoire complète. Seth vivait dans le désert. Les Égyptiens le représentaient comme une créature bizarre pouvant être issue de l'accouplement d'un âne sauvage et d'un porc (ou fourmilier).

Horus et sa lignée de pharaons

Horus, le fils d'Isis et d'Osiris, était le roi des dieux et le dieu du Ciel. Il dut vaincre son oncle Seth pour obtenir cette fonction – voir plus loin pour ce mythe. On le représentait sous la forme d'un faucon. Les *pharaons*, ou rois égyptiens, étaient considérés comme les manifestations terrestres d'Horus.

Horus et Seth, une lutte pour le trône

Les dieux Horus et Seth voulaient tous deux régner sur les autres dieux. Horus parce qu'il était le fils d'Osiris, l'ancien roi, et Seth parce qu'il était le frère d'Osiris et jaloux qu'Osiris soit devenu roi et pas lui. Seth assassina donc Osiris, le découpa en plusieurs morceaux et s'empara du trône.

Un kit d'assemblage d'Osiris, piles non inclues

Isis, éperdue de douleur, retrouva les morceaux du corps d'Osiris ; elle ne put trouver son pénis, qu'elle remplaça donc par un membre viril en bois. (L'écrivain grec Plutarque raconte qu'un poisson l'avait dévoré, ce qui expliquerait pourquoi les prêtres égyptiens ne mangeaient pas de poisson.) Puis, avec l'aide d'Anubis, le dieu-chacal, elle réunit les morceaux et elle les fit tenir ensemble à l'aide de bandelettes, ce qui fit de lui la première momie. Il fut ainsi ressuscité et en profita pour la rendre enceinte.

Isis avait peur que Seth ne tue son bébé s'il le trouvait, et elle s'enfuit donc pour se cacher dans les marais du delta du Nil. C'est là qu'elle donna naissance à son fils Horus et l'éleva afin qu'il venge le meurtre de son père et reprenne le trône. Seth ordonna à toutes les entités dangereuses des marais – plantes, animaux, insectes et maladies – de faire du mal à Horus si elles le pouvaient. Mais Isis en fit le tour et apprit le nom de chacune de ces entités, ce qui lui donna un pouvoir sur elles et lui permit d'élever Horus en sécurité. Elle enseigna à Horus le nom de toutes les bêtes dangereuses, et il grandit à l'abri de tout danger de leur part.

Isis sert de conseillère à son fils Horus et ils poursuivent Seth en justice

Une fois Horus adulte, il s'en furent tous deux devant un tribunal de dieux pour exiger qu'Horus monte sur le trône. Seth se défendit en arguant qu'il était le seul dieu suffisamment fort pour défendre la barque du Soleil, mais Isis persuada les divinités qu'il avait tort. Seth refusa de continuer le procès avec Isis à cet endroit, et les dieux décidèrent de se réunir à nouveau sur une île. Le passeur n'était pas censé faire passer Isis, mais elle se déguisa, le soudoya et parvint à l'île. Puis elle se transforma en une femme très belle, alla voir Seth et se plaignit, disant qu'elle était veuve et qu'un étranger avait volé tout son bétail et par là même spolié son fils de son héritage. Seth fut d'accord pour qualifier cela de crime ; Isis sauta sur l'occasion et déclara que Seth s'était lui-même désigné coupable.

Le procès se transforme en concours

Seth refusait toujours d'abandonner le trône et mit Horus au défi : chacun d'eux devait se transformer en hippopotame et rester sous l'eau pendant trois mois. Horus accepta, mais Isis était soucieuse, pensant qu'il pourrait perdre. Elle jeta donc un harpon en direction de Seth, mais toucha d'abord Horus. Horus se mit alors vraiment en colère contre sa mère, lui coupa la tête et s'enfuit dans le désert avec elle. Isis se transforma en statue et retourna chez les dieux ; le dieu Thot la répara en l'affublant d'une tête de vache en remplacement de la tête qu'avait emporté Horus.

Le dieu du Soleil punit Horus d'avoir mutilé sa propre mère en laissant Seth lui déchirer les yeux. La déesse Hathor les répara habilement par une application opportune de lait de gazelle.

La plume l'emporte sur l'épée et Horus devient finalement roi

Horus appela les dieux à l'aide. Ils écrivirent une lettre à Osiris pour lui demander que faire. Osiris répondit qu'il enverrait des démons tourmenter les dieux s'ils ne donnaient pas le trône à Horus. Horus devint roi, Isis se réjouit et Seth reçut une nouvelle demeure et une nouvelle occupation : il s'en alla vivre en tant que dieu des Tempêtes auprès du dieu du Soleil.

Autres divinités, nationales et locales

Bien que certaines divinités aient été vénérées dans toute l'Égypte, d'autres eurent une influence plus locale. Chaque ville ou village vouaient un culte particulier à ses divinités préférées, d'où un nombre considérable de dieux et de déesses répartis dans tout le pays. En voici quelques-uns de plus, bien que la liste ne soit pas exhaustive, loin de là :

- **Thot** : c'était le dieu de la Lune. Il était représenté en babouin, en ibis (oiseau échassier) ou en homme. Il était doté de pouvoirs magiques secrets, dont de nombreux étaient consignés dans le livre mythique de Thot (Thot est en quelque sorte l'équivalent d'Hermès dans la mythologie grecque) ;
- **Anubis** : dieu à tête de chacal. Il accueillait les âmes des morts et les conduisait devant les nombreux tribunaux devant lesquels la conduite des défunts était jugée. L'âme devait recevoir un jugement favorable avant d'atteindre Osiris et le paradis ;
- **Hathor** : déesse des Amants, de la Fertilité et de la Naissance, et aussi épouse du dieu du Soleil. Elle avait la forme d'une vache. (Isis avait aussi des aspects bovins ; la vache était un symbole commun de femelle qui donnait la vie.) Ses pis firent d'elle la nourrice de rois. Les femmes portaient des amulettes provenant de son sanctuaire pour éviter les accouchements trop longs ;
- **Sekhmet** : « la Puissante » était une déesse-lionne. Elle tuait les humains rebelles pour le compte du dieu du Soleil. Parfois, on lui sacrifiait des criminels ;
- **Bastet** : cette déesse-chatte était la patronne de l'Amour, de la Sexualité et de la Fertilité. Elle débuta sa carrière comme lionne, comme Sekhmet, mais s'adoucit, et avec le temps devint une gentille chatte ronronnante ;
- **Bès** : nain grassouillet doté d'une crinière et d'une queue de lion. Sa langue dépassait de sa bouche pour avertir ses ennemis. C'était le bon génie qui éloignait le mauvais œil des femmes enceintes et des nouveau-nés. Les gens le représentaient sur des meubles et portaient en collier des amulettes à son image pour repousser les démons ;
- **Selket (ou Selkis)** : déesse-scorpion qui était la gardienne des vivants et des morts.

La religion dans la vie des habitants de l'ancienne Égypte

La religion occupait une place très importante dans la vie des anciens Égyptiens. Ils devaient observer correctement tous les rites, sans quoi les démons « chaotiques » semaient la pagaille dans le pays. Cette observation des rites était suivie par tout le monde, des rois aux couches les plus basses de la population.

Le pouvoir des pharaons : une coquette combinaison Église-État

En Égypte, la religion était affaire d'État. Les rois égyptiens, appelés *pharaons*, étaient censés être les descendants des divinités Isis et Osiris, ce qui les rendait divins. Le pharaon était ainsi considéré comme la manifestation d'Horus, le dieu du Ciel.

Les rois et les prêtres, qui étaient leurs agents, vénéraient les divinités dans leurs temples respectifs, construits pour incarner la création à grande échelle. Les temples égyptiens sont encore aujourd'hui très impressionnants, gigantesques et couverts de gravures et de peintures. Les dieux résidaient dans ces temples et les prêtres s'occupaient d'eux, en lavant et en habillant leurs statues et en leur présentant des offrandes pour qu'ils les mangent. Les temples étaient différents des églises modernes – la plupart des gens n'y mettaient jamais les pieds –, ils ressemblaient plutôt à des machines destinées à garder en mouvement le cycle du monde.

Les pyramides, ces demeures de l'éternité

Comme tous les autres Égyptiens, les pharaons voulaient ressusciter après leur mort. Et comme tout le monde, ils devaient se préparer pour le voyage au pays des morts. Pourtant, les rois, eux, pouvaient dépenser des sommes colossales puisées dans les deniers publics et mobiliser des millions de travailleurs pour les aider, et c'est de là que proviennent les pyramides.

Les pyramides étaient des tombeaux de rois. Et c'est tout. Certains ont émis l'hypothèse qu'il s'agissait d'observatoires astronomiques, de cadrans solaires, ou qu'elles servaient à entrer en communication avec des extraterrestres, mais les preuves archéologiques et les écritures qui sont leurs contemporaines affirment bien que les pyramides étaient des tombes.

On a trouvé plus de quatre-vingt-dix pyramides en Égypte, du delta du Nil à sa première cataracte. Les Égyptiens les considéraient comme une représentation symbolique de la colline qui surgit du chaos primordial au commencement du monde. Un roi mis au tombeau dans une pyramide traversait le cycle de la mort et de la nouvelle naissance et était chaque jour réuni aux dieux. Les prêtres et d'autres agents effectuaient des rites et faisaient des offrandes pour veiller à ce que le pharaon mène une vie agréable après sa vie terrestre. Les tombes elles-mêmes étaient pleines de trésors et d'offrandes de créatures (auparavant) vivantes : épouses, serviteurs et animaux domestiques.

Une dose quotidienne de religion

Les Égyptiens ne connaissaient pas la théorie qui explique les maladies par les germes et ne pouvaient pas non plus expliquer pourquoi des choses néfastes se produisaient dans la vie (pas plus d'ailleurs que quiconque ne peut l'expliquer aujourd'hui). Ils pensaient que les vicissitudes de la vie – problèmes de santé, querelles de couple ou malchance en affaires – étaient l'œuvre de forces surnaturelles, de divinités en colère ou de démons lâchés dans la nature.

Alors, que faire ? Adorer les dieux et les déesses, bien sûr. Tandis que les rois et les grands prêtres s'occupaient des grandes divinités, les gens du peuple avaient leurs propres dieux locaux. Les villages avaient des temples de village où des hommes ordinaires officiaient comme prêtres en plus de leur travail quotidien. Chaque maison avait son petit autel privé, dédié au dieu préféré de la famille. Parmi les plus populaires, citons Ptah, le dieu des Artisans, et Thot, le dieu de l'Écriture. Les villageois vénéraient aussi le fondateur de leur village.

Les localités avaient leurs propres divinités. Les habitants d'une zone infestée par des serpents venimeux pouvaient adorer les déesses-serpents comme Meresger. Pour faire bonne mesure, les gens mettaient des serpents d'argile au sol à côté de leurs portes. Non seulement cela repoussait les serpents, mais cela éloignait aussi les mauvais rêves.

Quelques prescriptions à l'effet « charmant »

Lorsqu'un Égyptien tombait malade, il se rendait chez un médecin ou chez un prêtre – c'était souvent la seule et même personne. Le prêtre-médecin examinait alors le patient, faisait un diagnostic et consultait ses références médicales pour déterminer un traitement approprié.

Les traitements comprenaient des prières, des charmes (sortilèges), des procédures médicales ou des remèdes à base de plantes. Il y avait des charmes et des prescriptions pour traiter les douleurs, les maladies des yeux et d'autres maux.

Les Égyptiens se soignaient aussi eux-mêmes. Par exemple, des archéologues ont retrouvé un papyrus portant une formule magique contre le démon du mal de tête. Il semble que le propriétaire le pliait et le mettait sur son oreiller avant de s'endormir, en espérant repousser ainsi les maux de tête.

L'accouchement, un événement qui nécessitait une protection toute particulière

L'un des problèmes médicaux les plus importants était constitué par l'accouchement, qui était toujours quelque peu dangereux pour la mère comme pour le bébé. Il était très probable que les démons qui, de manière générale, tourmentaient les Égyptiens se rassemblent autour de la maison d'une femme en couches.

Pour les éviter, la mère se retirait dans un endroit spécialement isolé pour accoucher et y passait les deux premières semaines qui suivaient la naissance. Cet endroit, qu'on appelle aujourd'hui « chambre natale » était une pièce rectangulaire avec une ouverture latérale. Sur les murs se trouvaient des images peintes du dieu Bès et de la déesse Tawaret, qui aidaient tous deux les femmes en couches. La déesse Hathor était aussi invitée à l'accouchement.

Alors que la mère était en couches, les sages-femmes, en attendant, s'occupaient d'effrayer les démons, de disposer des figurines, de faire tourner des crécelles en ivoire et de dessiner des cercles au-dessus de la mère, et plus tard autour du bébé avec des couteaux magiques faits de défenses d'hippopotames. Elles prononçaient des formules magiques appropriées, par exemple pour libérer le bébé du ventre de sa mère ou pour le protéger le jour de sa naissance. Enfin, elles se servaient d'autres formules pour redonner la santé à la mère.

Des oracles mobiles de communauté

Si le commun des mortels ne fréquentait pas les temples, les dieux s'y rendaient parfois. Pour les grandes fêtes religieuses, les prêtres habillaient les statues des dieux et les emmenaient à une parade. Les gens dansaient et chantaient et, le long de la route, il y avait des stands où l'on pouvait acheter de la nourriture ; les prêtres et les dieux bénéficiaient d'étapes de repos particulières sur le chemin.

C'était l'occasion pour tout le monde de poser une question au dieu. Alors que la procession approchait, quelqu'un sautait sur la route devant la statue du dieu et demandait une consultation. Si les prêtres déclaraient que le dieu acceptait, la procession s'arrêtait et tout le monde écoutait la question, à laquelle on devait pouvoir répondre par oui ou par non, comme « Est-ce que je devrais acheter cette vache ? » ou « Est-ce que mon mari me trompe ? » Si le dieu (porté par les prêtres) faisait un pas en avant, la réponse était oui ; s'il faisait un pas en arrière, la réponse était non.

Les cultes d'animaux

La plupart des divinités égyptiennes étaient associées à un animal. Différents animaux personnifiaient diverses qualités particulières. Le lion était fort, le faucon rapide et il voyait à distance – et les Égyptiens faisaient correspondre les qualités des animaux aux personnalités de leurs dieux et déesses.

Dans le village de Saqqarah, un faubourg de l'ancienne Memphis, se trouve un immense complexe funéraire rempli d'animaux momifiés. Tous les animaux étaient identifiés à un culte particulier : babouins, chats, vaches, chiens, faucons, et ibis (Attention, il ne s'agit pas de l'hôtel, mais de l'oiseau échassier au bec long et courbé !). Les anciens Égyptiens s'y rendaient en pèlerinage pour faire des offrandes à leurs dieux. Ils achetaient l'animal favori de la divinité, puis payaient pour le faire momifier et faire placer la momie dans l'une des galeries souterraines. Ils pouvaient également payer le prêtre pour une consultation en rêve avec le dieu Thot, bien que parfois il ait fallu attendre plusieurs jours pour avoir la réponse du dieu.

Le culte du taureau Apis, également très populaire, trouve son origine dans les dynasties anciennes. Le taureau Apis était considéré comme une incarnation du dieu Ptah, fondateur de la cité de Memphis. Il n'y avait jamais qu'un seul Apis à un moment donné. Il devait être noir avec une marque blanche en forme de diamant sur le front. Il vivait alors une vie de luxe, des prêtres le servaient et il passait sa vie à délivrer des oracles et des prophéties (en menant sa vie normale de taureau, dont les prêtres interprétaient les significations) et à faire des apparitions en public.

Lorsque le taureau Apis mourait, toute l'Égypte était en deuil. Le cadavre était embaumé et momifié puis enterré dans un gigantesque sarcophage avec des petits bibelots destinés à servir au taureau dans l'au-delà.

Les serpents et les scorpions symbolisaient le chaos, les dangers qui menaçaient constamment la vie civilisée. Les Égyptiens connaissaient bon nombre de charmes pour combattre les morsures de serpent et les piqûres de scorpion.

La mort et l'au-delà

Les Égyptiens prenaient la mort très au sérieux. Ils construisaient des tombeaux sophistiqués pour protéger leur esprit après la mort, conserver leur corps de telle sorte qu'il reste intact et communiquaient avec leurs ancêtres. Ils espéraient tous renaître après la mort pour séjourner en compagnie des dieux Rê et Osiris.

Les morts avaient un accès direct aux dieux et pouvaient intercéder au nom de leurs parents, de telle sorte que les gens installaient dans leurs maisons des autels privés dédiés à des ancêtres à qui ils faisaient des offrandes. Ils écrivaient des lettres à leurs ancêtres afin de leur demander leur aide pour résoudre toutes sortes de questions : conjugales, légales ou relatives à leurs enfants. Parfois ils n'écrivaient que pour faire « un petit coucou ».

Parfois aussi, les gens étaient convaincus que les défunts de leurs familles leur causaient des problèmes. Par exemple, en 1200 av. J.-C., un homme était convaincu que sa malchance avait quelque chose à voir avec le décès de son épouse. Il lui écrivit une lettre pour lui rappeler qu'il avait été un bon mari et insista sur le fait que ce n'était pas de sa faute si elle était morte alors qu'il était en voyage d'affaires !

La nuit, les vivants visitaient le monde des morts dans leurs rêves. Bien sûr, il est difficile de savoir comment interpréter les rêves, et c'est ainsi que certains se décrétèrent spécialistes de cette discipline. Ces interprétations ressemblaient beaucoup à nos horoscopes modernes, elles étaient suffisamment vagues pour que les gens puissent y trouver ce qu'ils voulaient.

Momies et résurrection

Tous les anciens Égyptiens voulaient renaître après leur mort, et la momification jouait un rôle important dans cette croyance. Sans corps physique, l'esprit d'un mort serait gagné par la faim et ne pourrait pas trouver la paix dans l'au-delà. Avant l'embaumement du corps, la dépouille était considérée comme une coquille vide. Mais après la momification et les funérailles, le mort était « réanimé » et pouvait profiter des offrandes de sa famille.

Certaines des momies les plus anciennes provenaient de corps qui, enterrés à faible profondeur, se desséchaient avant de se décomposer. Mais ce n'était pas une méthode fiable, et les Égyptiens se mirent donc à élaborer des techniques plus sophistiquées. Il existait plusieurs formes de momification, certaines étant plus compliquées et plus onéreuses que d'autres. Pour l'essentiel, l'embaumeur faisait la toilette du cadavre, en retirait la cervelle à travers les narines grâce à un crochet de fer, et les organes internes grâce à une incision sur le flanc. Les organes étaient alors placés dans des conteneurs spéciaux protégés par les dieux, les vases canopes. L'embaumeur conditionnait ensuite le cadavre avec du *natron* (une sorte de sel) pour le dessécher. Après environ quarante jours, il retirait le natron, lavait le corps, y appliquait des couches d'huile et de résine, et l'enveloppait de plusieurs centaines de mètres de bandelettes de lin.

Le Livre des morts

Le voyage pour rejoindre Osiris, le dieu des morts, était périlleux. Des monstres et des pièges en jalonnaient le chemin. Un ouvrage égyptien célèbre, le *Livre des morts*, expliquait aux gens ce qu'ils devaient faire pour traverser ces épreuves et atteindre la barque solaire de Rê et le « Champ des roseaux », une version égyptienne du paradis.

Le chemin menant à Osiris passait à travers sept portes. Les anciens Égyptiens pensaient qu'ils rencontreraient des rivières, des îles, des déserts et des lacs de feu. Les gens riches faisaient graver des formules magiques sur leur cercueil afin qu'elles les aident à traverser toutes ces épreuves.

Une fois arrivé chez Osiris, le mort devait se déclarer innocent ou coupable de divers crimes. Anubis le guidait vers un ensemble de balances sur lesquelles il pesait son cœur. Le contrepoids était une plume de la déesse de la Vérité. Si le cœur pesait davantage que la plume, le mort était coupable, et un monstre femelle, la « Dévoreuse des morts », croquait le mort sans plus attendre. La figure 17-4 montre une illustration de cette scène. Toute personne ayant réussi ce test pouvait se déplacer au milieu des dieux, voire voyager sur la barque du Soleil.

Figure 17-4 : Anubis en train de peser une âme.

Chapitre 18

L'Inde, pays des mille divinités

Dans ce chapitre

- L'invasion de l'Inde par les Arya
- L'essor de l'hindouisme et de sa cosmologie
- L'émergence d'autres religions, dont le bouddhisme et le jaïnisme

L'Inde est un pays très vaste dont la population, qui dépasse aujourd'hui un milliard d'hommes, est issue de peuples très divers. À travers les siècles, elle a abrité un nombre phénoménal de divinités et de « sectes » religieuses. L'Inde est aussi célèbre pour sa tolérance ; toutes ces religions ont coexisté assez pacifiquement à travers les âges.

De nombreuses croyances indiennes s'expliquent par la géographie et le climat du pays. Ce dernier connaît trois saisons de base : une saison fraîche d'octobre à février, une saison chaude de fin février à mai et une saison des pluies de fin mai à septembre. La saison chaude est torride, et la vie ralentit énormément. La mousson (saison des pluies) est une période de joie et d'abondance qui a une signification très importante pour les Hindous. Le pays devient vert et c'est la saison de la renaissance. En automne, la pluie s'arrête et c'est la récolte. Les Indiens célèbrent alors leurs principales fêtes. Les mythes et les rites reflètent cette existence cyclique, qui est féconde mais imprévisible.

Bien que l'Inde soit peuplée depuis des millénaires, la mythologie la plus ancienne dont on a conservé les traces ne remonte qu'aux alentours de 1500 av J.-C., avec les Arya, des envahisseurs belliqueux dont les mythes nous sont connus par les Veda, leurs textes sacrés. Quelques siècles plus tard, les croyances védiques furent progressivement remplacées par l'hindouisme, un corpus très compliqué de divinités et de mythes encore largement vivant aujourd'hui. L'Inde est en outre le berceau d'autres religions, dont le bouddhisme et le jaïnisme.

Les envahisseurs védiques

Vers l'an 1500 av. J.-C., l'Inde fut envahie par une horde de barbares à peau claire qui venait du nord-ouest. Ils se nommaient eux-mêmes les *Arya*. Ils étaient belliqueux et méprisaient les gens de peau plus sombre. Ils vainquirent rapidement les populations natives de la vallée de l'Indus, qui s'enfuirent vers le sud du pays.

La religion védique a développé une riche mythologie très avancée et ses dieux sont innombrables. Au-dessus des dieux se trouvaient des forces abstraites comme *Rta*, la force qui ordonnait le cosmos et les humains. Les gens priaient les dieux pour leur demander des faveurs, des biens matériels et une longue vie, et pour maintenir l'ordre naturel et le bon fonctionnement de l'univers.

La création du monde, des animaux et des hommes

La mythologie védique ne connaît pas de mythe de la création à proprement parler. Plusieurs mythes expliquent comment l'ordre est apparu du chaos primordial. Certaines de ces histoires utilisaient les sacrifices humains ou animaux (ou autre) comme métaphores pour la création. Par exemple, dans un hymne védique, l'être primordial, Purusha, fut sacrifié et les parties de son corps devinrent alors tous les éléments de l'univers : les dieux védiques, l'atmosphère, le paradis, la terre, les animaux et les hommes. Les parties qui restaient constituèrent l'immortalité au paradis.

Puis il y eut les histoires de l'Embryon d'or, qui était un œuf représentant le monde flottant sur les eaux du chaos. La première divinité sortit de cet œuf et créa le reste du monde. Dans une version de ce récit, le dieu Prajapati engendra plusieurs enfants tout seul, y compris sa fille, l'Aurore. Finalement, submergé par son désir pour elle, il essaya de la violer. Elle se transforma en biche et s'enfuit ; Prajapati se transforma alors en cerf. Sous cette forme, il éjacula sur le sol, créant ainsi les premiers humains. Dans d'autres versions, Prajapati et sa fille s'accouplèrent sous diverses autres formes animales, et c'est ainsi que celle-ci donna naissance aux différentes créatures sur terre.

Dans certains mythes, le Ciel et la Terre sont les parents divins de toute chose. Dans d'autres, le charpentier divin Tvashtar, un dieu védique mineur, créa le Ciel, la Terre et tout le reste.

Des dieux belliqueux pour des hommes guerriers

Les divinités védiques étaient appelées les *devas*. La plupart étaient masculines et avaient une forme humaine. Bien que leur nombre ait varié, elles étaient souvent au nombre de trente-trois, également réparties entre le ciel, l'atmosphère et la terre. Chacune avait différents domaines d'attribution. Elles se servaient de leurs pouvoirs pour aider les hommes, surtout les guerriers.

Indra, le chef des guerriers

Indra était la divinité védique la plus connue. C'était le dieu de l'Atmosphère, il était géant, beau et fort – un formidable guerrier. Indra était l'enfant du Ciel et de la Terre, et c'est lui qui les séparait vu sa position dans l'Atmosphère. Il se comportait souvent comme le chef des divinités védiques, bien qu'il ne fût en réalité pas leur roi.

Indra passait tout son temps à mener des batailles, et les Arya pensaient qu'il les aidait à mener les leurs ; c'était le patron spécifique de la classe guerrière des Arya. Il aimait boire le *soma*, un breuvage enivrant qui le faisait enfler, lui donnait une taille de géant et le rendait capable de réaliser des exploits (voir la section « Les Devas et les Asuras barattent l'océan » plus loin dans ce chapitre). C'est lui qui tua le méchant serpent Vritra par sa foudre. Cette prouesse sépara la terre de l'eau et fit que la création fut renouvelée chaque matin par le lever du soleil.

Dans la mythologie hindoue ultérieure, Indra se transforma en dieu de la Pluie. Il perdit une bonne partie de sa grande stature. Les divinités hindoues n'étaient pas impressionnées par ses aptitudes de guerrier, et il se trouva parfois humilié et puni pour ses méfaits. (Dans l'une des histoires, Indra séduisit l'épouse d'un sage, et sa punition fut de voir tomber ses testicules).

Varuna, le vieux roi

Varuna fut le principal rival d'Indra parmi les divinités védiques. Il semble qu'il ait été à un moment nommé le chef des dieux, mais Indra l'a progressivement évincé. Il gardait l'ordre cosmique et représentait les aspects stables et ordonnés de la royauté, en contraste avec les aspects guerriers et chaotiques qu'incarnait Indra.

Les devas et les asuras barattent l'océan

L'un des mythes célèbres décrit une compétition entre les *devas*, les divinités qui aidaient les hommes, et les *asuras*, leurs adversaires, en quelque sorte des antidieux. Les deux groupes organisèrent une compétition afin de déterminer qui devait obtenir l'*amrita*, l'élixir d'immortalité. Ils se servirent d'un serpent géant, *Vasuki*, comme d'une corde pour baratter les océans : les asuras tenaient la tête du serpent et les devas la queue.

En tournant le serpent comme une corde à sauter, ils barattèrent l'océan le transformant en beurre et la terre commença à tomber en morceaux. Leur barattage créa le Soleil, la Lune, la déesse de la Chance, et le divin médecin Dhanvantari, qui avait l'élixir (qui représentait le prix à remporter, mais qui manifestement n'existait pas avant que la compétition n'ait commencé). Les devas furent déclarés vainqueurs ; l'asura Rahu vola une goutte d'amrita, mais le dieu Vishnu le décapita au moment même où il l'avalait. Cette goutte symbolisait la Lune : sa croissance et décroissance perpétuelle viennent, selon ce récit, de la goutte d'amrita disparaissant et apparaissant de nouveau dans la gorge de Rahu.

Les Veda, une mythologie mémorisée

Les premiers Arya n'écrivaient pas leur mythologie. Les prêtres apprenaient par cœur et se racontaient les uns aux autres les chansons et les prières sacrées, appelés *Veda*. Voici certains des Veda les plus importants :

- **le Rigveda** : c'est le premier des recueils d'hymnes védiques, et aussi le plus connu, écrit vers le milieu du second millénaire av. J.-C. en sanskrit archaïque. Le dieu Ingra apparaît de façon prééminente dans ces hymnes ;
- **les Soutras** : ce sont les textes réunissant les règles du rituel, de la morale, de la vie quotidienne ;
- **les Brahmana** : ces traités et recueils contiennent des formules qui devaient être récitées durant les cérémonies, de même que des explications et des commentaires ;
- **les Upanishad (ou « Équivalences »)** : ces traités furent écrits vers la fin de la période védique, c'est-à-dire vers le IVe siècle av. J.-C. Ils se servent de paraboles pour expliquer que l'*atman*, ou âme individuelle, est identique au *brahman*, ou âme universelle.

La pratique religieuse védique incluait en outre de nombreux rites qui n'étaient pas écrits, des rites secrets que les fidèles exécutaient dans la forêt profonde. Ces rites formèrent le début de certains des enseignements les plus mystérieux de l'hindouisme ultérieur (voir ci-dessous), et furent à l'origine de son insistance sur la renonciation au monde physique.

Les Arya aimaient faire des sacrifices lors desquels ils brûlaient des offrandes. Les fidèles exécutaient des rites, disaient des prières, et pour finir brûlaient leurs offrandes dans un feu. L'offrande pouvait être une plante ou un animal ; la plupart du temps, c'était une plante appelée *soma*, dont ils se servaient pour élaborer une boisson enivrante. Le but de ce sacrifice était d'entrer en communication avec le monde divin.

L'hindouisme, avec de la place pour de nombreux dieux

L'hindouisme a progressivement remplacé et transformé la religion védique (voir la section précédente sur les Veda). La philosophie de la vie hindoue est issue de la perception de la nature qu'avaient les habitants de l'Inde à l'époque. La campagne pouvait être riche mais soudainement aride ; la création et la destruction, le climat extrême, les tremblements de terre et les invasions barbares constantes rendaient toute existence précaire et transitoire. Ces hommes en déduisirent donc que tout ce qu'ils voyaient et ressentaient dans le monde n'était qu'une illusion. Ils pensaient que des forces plus puissantes et éternelles devaient résider quelque part à l'intérieur de l'esprit.

Les sources des mythes hindous

Les premiers textes qui expliquent l'hindouisme sont les *Grandes Épopées*, notamment le *Mahabarata* et le *Ramayana*, qui contiennent une mine d'informations religieuses et mythiques. Le *Mahabarata* ressemble à l'*Iliade*, c'est un recueil de récits de guerre entrecoupés de scènes mythologiques et de leçons de morale.

La plupart des mythes hindous se trouvent dans un recueil appelé les *Puranas* ou « Antiquités », qui fut composé vers le IVe siècle. Les *Puranas* expliquent les pratiques religieuses hindoues, la mythologie et la cosmologie, et donnent aussi des informations sur des sujets plus profanes.

NOTE TECHNIQUE

Les textes religieux hindous furent écrits en *sanskrit*, une langue que les « intellectuels » de l'époque utilisaient lorsqu'ils voulaient que leurs écrits puissent être lus dans toute l'Inde. L'Inde est un pays très vaste dans lequel les gens parlaient plusieurs langues et dialectes, mais le sanskrit faisait fonction de langue universelle (*lingua franca*), de la même façon que le latin fut la *lingua franca* en Europe.

La création du monde et Brahma, le créateur

Brahma était le dieu créateur et le dieu qui accorde des faveurs. Il passait la plus grande partie de son temps à méditer et, ce faisant, il créa les éléments de l'Univers. Sa durée de vie était la même que celle de l'Univers (voir la section suivante). Brahma ne faisait pas grand-chose d'autre que méditer et, de manière générale, les hindous préféraient vénérer Vishnou et Shiva.

On représentait habituellement Brahma avec quatre têtes regardant dans toutes les directions. Bien qu'il n'ait eu qu'une seule tête, il en fit pousser d'autres afin de mieux pouvoir admirer la beauté de sa fille et prenait cette forme lorsque celle-ci marchait autour de lui en décrivant un cercle. Elle lui donna un fils appelé Manu, le premier homme.

L'une des raisons pour lesquelles Brahma n'était pas aussi populaire que les deux autres dieux de la trinité (*Trimurti*) qu'il formait avec Shiva et Vishnou, c'est que les gens préféraient un type d'adoration plus personnel et moins philosophique. Et, peut-être aussi que la plupart des hindous ne voyaient aucune raison d'adorer le patron de la caste dirigeante et des gardiens de la tradition. Une autre raison était qu'il avait trop facilement tendance à accorder des faveurs : une fois, par exemple, il accorda l'invulnérabilité à un démon appelé Hiranyakashipu, qui s'en servit ensuite pour terroriser l'Univers jusqu'à ce qu'un avatar de Vishnou lui arrache les tripes.

L'année la plus longue ?

Le cycle de vie de Brahma avait une signification importante pour les hindous. Ils considéraient que la vie était une succession de vastes cycles qui se répétaient à travers l'éternité. Ces cycles incluaient de plus petits cycles comme le cycle annuel de la nature et des moissons, à côté du cycle pérenne de la vie de Brahma. Sa vie était censée durer cent années brahmaniques, et chacune de ces années valaient 311,04 trillions (311 040 000 000 000) d'années humaines (pour vous amuser, essayez donc de calculer l'équivalent en années de la vie d'un chien !).

En haut, tout là-haut, aux côtés de Brahma

Brahma était associé à la caste des brahmanes, la plus élevée du système de castes de la société hindoue (voir plus loin la section consacrée au système des castes). Il était aussi associé au concept de *brahman*, un concept abstrait et impersonnel de l'union avec l'Absolu, l'une des formes les plus élitistes de croyance religieuse.

Les grands dieux, des mecs bien

L'hindouisme réunissait une foule de dieux et de déesses, et nous n'allons pas essayer de les nommer tous ici. Les trois dieux principaux formaient la Trimurti, une sorte de trinité : Brahma, Vishnou et Shiva – bien que Vishnou soit davantage que simplement lui-même : il prenait aussi la forme d'autres créatures et d'autres dieux, y compris celle du dieu-prince Krishna. (Voir la section précédente pour en savoir davantage sur Brahma.)

Vishnou le protecteur

Vishnou était le gardien de l'humanité et le protecteur du *dharma*, le concept d'ordre cosmique. Au commencement de l'Univers, Vishnou fit trois enjambées géantes qui marquèrent les limites du monde pour les dieux et pour les hommes. Ami du dieu guerrier Indra (voir la section précédente sur Indra), Vishnou était aussi l'ami des humains, toujours prêt à accorder des faveurs à ses fidèles.

Vishnou venait souvent sur la Terre pour aider les gens, surtout lorsqu'ils étaient menacés par le Mal. Mais il ne venait jamais sous sa propre forme, il préférait prendre différentes formes appelées *avatara*. La plupart des hindous sont d'accord sur le fait qu'il existait dix grands avatars, ou principales incarnations terrestres de Vishnou, bien qu'ils ne se mirent pas exactement d'accord sur *qui* étaient ces avatars. Voici les dix principaux avatara de Vishnu :

- **Matsya** : le poisson qui protégea le premier homme du déluge qui anéantit le monde ;
- **Kurma** : la tortue qui maintenait le mont Mandara sur sa carapace lorsque les dieux remuaient les océans ;
- **Varaha** : le sanglier qui faisait surgir la terre de l'océan avec ses défenses ;
- **Narasimha** : l'homme-lion qui tua le démon Hiranyakashipu ;
- **Vamana** : le nain qui sauva le monde du démon Bali. Vishnou rendit visite au démon incarné en nain et lui demanda autant de terre qu'il pouvait parcourir en trois enjambées. Lorsque le démon accepta, Vishnou se transforma en géant et reprit l'Univers tout entier ;
- **Parashurama** : le brahmane qui tua Arjuna, un monstre aux cent têtes, anéantit la classe des guerriers et tua sa propre mère ;
- **Rama** : le héros du *Ramayana* (long poème épique sanskrit) ; ce fut et c'est aujourd'hui encore l'un des avatars les plus populaires de Vishnou. Il avait son propre culte. Sa bravoure au combat contre les démons et sa compassion envers chacun, même envers ses ennemis, firent de lui un exemple que les parents hindous proposent à leurs fils ;

- **Krishna** : l'une des autres figures majeures de la mythologie hindoue. Rendez-vous à la section suivante pour en savoir plus à son sujet ;
- **Bouddha** : participait à la punition des pécheurs ; ce Bouddha-là est un peu différent de la conception bouddhique du Bouddha ;
- **Kali** : l'avatar à venir, apparaîtra en guerrier monté sur un cheval blanc (ou incarné en cheval blanc) et sera à l'origine d'une ère nouvelle.

Krishna

Krishna, la huitième incarnation (ou avatar) de Vishnou, était l'un des dieux préférés en Inde. Avant la naissance de Krishna, le roi de son pays avait entendu une prophétie selon laquelle Krishna le tuerait. Le roi emprisonna donc la mère de Krishna, qui était enceinte de celui-ci, afin d'éviter que ce drame ne se produise. Mais les parents de Krishna le firent disparaître en cachette après sa naissance. C'était un bambin adorable, toujours en train de voler du beurre pour le manger ou de tuer des serpents ou des démons femelles. Une fois adulte, il tua deux démons de plus ainsi que le roi qui avait emprisonné sa mère.

Tout le monde adorait Krishna. Sa peau était d'un bleu magnifique, parsemé de nuages porteurs de pluie, et il brillait de mille joyaux. Il symbolisait le lien entre la nature, la campagne et la foi des gens. Dieu du Bétail, il avait passé beaucoup de temps à faire des cabrioles avec les filles de son pays natal qui gardaient les vaches. Une nuit, il dupliqua son propre corps afin de pouvoir faire l'amour à toute une foule d'entre elles.

Les hindous vénèrent les vaches depuis des siècles. Les Arya mesuraient leur richesse en vaches. Aujourd'hui encore, les vaches sont sacrées dans de nombreuses régions de l'Inde.

La *Bhagavad-Gita* (« le chant du Seigneur »), à la fin du *Mahabarata*, est l'un des discours les plus célèbres de Krishna. Dans ce poème, le guerrier Arjuna, sur le point de partir au combat, hésite, en se demandant s'il peut raisonnablement tuer des membres de sa famille. Krishna, le conducteur de son char, lui assure que c'est le cas, en lui promettant que chacun doit agir selon son devoir, et qu'aucun doute n'est permis. La vie et la mort sont une illusion, et donc tout ce qui compte est d'accomplir son devoir. S'il est temps de tuer, alors il faut tuer !

Certains historiens pensent que la *Bhagavad-Gita* fut écrite après le *Mahabarata* et insérée dans cette œuvre plus vaste. Le message est une justification très claire du système des castes – faites votre devoir et ne demandez pas pourquoi.

Shiva, le destructeur sexy

Shiva était considéré comme le destructeur de l'Univers (voir l'illustration de la figure 18-1). Il conservait ses distances, bien loin de l'humanité, et il était souvent représenté assis seul sur une peau de tigre au sommet du mont Kailash dans l'Himalaya, plongé dans la méditation. On l'appelait aussi le seigneur de la Danse, et il était alors représenté dansant sur le dos d'un nain. On disait que le tambour qui rythmait sa danse donnait des pulsations rythmiques à l'Univers. Il portait un collier de crânes, une guirlande de serpents, et avait un troisième œil au milieu du front.

Figure 18-1 : Shiva le destructeur.

Shiva personnifiait le côté érotique de la vie, et on le représentait souvent sous la forme du *linga*, une statue phallique. (Son chignon était assez phallique lui aussi.) Shiva se déguisa un jour et se rendit dans une forêt dans laquelle certains sages méditaient. Les hommes pensèrent que Shiva voulait séduire leurs épouses, et ils le maudirent, ce qui eut pour résultat de faire tomber son pénis. Pour se venger, Shiva rendit le monde sombre et froid, et ses attaquants furent tous frappés d'impuissance. Ils ne recouvrèrent leur virilité qu'après avoir façonné un *linga* en l'honneur du dieu offensé.

Les déesses : des guerrières, des épouses et des mères

L'hindouisme abondait en déesses. Certaines étaient de puissantes guerrières, alors que d'autres personnifiaient des vertus féminines plus conventionnelles.

Devi, la déesse universelle

La déesse Devi était en fait un mélange de diverses déesses. Elle était associée à Sati/Pavarti, la principale épouse de Shiva. Mais elle était aussi composée de déesses plus redoutables :

- **Durga** était la déesse guerrière, dont la mission principale était de combattre les démons. Elle rejetait avec mépris tous ses prétendants. Lorsqu'elle se mettait en colère, la terrifiante déesse Kali jaillissait de son front (voir plus loin la section consacrée à Kali). Elle et Kali étaient associées à Shiva, elles étaient ses épouses plus mystérieuses ;
- **Sitala** était la déesse de la Variole et d'autres maladies de la peau ;
- **Manasa** était la déesse bengalaise des Serpents ;
- **Hariti** et **Shashti** étaient les déesses de l'Accouchement ;
- **Mata** était la déesse mère, associée à la terre et aux grands fleuves, comme le Gange. Elle nourrissait ses fidèles, mais pouvait aussi apporter la mort et la maladie.

Devi, sous toutes ses myriades de formes, était l'une des divinités majeures de l'hindouisme.

Shri/Lakshmi, déesse de la Prospérité

Shri était l'épouse de Vishnou. Elle naquit à l'époque védique lorsque les dieux remuèrent l'océan avec le serpent Vasuki. Elle devint progressivement l'idéal de la parfaite épouse hindoue – loyale et docile.

Shri jouait un rôle important en tant que déesse de la Fertilité agricole. Lorsqu'elle était assise à côté d'Indra (voir la section précédente sur Indra), elle faisait tomber la pluie pour faire pousser les récoltes. Sa présence dans la vie de Vishnou (voir la section précédente sur Vishnou) garantissait la fertilité de la terre.

Sati/Pavarti

Sati, la fille de Daksha le dieu bovin, était l'épouse originelle de Shiva (voir plus haut). Un jour, tous les dieux se rendirent à une cérémonie de sacrifice organisée par son père – tous sauf Shiva, qui n'avait pas été invité. Elle lui dit qu'elle avait honte qu'il n'ait pas été inclus dans le groupe des participants à la cérémonie. Elle pensait qu'il était le meilleur de tous les dieux et qu'il devait s'y rendre. Shiva attaqua donc le groupe des participants. Une goutte de sueur tomba de son front et un petit homme poilu en émergea : la maladie.

Sati était tellement mortifiée que Shiva ait été exclu de la cérémonie qu'elle s'immola par le feu. Elle fut réincarnée et devint Pavarti (qu'on appelle aussi Uma – qui est d'ailleurs probablement la déesse préférée de Quentin Tarentino) et entreprit de gros efforts pour reconquérir Shiva, en refusant de se laisser dissuader par son comportement grossier. Finalement, elle le réclama pour mari.

Une fois Shiva conquis par Pavarti, elle entreprit de le civiliser et l'habituer à la vie de famille. De nombreux mythes relatifs à Shiva et Pavarti racontent une foule de détails domestiques, comme les histoires de leur fils Skanda jouant avec le collier de crânes de son papa. Comme dans tout autre couple, les disputes rythmaient la vie conjugale. Shiva se moquait de la peau sombre de Pavarti, et celle-ci essayait de l'éclaircir (dans une des histoires, elle se débarrassa de sa peau, qui se transforma en Kali – voir plus loin). Il s'agit peut-être d'une des manifestations des préjugés anciens des Arya contre les personnes à la peau sombre (voir la section sur les envahisseurs védiques).

Skanda, le fils de Pavarti et de Shiva, fut conçu la première fois qu'ils firent l'amour. Les autres dieux les dérangèrent avant qu'ils aient fini, et la semence de Shiva se répandit sur le sol. Les dieux se la firent passer de l'un à l'autre, mais comme elle était trop brûlante, elle se retrouva bientôt dans le Gange, où elle devint Skanda. Le petit Skanda combattit le démon Taraka et sauva le monde, et devint plus tard le général des dieux.

Pavarti accepta Skanda comme fils, mais elle voulut aussi un enfant à elle. En se baignant et en se frictionnant, elle récupéra les peaux mortes qui se détachaient de son corps, puis elle les façonna pour leur donner la forme de son fils, Ganesh. Ultérieurement, Pavarti fit monter la garde à Ganesh devant sa chambre, mais lorsqu'il refusa l'entrée de la chambre de sa mère à Shiva, celui-ci le décapita. Pavarti exigea de Shiva qu'il donne une nouvelle tête à son fils. Il en chercha donc une aux alentours et la première qu'il vit fut celle d'un éléphant ! Vous trouverez une représentation de Ganesh à la figure 18-2.

Figure 18-2 : Ganesh permet d'écarter des obstacles importants.

Ganesh est aujourd'hui encore un dieu hindou populaire ; c'est le dieu qui écarte de grands obstacles. Son frère Skanda est l'un des dieux préférés dans le sud de l'Inde.

Kali, la sombre

La mission de Kali consistait à détruire les démons. C'était une vieille sorcière moche et à la peau sombre, avec de longs crocs et un collier de crânes d'hommes. Elle passait la plupart de son temps sur les champs de bataille ou sur les lieux de crémation, et s'enivrait parfois tellement de sang qu'elle essayait de détruire le monde entier.

Des lieux saints et des statues de partout

Certaines pratiques de culte hindoues étaient (et sont encore) terre à terre. Non seulement de nombreux mythes hindous décrivent les divinités se livrant à des activités humaines – le bébé Krishna volant du beurre (voir la section consacrée à Krishna plus haut dans ce chapitre), Ganesh protégeant sa maman, Shiva et Pavarti se faisant des scènes de ménage (voir plus haut), mais les hindous firent aussi entrer leurs dieux directement dans leurs maisons. Ils possédaient des statuettes des divinités et les entretenaient comme s'il s'agissait d'enfants bien-aimés : en les baignant, en les habillant, en les nourrissant et en les mettant au lit le soir. Ils croyaient que l'esprit du dieu venait vivre dans la statuette, et que traiter celle-ci avec égard constituait un moyen de montrer sa vénération.

Les hindous se rendaient aussi dans des lieux de pèlerinage dédiés à des divinités spécifiques. Les temples hindous grouillaient d'images colorées et sculptées, de fleurs, de nourriture et d'encens donnés en offrande à la divinité. Le culte se composait de chants, de jeux de cloches et de tambour, de danses, et les gens portaient aussi parfois les représentations de leurs dieux dans les rues dans des processions colorées et bruyantes. À certaines heures de la journée, ils célébraient un rite, le *darshana*, lors duquel le sanctuaire était ouvert afin que les fidèles puissent directement contempler les yeux du dieu. Ils croyaient qu'à ces moments le dieu les regardait aussi.

Les hindous célébraient de nombreuses fêtes. Ils vénéraient la déesse Durga (voir la section sur Devi plus haut dans ce chapitre) pendant neuf jours en octobre. La fête des lumières, appelée *Divali,* était organisée en même temps. La fête appelée *Holi* était tenue en l'honneur de Krishna (voir la section sur Krishna, plus haut dans ce chapitre). Les hindous faisaient aussi des pèlerinages vers des lieux saints, surtout sur les rives du Gange.

Dans l'au-delà, on récolte ce que l'on a semé

Les hindous croyaient que lorsqu'une personne mourait, son âme s'envolait immédiatement pour se réincarner dans le corps d'une autre personne en train de naître. Le nouveau corps n'a pas encore sa propre âme, et il est prêt à en recevoir une d'une personne qui vient de mourir. En conséquence, une personne qui meurt renaît immédiatement. Ce processus de migration de l'âme dans un autre corps s'appelle la *réincarnation*. Selon la croyance hindoue, ce cycle de naissance, de vie, de mort et de naissance dure une éternité.

Le *karma* est la somme cumulée des actions bonnes et mauvaises d'une personne et détermine ce qui va se passer dans la vie suivante. Un hindou peut améliorer son karma en effectuant des actes purs, en ayant des pensées pures et en faisant des dévotions – tout cela peut contribuer à une réincarnation à un niveau supérieur. De même, une personne ayant commis de nombreux péchés peut se réincarner à un niveau humain inférieur, voire dans un corps d'animal. Donc les inégalités de la vie ne valent pas la peine qu'on s'en soucie, et les privilégiés n'ont certainement pas besoin d'avoir des sentiments de culpabilité à cause de leur bonne fortune, car toute richesse, tout privilège et toute souffrance sont les conséquences naturelles des actes bons et mauvais dans la présente vie et dans celles qui l'ont précédée. Le but ultime de la vie est de récolter suffisamment de « bons points » de karma afin de ne plus avoir à se réincarner du tout, et à la place atteindre l'éveil.

Les hindous organisent leur vie autour de certaines activités qui sont les buts de l'hindouisme. La vertu dans la vie religieuse est la plus importante. La prospérité matérielle et la satisfaction des sens sont également importantes. Les hindous qui ont renoncé au monde s'efforcent de se libérer du cycle éternel des naissances (c'est-à-dire de mettre un terme à la chaîne des vies, appelée *samsara*). Une bonne partie des pratiques religieuses hindoues ont pour but de parvenir à cette réalité interne supérieure. La prière, la méditation et des pratiques telles que le yoga sont toutes des méthodes destinées à aider les croyants à se focaliser sur leur monde intérieur.

Le bouddhisme et le jaïnisme, des religions en concurrence

L'Inde n'a jamais connu de religion unique ni de corpus de mythes unique. Ce pays a toujours été extrêmement tolérant, on y a toujours vénéré beaucoup de dieux et il a toujours été un terreau fertile pour de nouvelles formes de pensée religieuse. Le bouddhisme et le jaïnisme sont deux des systèmes de pensée les plus importants qui viennent d'Inde. Ils prêchent tous deux le renoncement aux choses matérielles, mais de manière très différente : le Bouddha soulignait la modération en toute chose, alors que les jaïns allèrent jusqu'au bout dans la théorie du renoncement – certains renoncèrent même à porter des vêtements !

Le bouddhisme et ses débuts en Inde

Le bouddhisme n'est pas beaucoup pratiqué en Inde actuellement. La plupart des bouddhistes vivent en Chine et dans d'autres régions d'Asie. Mais il trouve ses racines en Inde, et nous en parlerons donc ici.

Le Bouddha et le voyage vers l'éveil

Selon la légende, Siddharta, le fondateur du bouddhisme, naquit au Népal vers 563 av. J.-C. de parents nobles qui décidèrent qu'il ne devrait jamais rien voir de déplaisant, afin que sa vie tout entière soit heureuse. Ils l'élevèrent dans un environnement protégé avec tout le luxe disponible. Une fois adulte, il se maria.

Le nom complet du fondateur du bouddhisme était Siddharta Gautama. De nombreuses sources y font référence sous le nom de Gautama, mais ne vous inquiétez pas si vous rencontrez ce nom, il s'agit bien du Siddharta dont nous parlons ici.

Un jour, le jeune prince alla se promener à l'extérieur du palais. Pour la première fois de sa vie, il vit une personne malade, une personne âgée, et une personne morte – des choses très choquantes pour sa vision du monde. Puis il vit un homme saint qui parcourait le monde – un phénomène bien intriguant. Il devint obsédé par la souffrance et rechercha des moyens de l'éviter. À l'âge de 29 ans, il quitta son épouse et son enfant et se mit à la recherche de la vérité.

Siddharta embrassa la vie des ascètes, se priva de nourriture, médita et mortifia sa chair. Apparemment il eut pas mal de succès avec ces pratiques, qui lui valurent même d'être suivi de quelques disciples. Pourtant, au bout de quelques années, il décida soudainement que cette voie, l'*ascétisme*, n'était pas celle qui menait à la vérité, et qu'il ne savait vraiment pas quelle voie y menait.

Il abandonna donc cette pratique de manque de confort, mangea quelque chose et s'assit à l'ombre d'un arbre, le fameux arbre-Bo ou *bodhi*, bien décidé à y rester assis jusqu'à ce qu'il ait découvert le sens de la vie. Il médita pendant quarante-neuf jours, tourmenté par les démons, mais à la fin, il parvint à son objectif ultime : l'éveil ! Dès cet instant, il devint le Bouddha, un terme qui signifie « l'Éveillé ».

Pratiquez la modération et ne souffrez pas !

Il retrouva ses anciens disciples dans le village de Sarnath, près de la ville sainte de Bénarès, et c'est là qu'il prêcha son premier sermon. Son conseil fut surprenant : il affirma que la modération en toute chose était la clé permettant d'éviter la souffrance. Selon le Bouddha, les gens souffrent lorsqu'ils ne peuvent pas obtenir ce qu'ils veulent, donc la voie pour éviter cela consiste à abandonner tout désir. Pour cela, il faut éviter les extrêmes : bien que trop de plaisir ne soit pas nécessaire, trop de sacrifice de soi ne sert à rien non plus parce que cela augmente le désir. Toujours selon le Bouddha, la réalité est une illusion et l'Univers est en changement perpétuel. Comme toute chose n'est qu'éphémère, il ne peut exister d'âme éternelle, et donc pas non plus de réincarnation ni d'immortalité.

Le Bouddha énonça les huit règles, ou huit préceptes du Sentier du Milieu, selon lesquels ses fidèles devaient mener leur vie :

- la pensée juste ;
- l'intention juste ;
- la parole juste ;
- l'action juste ;
- le moyen d'existence juste ;
- l'effort juste ;
- l'attention juste ;
- la concentration juste.

Le bouddhisme ne limite pas ses fidèles à un ensemble particulier de doctrines religieuses, mais vise au contraire à transcender les dogmes et à enseigner une sagesse pratique qui pourrait aider les hommes à atteindre un état idéal. Selon lui, ceux qui souhaitent se libérer de la souffrance doivent se libérer de tout attachement en suivant les huit préceptes (le Sentier du Milieu) et en méditant. Ce n'est que comme cela qu'ils pourront atteindre la liberté parfaite, le *nirvana*.

Avec le jaïnisme, renoncez à tout !

Les adeptes du jaïnisme, ou jaïns, ont leur propre version de la mythologie hindoue. Leur histoire de l'Univers est centrée sur soixante-trois chefs spirituels et plusieurs sauveurs. Ils ont aussi des héros dont les histoires ressemblent à celles de Krishna.

Selon leur vision du monde, les Enfers ont sept couches, et le temps cosmique tourne autour d'une roue, qui alterne les périodes de prospérité et celles de difficultés.

Un autre voyage, avec une fin différente

À la même époque que celle où le Bouddha prêchait devant ses fidèles (voir plus haut), un autre jeune noble créait sa propre religion, qui était complètement différente du bouddhisme. Vardhamana, le fondateur du jaïnisme, naquit vers 540 av. J.-C. Comme Siddharta, il quitta son épouse et son enfant pour partir à la recherche de la vérité.

Vardhamana rejoignit une secte qui pratiquait l'abnégation radicale. Il abandonna tous ses biens, en ne gardant qu'une tunique. Après douze années d'errance à la recherche de la vérité, il n'avait même plus cette tunique. C'est à ce moment-là que, mourant de faim et nu, il atteignit l'éveil.

Le premier végétarien

Vardhamana adopta le nom de *Mahavira*, qui veut dire « grand héros », et commença à prêcher une doctrine de sacrifice de soi. Ses adeptes allaient nus et s'arrachaient la barbe. Il refusa de tuer tout animal, même des insectes, et il évitait même les oignons parce qu'ils pouvaient contenir de minuscules créatures invisibles.

Mahavira passa le reste de sa vie à prêcher sa doctrine et à augmenter le nombre des fidèles de sa religion, qui s'implanta assez bien. Aujourd'hui en Inde, il existe environ six millions de jaïns.

Chapitre 19

La Chine et le tao

Dans ce chapitre

- La création du monde selon les anciens Chinois
- Suivons le courant des taoïstes
- Les règles du confucianisme
- À la recherche de l'éveil avec le bouddhisme

La Chine est un immense pays, et cela fait longtemps qu'il est civilisé. Il est évident qu'un tel pays doit avoir énormément de divinités, de mythes et de croyances religieuses, y compris de nombreuses légendes mystérieuses relatant les origines de la Terre et de l'humanité.

La Chine possède trois grandes religions : les « trois enseignements » du taoïsme, du confucianisme et du bouddhisme. Les Chinois ont mélangé ces trois systèmes de croyance : la plupart ne voyaient aucun inconvénient à mélanger les morales du confucianisme, la philosophie de la vie du taoïsme et l'idée de l'au-delà du bouddhisme. Ces systèmes de pensée fonctionnent ensemble et se complètent, ce qui crée un mélange satisfaisant de religion et de mythologie. Dans ce chapitre, nous allons parler des anciens mythes chinois et de la manière dont les trois systèmes de croyance plus modernes ont influencé la mythologie et les rites chinois.

Les mythes chinois de création du monde et des hommes

Il y a plus de deux mille ans, les philosophes et les chercheurs chinois se mirent à écrire les légendes traditionnelles de la création du monde et de l'origine des hommes. Mais bien avant, les hommes se transmettaient des histoires d'une génération à l'autre, à la manière d'autrefois, c'est-à-dire oralement. Les versions écrites les plus anciennes qui existent des mythes chinois datent du IVe et du IIIe siècle av. J.-C., mais les légendes elles-mêmes sont encore antérieures.

Ces légendes décrivent la formation de la Terre, la création des hommes et l'idée que le système solaire possède un Soleil unique plutôt que dix. Et comme c'est le cas de la plupart des corpus mythologiques, la Chine a elle aussi un mythe du déluge.

Pan Gu, le premier homme

Au commencement, l'Univers était un œuf. Il se fendit et s'ouvrit ; la partie haute, la partie légère de l'œuf devint le ciel, et la moitié du bas, avec tous les composants lourds et opaques de l'œuf, devint la terre. Le ciel était appelé *yang* et la terre *yin*, selon l'opposition entre yin et yang. (Voir la section « Les mythes du taoïsme et le principe de l'effort aisé » plus loin dans ce chapitre pour en apprendre davantage sur le sujet.) Pan Gu, le premier homme, émergea aussi de l'œuf cassé ; on dit de lui qu'il était le fils de yin et de yang.

Pan Gu grandissait chaque jour de trois mètres. Et chaque jour, en grandissant, il poussait la terre et le ciel pour les écarter, de sorte que le ciel grandissait de trois mètres et que la terre devenait plus épaisse de trois mètres. Au bout de dix-huit mille ans, la terre et le ciel se trouvèrent à leur emplacement correct, et Pan Gu mourut.

Son corps se désintégra en d'innombrables parties, qui se transformèrent toutes en parties du monde. Son œil droit devint la Lune, et son œil gauche le Soleil. Son sang forma les rivières et les mers ; ses cheveux, les forêts ; sa sueur, la pluie ; et sa voix, le tonnerre. Le reste de son corps servit à la formation des rochers, des fleuves, des plantes et des montagnes. Même les puces qui se trouvaient sur son corps se transformèrent… en hommes.

Non, non ! Les premiers hommes furent façonnés dans de la boue par une déesse !

Un autre mythe de création fait de Nuwa la déesse créatrice. On la décrit souvent mariée au dieu créateur Fuxi ; ils ont tous deux des têtes humaines et des corps de serpent. Leurs noms proviennent de mots chinois signifiant « melon » ou « calebasse » (fruit de la plante appelée « cougourde »), un symbole très fort de fertilité dans la culture chinoise.

En effet, Nuwa se sentait un peu seule

Une fois la terre créée, Nuwa s'y installa, mais eut rapidement l'impression que quelque chose lui manquait dans sa vie. Un jour, après avoir aperçu son image réfléchie dans un étang, elle eut une idée. Elle prit un peu de boue, sculpta une petite créature qui lui ressemblait et lui insuffla la vie. Elle venait de créer le premier homme.

La déesse aimait sa petite création, et elle fit donc davantage d'humains. Ils se mirent tous à construire des maisons et à vivre leurs vies, et Nuwa ne se sentit plus seule du tout. Elle voulait faire encore davantage d'humains, et inventa donc une méthode plus efficace : elle trempa un cep de vigne dans la boue et lui donna des chiquenaudes de telle sorte que les gouttelettes de boue giclent partout. Chaque gouttelette se transforma en un humain.

Le monde était désormais peuplé et Nuwa pouvait se reposer. Mais au bout de quelque temps, quelques-uns de ses humains vieillirent et moururent. Au lieu d'en refaire elle-même, elle leur apprit comment se reproduire.

Nuwa vole au secours de ses petits compagnons menacés par le déluge

Nuwa continua de protéger ses créatures. Mais un jour, le dieu du Feu et le dieu de l'Eau se disputèrent ; le dieu du Feu gouvernait l'Univers, mais le dieu de l'Eau avait décidé que c'est à lui qu'incombait cette tâche. Il envoya tous les océans et tous les fleuves au combat, mais l'eau s'évapora dans la chaleur du soleil du dieu du Feu.

Le dieu de l'Eau devint furieux et, dans sa rage, il renversa le mont qui soutenait le ciel dans le coin nord-ouest du monde. Cela créa des trous à la fois dans la terre et le ciel, et le monde se renversa, son coin sud-est vers le bas. Cet incident causa de graves catastrophes naturelles, des incendies de forêts et des inondations. Toute l'eau dévala la pente vers le sud-est, et l'on dit depuis que c'est cet événement qui explique qu'en Chine tous les fleuves coulent d'ouest en est.

Nuwa vola à la rescousse de ses petits humains. Elle remplit de pierres le trou du ciel. Pour s'assurer qu'il ne se rouvrirait pas, elle tua une tortue géante et se servit de son corps pour redresser le ciel à l'endroit où manquait le mont renversé par le dieu de l'Eau, puis elle répara les berges des rivières, ce qui mit un terme aux inondations.

Une autre histoire de déluge, avec une calebasse

Dans un autre mythe de déluge, un fermier était chez lui avec ses deux enfants, un garçon et une fille, lorsqu'il se mit à pleuvoir. Le fermier décida d'essayer de capturer le dieu Tonnerre pour faire cesser la pluie. Il se munit donc d'une cage et d'une grande fourche et se tint devant sa porte pour l'attendre.

Dans un grand fracas et avec un éclair géant, le dieu Tonnerre descendit des cieux en tenant une gigantesque hache d'armes. Le fermier le captura avec sa fourche, le fourra dans la cage et l'y enferma. La pluie s'arrêta.

Je vous avais pourtant dit de ne pas le relâcher !

Le lendemain, le fermier se rendit au marché pour faire des courses afin de faire cuire le dieu Tonnerre. Il avait dit à ses enfants de ne rien lui donner à boire, quoi qu'il fasse ou dise. Le fermier étant parti, le dieu commença à mendier de l'eau, avec tant d'insistance que les enfants lui en donnèrent finalement.

Dès que l'eau toucha ses lèvres, le dieu Tonnerre brisa les barreaux de sa cage. Pour récompenser les enfants de leur aide, il s'arracha une dent et leur dit de la planter dans le sol. Puis il s'en alla. Le garçon et la fille plantèrent la dent, et elle donna la plus grande cougourde que les enfants aient jamais vue. Cette cougourde portait les plus grandes calebasses qu'on ait jamais vues.

Le courroux du dieu de l'Eau entraîne une inondation qui détruit tout...

La pluie revint, et il plut plus fortement que jamais, à tel point que le sol commença à être inondé. Le père des enfants rentra du marché et dit à ses enfants de se glisser à l'intérieur de la cougourde. Lui-même construisit un bateau et s'en fut au ciel pour demander au roi des dieux de stopper le déluge.

Le roi des dieux demanda au dieu de l'Eau de faire une pause. Celui-ci stoppa le déluge de façon si soudaine que le bateau du fermier s'écrasa brutalement au sol en tuant le fermier. Le garçon et la fille du fermier, qui se trouvaient dans la cougourde, rebondirent sur le sol et atterrirent sans dommage.

... et les hommes prennent un nouveau départ

Lorsque les enfants sortirent de la cougourde, ils découvrirent qu'ils étaient les seuls humains survivants sur la Terre. Le garçon demanda à sa sœur de l'épouser. Au début, elle hésita, parce qu'ils étaient liés par un degré de parenté très proche, mais finalement elle lui dit qu'elle l'épouserait si, après l'avoir poursuivi, il l'attrapait. Il l'attrapa, et ils vécurent heureux ensemble.

La fille donna finalement naissance à un bébé étrange qui avait la forme d'une boule de chair. Le couple le découpa en de nombreux morceaux et transportèrent ces morceaux vers le ciel en empruntant l'échelle qui y menait. Une bourrasque emporta les morceaux de chair et les dispersa partout sur la terre. Là où ils atterrirent, ils se transformèrent en hommes, et la Terre fut à nouveau peuplée.

Les mythes du taoïsme et le principe de l'effort aisé

Tao (ou *Dao*) signifie « la voie » ou « le sentier ». Le tao régit l'Univers, il enveloppe toute chose et coule à travers elle. (Souvenez-vous de l'explication que donne Obi-wan Kenobi de la force dans *Star Wars*). Le taoïsme n'est pas une religion unifiée comme l'est le christianisme, mais au contraire une combinaison d'enseignements et une philosophie de la vie.

Le taoïsme fut fondé, on le suppose, par Lao-Tseu (qu'on écrit encore « Laozi » en français). Lao-Tseu vécut au VIe siècle av. J.-C., à la même époque environ que Confucius (voir plus loin la section consacrée à Confucius). Lao-Tseu était partisan de la recherche de l'équilibre et affirmait qu'on ne pouvait pas forcer les changements, qu'on ne pouvait qu'en faire l'expérience et les assimiler.

On ne sait que peu de chose, voire rien du tout sur la vie de Lao-Tseu et sur ses enseignements. Selon la légende, il chevauchait un karbau (bison domestiqué de Malaisie aux grandes cornes) et dispensait ses enseignements. Il aurait résumé ses enseignements dans le *Daodejing ou Tao-tö-king*, le *Livre de la Voie et de la Vertu*. Mais il est parfaitement possible que quelqu'un d'autre ait écrit ce livre.

À ses débuts, le taoïsme ressemblait plus à une école de philosophie qu'à une religion, mais il devint la religion d'État en Chine vers 440 av. J.-C. Il y demeura populaire, en menant une coexistence pacifique avec le confucianisme et le bouddhisme (voir la section consacrée au bouddhisme plus loin dans ce chapitre) jusqu'au XXe siècle, au cours duquel les communistes prirent le pouvoir en Chine, ce qui provoqua un bouleversement du monde religieux.

Les principes du tao et l'harmonie des contraires (yin et yang)

Le taoïsme souligne l'harmonie des contraires, comme masculin/féminin, lumière/obscurité, amour/haine, et bien/mal. Il décrit cette harmonie par le concept de yin et de yang. Le *yang* (principe masculin) est le souffle de lumière pure qui constitue le ciel. Le *yin* (principe féminin) est le souffle opaque plus lourd qui forme la terre. Aucune des deux forces ne peut exister sans l'autre.

Selon le taoïsme, l'Univers se recrée et évolue constamment. Le *chi* est l'énergie fondamentale qui coule en toute chose et qui anime le monde. Ce mot signifie aussi « souffle », la force vitale qui coule à travers tous les êtres vivants. La vision du monde taoïste est celle d'une sphère partagée en deux moitiés, le yin et le yang.

Le taoïsme en soi ne possède pas de véritables dieux, en tout cas aucun dieu que l'on pourrait implorer (bien que Lao-Tseu ait joui d'un statut quasi divin au IIe siècle, ce qui a dû le faire se retourner dans sa tombe !). Au contraire, les taoïstes devaient rechercher des réponses aux questions de la vie par l'observation et la méditation.

Pourtant, même si le taoïsme n'avait pas de divinités officielles, la plupart des adeptes continuaient de croire que des esprits étaient omniprésents dans la nature, que des dieux régnaient au ciel et que des démons étaient tapis en Enfer. Ils traitaient les dieux de la même manière que les autorités laïques et achetaient les démons pour que ceux-ci les traitent mieux.

Le taoïsme s'intéresse de près à la santé corporelle. Selon lui, les organes et les orifices du corps correspondent aux cinq éléments : la terre, le métal, le bois, le feu et l'eau. Le *chi*, ou souffle, est important pour le bien-être physique. La sagesse médicale traditionnelle chinoise assure que les maladies résultent d'un blocage du *chi* dans le corps et elle use de diverses techniques pour le faire circuler correctement. Le *tai chi*, une gymnastique chinoise, permet de faire circuler l'énergie à travers le corps et de masser les organes internes.

Le taoïsme préconise la planification et la réflexion qui précèdent l'action à travers l'art du *wu wei* (qui signifie en gros « action aisée »). Les taoïstes veulent agir avec un effort minimal. Dans la vie, ils essaient non pas de lutter contre le courant, mais au contraire de se tenir immobiles et de le laisser s'écouler.

Les adeptes du taoïsme s'emploient à cultiver la vertu, surtout la compassion, la modération et l'humilité, et ils croient que les hommes sont intrinsèquement bienveillants. Ils s'efforcent d'être bons envers les autres et croient que leur bonté leur sera rendue.

Les huit immortels du tao représentent les diverses facettes de l'humanité

Les *huit immortels* furent des humains légendaires qui atteignirent l'immortalité en suivant les préceptes du taoïsme. Ils représentaient toutes les facettes de l'humanité, y compris la jeunesse et la vieillesse, l'homme et la femme (bien que la plupart d'entre eux fussent des hommes) et la richesse et la pauvreté. Certains des immortels ont peut-être été des personnes qui ont réellement existé. Ils furent source d'inspiration pour la vie artistique et le théâtre, et leurs histoires apportaient la preuve que n'importe qui pouvait devenir immortel : il suffisait de faire les choses justes.

Chaque immortel avait sa propre histoire et sa propre signification. Chacun d'eux représentait différents groupes de personnes (par exemple, la noblesse ou les femmes célibataires) et chacun d'eux portaient des attributs qui permettaient de l'identifier.

Han Chung-Li, l'ermite et militaire

Han Chung-Li était un noble qui devint ermite dans ses vieux jours ; il pouvait transformer des métaux vils en argent et donnait aux pauvres l'argent gagné grâce à cette activité. Il portait une pêche (symbole de l'immortalité) ou un éventail de plumes, et symbolisait aussi l'armée.

Voici comment il devint immortel. Un jour, alors qu'il était assis en train de méditer dans sa caverne, les parois craquèrent et s'ouvrirent, pour révéler une pièce éclairée d'une lumière étrange. À l'intérieur de cette petite pièce se trouvait un coffret de jade qui contenait les secrets de l'immortalité. Après qu'il eut suivi les instructions qu'il y trouva, la caverne se remplit de musique et de parfum, et une cigogne magique vint le prendre et l'emporter sur son dos vers une île fabuleuse.

Chang-kuo Lao, ressuscité par magie

Chang-kuo Lao était un vieil homme qui chevauchait sa mule blanche à l'envers et pouvait même la plier comme une feuille et la mettre dans sa poche. Il portait une plume de paon ou une pêche. Il représentait la vieillesse et apportait le don de la fécondité aux jeunes couples.

Un jour, il se rendit chez l'empereur pour dîner avec lui, mais il tomba mort à la porte du temple et son corps commença à se décomposer. Pourtant, il ressuscita miraculeusement et s'aperçut qu'il était désormais doté de pouvoirs magiques : il pouvait transformer des oiseaux en pierre, boire du poison et devenir invisible. Au bout de quelques années, il mourut (à nouveau) dans sa retraite de montagne. Ses disciples l'enterrèrent. Mais lorsque sa tombe fut ouverte plus tard, son corps ne s'y trouvait pas, car il était devenu immortel.

Lu Tung-pin et le caractère éphémère du succès matériel

Lu Tung-pin était un fonctionnaire du gouvernement qui se préoccupait avant tout de son avancement. Un jour, il rencontra le premier immortel, Han Chung-li, alors que le grand homme était assis tranquillement en dégustant du vin à une auberge. Chung-li vit que Lu Tung-pin n'était pas seulement un fonctionnaire, mais aussi un philosophe, et il l'invita donc à boire avec lui. Les deux hommes discutèrent du tao jusqu'à la tombée de la nuit, et Lu Tung-pin s'endormit à la table. Il rêva que l'empereur l'avait promu à un poste élevé, mais son rêve se transforma en cauchemar ; en effet, dans le rêve, il se faisait des ennemis qui convainquaient l'empereur de le licencier, et il terminait exilé sans maison ni famille, errant de village en village. Puis il se réveilla et vit Chung-li qui lui souriait.

Lu Tung-pin réalisa alors que les possessions matérielles et le statut social n'avaient rien à voir avec le véritable taoïsme. Le lendemain, il renvoya ses serviteurs, annula ses rendez-vous et partit avec le sage. Il étudia auprès de lui pendant des années et devint finalement lui-même un immortel. Il voyagea ensuite à travers le monde en vendant de l'huile et en accordant de temps à autre l'immortalité. Ses attributs sont l'épée magique qui pouvait le rendre invisible, et parfois un chasse-mouches symbolisant le fait qu'il pouvait voler. Il représente les étudiants.

La noblesse : Ts'ao Kuo-chiu obtient une deuxième chance

Ts'ao Kuo-chiu était le frère de l'impératrice Ts'ao. Il obtint l'immortalité après avoir commis de graves péchés. Son frère avait essayé de violer une jeune femme qui visitait le château, et Ts'ao Kuo-chiu lui conseilla de la tuer. Le frère la jeta donc dans un puits. Elle réussit pourtant à s'en échapper et à s'enfuir, mais elle eût ensuite la mauvaise idée d'aller trouver Ts'ao Kuo-chiu pour se plaindre.

Il la fit battre avec des verges en métal jusqu'à ce qu'elle soit presque morte. Elle reprit cependant connaissance et alla porter plainte auprès du censeur impérial, qui fit arrêter les deux frères.

Le jeune frère fut exécuté pour meurtre. Mais avant que le bourreau ne puisse s'occuper de Ts'ao Kuo-chiu, l'empereur le gracia, et il fut libéré de prison. Se rendant alors compte que sa vie avait été vide et méchante, il devint ermite. En tant qu'immortel, son attribut est une tablette dont il se sert pour écrire, et il représente la noblesse.

Li T'ieh-kuai et la béquille de fer

Li T'ieh-kuai, qu'on appelait « Li à la béquille de fer », apprit le tao auprès de Lao-Tseu (voir le début de cette section sur « Les mythes du taoïsme, ou l'effort sans effort ») lui-même. Avant que Li T'ieh-kuai ne meure, il dit à son assistant qu'il reviendrait peut-être du Ciel, et lui ordonna de ne pas brûler le corps avant que sept jours ne se soient écoulés. L'assistant garda le corps pendant six jours et apprit alors que sa propre mère était mourante. Il pensa que Li T'ieh-kuai ne reviendrait plus au bout de tant de temps et brûla donc le cadavre pour se rendre ensuite auprès de sa mère.

Lorsque l'âme de Li T'ieh-kuai fut de retour plus tard ce jour-là, elle ne trouva qu'un tas de cendre à la place du corps qu'elle avait occupé. Le seul corps disponible aux alentours était celui d'un mendiant, estropié et crasseux, qui était mort de faim. Li T'ieh-kuai voulait changer de corps pour en obtenir un meilleur, mais Lao-Tseu suggéra qu'il garde le corps du clochard et il lui donna quelques cadeaux utiles : un bandeau en or, une béquille de fer et une calebasse qui pouvait redonner la vie. Li T'ieh-kuai se rendit à la maison de son assistant, le trouva en pleurs au-dessus du corps de sa mère, à laquelle il rendit la vie à l'aide de la calebasse. En tant qu'immortel, il représente les malades ; les pharmaciens ornent leur enseigne de son effigie.

Han Yu et sa chute bienheureuse

Han Yu était un grand philosophe et poète ; il enseignait les trois éléments de la nature humaine – le bien, le mal et l'équilibre. Lorsqu'il se plaignit auprès de l'empereur de l'influence bouddhiste à la Cour, il fut banni et condamné à l'exil dans le désert dans la province du Guangdong (dans le sud de la Chine), où il vint en aide à la population en tuant un dragon. Il essaya de grimper à l'arbre de l'immortalité, mais il en tomba. Heureusement pour lui, il devint immortel juste avant de s'écraser au sol. Il représente la culture et porte un panier de fleurs.

Lan Ts'ai-ho, le modeste ménestrel

Lan Ts'ai-ho fut peut-être une femme, ou peut-être un homme « qui ne savait pas comment être un homme ». En tout cas, nous considérons ici que cette personne était une femme. Sa famille vendait des herbes médicinales. Un jour, elle trouva un vieux mendiant couvert de plaies et s'occupa de lui. Le mendiant était en fait Li T'ieh-kuai qui s'était déguisé (voir plus haut), et la récompense de Lan Ts'ai-ho fut la jeunesse éternelle. (Dans une autre version, elle but tellement qu'elle s'évanouit et fut emportée sur un nuage.)

Elle erra vêtue d'une tunique bleue déchirée avec une seule chaussure, et elle fit toutes sortes de choses complètement folles comme dormir sur la neige en hiver et porter des sous-vêtements isolants et chauds en été. Elle exerçait la profession de ménestrel et chantait dans différentes villes en incitant les gens à rechercher le tao. Elle portait un luth (ou un panier de fruits) et représentait les pauvres.

Ho Hsien-ku, la jeune fille bien sage

Ho Hsien-ku fut l'unique immortel incontestablement de sexe féminin. Dans le mythe, elle n'avait que six cheveux sur la tête, mais les images que nous avons d'elle la représentent habituellement avec une chevelure complète. Un jour, elle rêva qu'elle se rendait dans les montagnes de la mère des perles, où elle atterrit et mangea une perle qui la rendit immortelle. Après cette transformation, elle passa son temps à errer dans les montagnes et à récolter des baies pour sa mère. L'empereur la convoqua à la Cour afin de voir la femme immortelle, mais elle disparut. Elle portait un lotus et représentait les femmes célibataires.

Le confucianisme et ses mythes de dévotion

Le fondateur du confucianisme fut un homme appelé Confucius (également *Kongfuzi* ou *Kongzi*), né en 551 av. J.-C. dans une région de Chine qui est aujourd'hui la province de Shantung.

Confucius devint un expert en matière de convenances et de savoir-vivre et passa une bonne partie de son temps à voyager en Chine et à conseiller des souverains sur les bonnes manières. Son obsession, c'était l'éradication du « laxisme moral » qu'il percevait tout autour de lui.

Confucius écrivit plusieurs œuvres sur la moralité individuelle, ainsi que sur les méthodes de gouvernement adéquates et l'exercice du pouvoir politique. Il met l'accent sur plusieurs valeurs, dont les convenances, l'amour de la famille, la droiture, l'honnêteté, la bienveillance et la loyauté envers l'État. Le confucianisme n'est pas une religion en soi, mais plutôt un système éthique. Ses adeptes ne vénèrent pas une divinité confucéenne, mais appliquent plutôt les principes confucéens à la vie quotidienne.

Une petite branche de saule pour les funérailles

Les funérailles étaient des cérémonies plus élaborées que les mariages. Les parents du défunt poussaient des cris pour signaler à leurs voisins que l'un des leurs était mort, puis ils enfilaient des vêtements de tissu grossier. Les personnes endeuillées apportaient de l'encens et de l'argent et plaçaient des aliments et d'autres offrandes dans le cercueil avec le corps. Un prêtre (taoïste, bouddhiste, voire chrétien) célébrait la cérémonie funèbre et tout le monde se rendait au cimetière avec le cercueil, en portant des branches de saule pour symboliser l'âme du défunt. La famille ramenait ces branches chez elle après l'enterrement et les plaçait sur l'autel de la maison. Les funérailles n'étaient pourtant pas encore terminées : des cérémonies en l'honneur du défunt avaient lieu le septième, le neuvième et le quarante-neuvième jour après sa mort, et à nouveau le jour anniversaire de sa mort un an et trois ans après.

Le respect des anciens et l'importance de la famille

La philosophie confucéenne accordait une grande importance à la manière dont les gens traitaient les personnes âgées de leur famille, en particulier les parents et les grands-parents. De nombreuses histoires de la littérature chinoise illustrent la manière correcte de traiter les anciens. Le mythe de l'origine de la soie, qui illustrait la dévotion d'une fille envers son propre père, et celui d'un fils à la recherche des restes de son père illustrent des cas extrêmes de ce que les enfants devaient faire pour leurs parents.

Une jeune fille qui adorait son père

Il était une fois une jeune fille qui aimait beaucoup son père et qui était très triste qu'il soit aussi souvent parti pour ses affaires. Un jour, alors qu'elle pansait son étalon, elle dit à haute voix : « J'épouserai n'importe qui pourvu qu'il ramène mon père à la maison. » Le cheval s'enfuit sur-le-champ. Il revint le lendemain avec son père sur le dos, qui fut soulagé de constater qu'il ne s'était rien passé de grave à la maison. Sa fille ne put expliquer le comportement de son cheval, et avança l'explication qu'il devait avoir senti qu'elle se languissait de son père.

Les jours qui suivirent l'incident, le cheval devenait très excité à chaque fois que la fille passait près de lui et, finalement, elle se souvint de ce qu'elle avait dit juste avant qu'il ne parte au galop. Elle le raconta à son père, qui fut furieux à l'idée qu'un cheval puisse avoir le culot de penser épouser sa fille. Il fit tuer l'étalon et placer sa peau au soleil pour qu'elle sèche.

Alors que la fille et ses amis jouaient autour de la peau du cheval, celle-ci s'enveloppa soudainement autour d'elle et s'envola en l'entraînant avec elle. Le père retrouva la peau du cheval à la cime d'un arbre. À l'intérieur, il trouva un ver à soie : c'était sa fille, qui s'était ainsi transformée. Elle lui fit un signe de la tête et produisit un fil blanc luisant, qui permit de faire le tissu le plus merveilleux du monde.

Un garçon part à la recherche des restes de son père

Chou était un jeune homme qui n'avait jamais connu son père, car celui-ci avait dû travailler loin du foyer familial durant l'enfance de son fils. Alors que Chou était âgé de 13 ans, son père mourut dans une province éloignée. La famille du défunt père célébra de nombreux rites funéraires, mais ses membres craignaient que ces rites ne fussent pas efficaces sans le corps du défunt. Lorsque les grands-parents de Chou moururent, ils lui firent jurer d'aller récupérer les ossements de son père.

Au bout de plusieurs années, Chou décida qu'il devait trouver les restes mortels de son père. Il laissa donc tout son argent à sa mère et se mit en route à travers la campagne. Partout où il se rendit, les gens furent impressionnés de sa dévotion envers son père, mais ils essayèrent de le convaincre de rentrer chez lui auprès de sa mère en arguant que son voyage risquait d'être extrêmement long et qu'il ne parviendrait certainement pas à retrouver les restes de son père après autant d'années.

Mais Chou continua son voyage. Il affronta des bandits et se retrouva au beau milieu de soulèvements de population, il faillit mourir de faim et de la peste, mais il n'abandonna pas. Finalement, il arriva sur le lieu où son père était enterré. Cela faisait alors vingt ans que son père était mort. Les autorités locales essayèrent de lui dire qu'il en avait suffisamment fait, mais qu'en réalité il serait impossible de trouver les ossements de son père après une si longue période. Chou fit le serment que s'il ne trouvait pas les ossements de son père dans les deux semaines, il se jetterait dans le fleuve pour se noyer. Et à cet instant même, il vit la pierre tombale de son père.

Chou passa la nuit à dégager le corps. Il coupa de la peau de son bras pour fermer la bouche de son père, fit brûler des billets et de l'encens et enveloppa chaque os pour le voyage de retour à la maison. Ce retour fut considérablement plus facile que l'aller. Un général avait appris son histoire et lui donna l'argent nécessaire pour qu'il puisse voyager en bateau. Lorsqu'il arriva chez lui, sa mère l'accueillit avec une grande joie. Ils enterrèrent les ossements en exécutant les rites funéraires appropriés. La nouvelle de la dévotion de Chou se répandit dans le pays, et même l'empereur lui envoya des mots de louanges.

Le bouddhisme

Le bouddhisme parvint en Chine de l'Inde au Ier siècle. Les Chinois l'adaptèrent à leur propre mythologie, en le mêlant à leurs propres croyances.

Un des mythes relatifs aux débuts du bouddhisme décrit comment l'empereur Ming rêva qu'il voyait un homme doré en train de voler en face de lui alors qu'il regardait à l'extérieur par une fenêtre du palais. Il raconta ce rêve à ses ministres, et ceux-ci dirent qu'il existait un homme doré en Inde qui pouvait voler. L'empereur envoya des messagers en Inde pour trouver l'homme. Ils rentrèrent avec des écrits bouddhistes.

Les Chinois traduisirent les écrits bouddhistes depuis le sanskrit (la langue sacrée et la langue littéraire de l'Inde ancienne – voir le chapitre 18) dans leur propre langue. Les traductions ne furent pas exactement fidèles aux originaux ; les Chinois modifièrent les croyances bouddhiques pour qu'elles correspondent à leur propre vision de l'existence humaine, notamment à la logique confucéenne. Gautama, le fondateur indien du bouddhisme, avait prêché que seuls ceux qui auraient renoncé à leur attachement aux choses de ce monde parviendraient au salut et feraient l'expérience du nirvana (le paradis bouddhiste – voir le chapitre 18). Or, les Chinois n'apprécièrent pas l'idée d'une religion aussi spéculative (pour ne pas dire spirituelle) ni la notion d'abandon des liens familiaux. Finalement, le bouddhisme chinois devint plus concret et mit davantage l'accent sur les relations avec les autres, en particulier avec la famille, et sur la hiérarchie dans la société.

Une divinité ou deux

Les Chinois vénéraient une manifestation du Bouddha appelée Amitabha. Le Bouddha Amitabha accordait le salut à quiconque se repentait de ses péchés et l'appelait par son nom – ce qui revient à dire que le salut était obtenu par la foi uniquement, et que le citoyen moyen pouvait l'atteindre plus facilement. Des temples érigés dans toute la Chine étaient ornés de statues d'Amitabha assis sur une fleur de lotus.

Amitabha était souvent accompagné de Bodhisattva Guanyin, la déesse de la Miséricorde. À l'origine, c'était un bodhisattva homme (un bodhisattva est un sage ayant franchi toutes les étapes, sauf la dernière, pour devenir un bouddha) mais les Chinois considérèrent qu'il incarnait des vertus féminines, et ils en firent donc une déesse. Les mères chinoises la vénéraient pour qu'elle aide leurs enfants. Un jour, elle sauva certains livres sacrés qu'un bouddhiste chinois transportait d'Inde vers la Chine. Elle pouvait aussi briser des chaînes, protéger de la foudre et retirer le venin des serpents.

Les mythes chinois agrémentent le bouddhisme de confucianisme

Les bouddhistes chinois embellirent les mythes relatifs au Bouddha, en ajoutant souvent des détails relatifs à sa piété filiale afin de le rendre attrayant pour un esprit confucéen. Dans l'un des contes les plus célèbres, un disciple de Bouddha, nommé Mulian, traversa les Enfers à la recherche de sa mère, qui subissait des tourments parce qu'elle n'avait pas fait de dons aux moines bouddhistes de son vivant. Il la retrouva à l'un des niveaux les plus profonds, clouée à un lit. Le geôlier refusa de la libérer sans la permission du Bouddha. Mulian alla trouver le Bouddha, qui donna son accord pour que sa mère soit libérée. Elle revint sur terre d'abord incarnée en chien noir, avant de reprendre finalement sa forme humaine.

À l'origine, le bouddhisme fut populaire en Chine avant tout auprès des immigrés venus d'Inde mais, au IIIe siècle, il s'était répandu parmi les gens du peuple en Chine. Durant la dynastie Tang, qui régna en Chine de 618 à 907 de notre ère, de nombreux Chinois renoncèrent au monde et rejoignirent des communautés bouddhistes. La secte bouddhiste *chan* (*zen* en japonais) fut particulièrement populaire en Chine au XIIIe siècle. Le culte *chan* chinois fut fondé par un moine bouddhiste du nom de Bodhidharma, dont la figure 19-1 propose un portrait.

Figure 19-1 : Bodhidharma, le moine bouddhiste qui a introduit le bouddhisme chan en Chine.

Chapitre 20

Le Japon et les mythes du pays du Soleil levant

Dans ce chapitre

- La combinaison du shintoïsme et du bouddhisme pour une vie spirituelle équilibrée
- La création du monde et le règlement des disputes entre frères et sœurs
- Les monstres, les bêtes mystiques et les belles vierges

Le Japon a toujours été un peu isolé du reste de l'Asie, car c'est un *archipel*, c'est-à-dire un groupe d'îles au large du continent. Il a toujours eu l'habitude d'ouvrir ses portes pendant un certain temps pour importer des idées de l'extérieur, le plus souvent de Chine et de Corée, puis de se refermer sur soi pour se concentrer et transformer ces influences en idées extraordinairement japonaises.

La mythologie japonaise reflète le caractère exceptionnel de ce pays : elle est pleine de création d'îles, de divinités qui ont des enfants plus rapides que des lièvres et de créatures exotiques. Pourtant, parallèlement à cela, d'autres idées mythiques ont laissé leur empreinte sur les croyances japonaises. Le bouddhisme, le confucianisme et le taoïsme, tous ont influencé les mythes japonais, ajoutant aux concepts shintoïstes du pays des idées de paix avec la nature, d'ordre social et de possibilité de salut. La mentalité japonaise ne voyait aucune difficulté pour mélanger et accorder les croyances religieuses et les mythes. Il y avait de la place pour tous.

La création de la matière et des autres choses anciennes

La plus grande partie de la mythologie japonaise provient d'un document appelé le *Kojiki*, le « Recueil des choses anciennes ». Il fut composé en 711 ap. J.C. par un homme, Ono Yasumaro, sur la demande de l'impératrice Gemmei. Yasumaro eut recours à plusieurs textes anciens pour réaliser son ouvrage, qu'il écrivit dans un mélange de chinois et de japonais ancien. Parmi les autres sources de mythes, citons les *Nihongi* (ou *Nihonshoki* – « Chroniques du Japon »), écrites en 720, le *Kogoshui* (« Légendes glanées d'histoires anciennes ») de 807, et une anthologie de poésie, la *Man'yoshu* (« Recueil de dix mille feuilles »), compilée vers 760.

Les premiers dieux et les premiers humains

Au commencement, la terre flottait à la dérive comme une méduse. Cinq dieux apparurent sur les plateaux du Paradis (leurs noms respectifs sont bien trop longs pour que nous les citions ici). Puis sept générations de dieux et de déesses s'ensuivirent. Finalement, le premier couple fit son apparition : un homme du nom d'Izanagi et sa sœur-épouse Izanami.

Les dieux enjoignirent à ce couple de solidifier la terre. Ils se tinrent donc sur le pont flottant du Paradis et remuèrent les eaux avec une lance ornée de joyaux. Lorsqu'ils retirèrent la lance de l'eau, des gouttes en tombèrent et formèrent une île appelée d'Onogoro-Shima (ou Onogorojima).

Comment fait-on pour se marier ?

Izanami et Izanagi descendirent sur l'île et construisirent un palais et un pilier. Puis ils pensèrent que le moment était venu de se reproduire, et Izanagi demanda à sa sœur comment son corps était fait. Elle lui dit qu'il lui manquait quelque chose à un certain endroit. Izanagi lui répondit que c'était une super coïncidence, car lui-même avait quelque chose en trop au même endroit. Il proposa qu'ils se réunissent pour unir ces deux endroits de leur anatomie.

Pourtant, il fallait d'abord qu'ils se marient. Ils organisèrent leur première cérémonie de mariage : en marchant autour du pilier en sens contraire et en s'échangeant des compliments lorsqu'ils se rencontraient. Puis ils firent l'amour.

Malheureusement, leur premier enfant fut l'enfant déformé Hiruko, ou enfant-sangsue. Ils mirent l'enfant dans une barque et l'envoyèrent au large sur l'océan, probablement pour qu'il meure. Ils demandèrent aux dieux ce qui s'était passé de travers, et les dieux décidèrent que le problème venait probablement du fait qu'Izanami, la femme, avait parlé la première pendant leur première cérémonie de mariage, alors que c'est son mari qui aurait dû parler.

La naissance du dieu du Feu, chaud devant !

Le couple retourna donc à son palais et recommença sa cérémonie de mariage, mais cette fois-ci Izanagi parla le premier lorsqu'ils se rencontrèrent. Comme les dieux l'avaient prédit, cette fois-ci Izanami donna naissance avec succès à de nombreux enfants en parfaite santé : ceux-ci étaient les nombreuses îles qui forment l'archipel japonais et les dieux et les déesses des Arbres, des Montagnes et du Vent.

Son dernier enfant fut le dieu du Feu, Kagutsuti. Malheureusement, sa naissance brûla Izanami si gravement qu'elle périt, en engendrant quand même davantage de dieux et de déesses en mourant : ils émergèrent de son vomi, de son urine, de ses excréments. Izanagi, son mari, la pleura amèrement, et ses larmes engendrèrent de nouvelles divinités. Dans un accès de colère, il décapita le dieu du Feu, et d'autres divinités surgirent encore des restes du dieu mort.

Le voyage d'Izanagi aux pays des morts

Izanami descendit au *Yomi*, le séjour des morts. Izanagi décida qu'il devait simplement aller la voir et essayer de la ramener à la vie. Son épouse l'attendait à l'entrée du Yomi. Lorsqu'il lui demanda de rentrer avec lui, elle répondit qu'elle ne pensait pas qu'elle le pourrait, parce qu'elle avait déjà mangé de la nourriture des morts, mais qu'elle allait en parler aux autres dieux. Elle l'avertit de ne pas la regarder, et en effet il ne pouvait pas la voir dans l'obscurité ambiante.

Mais Izanagi ne supportait pas l'idée de ne pas pouvoir voir son épouse ; il alluma donc une torche pour pouvoir la regarder. Horrifié et dégoûté de voir que c'était un cadavre en décomposition, grouillant de vers, Izanagi s'enfuit en courant.

Furieuse, Izanami envoya ses sorcières à sa poursuite, avec quelques dieux du Tonnerre et une armée. Izanagi atteignit le col qui menait au pays des vivants et se retourna pour jeter trois pêches à ses poursuivants. Il vit qu'Izanami, transformée en démon terrifiant, les avait rejoints. Juste au moment où elle était sur le point de l'attraper, il poussa un gigantesque rocher sur le col, ce qui l'arrêta. Ils eurent une brève scène de ménage, Izanami affirmant que son mari avait enfreint les règles du Yomi, et jura de tuer des gens du monde des vivants. Il lui rétorqua que pour mille personnes qu'elle tuerait, il en engendrerait mille cinq cents. Et ce fut la fin de leur étroite relation de couple.

Mais si, c'est possible : les hommes, eux aussi, peuvent faire des enfants !

On le comprend, Izanagi fut ébranlé par cette expérience. Il fit donc ce que les Japonais font pour se purifier lorsqu'ils se sentent stressés : il prit un bain. Il se rendit à un ruisseau sur l'île de Kyushu et se déshabilla. Plusieurs nouveaux dieux et déesses surgirent de ses vêtements, et d'autres alors qu'il se baignait. Les trois dernier-nés furent Amaterasu, la déesse du Soleil (de son œil gauche), Tsukiyomi, la déesse de la Lune (de son œil droit) et Susanoo, le dieu de l'Océan, qui sortit de son nez.

Une rivalité de frère et sœur entre le Soleil et l'Océan

La déesse du Soleil et le dieu de la Lune étaient heureux de faire le travail qu'on leur avait assigné. Susanoo, pourtant, déclara qu'il ne voulait pas gouverner les océans mais au contraire rejoindre sa mère, Izanami. Isanagi le bannit et se retira au ciel.

La déesse du Soleil Amaterasu était l'une des divinités japonaises les plus importantes. La lignée impériale japonaise la considérait comme son ancêtre, jusqu'à ce qu'elle abandonne le culte de sa statue, après la Seconde Guerre mondiale. Le plus important lieu de pèlerinage shintoïste au Japon lui est dédié. Il se trouve au même endroit exactement dans la préfecture de Mie depuis le VIIe siècle, et il est reconstruit tous les vingt et un ans.

Pourtant, frères et sœurs devraient s'aimer mutuellement !

Amaterasu pensa que Susanoo voulait lui voler ses biens, et se prépara donc à se battre. Susanoo proposa à Amaterasu qu'ils voient lequel ou laquelle d'eux deux était plus puissant que l'autre, et ce en engendrant des divinités masculines. Amaterasu prit l'épée de Susanoo, la brisa en trois morceaux, les mâcha, et recracha ensuite trois déesses. Susanoo prit les colliers et bracelets d'Amaterasu et les transforma en cinq divinités masculines. Il se déclara vainqueur, mais Amaterasu refusa de s'avouer vaincue, prétendant que comme les dieux étaient nés de ses objets personnels à elle, c'était elle qui avait gagné. (Dans une autre version, ils exécutèrent un rite d'échange d'effets personnels pour se prouver leur sincérité l'un envers l'autre et adoptèrent ensuite chacun respectivement les enfants de l'autre.)

Susanoo réagit en dévastant les champs de riz d'Amaterasu, en recouvrant les rigoles d'irrigation et en répandant ses propres excréments dans la salle de cérémonie où les gens fêtaient la récolte. Puis il prit un cheval céleste et le jeta à travers le toit de la salle dans laquelle Amaterasu et ses suivantes tissaient. L'une des domestiques fut tellement effrayée qu'elle s'ouvrit les entrailles avec son fuseau et mourut. Amaterasu s'enfuit en courant et alla se cacher dans une caverne céleste.

La déesse du Soleil se met en grève

Ce fut un problème pour le monde entier, car avec Amaterasu en grève, le soleil ne se levait pas et tout était plongé dans l'obscurité totale. Les dieux se réunirent donc pour voir comment ils parviendraient à la débusquer. D'abord, ils essayèrent avec des oiseaux qui chantaient fort, mais cela ne marcha pas.

Ils élaborèrent donc un plan plus sophistiqué. Ils construisirent un miroir magique qu'ils suspendirent à un arbre. Puis une jeune déesse, Uzume, monta sur une cuve renversée et exécuta une danse érotique, en dévoilant ses seins et son sexe. Les dieux présents rirent à gorge déployée à la vue de ses cabrioles, et Amaterasu pointa le bout de son nez hors de la caverne pour voir ce qui se passait. Elle demanda pourquoi tout le monde riait et Uzume répliqua que c'était parce qu'elle avait découvert une divinité supérieure à la déesse du Soleil.

Alors que cette conversation se poursuivait, les autres dieux placèrent le miroir de telle sorte qu'Amaterasu ne puisse pas le voir. Lorsqu'elle vit son image réfléchie dans le même miroir, elle quitta sa grotte et marcha vers le miroir, captivée par la vue de cette déesse si belle qu'elle ne connaissait pas. Les autres dieux la saisirent et tendirent une corde en travers de l'entrée de la grotte pour qu'elle ne puisse plus y retourner.

Amaterasu ne fut apparemment pas offensée par ce traitement. Elle se remit à guider le Soleil, et la vie reprit son cours. Les autres dieux et déesses punirent Susanoo, qu'ils accusèrent d'avoir déclenché la crise. Ils le mirent à l'amende, lui coupèrent sa barbe et ses ongles de mains et de pieds, et le jetèrent hors du Ciel.

La seconde carrière de Susanoo

Susanoo erra sur terre, avec l'intention de se rendre au Yomi, mais il ne l'atteignit pas. Un jour, il arriva à la maison d'une famille, où le père et la mère étaient tous deux en train de pleurer. Ils dirent à Susanoo qu'ils avaient eu huit filles, mais qu'un dragon les avait toutes enlevées, sauf la benjamine. Elle s'appelait Kusinada. Le dragon, lui, s'appelait Yamatano-oroti ; il avait huit têtes et huit queues et il était plus long que huit montagnes. Susanoo promit au couple qu'il tuerait le dragon et sauverait la seule des filles qui leur restait.

Susanoo remplit huit jarres de saké (le vin de riz japonais) et les mit devant la maison. Puis il transforma Kusinada en peigne qu'il se mit dans les cheveux et alla se cacher dans les bois. Le dragon se montra et but tout le saké dans les jarres. Il était soûl et sur le point de s'endormir.

Le héros sauve toujours la fille

Susanoo surgit hors des bois en brandissant son épée. Il commença à s'attaquer à la première tête du dragon, mais les autres têtes ne firent que rire de lui. Susanoo était rapide, mais bientôt les autres têtes avaient rejoint le combat. Pourtant, il réussit à les couper toutes, l'une après l'autre. Puis il coupa toutes les queues sauf une ; celle-là avait quelque chose à l'intérieur qui empêchait qu'on la coupe entièrement. Il la déchira et y trouva une épée magique, qu'il donna plus tard à sa sœur Amaterasu.

On peut trouver une certaine analogie avec Hercule combattant l'hydre de Lerne.

Susanoo et Kusinada se marièrent, et Susanoo composa le premier *tanka* (poème de trente et une syllabes, semblable à un haiku) pour fêter cela. Sur le site de la maison dans laquelle ils vécurent se trouve aujourd'hui le sanctuaire shinto d'Izumo.

Susanoo réforme l'art culinaire nippon

Susanoo eut aussi d'autres aventures. Il tua un jour la déesse de la Nourriture parce qu'il trouvait sa méthode de cuisson dégoûtante : elle vomissait ou excrétait les plats qu'elle servait. De nombreux aliments différents sortirent des blessures qu'il lui infligea. Susanoo se rendit aussi en Corée pour obtenir des graines de diverses sortes d'arbres ; il les rapporta au Japon, les planta et enseigna aux gens comment s'en servir comme bois de construction. Susanoo resta également célèbre pour sa barbe excessivement longue.

Le héros Okuninushi

Bien longtemps après les jours de gloire de Susanoo et de Kusinada (voir plus haut), un nouveau héros fit son apparition. L'un des descendants de Susanoo, un homme appelé Okuninushi, fut l'un des grands héros de l'ancien Japon. Il avait de nombreux frères qui le tourmentaient. Malgré cela, ils vécurent ensemble quelques aventures.

Le déguisement en vieux lapin blanc

Un jour, Okuninushi et ses frères partirent à la recherche d'une belle princesse, Yagami-hime, que les frères voulaient épouser. Ils firent porter leurs sacs et bagages par Okuninushi.

Les frères ainsi allégés marchaient plus vite qu'Okuninushi. Ils rencontrèrent un lapin qui n'avait pas de fourrure et lui demandèrent ce qui lui était arrivé. Le lapin répondit qu'il avait vécu sur une île et avait voulu traverser la mer. Il n'y avait pas de pont, mais le lapin avait eut l'idée d'un stratagème : il était allé trouvé un crocodile et lui avait promis de compter les membres de sa famille. Les crocodiles s'étaient alignés d'une extrémité à l'autre à travers l'eau, et le lapin avait sauté de dos en dos en faisant semblant de les compter. En touchant terre, il avait murmuré que les crocodiles étaient des imbéciles et qu'il s'en était simplement servi comme d'un pont. Le dernier crocodile l'avait entendu et lui avait arraché la peau.

Les frères dirent au lapin qu'il avait péché mais que s'il se baignait dans de l'eau de mer et s'asseyait au soleil, sa fourrure repousserait. Cela ne marcha pas et fit souffrir le lapin. Puis Okuninushi arriva, apprit l'histoire et donna au lapin d'autres instructions : il lui indiqua de se baigner dans de l'eau douce, de couvrir son corps de queues de chat et de s'allonger dans l'herbe à l'ombre d'un arbre. Ce traitement s'avéra efficace, et le lapin recouvra sa fourrure. Il se trouva que c'était un dieu.

On choisit ses amis, mais rarement sa famille

Les frères quittèrent le lapin et finirent par arriver à leur destination. La princesse Yagami-hime vint à leur rencontre et leur dit qu'elle avait entendu l'histoire du lapin blanc et qu'elle voulait épouser Okuninushi. Et c'est ce qu'elle fit. Les frères d'Okuninushi se mirent en colère et jurèrent de lui nuire. Ils firent en sorte qu'Okuninushi aille à la chasse avec eux et jetèrent un rocher en flammes sur lui. Okuninushi fut brûlé sur tout le corps.

Le lapin blanc le vit et courut avertir la mère d'Okuninushi. Elle se rendit chez deux déesses des coquillages. Celles-ci saupoudrèrent Okuninushi de poudre de coquillage et lui sauvèrent la vie. Les frères d'Okuninushi essayèrent une fois de plus d'attenter à sa vie en le capturant dans un piège mais sa mère le sauva encore. Elle dit à Okuninushi qu'il devait s'éloigner de ses frères.

Okuninushi rend visite à Susanoo, mais il n'est pas bien reçu !

Okuninushi alla rendre visite à Susanoo au palais de celui-ci. La fille de Susanoo, Suseri-hime, l'accueillit à la porte, et tous deux s'éprirent immédiatement l'un de l'autre. Susanoo n'était pas vraiment enchanté de cette visite et fit dormir Okuninushi dans une chambre pleine de serpents. Heureusement Suseri-hime lui donna une écharpe qui repoussait les serpents, et il put passer la nuit sans problème. La nuit d'après, Susanoo le mit dans une chambre remplie de mille-pattes et d'abeilles ; une autre écharpe le sauva encore.

En ayant assez de son invité indésirable, Susanoo tira une flèche dans un champ et envoya Okuninushi la chercher. Puis il mit le feu au champ. Okuninushi fut sauvé par une petite souris qui l'emmena dans une caverne souterraine. Une fois le feu éteint, la souris lui apporta la flèche, qu'Okuninushi présenta alors à Susanoo.

Susanoo essaya un autre tour – il dit à Okuninushi de se tenir derrière lui et de lui chercher les poux et les mille-pattes dans la tignasse. La rusée Suseri-hime prépara un bol de noix et d'argile qu'elle remit à son prétendant. Celui-ci mâcha et cracha le contenu comme s'il s'agissait des mille-pattes qu'il était censé trouver. Susanoo s'endormit en recevant ce traitement.

Okuninushi enlève la fille et s'enfuit

Saisissant cette opportunité, Okuninushi attacha Susanoo par les cheveux et s'enfuit avec Suseri-hime sur son dos, en emportant l'épée et l'arc de Susanoo. Susanoo poursuivit le couple mais abandonna au bout d'un moment. Au lieu de les pourchasser, il cria à Okuninushi qu'il pourrait battre ses méchants frères s'il se servait de son épée et de son arc.

Lorsque le couple arriva à la maison d'Okuninushi, il établit Suseri-hime comme première femme. La pauvre Yakami, sa première femme, partit vexée, abandonnant son bébé dans la fourche d'un arbre. Okuninushi combattit ses frères avec les armes de Susanoo et finit par se débarrasser d'eux.

Dans les contes populaires, les êtres surnaturels se matérialisent près de vous

Le shinto se mélangea à la religion japonaise traditionnelle pour donner un corpus de contes où l'on rencontre des êtres divers et des événements surnaturels. Nombre de ces histoires illustrent aussi une perception bouddhiste et taoïste du monde au-delà du monde physique immédiat. Certaines histoires impliquaient des personnages historiques qui devinrent aussi des figures mythiques.

Des oiseaux-femmes venues du ciel

Dans beaucoup d'histoires, de magnifiques femmes célestes portant des robes de plumes descendent du ciel en vol. Ces robes, appelées *hagoromo*, sont la clé de l'immortalité de ces déesses.

Dans le récit traditionnel, un groupe de déesses descendit du ciel pour une excursion sur terre. Elles enlevèrent leurs robes et les laissèrent pendues à des buissons pendant qu'elles allèrent se baigner dans un ruisseau. Un homme passa par là et prit l'une des robes. Lorsqu'elles le virent, toutes les femmes sortirent de l'eau, enfilèrent leur robe et s'envolèrent vers le ciel, toutes, sauf celle à qui l'homme avait pris la robe. Elle dut rester sur terre et épouser l'homme qui avait ses vêtements. Elle eut un enfant de lui, mais réussit à retourner à son foyer céleste.

Histoires de diables et de chirurgie esthétique

Les diables japonais s'appelaient *oni*. On les reconnaît facilement sur les images car ils ressemblent exactement à ce qu'on attend des diables, avec des cornes sur la tête et des pieds fourchus. S'ils avaient l'air effrayant, ils n'étaient pas très futés.

Allons guincher avec les diables du coin !

Dans une des légendes célèbres, un vieil homme avec une vilaine grosseur sur la joue droite tomba une nuit sur un groupe d'oni dansant dans la forêt. Il rejoignit immédiatement les festivités et se révéla être un excellent danseur, pour le plus grand plaisir des diables. Ils lui firent promettre de revenir la nuit suivante et prirent la grosseur de sa joue en gage. Lorsque le vieil homme rentra chez lui, tout le monde voulut savoir comment il avait fait pour se débarrasser de sa vilaine grosseur.

Un autre vieillard qui avait une grosseur semblable sur la joue gauche décida d'aller danser avec les oni la nuit suivante pour voir s'ils lui enlèveraient aussi la sienne. Mais il n'était pas aussi bon danseur que le premier. Les oni furent dégoûtés de lui et l'affublèrent de la grosseur du premier ; désormais, il avait une grosseur sur chaque joue.

La grande aventure de Momotaro, le garçon-pêche

Momotaro, « l'enfant né dans une pêche », fut un héros célèbre qui combattit les diables. Un jour, une vieille femme trouva une pêche flottant sur un ruisseau, et la rapporta chez elle. Il y avait un petit garçon à l'intérieur. Lorsque Momotaro fut adulte, il partit envahir l'île des diables. Sa mère lui prépara beaucoup de beignets qu'il pourrait manger en chemin. En marchant, il rencontra un chien, un singe et un faisan qui se joignirent à lui en échange de beignets. Le groupe attaqua et battit ensemble les diables, et Momotaro rentra chez lui avec de nombreux trésors.

Des fantômes qui n'arrivent pas à quitter la terre

En plus des diables, il y avait aussi sur terre des fantômes, sous les formes les plus diverses. Certains étaient en colère et criaient vengeance alors que d'autres étaient plutôt bienveillants, mais il était toujours éprouvant d'en voir un. La figure 20-1 propose une illustration d'un masque de fantôme.

Figure 20-1 : Un masque de Tengu, un type de fantôme qui vivait dans les montagnes.

Dans l'histoire de *Mujina*, un homme marchant la nuit dans Tokyo tomba sur une jeune femme qui pleurait en lui tournant le dos. Il posa sa main sur son épaule et lui demanda ce qui n'allait pas. Elle se retourna, et il vit que son visage était complètement lisse, comme si c'était un œuf. Il s'enfuit dans l'obscurité, vers la seule lumière qu'il voyait, celle de la charrette d'un vendeur de pâtes. Le commerçant demanda à l'homme pourquoi il courait aussi vite, et l'homme répondit : « J'ai vu une femme avec un visage comme… comme… » Le commerçant lui demanda alors : « Comme ça ? » Et il tourna la tête pour éclairer son visage, qui était complètement lisse comme un œuf. C'est à ce moment-là que la lumière s'éteignit.

Des bêtes mythiques et des renards rusés

Les renards et les chats avaient des pouvoirs magiques dans les mythes japonais : ils pouvaient se transformer en hommes, et les renards étaient spécialistes des rôles de séductrices. Un animal appelé *tanuki*, semblable à un blaireau mais souvent appelé « raton laveur », apparaît également dans plusieurs mythes et contes populaires. Le tanuki adorait se soûler et faire bruyamment la fête. Les statues et les peintures le représentent souvent avec un broc de saké et de grosses parties génitales qui conviennent bien à son expression lubrique.

Les rituels japonais, avec un peu de tout

La plupart des croyances et des pratiques japonaises viennent du shinto, l'unique religion organisée originaire du Japon. Plusieurs systèmes de croyance étrangers, comme le bouddhisme, le confucianisme et le taoïsme, parvinrent au Japon, mais ils furent tous « naturalisés » pour devenir des versions japonaises distinctes. Les Japonais n'ont jamais accordé beaucoup d'importance à l'exclusivité d'une religion, et il font volontiers la place nécessaire à une myriade de divinités, de traditions et de rites.

La plupart des Japonais suivent à la fois les traditions shintoïste et bouddhiste. Les deux religions s'harmonisent bien, parce qu'elles partagent un sens de l'optimisme et une attitude pragmatique envers la nature humaine et le monde. La tradition shintoïste considère le Bouddha comme un *kami*, ou dieu, et le bouddhisme considère les divers kamis comme des manifestations du Bouddha.

La voie des dieux et les croyances du shinto

Le *shinto*, ou *shintoïsme*, est une ancienne religion japonaise qui fut fondée vers 500 av. J.-C. ou même avant. Le nom « shinto » vient du chinois *shin tao*, qui signifie « la voie des dieux ». À ses débuts, c'était un mélange (le terme savant est *syncrétisme*) d'adoration de la nature, de cultes de la fertilité et d'autres activités religieuses. Le shinto n'avait pas de véritable fondateur ni d'écritures sacrées et, aujourd'hui encore, il n'a qu'un clergé plus ou moins organisé. Il n'existe pas vraiment de théologie ni de code moral shintoïste, et les idées shintoïstes sur l'au-delà sont vagues.

Les divinités shintoïstes sont appelées *kami*, un mot japonais qui signifie « dieu » ou « divinité ». Les kami sont partout, dans la nourriture, dans les fleuves, les rochers, les maisons et chez les familles. Ils sont en général bienveillants, protègent et nourrissent les hommes. Les gens considèrent qu'ils sont les enfants des kami. La vie humaine est donc sacrée. Les adeptes du shinto essaient de faire l'action juste, avec un accent particulier sur le bénéfice qu'en retire le groupe. (L'harmonie est extrêmement importante pour les Japonais.)

Les quatre aspects les plus importants du shinto sont la tradition et la famille, l'amour de la nature, la propreté physique et l'adoration des kami. Le shinto met aussi en valeur la paix.

Les ancêtres sont extrêmement importants pour le shinto. De nombreuses familles entretiennent un autel, le *kami-dana* (autel familial des dieux), chez elles. Il existe même une fête annuelle appelée *Obon*, à l'occasion de laquelle tous les ancêtres morts viennent en visite pour quelques jours. Les Japonais leur font des offrandes de nourriture – pommes chips et bière ou saké – sur le seuil de leur porte, pour que les morts en profitent, et font des petits chevaux avec des aubergines et des cure-dents pour que les disparus puissent rentrer chez eux en les chevauchant.

On trouve partout au Japon des sanctuaires dédiés aux kami : au sommet des montagnes, près de sources, au milieu de forêts. Chaque lieu saint est consacré à un kami particulier qui peut répondre aux prières des fidèles. Une porte à l'entrée du lieu saint marque la limite entre le monde des dieux et celui des hommes. Deux statues de chiens montent la garde. Dans le passé, les croyants se lavaient dans une rivière près du sanctuaire. De nos jours, ils ne font que se laver les mains et la bouche à une fontaine sur le terrain du sanctuaire.

Les amulettes venant de sanctuaires sont très populaires au Japon. Les sanctuaires en commercialisent de tous les types : charmes pour protéger contre les accidents de la route, talisman de convalescence, amulette pour la réussite d'un accouchement ou encore d'un examen. Il est aussi possible d'acheter de petits talismans qui représentent les animaux correspondant aux années chinoises, comme l'année du tigre ou l'année du singe. Certaines amulettes sont fixées sur des porte-clés.

Les cérémonies en l'honneur des kami comprennent des offrandes, des prières et des danses rituelles accompagnées de musique instrumentale. Les sanctuaires organisent des fêtes annuelles pour célébrer les semailles, la récolte, ainsi que certaines dates anniversaires. Parmi les fêtes les plus importantes, on compte le nouvel an, la fête des filles *Hinamatsuri* (le 3 mars), la fête des garçons *Tango no Sekku* (le 5 mai) et la fête des étoiles *Hoshi Matsuri* (le 7 juillet). L'anniversaire de la fondation nationale est le 11 février, c'est le jour anniversaire de la date à laquelle le premier empereur monta sur le trône en 660 av. J.-C.

Les Japonais se rendent aux sanctuaires lorsqu'ils atteignent des moments importants de leur vie. *Seijin-no-hi*, ou jour de passage à l'âge adulte, est un jour de janvier durant lequel tous ceux qui vont avoir 20 ans au cours de l'année deviennent des adultes. *Shichigosan* (sept-cinq-trois), le 15 novembre, est une journée où toutes les filles âgées de 3 et de 7 ans et tous les garçons âgés de 5 et de 3 ans sont emmenés au sanctuaire pour y recevoir une bénédiction.

Le bouddhisme à la japonaise

Le bouddhisme arriva au Japon depuis la Corée et la Chine aux VIe et VIIe siècles. Selon la tradition, un roi coréen envoya une mission bouddhiste au Japon vers l'an 552. (Les chercheurs contemporains pensent que ce fut plus tôt, vers 538 mais peu importe !) L'empereur et certains nobles adoptèrent la nouvelle religion. D'autres membres de la Cour affirmèrent que les divinités du pays seraient offensées si les Japonais adoptaient une religion étrangère. Les deux factions menèrent une véritable bataille pour trancher la question, avec des soldats et des armes, et les partisans du bouddhisme l'emportèrent.

Le bouddhisme devint religion d'État dans les années 500, et petit à petit d'autres sectes arrivèrent au Japon. Chaque secte mettait l'accent sur des aspects différents de la foi et de la vie ; les bouddhistes japonais épousèrent les croyances de sectes particulières en fonction de leur propre classe sociale et de leurs préférences philosophiques. Par exemple, la secte Tendai et la secte Shingon étaient en vogue auprès de l'aristocratie. Elles avaient des systèmes philosophiques sophistiqués et mettaient l'accent sur les rites. La secte du Pays pur prêchait que la foi et les bonnes œuvres permettraient aux croyants de renaître au paradis occidental du Pays pur. Les membres de la secte Nichiren étaient quant à eux réputés pour leur zèle religieux.

Le bouddhisme zen arriva au Japon au XIIe siècle. Le zen émergea d'abord en Chine et fut fortement influencé par le taoïsme ; il met l'accent sur la contemplation et la méditation. Le zen devint en vogue auprès des classes dirigeantes comme auprès des gens du peuple. Les adeptes du zen se dispersèrent dans diverses sectes, en reprenant des aspects d'autres sectes bouddhistes (voir le paragraphe précédent) et en les intégrant à leurs propres croyances.

Le bouddhisme japonais souligne l'importance des institutions humaines, de la morale pratique et de l'éthique de travail. Il est intégré à chaque niveau de la société hiérarchique japonaise, et souligne l'importance de la loyauté envers la famille et de la vénération des ancêtres. Les adeptes vénèrent les fondateurs de diverses sectes. Chaque secte ou école de bouddhisme a tendance à être exclusive et à mettre fortement l'accent sur les rapports maître-disciple.

Les bouddhistes japonais préfèrent accepter le monde tel qu'il est plutôt que de spéculer sur le sens de la vie. Ils essaient de comprendre l'absolu à travers la référence au monde physique.

Ils ont toujours été disposés à intégrer des pratiques rituelles anciennes et les croyances shintoïstes du pays. Bien que les prêtres bouddhistes et les prêtres shintoïstes soient très différents les uns des autres, la plupart des Japonais ne voient pas de contradiction dans le fait d'être à la fois bouddhiste et shintoïste.

Chapitre 21

Les mythes d'Amérique latine : ils vont vous arracher le cœur !

Dans ce chapitre

- Les anciennes cultures méso-américaines
- Les Mayas, maîtres du calendrier
- Les sacrifices humains, avec hommes écorchés, cœurs arrachés et… le reste
- La conquête des Empires aztèque et inca par les Espagnols

Des peuples vivaient en Amérique centrale et en Amérique du Sud bien avant que les Européens n'y arrivent. Ils formaient des sociétés complexes, avaient bâti de grandes cités et vaquaient à leurs propres occupations : ils faisaient plaisir à leurs dieux avec des offrandes de sang, déterminaient le cours des planètes, tenaient un calendrier et menaient des guerres de conquête contre les nations voisines. Tout cela eut une fin brutale au début du XVIe siècle, lorsque les Espagnols débarquèrent et se lancèrent à la conquête des empires d'alors, l'Empire aztèque et l'Empire inca. La *Méso-Amérique* est un nom savant qui désigne la région occupée par les civilisations précolombiennes, comprenant le Mexique, le Guatemala, le Belize, le Honduras et le Nicaragua. Il s'agit plus ou moins du nord de l'*Amérique centrale*, qui s'étend du Mexique au Panamá.

Le Mexique et la zone qui l'entoure furent le berceau de plusieurs civilisations successives. Les principales cultures méso-américaines furent celles :

- **des Olmèques** : de 1500 à 400 av. J.-C. ;
- **des Zapotèques** : de 500 av. J.-C. à 700 ap. J.-C. ;
- **de Teotihuacán** : de 150 av. J.-C. à 750 ap. J.-C. ;

- **des Mayas** : de 250 à 900 ap. J.-C. ;
- **des Toltèques** : de 900 à 1180 ap. J.-C. ;
- **des Aztèques** : de 1325 à 1521 ap. J.-C.

Toutes ces cultures, sauf celle des Mayas, appartenaient au groupe que l'on appelle *Nahua* ; les Mayas parlaient maya et les autres parlaient *nahuatl* (qui fut la langue littéraire de l'Empire aztèque). Elles partageaient toutes de nombreux attributs culturels, comme des systèmes de calendrier très compliqués. Dans leurs panthéons respectifs, on trouve beaucoup de dieux identiques.

Les Incas, qui formaient un autre groupe bien connu d'Indiens d'Amérique latine, ne vivaient pas en Méso-Amérique. La culture inca était une culture séparée qui s'était développée dans la cordillère des Andes, en Amérique du Sud. L'Empire inca dura de 1438 à 1532.

Les historiens tirent leurs données relatives aux Indiens d'Amérique latine de plusieurs sources : documents écrits par les hommes eux-mêmes (écritures hiéroglyphiques), rapports écrits par les colons espagnols, observations ethnographiques des Indiens d'Amérique latine d'aujourd'hui et ruines archéologiques. Les histoires respectives des Aztèques et des Incas, en particulier, illustrent combien la mythologie peut être importante dans la vie quotidienne des empires. Ces deux civilisations gigantesques s'effondrèrent à cause des croyances de leurs peuples en leurs dieux.

Les traces de cultures anciennes laissées par des peuples disparus

L'Amérique centrale engendra de nombreuses cultures durant les trois mille ans qui ont précédé l'arrivée des Européens. On connaît en général mieux les Mayas et les Aztèques, parce que ces peuples vécurent à une époque plus récente et que certains des membres de leurs communautés vivent encore aujourd'hui. Pourtant, leurs prédécesseurs dans cette région avaient eux aussi élaboré des civilisations importantes. Les Olmèques, les Toltèques et d'autres peuples avaient des groupes de divinités et des rituels perfectionnés qui furent transmis d'une culture à l'autre ; en conséquence, les Aztèques, relativement modernes, vénéraient encore des dieux qui existaient depuis des milliers d'années. La métropole de Teotihuacán fut le centre d'une grande civilisation, qui a depuis son déclin inspiré les cultures qui ont suivi : les Aztèques, comme les archéologues, en furent émerveillés.

Les Olmèques

On avait l'habitude de désigner la culture des Olmèques comme la « mère des cultures de l'Amérique centrale ». Ce terme est aujourd'hui passé de mode, mais les Olmèques constituèrent sans aucun doute une force majeure de développement culturel. La civilisation olmèque se développa à partir d'environ 1500 av. J.-C. jusqu'à approximativement 400 ap. J.-C. sur la côte du golfe du Mexique.

Les Olmèques imposèrent un gouvernement et une religion uniques dans toute la région. Il se peut qu'ils aient déjà commencé à tenir un calendrier comme les peuples suivants le firent.

Les sites archéologiques olmèques célèbres comprennent notamment San Lorenzo, avec ses têtes de pierre géantes aux grandes lèvres, et La Venta, un centre cérémoniel. Le dieu de la Pluie était leur divinité la plus importante. Ce dieu était un monstre dont le visage mêlait des traits d'homme et de jaguar. Des gravures le représentent comme une sorte de croisement entre un bébé et un jaguar. Des civilisations ultérieures vénérèrent aussi ce dieu, avec de nombreux autres dieux olmèques.

Teotihuacán

La cité de Teotihuacán était située près de l'actuelle ville de Mexico. Ce fut la première métropole de l'hémisphère Ouest. À son apogée, elle eut presque la taille de Rome et fut longtemps prospère, de 150 av. J.-C. à 750 ap. J.-C. environ. Les Aztèques la connaissaient. Ils l'appelaient le « Séjour des dieux ».

La cité était agencée en fonction des mouvements des étoiles et de la position des montagnes avoisinantes. La « voie des Morts » (nom que lui ont donné les Aztèques) était orientée est-nord dans la direction d'une montagne sacrée. Le principal axe est-ouest de la ville était aligné sur les *Pléiades*, une constellation qui jouait un rôle important dans le calendrier méso-américain. La cité possédait des pyramides géantes. Sous l'une d'elles se trouve une grotte dans laquelle ont peut-être été célébrés des rituels secrets. Les archéologues ont retrouvé les squelettes de plusieurs soldats portant des colliers de crânes humains, mains liées dans le dos – peut-être s'agissait-il de sacrifices humains.

Les habitants de Teotihuacán vénéraient le dieu de la Tempête, et on retrouve partout sur le site des peintures de ce dieu à crocs et aux yeux d'insecte avec son éclair caractéristique. Les gens croyaient qu'il pouvait faire relâcher aux nuages d'été la pluie qu'ils portaient afin de faire pousser le maïs, les haricots, le poivre, les courges et le blé. C'était aussi le dieu de la Guerre ; d'autres peintures représentent des scènes de guerre et de sacrifices humains, comme une procession de soldats portant des couteaux sur lesquels sont plantés des cœurs d'hommes. Le pendant de ce dieu était une déesse parfois secourable, parfois féroce.

A part les preuves que leur ont apporté les archéologues, les historiens ne savent que peu de chose des gens de Teotihuacán. Personne ne sait d'où ce peuple venait, comment sa société fonctionnait, quelle langue il parlait, ni pourquoi il disparut. Mais nous savons que cette culture a eu de l'influence, car on trouve de nombreuses images provenant de Teotihuacán sur les sites de cultures méso-américaines ultérieures.

Les Toltèques

Les Toltèques vécurent au centre du Mexique de 900 à 1180 environ. Ils auraient pillé la cité de Teotihuacán vers 900 ; ils étaient réputés pour leurs prouesses militaires. De nombreux petits États toltèques étaient unis pour former un empire. Leur roi Topiltzin initia le culte de Quetzalcóatl, ou culte du serpent à plumes. Les ordres militaires toltèques portaient le nom d'animaux, comme par exemple le coyote, le jaguar, et l'aigle, qui apparut plus tard dans la culture maya. Les Toltèques furent eux-mêmes envahis au XIIe siècle. Parmi leurs conquérants se trouvaient les Mexicas, qui devinrent les Aztèques (voir plus bas la section qui leur est consacrée).

Quetzalcóatl, le serpent à plumes (ou peut-être un type qui a vraiment existé ?)

Quetzalcóatl, le serpent à plumes, est la figure la plus importante de la mythologie méso-américaine. On le trouve sur les monuments les plus anciens et ceux de siècles ultérieurs, et aujourd'hui encore, les Mexicains s'en servent de symbole de leur culture. Il se peut qu'il se soit agi d'un personnage véritable, le prêtre-roi toltèque Topiltzin-Quetzalcóatl (voir la section précédente).

Quetzalcóatl était grand, fort et avait des cheveux clairs (blonds ou châtain clair). Son visage était couvert de suie, et il portait un quetzal (oiseau des forêts du Mexique et d'Amérique centrale) sur le dos. Il était parfois représenté sous les traits du dieu du Vent, Ehecatl.

On le trouve aussi dans le ciel, c'est la planète Vénus

Selon les Toltèques, Quetzalcóatl se disputa avec le dieu de la Nuit, Tezcatlipoca. Ce dernier aimait les sacrifices sanglants d'hommes, mais Quetzalcóatl préférait des offrandes plus pacifiques, comme le jade ou des papillons. Quetzalcóatl perdit le combat, s'enfuit dans le golfe du Mexique, et s'immola par le feu sur un bûcher. Il ressuscita sous la forme de la planète Vénus, que l'on peut observer dans le ciel comme étoile du matin ou étoile du soir.

Dans une autre version du mythe, le prêtre-roi Topiltzin partit en bateau du golfe du Mexique en promettant de revenir un jour, en arrivant de la direction du soleil levant. Les Aztèques avaient assimilé Topiltzin à un dieu ; ils en avaient fait le patron des prêtres et des artisans et lui avaient attribué l'invention du calendrier. Ils prédirent avec leurs calculs que la date de son retour serait 1519. Or, il se trouva que cette année-là, Cortés et ses hommes débarquèrent dans la presqu'île du Yucatan. Cortés sut se servir de l'avantage mythologique qui lui était tombé du ciel (voir la section « Montezuma et la chute d'un empire » plus loin dans ce chapitre).

Les Indiens méso-américains adoraient les quetzals. Il s'agit de magnifiques oiseaux au plumage vert mordoré, dont les mâles portaient des plumes caudales incroyablement longues et précieuses. Les Indiens d'Amérique du Sud les piégeaient pour leur prendre leurs plumes. Pourtant, les tuer était passible de la peine de mort. L'unité monétaire principale du Guatemala est le *quetzal*. Il ne reste que peu de quetzals en Amérique centrale, et c'est une espèce très menacée.

Les Mayas

Bien que les Mayas existent encore aujourd'hui, c'est de ceux de la période classique maya dont la plupart des gens ont entendu parler. Leur civilisation est l'une des plus grandes d'Amérique centrale, avec un âge d'or compris entre 250 et 900 ap. J.-C. L'Empire maya s'étendait des collines du Guatemala, du Mexique et du Honduras à travers le Belize et la péninsule du Yucatán. Les souverains mayas, qui se croyaient les descendants du Soleil, régnaient sur une société d'agriculteurs, d'artisans et d'érudits. Les Mayas possédaient plusieurs capitales régionales, dont notamment Tikal, Cobá et Copán.

À l'apogée de la civilisation maya, le Guatemala compta jusqu'à deux millions d'habitants. La civilisation maya déclina rapidement après l'an 900. Personne ne sait pourquoi. À l'époque où les Espagnols débarquèrent, les Mayas continuaient à vivre dans la région, mais ils ne formaient plus du tout une grande civilisation. Ils vivaient alors dans de petits villages en pratiquant l'agriculture et la religion de leurs ancêtres.

Les Mayas construisirent des temples géants et des pyramides géantes en pierre, et ils étaient des orfèvres habiles au travail de l'or et du cuivre ; certaines de leurs gravures raffinées dans la pierre fournissent une bonne partie de ce que l'on sait de leur culture. Ils couvraient leurs bâtiments de sculptures et d'inscriptions relatant leur mythologie et leur vie.

Pendant des années, les chercheurs pensèrent que les Mayas étaient un peuple pacifique, qui faisait pousser son maïs et vivait au jour le jour.

Récemment, pourtant, ils ont révisé leur opinion. Les textes mayas traitent de victoires dans des batailles et donnent la liste des ennemis capturés, dont certains furent sacrifiés. Les cités mayas étaient protégées par de grandes fortifications avec des fossés et des tours : ce n'est pas exactement dans les habitudes d'agriculteurs pacifiques.

La torture et le sacrifice humain étaient des éléments clés des rites religieux mayas. Ce peuple craignait la fin du monde si les dieux n'obtenaient pas régulièrement leur dose de sang humain. Cela veut dire aussi que les souverains mayas devaient eux aussi donner régulièrement aux dieux un peu de leur propre sang (ce qui a vraiment dû être très drôle).

La création des hommes fut interrompue par un imposteur

Les Mayas consignèrent leur mythe de création et d'autres mythes dans un poème appelé le *Popol Vuh*.

Dans la légende maya des origines du monde (mythe de création), les dieux mirent du temps à créer les hommes. Leur première tentative ne leur plaisait pas, donc ils envoyèrent un déluge pour éliminer les hommes et transformèrent les survivants en singes. Avant que les dieux n'aient eu la possibilité de refaire un essai, un dieu imposteur, Vucub-Caquix, entra en scène. Il prétendait être le Soleil et la Lune. Les dieux savaient qu'ils ne pourraient pas terminer les hommes avant d'être débarrassés de Vucub-Caquix, et les jumeaux divins Hunapú (dieu de la Chasse) et Ixbalanqué (Petit Jaguar) se donnèrent pour mission de l'éliminer.

Ces deux jumeaux virent le jour d'une manière inhabituelle. Leur père avait été attiré dans un piège aux Enfers pour jouer à la balle avec les gens qui s'y trouvaient, les seigneurs de Xibalba. Il avait perdu à ce jeu et donc perdu sa propre vie, et sa tête pendait à un calebassier (cet arbre dont les fruits sont les calebasses). Cette exécution et cette exposition étaient un avertissement : il valait mieux ne pas chercher noise aux seigneurs de Xibalba. Or cet arbre se couvrit miraculeusement de fruits. Une jeune femme s'y rendit et eut une conversation avec le crâne. La tête lui cracha dans la main, et elle se trouva enceinte de jumeaux, Hunapú et d'Ixbalanqué.

Les jumeaux savaient que Vucub-Caquix viendrait manger à un certain arbre fruitier ; ils se cachèrent donc derrière et lui décochèrent une flèche. Le monstre arracha l'un des bras d'Hunapú et s'enfuit avec. Les jumeaux firent appel à un vieil homme et une vieille femme pour les aider à récupérer le bras. Les deux personnes âgées trouvèrent Vucub-Caquix et lui proposèrent leur aide. Le monstre leur dit que ses yeux et ses dents lui faisaient mal, et le vieux couple lui arracha donc les dents et les yeux. Après quoi ils prirent le bras d'Hunapú et le fixèrent à nouveau.

Ayant vaincu le monstre, les jumeaux décidèrent de venger la mort de leur père. Ils se rendirent aux Enfers où les seigneurs de Xibalba leur firent subir diverses épreuves. Ils gagnèrent un jeu de balle, puis survécurent plusieurs nuits dans la maison des couteaux, dans la maison du froid, dans la maison des jaguars et dans la maison du feu. Ils n'eurent pourtant pas autant de chance dans la maison des chauves-souris : Hunapú perdit sa tête, et les seigneurs de Xibalba l'exposèrent sur le terrain de jeu de balle. Ce ne fut pas si grave que ça toutefois, car une tortue se porta volontaire pour être une tête de remplacement.

Les frères jouèrent ensuite un autre jeu de balle avec les Xibalba, mais ils élaborèrent cette fois-ci un plan pour gagner. Ils lancèrent la balle au fond du terrain et un lapin courut après. Alors que les Xibalba le chassaient, Ixbalanqué déroba la tête d'Hunapú. Le jeu se termina sur un match nul.

Les seigneurs de Xibalba, qui en avaient maintenant assez, firent un grand feu et proposèrent que tout le monde vole au-dessus des flammes. Mais les jumeaux, se sachant immortels, sautèrent directement dedans. Cinq jours plus tard, ils ressuscitèrent et, déguisés en pêcheurs, revinrent voir leurs ennemis. Ils donnèrent un spectacle, dans lequel ils se découpèrent eux-mêmes en pièces pour remettre ensuite les morceaux en place. Puis ils firent subir le même traitement au chef des seigneurs de Xibalba, sauf que là, ils ne remirent pas les morceaux en place ! Les autres seigneurs de Xibalba se rendirent, et les frères les punirent en leur interdisant de jouer à la balle, entre autres sanctions.

Désormais les dieux purent reprendre leur tâche de création des hommes. Le chat (ou jaguar), le coyote, le perroquet et le corbeau rassemblèrent du maïs, la nourriture spéciale destinée aux hommes. Et le maïs devint ensuite essentiel pour maintenir les hommes en vie.

Le panthéon maya : les nombreux dieux avaient jusqu'à quatre apparences et deux natures !

Les Mayas vénéraient un nombre impressionnant et déroutant de divinités. Le panthéon maya était compliqué, et la plupart des divinités avaient quatre apparences, une pour chaque direction, et ces divinités avaient aussi souvent deux natures, c'est-à-dire qu'elles étaient à la fois jeune et vieille, homme et femme, etc. Il est compliqué de s'y retrouver, en raison des différences qui existent entre les peintures mayas de divinités et la description qu'en firent les Européens. Quoi qu'il en soit, en voici certaines qui comptent parmi les mieux connues :

- **Itzamná** : dieu créateur et protecteur du savoir ;
- **Cizin** : dieu de la Mort, souverain des Enfers ;
- **Ah Kinchil** : c'était le dieu du Soleil ; il se peut qu'il ait été un aspect d'Itzamná. Dans le ciel, il n'était que le Soleil, qui pouvait apporter la chaleur et la sécheresse ; aux Enfers, c'était un jaguar. Le dieu du Soleil était le centre de l'univers maya. Les souverains prétendaient qu'ils descendaient de lui, ce qui justifiait le pouvoir qu'ils avaient sur tout le monde ;
- **Ix Chel** : déesse de la Lune et épouse d'Ah Kin ou d'Itzamná. Elle était responsable du tissage, de la divination, de l'accouchement et de la médecine ;
- **Vénus** : dieu dangereux, surtout lorsqu'il se levait sous la forme de l'étoile du matin ;

Les dieux du Maïs et de la Pluie et les dieux patronnant les métiers et les groupes sociaux faisaient partie de la culture maya. Les divinités dans leur ensemble s'occupaient des affaires humaines.

La représentation du monde des Mayas était une cosmologie reptilienne

Les Mayas considéraient l'Univers comme un tout unifié où toutes choses étaient entremêlées – les cieux, la terre, les Enfers et tout leur contenu. Les divinités du panthéon maya et les nombreux esprits mineurs (voir la section précédente) avaient chacun leur place dans l'Univers, bien qu'ils aient été constamment en mouvement.

Le monde maya avait quatre coins, et des arbres tenaient les quatre coins des cieux. Chaque quart avec une couleur et des dieux spécifiques qui lui étaient associés. Les cieux avaient treize couches. Le ciel était un dragon bicéphale dont le corps arborait les symboles du Soleil, de la Lune, de la planète Vénus et les étoiles.

La terre était le dos d'un serpent géant qui flottait dans un étang. Les hommes entraient aux Enfers par la bouche du serpent, et les Enfers avaient neuf niveaux.

Le calendrier circulaire

Le temps était au centre des pensées des Mayas. Ils le considéraient comme circulaire, et non linéaire, et ils croyaient que des points dans le temps réapparaissaient, que des événements associés pouvaient se produire à nouveau : le passé pouvait donc prédire l'avenir.

Le calendrier maya de base, l'*almanach rituel*, avait 260 jours. Les Mayas se servaient de ce calendrier pour établir le programme des cérémonies rituelles et faire des prédictions. Il était divisé en blocs de 20 jours, disposant chacun d'une divinité associée. Le cycle de 260 jours ne semble pas avoir de signification particulière et ne correspond à aucun phénomène naturel. Les Mayas accordaient en revanche beaucoup d'importance aux nombres 20 et 13, et 260 est simplement le nombre qu'on obtient lorsqu'on multiplie les deux. Cet almanach rituel constitue le composant du calendrier méso-américain que l'on connaît depuis le plus longtemps. On s'en servait en 500 av. J.-C., et toutes les cultures de la région en utilisaient une version.

Les Mayas usaient d'un autre calendrier qui correspondait à l'année solaire. Il avait 18 mois de 20 jours chacun, et 5 jours supplémentaires pour faire 365, car ils n'avaient pas d'année bissextile. Chaque mois était patronné par une divinité qui affectait les gens et influait sur le cours des événements. Nous appelons ce calendrier le *calendrier solaire*.

Les calendriers rituel et solaire se conjuguaient. Lorsque les scribes mayas consignaient les dates, ils gravaient soit juste la date du calendrier rituel, soit les deux dates. Ils n'inscrivaient jamais seulement la date solaire. La combinaison des deux cycles calendaires se répétait tous les cinquante-deux ans.

Le système d'écriture

Les Mayas avaient un excellent système d'écriture qui leur permettait d'exprimer quasiment tout ce qu'ils voulaient dire. Ce système combinait des hiéroglyphes phonétiques, des pictogrammes et des idéogrammes d'une manière assez semblable aux anciens systèmes égyptiens ou au japonais moderne. Les Mayas écrivaient sur du papier fait d'écorce de figuier. Ils écrivirent des milliers de livres, dont seulement quatre ont survécu. En effet, l'une des premières choses que les conquistadors firent dès leur arrivée fut d'éradiquer l'écriture maya parce qu'ils savaient que cette écriture était une composante intrinsèque de la religion et de la structure sociale maya, et qu'ils auraient davantage de chances de christianiser les Indiens d'Amérique centrale une fois qu'ils en seraient débarrassés.

Le système d'écriture maya ne fut pas déchiffré avant le XXe siècle. Une fois que les chercheurs eurent apprit à le lire, ils découvrirent bien plus d'informations sur la religion et le panthéon mayas ainsi que sur les prêtres qui exécutaient régulièrement des rites. L'écriture maya révéla aussi les détails des connaissances mathématiques et astronomiques de ce peuple, dont les savants compilaient des tables avec les positions de Vénus et de la Lune, et pouvaient ainsi prédire les éclipses solaires.

Les Aztèques

Le nom « atzèque » vient du mot *Aztlán* qui signifie « la terre blanche » et désignait sans doute le Nord du Mexique, région dont ce peuple est probablement originaire. Leurs ancêtres, appelés Mexicas, étaient des chasseurs cueilleurs du plateau du Nord qui se déplacèrent vers le sud à l'époque où la civilisation toltèque s'effondra, c'est-à-dire vers la fin du XIIe siècle. Les Toltèques étaient secoués par des bouleversements sociaux, politiques et religieux, ce qui les rendait vulnérables aux attaques de leurs ennemis. Les Aztèques s'engagèrent dans la brèche lorsqu'ils arrivèrent dans la région.

L'Empire aztèque dura presque exactement deux cents ans. En 1325, ils avaient fondé la capitale de l'Empire, Tenochtitlán. Ils s'allièrent à d'autres peuples pour faire d'autres conquêtes et, lorsque Cortés débarqua en 1519, les Aztèques étaient environ six millions et Tenochtitlán était alors presque aussi grande que Londres. L'Empire ne résista que deux ans avant de tomber devant les envahisseurs espagnols.

Le nom « Mexico » fut donné à la cité qui se développa sur l'emplacement de la capitale aztèque. Plus tard, ce nom désigna le pays tout entier, le Mexique (en espagnol et en anglais, respectivement « Mexico City » pour la ville et « Mexico » pour le pays).

La création du monde

Les Atzèques et les Mayas croyaient que le Soleil que nous connaissons était en réalité le cinquième soleil. Les quatre précédents et les gens qui vivaient à leurs époques respectives avaient disparu très longtemps avant. Les hommes qui vivaient sous le premier soleil furent dévorés par les *ocelots* (des félins). Le deuxième soleil était le soleil de l'air, et les hommes qui vivaient sous ce soleil furent transformés en singes. Les créatures qui vivaient sous le soleil de feu moururent toutes, sauf les oiseaux qui s'enfuirent. Les poissons furent créés sous le soleil de l'eau, mais toutes les autres créatures périrent dans un déluge. Avec le cinquième soleil, tous les éléments de la création furent intégrés, mais cela ne garantissait en rien que ce monde pût durer plus longtemps que les autres. Lui aussi pouvait disparaître.

Des dieux pour la pluie, le maïs et les sacrifices

Les Aztèques, comme les Mayas, vénéraient un trés grand nombre de divinités. Beaucoup d'entre elles concernaient l'agriculture et la pluie. Les divinités aztèques comprenaient notamment :

- **Tezcatlipoca, le « Seigneur du miroir fumant »** : le chef du panthéon des dieux. Il fut transmis aux Aztèques par les Toltèques (voir plus haut la section consacrée aux Toltèques). Les Toltèques croyaient qu'il avait corrompu Quetzalcóatl, qu'il l'avait saoûlé. Les Aztèques connaissaient ce dieu sous un grand nombre d'identités. Ils l'associaient à la guerre, à la mort, à l'obscurité, à la royauté et à la sorcellerie. Son alter ego était le jaguar ;
- **Huitzilopochtli, appelé parfois l'« oiseau-mouche du Sud »** : le dieu aztèque du Soleil et de la Guerre ; on ne le trouve pas dans les autres mythologies méso-américaines. Il aida les Aztèques à choisir le site de Tenochtitlán ;
- **Tlaloc** : l'ancien dieu de la Pluie. Tous les peuples méso-américains l'adoraient. C'est lui qui recevait le plus de sacrifices ;
- **Chalchiuhtlicue** : épouse de Tialoc, on l'appelait « celle qui porte une jupe de jade ». Elle pouvait créer des ouragans et faire se noyer les gens ;
- **les Tlaloque** : les compagnons de Tlaloc ; ils créaient la foudre en faisant s'entrechoquer leurs amphores à eau ;
- **Xipe Totec** : dieu du printemps, des graines et des plantations. On le connaît sous le nom de « dieu écorché », et de nombreuses statues le représentent portant la peau d'un animal sacrifié. Ses prêtres écorchaient les humains qu'ils lui sacrifiaient et s'affublaient eux-mêmes des peaux. Cela créait un lien direct entre les sacrifices humains et la fertilité des terres, parce que les victimes humaines étaient sacrifiées au dieu pour faire venir le printemps et faire pousser les plantes ;
- **Ehecatl** : dieu du Vent. Ses temples étaient cylindriques, pour présenter le moins de résistance au vent soufflant dans n'importe quelle direction.

La guerre pour la patrie et pour le soleil

Les Aztèques étaient un peuple guerrier. Ils envoyaient des armées à travers les campagnes pour vaincre les tribus locales et les forcer à leur verser un tribut sous la forme de marchandises et de captifs pour leurs sacrifices. Les Aztèques qui réussissaient le mieux dans la vie étaient en général les guerriers qui additionnaient les succès militaires. Leur agriculture, favorisée par un système d'irrigation très efficace, produisait suffisamment de nourriture pour enrichir la nation.

Le festival du cycle calendaire

La religion aztèque intégrait des aspects de la plupart des autres religions de la région, y compris celle des Toltèques, celle des Olmèques et celle des Mayas (voir plus haut). En particulier, ils se servaient du même système calendaire que les Mayas, en établissant le programme de leurs rituels selon son cycle de cinquante-deux ans.

Tous les cinquante-deux ans, les Aztèques célébraient une grande fête afin de marquer la fin d'un long cycle et le début d'un nouveau. Ils éteignaient tous les feux dans le pays, jetaient les statues des dieux à l'eau et nettoyaient leurs maisons. Puis ils mettaient la poitrine d'un captif sur le feu ; si les flammes ne brûlaient pas suffisamment haut, cela signifiait que la fin du monde allait se produire. Les hommes enfermaient les femmes et les enfants et leur mettaient des masques ; ils gardaient les enfants éveillés toute la nuit car sinon ils se seraient – croyaient-ils – transformés en souris.

Lorsque le soleil se levait à nouveau, tout le monde était heureux. Les gens se piquaient le crâne pour en tirer du sang pour le feu sacré, enfilaient de nouveaux vêtements, décoraient à nouveau leurs maisons et faisaient des sacrifices aux dieux. À midi, ils sacrifiaient encore d'autres captifs.

Les sacrifices humains, du sang pour les dieux

Les Aztèques croyaient que les dieux avaient besoin de sang humain et de vies humaines pour être contents. Ils pensaient qu'ils étaient les élus de Huitzilopochtli, le dieu de la Guerre, et que leur mission était de lui donner du sang pour que le Soleil continue son mouvement. Huitzilopochtli était avide : une année, ses prêtres lui sacrifièrent plus de vingt mille personnes.

Les Aztèques sacrifiaient les hommes en leur coupant la tête à l'aide de couteaux de silex ou d'obsidienne (une pierre vitreuse volcanique extrêmement coupante). Ils en brûlaient les cœurs et jetaient les corps sur une représentation de l'une des victimes vaincues d'Huitzilopochtli. Les prêtres aztèques offraient aussi leur propre sang au dieu, en faisant passer des fils barbelés par des trous pratiqués dans leur langue, ce qui devait être vraiment sanglant et douloureux.

Montezuma et la chute d'un empire

Les Aztèques étaient toujours en train de bâtir leur empire lorsque les Espagnols, emmenés par Hernán Cortés, débarquèrent en 1519. Montezuma était alors empereur des Aztèques. Bien qu'il ait été un roi couronné de succès et qu'il ait mené des guerres de conquête victorieuses pour agrandir l'Empire et capturer des prisonniers afin de satisfaire Huitzilopochtli, son dieu préféré avide de sang, on suppose qu'il avait une vision fataliste de la vie. Ses astrologues lui avaient prédit un avenir incertain, une prévision encore aggravée par le fait qu'il s'attendait à ce que Quetzalcóatl revienne en 1519 sous la forme d'un homme blanc portant la barbe, qui lui prendrait son empire.

Cortés captura rapidement Montezuma, qui mourut en captivité. Les successeurs de Montezuma ne purent pas contenir les Espagnols bien longtemps : en 1521, ceux-ci prirent la capitale, Tenochtitlán, et ce fut la fin de l'Empire aztèque.

Les Incas

L'Empire inca ne dura que cent ans environ, car les conquistadors espagnols lui donnèrent une fin brutale en 1532. Mais durant cette période, il réussit à couvrir 4 000 km à travers la cordillère des Andes vers la côte Pacifique de l'Amérique du Sud, de l'Équateur au centre du Chili. Le peuple des Incas fut à l'origine une petite communauté à Cuzco, au Pérou, mais son Empire finit par étendre son influence sur plus de douze millions de personnes, qui provenaient des plus de cent cultures différentes et parlaient de nombreuses langues.

Le Soleil, la Lune, les étoiles et les hommes

Les Incas croyaient que certains endroits étaient particulièrement inspirés. Les sommets des cols de montagne étaient pour eux particulièrement importants, et les gens, lorsqu'ils les atteignaient, y faisaient une petite offrande aux divinités locales avant de continuer leur voyage. Ils avaient aussi d'autres dieux, plus formels : les souverains prétendaient être les descendants du dieu du Soleil, l'un des principaux dieux.

Le dieu créateur et les ancêtres divins des Incas...

Le dieu créateur s'appelait Viracocha. Il ne se préoccupait pas beaucoup de la vie quotidienne des hommes et préférait laisser d'autres divinités s'en charger. Les Incas croyaient qu'il avait voyagé à travers le monde en enseignant aux gens comment mener leur vie. Lorsque les conquistadors débarquèrent en 1532, certains des Incas crurent que Viracocha revenait leur rendre visite.

Comme d'habitude dans les mythes de création, Viracocha n'aimait pas sa première mouture d'hommes et il les détruisit par un déluge, auquel seul un homme et une femme survécurent. Après avoir créé un lot d'humains qui lui plaisait, il les envoya dans le monde. Il appela le Soleil, la Lune, et les étoiles et les fit venir de l'île du Soleil du lac Titicaca.

... et ce qu'ils ont laissé à la postérité

Viracocha donna alors au chef des Incas, Manco Cápac, une coiffure et une hache d'armes pour lui confirmer son statut de roi. Manco Cápac fonda la ville de Cuzco, et les Incas construisirent ensuite leur temple du Soleil à l'endroit exact où il se tint. Il épousa sa sœur et ils fondèrent la dynastie des Incas. Les souverains incas se servaient de ce mythe pour justifier leurs origines divines.

Les divinités incas sont liées au ciel

Les Incas avaient plusieurs dieux. Parmi les plus importants, citons :

- **Inti** : le dieu du Soleil ;
- **Mama Kilya** : la déesse de la Lune, épouse d'Inti et mère du peuple inca. Elle régnait sur le déroulement du temps ;
- **Ilyap'a** : le dieu de la Pluie. Il prenait de l'eau de la Voie lactée, qui, pour les Incas, était un fleuve traversant le ciel. Sa sœur gardait la pluie dans un broc qu'Ilyap'a fracassait d'un éclair lorsqu'il voulait en faire sortir l'eau ;
- **K'uychi** : le dieu de l'Arc-en-ciel.

Le ciel et ses changements revêtaient une grande importance pour les Incas, et leurs divinités reflètent bien cet état d'esprit.

Les fils du Soleil

Les Incas n'ont pas laissé de documents écrits ; leurs historiens mémorisaient les faits et transmettaient ensuite le savoir oralement. Mais les Espagnols ont écrit de nombreux documents très longs sur eux et sur leur culture à l'époque de la conquête, ce qui fait que les chercheurs et les spécialistes disposent d'une information contemporaine précieuse.

Gouverner un empire, ce n'est pas facile !

Il n'est pas possible de bâtir un empire sans causer des tracas et des déceptions chez les vaincus. Alors que les Incas remportaient des guerres de conquête contre différents peuples, ils forçaient ceux-ci à partir et à s'installer ailleurs – selon le principe qui veut que séparer des groupes ethniques permet de prévenir les rébellions (un truc que les Soviétiques, par exemple, ont utilisé bien plus tard pour effectuer le tracé de leurs républiques d'Asie centrale). Ils construisirent un réseau sophistiqué de routes dans et sur la cordillère des Andes à travers tout l'Empire, principalement pour des raisons militaires. Les conquistadors espagnols trouvèrent ces routes vraiment très pratiques pour manœuvrer à travers les Andes.

Mais les Incas n'imposaient pas seulement une dure et déplaisante bureaucratie. Ils offraient des cadeaux qui impressionnaient les civilisations moins avancées – et leurs vêtements étaient des cadeaux de prédilection, car ils étaient d'excellents tisserands. Ils autorisaient les chefs locaux à conserver leur poste et les peuples à garder leur ancienne religion, mélangée à des rituels incas. Les enfants des nobles se rendaient à Cuzco pour y étudier ou pour y travailler, ce qui contribuait à renforcer les liens des peuples soumis avec la capitale.

L'adoration du Soleil était la seule religion officielle ; le dieu du Soleil s'appelait Inti. Le temple du Soleil à Cuzco avait des murs en or. Son jardin était plein de statues d'animaux décorées avec de l'or et de l'argent. Plusieurs milliers de femmes, appelées les *Vierges du Soleil* ou les *Femmes élues*, vivaient à Cuzco et servaient à la fois Inti et la famille royale. Elles étaient sélectionnées à l'âge d'environ 8 ans pour leur beauté et pour leurs talents de tisseuses dans les villages. Elles fabriquaient des vêtements, préparaient la nourriture et la bière pour les fêtes, et couchaient aussi avec l'empereur lorsqu'il en avait envie.

Des sacrifices humains pour le bien de l'Empire

Dans le cadre de l'expansion de leur empire, les Incas sélectionnaient des enfants dans tout l'Empire et les sacrifiaient au sommet des montagnes. À l'époque, ce n'était pas aussi grave que cela le semble aujourd'hui, car les gens considéraient la sélection d'un de leurs enfants comme un honneur ; cette pratique servait donc à créer des liens avec des peuples soumis. Les gens croyaient que ces enfants sacrifiés devenaient eux-mêmes des divinités.

Ces enfants étaient habillés des vêtements les plus fins et parés des bijoux les plus précieux ; ils faisaient office de cadeaux et de messagers à l'attention des dieux. Ils étaient enterrés vivants, étranglés, ou on les frappait sur la tête. Les historiens pensent qu'on les avait drogués avec des boissons rituelles alcoolisées.

L'arrivée des conquistadors espagnols et l'effondrement de l'Empire

Les Espagnols, partis à la recherche de la richesse fabuleuse qu'ils espéraient trouver dans la cordillère des Andes (cette richesse existait vraiment – les Incas possédaient une quantité d'or gigantesque), vainquirent les Incas en 1532. Francisco Pizarro et son armée de cent soixante-huit hommes rencontrèrent l'empereur inca Atahualpa et quatre vingt mille Indiens d'Amérique du Sud soi-disant pour négocier ; les Espagnols avaient promis aux Incas qu'il ne leur serait fait aucun mal. Atahulpa commit l'erreur de jeter une bible à terre ; les Espagnols fondirent alors sur les Incas, qui étaient désarmés et ne s'attendaient pas à une bataille.

Bien que les Incas aient été bien plus nombreux que les Espagnols, ceux-ci avaient des armes d'acier et des chevaux, ce qui constituait un avantage suffisant pour leur permettre de tuer des milliers d'Indiens et de capturer Atahulpa. Après l'avoir gardé en otage et avoir obtenu une énorme rançon pour sa libération, ils le tuèrent quand même, ce qui signa la fin de l'Empire inca.

Chapitre 22

Les mythes des Indiens d'Amérique du Nord, avec des coyotes, des oiseaux du tonnerre et des ours !

Dans ce chapitre

- Relancez votre couple avec Petite Tortue
- Un bon coup… de tabac !
- La vie chez les hommes-ours
- Lapin dérobe le feu pour faire un beau cadeau
- Coyote fait des misères aux méchants géants

Il y a trente mille ans, des hommes commencèrent à arriver en Amérique du Nord. On croit en général que les premiers Américains marchèrent de la Sibérie vers l'Alaska – à travers ce qui est aujourd'hui le détroit de Béring – sur un « pont de terre » (ou peut-être un « pont de glace ») qui existait alors. Récemment pourtant, certains ont remis cette idée en question : peut-être certains hommes sont-ils venus en bateau, en pagayant le long de la côte Pacifique. Certains archéologues avancent même l'idée que des hommes puissent avoir traversé l'Atlantique depuis l'Europe bien plus tôt qu'on ne le pensait auparavant. En tout cas, ils se répartirent sur tout le continent (jusqu'en Amérique du Sud) et s'adaptèrent aux régions où ils s'installèrent. Et, bien sûr, ils inventèrent leurs mythes.

Les mythes étaient sacrés pour les Indiens d'Amérique du Nord (Amérindiens), parce qu'ils expliquaient les rapports entre les hommes et les dieux. Les mythes de création étaient particulièrement importants, de même que ceux qui expliquaient les origines des rites. De nombreux groupes reconnaissaient un être spirituel suprême ou Grand Esprit. Les esprits des ancêtres aidaient les vivants et avaient besoin de rites. D'autres figures, comme le Soleil et la Lune, la mère Terre et le père Ciel, et des animaux créateurs/arnaqueurs comme Coyote faisaient des apparitions fréquentes dans les mythes, de même que d'autres personnages animaux. Tout cela venait s'ajouter à un ensemble complexe de croyances.

N'OUBLIEZ PAS !

Les Amérindiens transmettaient ces mythes oralement, en les apprenant par cœur et en les répétant à haute voix au lieu de les écrire. La tradition orale des conteurs joue un rôle très important pour tous les groupes d'Indiens d'Amérique du Nord.

La conquête par les microbes

Lorsque les Européens commencèrent à débarquer au XVIe siècle, ils amenèrent avec eux leurs maladies, comme la petite vérole (variole) et la tuberculose. Celles-ci s'avérèrent mortelles pour les Indiens d'Amérique du Nord, qui n'avaient encore jamais été exposés à ces germes et qui connurent un taux de mortalité effroyable, ce qui rendit la conquête des Européens relativement facile.

Les forêts vertes et luxuriantes de l'Est

Il y a des centaines d'années, la partie est de l'Amérique du Nord était recouverte de forêts. Les hommes vivaient dans ces forêts du Nord du Canada jusqu'à la pointe sud de la Floride. Ces Amérindiens avaient des cultures assez complexes pour des hommes qui se servaient encore d'outils de l'âge de la pierre.

N'OUBLIEZ PAS !

Le terme « âge de la pierre » se rapporte à la technologie employée ; les hommes de l'âge de la pierre fabriquaient leurs outils en pierre, et non pas en métal. Cela ne fait pas nécessairement d'eux des peuples primitifs ; comme nous l'avons déjà mentionné, les Amérindiens avaient des cultures très évoluées. Leurs outils de pierre étaient si efficaces qu'ils pouvaient se nourrir et s'habiller eux-mêmes et avaient quand même suffisamment de temps pour créer des mythes et conter des histoires.

Les Iroquois et les contrées boisées du Nord-Est

La région comprise entre le Saint-Laurent et la baie de la Delaware et l'ouest des Grands Lacs abritait des tribus d'agriculteurs, et notamment :

- les Iroquois ;
- les Hurons ;
- les Delawares.

Ce furent les premières tribus d'Amérindiens à rencontrer des Européens. La plupart des documents disponibles sur les Iroquois et sur d'autres mythes nous proviennent de comptes-rendus rédigés par des missionnaires européens, et nous ne savons donc que peu de chose sur leurs cultures et sur leurs mythologies avant l'arrivée des Français et des Anglais.

La Ligue des cinq nations iroquoises

Nous savons pourtant que les Iroquois mirent en place une ligue de cinq nations qui comprenait les Cayugas, les Senecas, les Oneidas, les Mohawks et les Onondagas.

Cette ligue leur permettait de se livrer à leurs activités agricoles et de combattre plus efficacement. À son âge d'or, la Ligue des cinq nations, puis des six nations (avec les Tuscaroras) fut le groupe d'Amérindiens le plus puissant à l'est du Mississipi ; ils prirent le contrôle du Nord-Est et le conservèrent à partir du XVIIe siècle. Il leur arriva même un jour de faire un raid dans les montagnes noires simplement pour y faire quelques prisonniers afin de les sacrifier au cours de leurs fêtes. Ils torturaient leurs prisonniers et les mangeaient même parfois lors de leurs rites. Ils possédaient un corpus complet de mythes et de rites et les consignaient à leur manière.

Les Amérindiens du Nord-Est consignaient en effet leur histoire tribale dans des colliers appelés *wampum*. Lors des rassemblements de la tribu, les dignitaires en charge des *wampum* racontaient les histoires qui y étaient associées. Les *wampum* servaient aussi d'unité d'échange, à la fois pour le commerce et pour maintenir un équilibre social et politique en faisant et en confirmant des alliances.

Les Iroquois disaient que leurs morts allaient dans un pays lointain ; les guerriers morts allaient au ciel pour se transformer en aurores boréales. Selon certaines sources, ils croyaient en un dieu, un « Très Grand Père » semblable au dieu nordique Odin ; cette croyance est peut-être née à la suite de visites que des navigateurs nordiques auraient faites sur la côte du Labrador au XIe et au XIIe siècle. Et ils croyaient à tout un ensemble d'esprits responsables selon eux des phénomènes naturels comme les fleuves, la pluie, les saisons et la croissance des semences ; nombre de leurs mythes faisaient intervenir des phénomènes naturels.

Des scènes de ménage entre le Soleil et la Lune

Dans la mythologie iroquoise, le Soleil et la Lune étaient comme mari et femme, et se querellaient exactement comme les couples mariés. Lorsqu'un jour la Lune alla se coucher avant son mari, il se mit en colère et la battit. Elle s'en fut se cacher dans l'obscurité. Petite Tortue partit à sa recherche, et la trouva en train de se languir de son mari. Elle avait rétréci pour ne plus représenter qu'une petite tranche de sa rondeur habituelle. Petite Tortue la remit sur sa trajectoire autour du monde. Elle redevint progressivement ronde mais, lorsque le Soleil lui passa devant sans la regarder, elle se remit à diminuer pour n'être plus visible. Et c'est ainsi que le cycle des lunes croissantes et décroissantes (lunaisons) continue chaque mois.

Le fils du Tonnerre s'amuse bien sur terre

Les Amérindiens disaient que le Tonnerre vivait dans le ciel ; il avait six frères, et on l'appelait Heng. Au printemps, il envoyait généreusement ses bénédictions aux hommes, mais parfois ses enfants échappaient à son contrôle et causaient des destructions sur terre.

L'un des ses frères épousa une femme humaine. Celle-ci avait auparavant épousé par mégarde un homme du peuple du Serpent – pendant un moment il avait eut l'apparence d'un homme, mais il s'était transformé plus tard en un serpent géant. La femme s'enfuit aussi rapidement qu'elle le put, tandis que le serpent la poursuivait dans la forêt, et elle arriva finalement à un lac où se trouvaient trois beaux jeunes hommes – Tonnerre et deux de ses frères. Tonnerre jeta sa lance sur le serpent et le tua. Les trois jeunes hommes ramenèrent la femme chez eux. Elle épousa l'un d'eux et eut un petit garçon.

Ce garçon avait le pouvoir du tonnerre ; à 4 ans, il pouvait abattre des arbres avec ses flèches jouets. Sa mère demanda à son mari et à son beau-père la permission de l'amener chez ses parents pour leur montrer comme il était fort. Tonnerre était inquiet de voir ce qui se passerait si l'enfant tuait des gens avec ses flèches, mais il accepta de les laisser partir.

Le garçon s'amusa bien lors de sa visite, mais les autres petits garçons commencèrent à se moquer de lui parce qu'il ne se servait pas de son arc. Finalement, il n'arriva plus à supporter les railleries et leur décocha une flèche. Heureusement, il les manqua et ne mit ainsi le feu qu'à quelques arbres. Mais c'en était assez pour Tonnerre. Il descendit en trombe, attrapa le garçon et ne le laissa jamais plus revenir sur terre.

Les cinq tribus civilisées des contrées boisées du Sud-Est

Le sud des États-Unis, plus précisément la région comprise entre l'Atlantique et le Mississipi, abritait une grande population évoluée d'Amérindiens qu'on appelait les « bâtisseurs de tumulus ». Quand les Européens s'installèrent, les tribus s'éteignirent à cause des maladies importées par les envahisseurs, et leurs traditions se diluèrent. Les cinq tribus civilisées de cette région étaient :

- les Cherokees ;
- les Choctaws ;
- les Creeks ;
- les Chickasaws ;
- les Seminoles.

Ils adoptèrent les manières des envahisseurs ; cela étaya leur mythologie car ils reprirent des contes populaires européens et africains et les intégrèrent aux leurs. Deux de ces mythes sont des récits désinvoltes sur la manière dont les hommes obtinrent deux de leurs biens les plus précieux, le feu et le tabac.

Lapin dérobe le feu

Les gens du Ciel (qui n'étaient pas des hommes) allaient célébrer la fête du maïs vert sur la place de leur village. Conformément à la tradition, c'était le seul endroit où il était permis d'avoir du feu. Les hommes n'avaient pas le feu, ils ne pouvaient donc pas cuire les aliments ni se réchauffer. Lapin pensa que c'était injuste et décida de voler le feu et de le donner aux hommes. Il eut pour cela une idée : il fit se hérisser ses poils de façon si impressionnante que les gens du Ciel le nommèrent chef de la danse. Alors qu'il s'approchait du feu en dansant, il se courba tellement bas que ses poils prirent feu. Il s'enfuit en courant avec son butin.

Les gens du Ciel, ne voulant pas que leur feu soit utilisé par d'autres, firent donc tomber la pluie quatre jours de suite. Mais Lapin se cacha dans un arbre creux et son feu resta allumé. Les premiers hommes le virent et accoururent pour allumer des morceaux de bois. Ils eurent ainsi le feu dans leurs foyers et le partagèrent avec ceux qui ne l'avaient pas encore. Finalement les pluies s'arrêtèrent, tout le monde obtint la permission d'avoir le feu et les hommes se remémorèrent Lapin avec beaucoup de gratitude pour son action généreuse. Ce mythe est à rapprocher de celui de Prométhée.

Le plaisir après le plaisir ?

Un jour, un jeune homme et une jeune femme marchaient ensemble sur un chemin dans la forêt, lorsque soudain ils furent submergés de désir l'un pour l'autre. Ils s'aimèrent donc dans les sous-bois, et ce fut tellement bien qu'ils décidèrent de se marier !

Plus tard, l'homme, à la chasse, se rendit sur le lieu de leur première union. Il y trouva une jolie fleur avec des feuilles odorantes. C'était un plant de tabac. Il le ramena à sa tribu, et ils décidèrent tous d'en sécher les feuilles pour les fumer. Ils nommèrent la plante « là où nous nous unirent ». Les anciens décidèrent que puisque l'homme et la femme étaient si heureux et si tranquilles, ils fumeraient désormais le calumet de la paix durant les conseils de tribus afin de favoriser la paix et l'entente entre les tribus. Et, en raison de ses origines, ils furent d'avis que le tabac possédait à la fois l'énergie masculine et l'énergie féminine.

Les Grandes Plaines, une contrée au ciel magnifique

Les tribus des Grandes Plaines du centre des États-Unis sont celles auxquelles on pense généralement lorsqu'on parle d'Indiens d'Amérique du Nord. Ce sont elles qui montaient des chevaux, chassaient les bisons, portaient des plumes et des parures sur la tête et vivaient dans des tipis. Ces tribus étaient :

- les Sioux ;
- les Pawnees ;
- les Pieds-Noirs (*Blackfoot* en anglais) ;
- les Cheyennes ;
- les Comanches ;
- les Kiowas.

Bizarrement, les Amérindiens des plaines ne vécurent pas de cette façon pendant bien longtemps. Ils n'avaient pas de chevaux avant que les Espagnols ne les importent vers 1600, et leur mode de vie fut en grande partie détruit durant l'expansion vers l'ouest du XIXe siècle.

Les Lakotas, au pays des bisons

Les peuples vivaient dans les Grandes Plaines depuis des siècles, bien avant d'avoir des chevaux. Ils chassaient le bison à pied et plantaient du maïs. Les bisons jouaient un rôle extrêmement important pour les Indiens des plaines. Avant l'arrivée des Européens, de vastes troupeaux de ces bêtes énormes parcouraient les prairies, et de par leur nombre occupaient parfois tout le paysage visible à l'œil nu. Chasser le bison, c'était dangereux, à cheval comme à pied. Il était impérieux pour ces peuples d'observer les rites nécessaires pour que la chasse soit bonne et se passe bien.

Les tribus organisaient de grands rassemblements au printemps et en automne, durant lesquels elles faisaient des offrandes aux esprits du ciel et de la terre et aux ancêtres. Les hommes exécutaient des rites comme la danse du Soleil, qui fournissaient l'occasion d'une quête de la vision ; parfois, les participants se mutilaient en se plantant des broches dans la poitrine, puis s'accrochaient à un arbre avec ces broches pour offrir leur souffrance aux esprits du ciel.

Il n'est pas surprenant que les bisons abondent dans la mythologie des Plaines. Les peuples des Plaines croyaient à un Grand-Esprit, comme le Wakan Tanka des Lakotas (les Lakotas sont aussi appelés *Sioux* ou *Dakotas*). Les rites en l'honneur de Wakan Tanka concordaient avec les croyances relatives à l'esprit des bisons. Ils croyaient également en l'existence d'une force surnaturelle plutôt vague qui entourait tout et qui se manifestait par l'existence du Soleil, de la Lune, des étoiles et des animaux, et des forces naturelles comme la pluie. Des mythes expliquaient ces forces, les origines des rites humains, et pourquoi c'était les hommes qui chassaient les bisons et non l'inverse.

La femme Bison blanc

Les Lakotas disaient d'eux-mêmes qu'ils avaient appris tous leurs rites lorsque deux chasseurs lakotas rencontrèrent une très belle femme habillée d'une peau de bison blanc. L'un des hommes essaya de la violer, mais elle le transforma en un tas d'os. L'autre chasseur, en revanche, l'écouta lorsqu'elle lui dit d'aller chercher son chef et de construire pour elle un grand tipi.

Les *tipis* étaient des tentes en peau de bison. Les Indiens des plaines s'en servaient comme d'habitations portables lorsqu'ils chassaient dans les prairies pendant l'été. En hiver, ils retournaient à leurs maisons qui étaient construites en terre. Ils s'occupaient alors de faire pousser leurs cultures.

Le calumet pour parler à Wakan Tanka

La femme entra dans le tipi. Elle se présenta, c'était la femme Bison blanc, et elle montra au chef le calumet et la petite pierre ronde qu'elle portait. Le calumet, dit-elle, servait à parler à Wakan Tanka, l'être suprême. Son symbolisme importait pour plusieurs raisons :

- le fourneau de la pipe représentait la Terre ;
- le tuyau était fait de bois et représentait les plantes ;
- les plumes qui étaient accrochées à la pipe représentaient les oiseaux ;
- la pierre portait une gravure d'un petit bison, qui représentait tous les quadrupèdes ;
- les sept cercles de la pierre représentaient les sept rites effectués avec des calumets.

De nombreux Amérindiens croyaient qu'ils pouvaient communiquer avec le monde des esprits en partant s'isoler loin de la communauté pour jeûner et prier ; les jeunes suivaient ces pratiques et se lançaient dans ce qui s'appelait alors une *quête de vision* afin de trouver leur esprit gardien.

Les *chamans* étaient des prêtres guérisseurs qui entretenaient des relations particulièrement étroites avec les esprits ; les *sorciers* étaient à un niveau au-dessous des chamans. Les chamans pouvaient entrer en transe pour communiquer avec les esprits et pouvaient se servir de leurs pouvoirs pour trouver du gibier ou guérir les malades. (Les Amérindiens eux-mêmes n'employaient pas de mots comme « chaman » ou « sorcier ». Ce sont les Occidentaux qui s'en servent pour décrire la culture des Amérindiens.)

Les Arikaras et les hommes bisons

Il y a bien longtemps, le bison ressemblait à un homme très fort avec des cornes. Et ce n'était pas les hommes qui les chassaient, mais au contraire eux qui chassaient et mangeaient les hommes.

Les bisons vivaient dans un village près d'un vieux peuplier avec un gros nœud dans le tronc. Lorsque les prêtres bisons priaient et frappaient ce nœud, les humains en sortaient. Les bisons les chassaient comme des animaux, en les frappant à mort à coups de gourdin et en les découpant. Les bisons dansaient autour d'un feu alors que leur viande humaine séchait, tandis que les humains survivants se blottissaient à l'intérieur de leur peuplier.

Un jeune homme avait échappé aux bisons et se cachait dans la nature. Un jour, il rencontra une jolie femme habillée de daim blanc avec des cornes sur la tête. Elle l'invita dans un tipi magnifiquement peint à coucher avec elle ce qu'il accepta volontiers. Elle le couvrit de sa robe blanche et lui donna de la viande à manger. Lorsqu'il se réveilla, le tipi avait disparu, mais la femme, Buffalo-Girl, était toujours là.

Elle lui dit que le peuple des bisons recherchait un homme qui puisse les transformer en véritables bisons, en animaux, et qu'il était l'homme de la situation. Elle l'aida à se faufiler pour échapper aux méchants hommes bisons qui montaient la garde, certains trouvant d'ailleurs que ça sentait la viande humaine, mais d'autres disant que c'était tout simplement parce qu'ils étaient encore tout éclaboussés du sang des hommes tués lors de leur dernière chasse. Elle l'amena au tipi du chef. Il se cacha dans une pile de peaux d'animaux.

Le ralliement avant le combat

Le jeune homme s'y allongea et écouta le chef réciter la liste de ses chants de chasse et frapper l'arbre magique pour en faire sortir les hommes. Le chef sortit chasser le lendemain matin, et Buffalo-Girl revint. Pour donner du courage au jeune homme et le mettre en colère, elle lui montra les casiers dans lesquels séchaient les morceaux de viande humaine.

Puis Buffalo-Girl l'amena à un frêne et lui montra comment fabriquer un arc et des flèches. Il en fabriqua autant qu'il put, suffisamment pour tous les guerriers humains qu'il espérait rassembler. Ensuite, elle emmena le jeune homme au peuplier et dit aux hommes qui se trouvaient à l'intérieur que, lorsque le moment serait venu, chacun d'eux devrait prendre un arc et une flèche et tuer un bison.

Et ils vécurent heureux et eurent beaucoup d'enfants

Le lendemain, le chef des bisons et ses guerriers se rendirent à l'arbre et le secouèrent pour en faire sortir les humains. Chaque homme prit un arc et tira sur les hommes bisons. Ceux-ci furent si effrayés qu'ils s'enfuirent, en emportant des morceaux de chair humaine avec eux. Au moment même où chacun d'eux était touché par une flèche, il se transformait en véritable bison, qui broutait de l'herbe de la prairie au lieu de manger de la chair humaine.

Buffalo-Girl épousa le jeune homme. Leurs enfants fondèrent le peuple des Arikaras. Chaque fois que les Arikaras mangeaient du bison, ils ne touchaient pas au morceau situé sous la patte de devant, car ils croyaient que c'était le morceau de viande humaine que le bison portait sur lui juste avant sa transformation.

NOTE TECHNIQUE

Un *medicine-bundle* important est associé à ce mythe. Un *medicine-bundle* est un autel portatif qui commémorait les endroits où des événements spirituels importants avaient eu lieu. Il contenait des objets, comme des reliques d'ancêtres ou des objets sacrés provenant des dieux. Les *medicine-bundles* n'avaient pas uniquement un usage rituel, ils constituaient aussi une catégorie d'objets de valeur extrêmement précieux.

Les astronomes pawnees

Les Pawnees s'intéressaient beaucoup à l'astronomie. Ils vénéraient l'étoile du Nord comme leur dieu créateur et craignaient son adversaire, l'étoile du Sud. Ils pensaient que les étoiles du Nord et du Sud se rejoindraient à la fin du monde. L'étoile du matin protégeait les Pawnees alors que l'étoile du soir était leur ennemie. Ils y associaient un rite : les jeunes guerriers s'introduisaient subrepticement dans un camp ennemi et capturaient une jeune femme. La tribu gardait sa prisonnière un certain temps, en la traitant bien pour qu'elle parle d'eux aux dieux en termes aimables. Puis ils la déshabillaient, la peignaient en noir et en rouge pour symboliser l'étoile du Berger et l'étoile du Soir, et ils la tuaient de leurs flèches. Son sang était censé redonner vie à une ancienne bénédiction et assurer la prospérité de la communauté.

La fleur de cactus saguaro dans le Sud-Ouest

Les Amérindiens de la partie sud-ouest des États-Unis avaient des mythologies très élaborées. Parmi eux, on compte les Hopis et les Zuñis, des peuples dont les membres résidaient dans des villages (*pueblos*), ainsi que les Navajos et les Apaches, qui étaient semi-nomades. Les Indiens des pueblos mangeaient ce qu'ils faisaient pousser, c'est-à-dire les « trois sœurs » qui constituaient leurs aliments de base : le maïs, les haricots et les courges. Les Apaches et les Navajos, en revanche, ne restaient pas bien longtemps au même endroit, et ne pouvaient donc pas pratiquer beaucoup l'agriculture. À la place, ils chassaient des animaux et cueillaient des plantes sauvages. Le pays était sec et assez rude ; les hommes qui y vivaient faisaient confiance à leurs mythes et à leurs rites pour que la nature continue de fonctionner correctement et que la pluie tombe de telle sorte qu'ils aient suffisamment à manger.

Les peuples Pueblo et les mesas du Sud-Ouest

Les tribus les plus organisées du groupe de peuples appelé « Pueblo du Sud-Ouest », parmi lesquelles on compte les Hopis et les Zuñis, vivaient dans de grands villages construits aux sommets des *mesas* (plateaux). Bien que ces peuples amérindiens vivent aujourd'hui dans les réserves du nord de l'Arizona et du Nouveau-Mexique, leur territoire s'étendait, avant Christophe

Colomb, du Texas au Nevada et au nord du Mexique. Ces tribus partageaient une culture commune, et leurs efforts principaux consistaient à faire pousser et à emmagasiner suffisamment de nourriture pour survivre dans le dur climat désertique. La mythologie des Pueblo se concentrait sur les relations entre les hommes et le monde naturel.

Les Anasazis, ce sont les anciens

Il y a plus de deux mille ans que ces régions sont habitées. Les archéologues ne savent pas comment leurs premiers habitants s'appelaient, et ils emploient donc le terme *Anasazis* pour les désigner. C'est un terme navajo qui signifie « anciens ennemis », ce qui montre bien que les archéologues ne trouvent pas toujours les meilleurs noms pour désigner les peuples dont ils étudient les cultures. Les Anasazis sont donc les ancêtres des tribus Pueblo modernes, les Hopis et les Zuñis, qui pour leur part préfèrent appeler leurs ancêtres « les anciens ».

Pendant des siècles, les Anasazis vécurent de chasse et de cueillette. Vers 900, ils commencèrent à s'installer dans des villages proches du Chaco Canyon au Nouveau-Mexique. Ils commerçaient avec les peuples du Mexique et de la Californie. Vers 1200, ils s'installèrent tous dans des maisons taillées à même le roc dans les montagnes, pour faire face aux pressions de l'environnement et pour pouvoir plus facilement se défendre. Moins d'un siècle plus tard, un grand nombre d'entre eux partirent tous à la fois. Les historiens pensent qu'ils furent tous séduits par une nouvelle croyance qui les incita à partir, la religion *kachina* des Pueblo (voir plus loin).

Les historiens considéraient habituellement les Anasazis comme des peuples pacifiques, mais aujourd'hui il semble qu'ils aient mené des guerres contre les peuples Pueblo qui les entouraient. En effet, des archéologues ont trouvé des squelettes d'hommes portant des marques de coups de couteau et dont les os furent brisés pour en extraire la moelle. Cela laisse supposer que ces peuples « pacifiques » aient pratiqué le cannibalisme.

Une religion souterraine

Les familles des peuples Pueblo, comme les Hopis et les Zuñis, vivaient dans des villages dont les habitations étaient construites en adobe (brique rudimentaire mêlée de paille et séchée au soleil) ou taillées dans le roc. Chaque famille devait stocker des réserves de nourriture pour parer à l'éventualité de mauvaises récoltes. Au-dessous des habitations se trouvaient des chambres souterraines appelées *kivas*, où la tribu célébrait ses fêtes religieuses. Pour les peuples Pueblo, le groupe était plus important que l'individu, et tout le monde était censé aider quiconque se trouverait dans le besoin. La religion et les rites aidaient les gens à vivre ensemble, et garantissant l'égalité entre les groupes sociaux et leur intégration.

Les kachinas des Zuñis

Les Indiens Pueblo croyaient que les esprits des ancêtres, qu'ils appelaient *kachinas,* étaient partout présents. Les Zuñis pensaient qu'à une époque révolue les dieux et les kachinas avaient vécu sur terre avec les hommes ; cela fait partie de leur mythe de création.

Les kachinas pouvaient aider les hommes dans les domaines de la santé, du bonheur et pour avoir de bonnes récoltes. Pour les processions religieuses, les hommes s'habillaient de costumes colorés représentant les kachinas, en portant des masques faits de bois, de poils, de plumes et de cuir, et ornés de façon élaborée. La religion kachina existe depuis sept cents ans, et elle est encore pratiquée aujourd'hui.

Kokopelli, le joueur de flûte

Kokopelli, le joueur de flûte, est une divinité préhistorique des Anasazis, c'est-à-dire qu'elle date de plus de mille ans. Les Anasazis (« les anciens ») étaient des peuples d'agriculteurs qui vivaient sur le plateau du Colorado. L'image de Kokopelli a été transmise à travers tout le sud-ouest des États-Unis par le commerce et l'immigration. Aujourd'hui, c'est un des kachinas des Hopis, et on le retrouve dans les histoires des Indiens d'Amérique du Nord. La figure 22-1 propose une illustration de Kokopelli.

Les Navajos et les Apaches, ces chasseurs du Sud-Ouest

Les Navajos et les Apaches vivaient sur les territoires de ce qui est aujourd'hui l'Arizona et le Nouveau-Mexique, formés par des terres de brousse aride, des hautes montagnes et des oasis dans les vallées. Ces Amérindiens vivaient de chasse et de cueillette, qu'ils complétaient par quelques cultures à leur propre usage. Après l'arrivée des Espagnols, ils ajoutèrent l'élevage des moutons à ce mélange. Leur style de vie était semi-nomade : ils vivaient l'été dans des abris temporaires et passaient l'hiver dans des cases de bois recouvertes de terre appelées *hogans.*

Les Navajos avaient de nombreux mythes longs et complexes. Leur religion, dont une bonne partie était empruntée aux peuples Pueblo, se fondait sur le maintien d'un équilibre harmonieux entre le monde des humains et celui des esprits. Le déséquilibre pouvait causer des désastres, et les rites appropriés étaient donc essentiels.

Figure 22-1 : Kokopelli, le joueur de flûte.

Les mythes du coyote arnaqueur

Certains mythes amérindiens pouvaient avoir un objet moral, mais ils étaient aussi très divertissants. L'un des personnages populaires était celui du créateur arnaqueur. Coyote était l'un des personnages arnaqueurs les plus populaires, on le retrouve dans de nombreux mythes dans le Sud-Ouest et les Plaines, et dans une certaine mesure il est incarné dans le personnage de dessin animé Wile E. Coyote. Corbeau était très aimé au Nord-Ouest, tandis qu'au Sud-Est, c'est Lapin qui était le préféré. Les Lakota, dans les Plaines, aimaient bien Araignée.

Les personnages d'arnaqueurs possédaient de nombreux traits en commun à travers tout le continent nord-américain : ils étaient malins mais rataient souvent leur coup à cause de leur propre imbécillité. Souvent ils terminaient blessés ou morts, pour mieux ressusciter, nullement intimidés. Les mythes d'arnaqueurs pouvaient être extrêmement vulgaires (trop vulgaires pour ce livre !), ce qui permettait de souligner l'importance des règles morales. Cependant les personnages arnaqueurs étaient également souvent des héros cultivés qui aidaient les hommes à se civiliser en leur faisant des cadeaux tels que le feu, ou en tuant des monstres qui les tourmentaient. Les conteurs, comme ceux qui les écoutaient, adoraient les contes d'arnaqueurs : les conteurs parce qu'ils leur donnaient la possibilité de bien enjoliver l'histoire, et l'audience parce que les personnages et les situations étaient très drôles. C'est ce qui faisait des contes d'arnaqueurs une composante importante de la tradition orale.

Coyote joue un mauvais tour au géant pour faire plaisir aux hommes

Les Navajos racontent qu'il y a bien longtemps, les géants étaient partout. Ils posaient un vrai problème parce qu'ils aimaient dévorer les enfants des hommes. Coyote décida de passer à l'action. Il invita un géant à entrer avec lui dans un abri. À l'intérieur, Coyote dit au géant qu'il allait maintenant exécuter devant lui un miracle : il allait casser sa propre jambe et la soigner. Il prit un rocher, sortit une jambe de cerf qu'il avait caché et la frappa violemment avec le rocher. Il demanda au géant de toucher la fracture. Puis il dit : « Jambe, redeviens complète ! » À la surprise du géant, la jambe de Coyote était indemne.

Coyote proposa au géant d'effectuer le même tour sur la jambe du géant et celui-ci, ne se méfiant pas, accepta. Bien sûr, il hurla de douleur lorsque Coyote lui écrasa la jambe avec le rocher, mais Coyote lui dit que tout ce qu'il devait faire pour la soigner, c'était de cracher dessus. Puis il sortit de l'abri, en laissant derrière lui le géant en train de cracher sur sa jambe et de gémir de douleur.

La riche côte nord-ouest du Pacifique

Le nord-ouest du Pacifique est riche en poissons et en baies sauvages. En fait, ces ressources sont tellement abondantes que les Amérindiens qui y vivaient n'avaient aucunement besoin de perdre leur temps à des activités agricoles. Ils vivaient dans de grands villages près de l'embouchure des fleuves, où ils prenaient leurs canoës pour aller pêcher le saumon.

Un peuple généreux

Les Amérindiens du nord-ouest du Pacifique étaient célèbres pour leurs grandes fêtes, appelées *potlatchs*. Lors de ces fêtes, la famille hôte servait à ses invités un grand festin, elle les divertissait avec des chansons et des danses (qui racontaient aussi aux invités combien grands étaient les hôtes), et leur faisait des cadeaux. Ces cadeaux n'étaient pas des babioles, mais au contraire des objets véritablement précieux. Une famille hôte pouvait donner plus de la moitié de ses richesses à ses invités lors d'un potlatch. Ce n'était pourtant pas grave, parce que leurs invités organisaient à leur tour leur propre potlach et invitaient leurs anciens hôtes ; de cette manière, la richesse était distribuée à tout le monde. De nombreuses tribus organisaient des potlachs pour célébrer des occasions spéciales, comme des funérailles ou des inaugurations de maison. Parmi les principales tribus de la côte nord-ouest du Pacifique, on compte :

- les Tlingits ;
- les Nez-Percés ;
- les Kwakiutls ;
- les Cœurs d'Alene ;
- les Makahs.

Des contes d'animaux

Ces Amérindiens se sentaient très proches des animaux. Ils adoptaient des totems d'animaux – c'est-à-dire de ces poteaux de bois sculptés représentant l'animal fétiche, ours, saumon, etc. –, et ils considéraient l'animal en question comme l'ancêtre mythique de la famille. Ils se servaient de leurs totems comme d'emblèmes d'équipe, ornaient leurs maisons et décoraient leurs vêtements avec des représentations de leur animal fétiche.

Ils se servaient également des totems pour commémorer la mémoire de certains hommes ou de certains événements et informer les visiteurs de l'histoire et de l'affiliation à la tribu ; ces totems indiquaient aussi aux visiteurs les endroits où ceux-ci seraient bienvenus s'ils partageaient le même totem, car ils étaient alors considérés comme des parents.

Les Amérindiens croyaient qu'il existait un étroit lien de parenté entre les animaux et les hommes, parce qu'il avait autrefois été impossible de distinguer les uns des autres. Leurs mythes montraient l'importance du respect de ces créatures apparentées.

NOTE TECHNIQUE

Dans les mythes de la côte nord-ouest du Pacifique, on trouve une créature surnaturelle, l'*oiseau du tonnerre*. C'était un aigle avec une tête sur son ventre. Des éclairs sortaient de son bec et le tonnerre grondait lorsqu'il battait des ailes.

La chasse sert à se nourrir, pas à s'amuser, mon fils

Le clan du Loup vivait près d'un fleuve à un endroit où il pouvait pêcher des saumons sauvages et cueillir des baies en abondance, des ressources qui le nourrissaient bien et l'enrichissaient. Le temps passa, les jeunes devinrent insouciants et irresponsables ; ils tuaient des animaux et en laissaient pourrir les cadavres, et ils ouvraient le dos des saumons pour y planter des torches, de telle sorte que le poisson descendait la rivière en emportant avec lui la torche allumée. Les anciens les prévinrent que cela leur vaudrait des problèmes. Et bien entendu, à la fin de la saison des saumons, les fantômes se réveillèrent et se vengèrent : la montagne s'ouvrit et cracha le feu, qui brûla la plus grande partie de la forêt et tua la plupart des membres de la tribu.

Des ours et des hommes

La princesse Rhpisunt était la fille du chef du clan du Loup. Elle était en train de cueillir des baies dans la forêt lorsqu'elle marcha accidentellement sur des excréments d'ours. Elle s'en plaignit pendant des heures, en reprochant aux ours d'être aussi méchants. En continuant sa cueillette, elle s'éloigna petit à petit de ses amis et se retrouva isolée.

Un jeune homme la trouva et l'invita à l'accompagner chez lui ; elle accepta de le suivre, et finit par l'épouser. Son abri était plein de gens de grande taille et de manteaux de peau d'ours ; de vieux esclaves ensommeillés y erraient. Une femme, la femme-souris, se présenta et dit à Rhpisunt qu'elle vivait chez les hommes-ours, qui avaient été insultés par ses critiques lorsqu'elle avait marché sur des excréments d'ours. Apparemment, ces hommes-ours étaient susceptibles, parce que tous leurs esclaves étaient des hommes qui les avaient insultés autrefois. Chaque fois qu'un homme-ours sortait, il enfilait un manteau de peau d'ours et se transformait en ours véritable. La femme-souris avertit Rhpisunt qu'elle était en danger, mais lui fit une suggestion qui pourrait l'aider.

Chaque fois que Rhpisunt sortirait pour se soulager, elle devrait enterrer ses excréments et mettre un morceau de cuivre de son bracelet sur le sol. C'est ce qu'elle fit. Et lorsque les ours sortirent pour inspecter ses crottes, ils furent impressionnés de voir des crottes aussi jolies. Ces crottes-là étaient sans aucun doute bien plus jolies que les leurs.

Plusieurs mois passèrent. À la maison, les parents de Rhpisunt l'avaient cherchée ; ils avaient peur qu'un ours l'ait mangée. Ils se mirent à chasser les ours avec zèle. Rhpisunt était enceinte et son mari l'amena à un endroit dans les montagnes où elle pourrait donner naissance à son bébé à l'abri des chasseurs ; elle donna naissance à des oursons jumeaux, forts et en bonne santé.

Les frères de Rhpisunt continuèrent à la chercher à l'aide de son chien. Un jour, son mari lui dit qu'ils allaient bientôt le trouver et le tuer. Les frères de Rhpisunt arrivèrent en effet et tuèrent l'ours. Rhpisunt revint avec ses deux oursons à la maison de son père ; dès que ses fils entrèrent dans la maison, ils ôtèrent leurs manteaux d'ours et se transformèrent en humains. Leur grand-père leur construisit un poteau élevé sur lequel ils pouvaient grimper afin de voir la maison de leur autre grand-père. Et après que Rhpisunt fut devenue vieille et qu'elle fut morte, ils se retransformèrent en ours et rentrèrent chez les hommes-ours. Depuis ce temps-là, les hommes-ours et la tribu de Rhpisunt se souviennent qu'ils étaient parents, et ils s'entraident pour la chasse.

Sixième partie

La partie des Dix

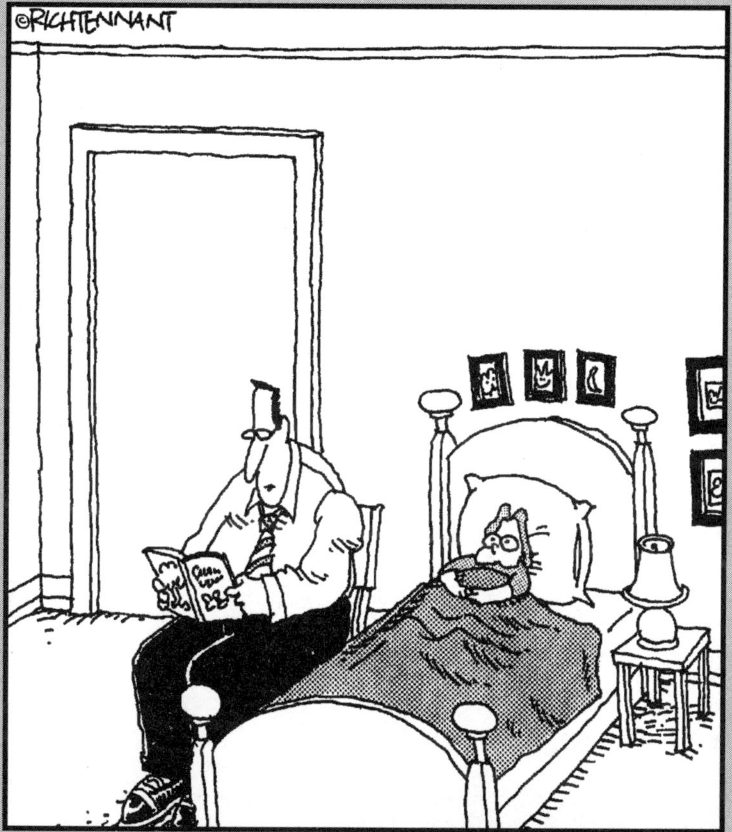

« ...et alors, la noble et puissante race des capital-risqueurs vint s'installer dans le pays. »

Dans cette partie…

Dans cette partie, vous trouverez des informations qui n'étaient pas forcément adaptés aux chapitres consacrés à chaque mythologie, mais qui sont quand même intéressantes. Les deux chapitres qui suivent décrivent des lieux mythiques et des monstres fabuleux. Un chapitre s'arrête sur les mythes platoniciens les plus fascinants.

Avec ça, vous aurez de quoi briller dans les dîners en ville…

Chapitre 23

Dix monstres fabuleux

Dans ce chapitre :

- Les Gorgones pétrifiaient ceux qui les fixaient du regard
- Le Phénix renaissait de ses cendres
- La Sphinx et sa profonde sagesse
- Le Minotaure, un monstre mi-homme mi-bête à l'appétit dévorant !

Les mythes regorgent de monstres. Les héros avaient besoin de monstres pour pouvoir les combattre – sinon, comment auraient-ils pu être des héros ? En outre, les dieux se servent de monstres pour effrayer les hommes. Dans un monde mythologique dans lequel les dieux peuvent prendre la forme d'animaux et avoir des enfants avec des humains mortels, qui donc aurait pu savoir à l'avance à quoi ces rejetons allaient ressembler ?

À part le fait que ces monstres étaient des personnages hauts en couleur et des méchants dans les histoires mythologiques, nombre de ces monstres sont devenus des symboles d'idées abstraites : l'ambition humaine, la mort et la résurrection, et (très souvent) l'idée que le monde naturel peut garder des secrets qui nous demeurent inaccessibles à nous, les hommes, et qu'il le fait.

Les Gorgones

Selon Homère, il n'existait qu'une seule *Gorgone*, un monstre des Enfers. Mais le poète Hésiode en mentionne trois : Sthénō (« la Puissante »), Euryalè (« Celle qui voit loin ») et Méduse (la reine des Gorgones, la souveraine). Elles étaient filles de Phorcys, un dieu marin, et de son épouse Céto. Les Athéniens disaient que les Gorgones étaient les filles de Gaia, la Terre mère, qu'elle engendra pour aider ses enfants à lutter contre d'autres dieux.

L'apparence des Gorgones laisse loin derrière les pauvres dragons de nos contes ! Les Gorgones avaient des ailes, leurs dents étaient très longues, et des vipères leur tenaient lieu de cheveux. Des trois, seule Méduse était mortelle, et elle joue un rôle important dans le cadre du mythe de Persée. Elles avaient un aspect si terrifiant que quiconque les fixait était changé en pierre. D'ailleurs, l'adjectif *médusé* signifie encore aujourd'hui « frappé de stupeur ». Les Grecs se servaient de représentations artistiques des Gorgones pour repousser le mal.

La statue d'Athéna au Parthénon d'Athènes portait un bouclier orné d'une tête de Gorgone, en illustration du mythe de Persée, le héros qui avait tué Méduse et donné sa tête en cadeau à Athéna. Vous pourrez lire cette histoire au chapitre 6.

Des êtres aussi hideux que les Gorgones ne pouvaient que répandre la terreur parmi tous, humains et même dieux : il n'est donc pas étonnant que Persée ait reçu la mission de tuer Méduse. Ce qui est en revanche merveilleux, c'est la façon dont il s'y prit : sur les conseils d'Athéna, (Pindare, *Pythiques*) il se munit de sandales ailées offertes par Hermès et d'un bouclier parfaitement poli, et c'est en regardant dans ce bouclier comme dans un miroir qu'il trancha la tête de Méduse, car, ne l'oublions pas, le regard de cette aimable bête pétrifiait (au sens propre !) quiconque la regardait.

Du cou tranché de Méduse, enceinte des œuvres de Poséidon, sortirent Pégase et Chrysaor. Ce dernier engendrera Géryon et Echidna, d'autres monstres de la lignée.

La Chimère

La *Chimère* était un autre monstre femelle (les monstres femelles n'ont pas la vie facile dans les mythes grecs) à la tête de lion, au corps de chèvre et à la queue de dragon, et elle crachait des flammes. Bellérophon monté sur Pégase la tua – allez au chapitre 6 si vous désirez ardemment en savoir plus.

En français, le mot « chimère » désigne une vaine imagination, une illusion, une utopie, un être qui n'existe pas dans la réalité, comme le cheval ailé ou la licorne. On emploie aussi l'adjectif : « des projets chimériques » pour désigner des projets utopiques ou illusoires. Bref, la chimère n'a pas très bonne réputation !

Le Phénix

Cet oiseau mythique apparut pour la première fois en Égypte où il joue un rôle dans le culte du Soleil, mais on le retrouve aussi dans les mythologies grecque, islamique et européenne plus récentes.

C'était un oiseau de la taille d'un aigle avec des plumes rouge et or, qui avait un chant magnifique. Il ne pouvait y avoir qu'un seul phénix, mais chaque phénix vivait cinq cents ans (ou du moins très longtemps, cela dépend des versions). Lorsqu'il sentait venir la fin de sa vie, il bâtissait un nid de brindilles odorantes et s'y installait, pour y mettre ensuite le feu. De ses cendres renaissait un nouveau phénix, bébé, qui commençait sa longue vie.

Pour les Égyptiens, le Phénix représentait la mort et la résurrection, l'âme immortelle. Depuis, le Phénix a servi de symbole de force éternelle à de nombreuses institutions prétendant être capables de surmonter les revers et de continuer d'exister.

Cerbère, le chien des Enfers

Homère mentionna un chien monstrueux qu'Héraclès rapporta des Enfers, car c'était l'un de ses douze travaux. Plus tard, la mythologie grecque devint plus précise. D'abord, le chien des Enfers reçut un nom : *Cerbère*. Puis, il reçut une description plus complète. Cerbère était un chien à trois têtes menaçantes, et il était doté d'un serpent venimeux en guise de queue. C'était le gardien des Enfers. Ses têtes éloignaient les vivants et sa queue gardait les morts à leur place. (Pausanias, l'écrivain voyageur grec établi à Rome, qui adorait les chiens, n'était pas d'accord avec le concept de chien gardien des Enfers parce que, selon lui, « après tout, le chien est un ami de l'homme. »)

De l'union des deux monstres, Typhon et Échidna, naquit Cerbère. Ce chien à trois têtes avait un cou hérissé de serpents, et des dents dont la morsure était empoisonnée comme celle de la vipère. Le chien tricéphale, qui se tenait devant un antre au bord du Styx, permettait aux ombres des morts de pénétrer dans les Enfers, mais leur interdisait d'en sortir. Les mortels téméraires qui tentaient de s'aventurer dans le royaume des morts étaient impitoyablement déchiquetés.

Parfois Cerbère n'était pas aussi impitoyable que la renommée l'affirmait, et certains mortels ou héros parvinrent à l'apprivoiser. Psyché, envoyée par Aphrodite auprès de Perséphone, donna à Cerbère un gâteau et réussit à l'amadouer. La Sibylle de Cumes, Déiphobé, lui offrit également une sorte de pâte soporifique lorsqu'elle conduisit Énée aux Enfers. Quant à Orphée, on sait qu'il parvint à charmer de sa lyre et de ses chants l'inexorable monstre.

Enfin, avec Héraclès, Cerbère connut une humiliante défaite. Autorisé à s'emparer du chien et à le ramener sur Terre à la simple et difficile condition de ne pas recourir à ses armes, Héraclès, de ses seules mains, l'étouffa à demi et put le porter ainsi jusqu'à Mycènes. Mais bientôt Cerbère, gardien sans égal, fut rendu à l'empire des morts.

Chiron

Fils de Chronos, qui avait pris la forme d'un cheval et d'une fille d'Océan, Chiron a l'apparence d'un Centaure. Mais, à la différence des autres Centaures, il était connu pour sa bonté et sa sagesse. Doué d'immortalité, il avait acquis une grande sagesse et avait été l'ami de Pélée, le père d'Achille. Blessé par une flèche d'Héraclès au poison incurable, il se retira dans une grotte. Finalement il accepta de mourir, pour permettre la délivrance de Prométhée.

Les Cyclopes

Ces êtres fabuleux, pourvus d'un œil unique au centre du front, apparaissent dans de nombreuses légendes gréco-latines. On en distingue quatre sortes : les Cyclopes ouraniens, les Cyclopes forgerons, les Cyclopes bâtisseurs et les Cyclopes pasteurs.

Les Cyclopes ouraniens sont nés de l'union monstrueuse de Gaia (la Terre) et d'Ouranos (le Ciel). Comme ils étaient trois frères, Ouranos redouta de les voir se retourner contre lui et s'emparer de ses pouvoirs. Aussi, il les jeta dans le Tartare. Plus tard, avec l'aide de leurs frères les Titans, de Cronos en particulier, et de leur mère indignée, ils se révoltèrent et mutilèrent leur père. Mais Cronos, lui aussi, qui trouvait leur existence dangereuse pour sa suprématie, les précipita à nouveau dans les Enfers. Zeus les délivra. Par gratitude, ils forgèrent la foudre, l'éclair et le tonnerre, qui permirent à Zeus de vaincre Cronos et de s'emparer du trône céleste. Les trois Cyclopes, pour commémorer leurs rôles dans cette révolution, prirent alors respectivement les noms d'Argês (« l'éclair »), Stéropês (« la foudre ») et Brontês (« le tonnerre »). À Hadès, ils offrirent un casque qui rendait invisible ; à Poséidon, le trident grâce auquel celui-ci soulève ou apaise les ondes marines. Par la suite, les trois Cyclopes furent mis à mort par Apollon : le dieu ne leur pardonnait pas d'avoir fourni à Zeus la foudre qui avait frappé et tué Asclépios, son fils.

À ces trois auxiliaires de Zeus viennent s'ajouter les aides-forgerons d'Héphaïstos, qui ont élu domicile au cœur des volcans où ils travaillent l'airain afin d'en façonner l'armure des Dieux et des héros. Pyracmon (« l'enclume ») et Acamas (« l'infatigable ») comptent parmi les plus souvent cités de ces Cyclopes. Plus tardivement encore, on a donné le nom de « murailles cyclopéennes » aux murs constitués d'énormes blocs de pierre, dont on peut voir encore les restes à Mycènes et à Tirynthe. Certains Cyclopes bâtisseurs les auraient édifiés.

Mais les plus connus des Cyclopes restent ceux que décrit Homère. Géants brutaux, sans foi ni loi, ils élèvent des troupeaux de moutons, récoltent, sans user d'aucun moyen de technique agricole, ce que la terre consent à faire pousser spontanément, et ne craignent pas, à l'occasion, de dévorer les êtres humains qui se risquent sur leurs territoires et dans leurs cavernes. Ils représentent, aux yeux des Grecs, le type de la race sauvage, inculte, dénuée de toute idée de civilisation. Au cours de leur pérégrination, Ulysse et ses compagnons se mesurèrent avec le plus redoutable d'entre eux, Polyphème.

Les dragons

Les dragons sont des serpents gigantesques, tout le monde est d'accord là-dessus. Mais comme on les trouve dans la mythologie de l'Europe, du bassin méditerranéen, de l'Afrique, du Proche-Orient et de l'Asie, il en existe des tas de variations. (Les chercheurs ont récemment découvert des preuves assez solides que les anciens peuples de Grèce et d'Afrique avaient connaissance des restes fossilisés des dinosaures. Cette preuve pourrait expliquer pourquoi les mythes de dragons sont aussi courants.)

Les dragons d'Europe du Nord n'avaient pas de jambes, mais les dragons d'Asie en avaient. Les dragons grecs semblent avoir passé leur temps au sol, comme des serpents, mais les dragons chinois et japonais étaient des créatures de l'air. Pourtant, les dragons asiatiques ne possédaient habituellement pas d'ailes, alors que les dragons européens, souvent, en avaient. Certains dragons crachaient le feu, d'autres non.

Les dragons symbolisaient différentes choses. En Mésopotamie, la déesse primordiale qui donna naissance aux autres dieux était un dragon. Le dieu égyptien Apopis était un dieu-dragon qui gouvernait le monde des ténèbres et du mal. Dans les mythes grecs, les dragons – que les Grecs appelaient *drakontes*, c'est l'origine du terme – étaient souvent des créatures magiques rusées nées de la Terre. Athéna avait un serpent (*drako* en grec) comme animal domestique et assistant car, par ses yeux luisants, il symbolise l'intelligence sous toutes ses formes. Les Chinois considéraient que le dragon représentait la moitié masculine de l'ordre universel – le *yang* du yin-yang. Et dans la Genèse, le « serpent » qui parle à la femme dans le jardin d'Éden est « le plus rusé de tous les animaux sauvages que le Seigneur avait faits ».

Le griffon

Le *griffon* avait le corps d'un lion, (parfois) des ailes et la tête d'un aigle. Certains avaient aussi des oreilles de cheval. Les images les plus anciennes de griffons sont celles de l'art mésopotamien vers 1800 av. J.-C., mais, vers 1500 av. J.-C., on trouvait cette créature dans tout le Proche-Orient et dans tout le monde méditerranéen. Les Grecs de l'époque minoenne de l'île de Crète – qui formèrent une riche civilisation artistique de l'âge du bronze, vers 1400 av. J.-C. – ont peint des griffons avec de jolies crinières frisées ornant leur tête à bec.

Les Grecs des périodes ultérieures aimaient représenter les griffons le bec ouvert afin de montrer de longues langues recourbées. Les griffons semblent avoir été des symboles importants, parce qu'on les trouve dans les créations artistiques associées aux rois, aux temples et aux funérailles de personnes riches. Ils étaient les gardiens des trésors d'Apollon et de Dionysos-Bacchus.

Le Minotaure

Monstre hideux, au corps d'homme et à la tête de taureau, le Minotaure naquit de l'amour irrésistible et contre nature de la reine de Crète Pasiphaé pour un taureau blanc que le roi Minos, son époux, avait refusé de sacrifier à Poséidon. Épouvanté par cette naissance, le roi voulut en cacher la nouvelle à ses sujets, et il fit construire par Dédale un palais aux nombreux couloirs, aux salles enchevêtrées, qui se croisaient sans cesse, et ordonna qu'on y enfermât le Minotaure, le Labyrinthe.

Ayant remporté une guerre contre Athènes, la ville devait livrer, chaque année, sept jeunes gens et sept jeunes filles au Minotaure qui se nourrissait de chair humaine. Thésée, indigné de ce tribut, se fit inscrire sur la liste des jeunes hommes envoyés à Minos – car Minos avait promis de libérer les Athéniens s'ils parvenaient à tuer le Minotaure. Avant de partir, il fit un sacrifice à Apollon et Aphrodite, et Égée lui confia un jeu de voiles blanches qu'il avait ordre de mettre s'il rentrait sain et sauf à Athènes. Arrivé sur place, il séduit Ariane, la fille de Minos, qui l'aida en lui confiant une pelote de fil à accrocher à l'entrée du Labyrinthe. Il n'aurait alors, après avoir tué le monstre, qu'à rembobiner la pelote pour sortir. Après avoir vaincu à mains nues le Minotaure, il retrouva donc sans peine la sortie et s'enfuit avec Ariane sur leur navire. Mais, il l'abandonna en chemin sur l'île de Naxos.

Dans la précipitation, il oublia de se signaler d'une voile blanche, comme il l'avait promis à son père. Celui-ci, croyant que son fils était mort, se jeta de désespoir dans la mer, qui prit dès lors le nom de mer Égée. Après les funérailles, Thésée fut proclamé roi d'Athènes.

Pégase

Ce cheval ailé et magique, aussi rapide que le vent, naquit du sang de Méduse, lorsqu'elle eut la tête tranchée par Persée. Il vécut, recherchant les fontaines. D'un coup de sabot sur l'Hélicon, il donna naissance, dit-on, à la source d'Hippocrène. Un jour qu'il s'abreuvait à la source de Pirène, sur l'Acrocorinthe, il fut dompté par Bellérophon. Ce dernier, monté sur le miraculeux coursier, multiplia les grandes prouesses. Il vainquit en particulier la Chimère. Mais l'orgueil le perdit. Porté par Pégase, il voulut monter aux cieux. Zeus le désarçonna. Seul, le cheval ailé atteignit le domaine des Dieux, qui le placèrent parmi les constellations.

Le Sanglier de Calydon

Envoyé en signe de vengeance par Aphrodite, pour laquelle le roi Œnée avait omis de faire un sacrifice, cette monstrueuse bête ravageait le territoire de Calydon, tuant le bétail et terrifiant les habitants du pays. Le fils du roi, Méléagre, fit appel aux plus braves des héros de par toute la Grèce pour combattre ce fléau. Atalante, la seule héroïne de la chasse, porta le premier coup mortel à la bête, que Méléagre acheva. Celui-ci offrit à la chasseresse la peau de la bête en signe d'hommage et de reconnaissance, provoquant par ce geste la fureur des autres chasseurs.

Le Sphinx

Le sphinx le plus célèbre est celui de Gizeh, à côté des Pyramides, en Égypte. Cette statue le représente avec un corps de lion et une tête d'homme, peut-être celle du pharaon Khephren, selon certaines études. Un sphinx est un monstre mythique très ancien. On en trouve ainsi des représentations dans l'art grec, dès 1600 av. J.-C. environ et il fut couramment représenté dans le monde antique à partir de cette époque. Les grecs pensaient que le mot sphinx venait du verbe « étrangler », mais les chercheurs actuels en doutent. Chez les grecs, le sphinx (parfois appelée alors sphinge), est un monstre femelle, avec une tête humaine, un corps de lion, des ailes et un serpent pour queue mais il est quand même du masculin. Il est représenté dans de nombreuses œuvres d'art, surtout pour les sceaux officiels : des petites pierres gravées utilisées pour laisser leur empreinte sur l'argile ou la cire. Ce sphinx est souvent figuré levant une patte avant, comme un chien bien dressé. L'histoire de sphinx la plus célèbre de la mythologie est celle de sa rencontre avec Œdipe. En raison de cette légende, que Sophocle transforma en pièce de théâtre, le sphinx est devenu symbole de grande sagesse.

Les Satyres / Silène

Démons champêtres et forestiers, les Satyres, fils de Silène, peuplent les mythes grecs. Semblables aux Faunes romains, ils sont représentés avec le haut du corps d'un homme barbu portant des cornes de chèvre ; pour le bas, ils possèdent soit un arrière-train de cheval, soit des pattes de bouc. Ils parcourent la campagne, jouant de la flûte et en dansant. En permanente érection, ils poursuivent de leurs ardeurs les nymphes et les mortels.

Leur père, Silène, fils de Mercure ou de Pan, et d'une nymphe, est le père nourricier de Dionysos-Bacchus. Il est représenté en général comme un vieillard hilare, bedonnant et ivre, juché sur un âne ; peut-être à cause de cela, les Anciens lui prêtaient sagesse et bon sens !

Chapitre 24

Dix lieux mythiques

Dans ce chapitre :

- Batifolez dans les Champs Élysées
- et rêvez de l'Atlantide !

Tout guide touristique de l'Amérique centrale, du Japon, de la Grèce ou de l'Égypte pourra vous emmener aux endroits où, selon les mythes, les dieux ont parlé aux hommes et où les héros ont combattu des monstres. Certains endroits sont pourtant, en soi, mythiques. Certains de ces lieux existent vraiment, on les trouve sur la carte, mais ils ont atteint un statut mythique à travers les histoires que des gens racontent à leur sujet, même s'il s'agit habituellement de personnes qui ne s'y sont elles-mêmes jamais rendues. D'autres endroits ont peut-être existé par le passé, mais leur emplacement exact est oublié depuis longtemps et il n'en reste que la légende. D'autres sont entièrement fictifs, mais ont quand même une réelle existence dans le monde mythologique. Et ces endroits mythiques ne sont pas forcément tous très anciens !

L'Élysée (ou les Champs Élysées)

Avant d'être une célèbre avenue parisienne, les Champs Élysées étaient ce que les anciens Grecs avaient qui ressemblait le plus à un « paradis ». Dans les récits d'Homère, c'était un pays mystique, à la limite occidentale de la Terre, près du grand fleuve Oceanos qui entourait le monde. Le poète Hésiode les situa ensuite à l'Ouest, près du fleuve Oceanos (l'Atlantique d'aujourd'hui). Seuls les meilleurs parmi les morts y étaient accueillis. Selon Homère, les fils mortels de Zeus allaient directement dans les Champs Élysées sans avoir d'abord à mourir. Là, ils vivaient pour toujours dans un parfait bonheur. Reportez-vous aux chapitres 3 et 4 si vous désirez en savoir plus sur la vision du monde qu'avaient les Grecs.

L'endroit où la plupart des gens allaient après la mort n'était pas trop terrifiant – pas de feu ni de diables avec des fourches, mais ils n'étaient pas non plus particulièrement drôles. Lorsque Ulysse, qui visitait le pays des morts, demanda au grand (mais mort) Achille comment il trouvait sa « vie » parmi les morts, Achille répondit : « Je préférerais être un ouvrier agricole vivant travaillant pour un pauvre homme que roi ici. » Cela valait quand même mieux que les tourments du Tartare, où les pires criminels étaient envoyés. Voir les chapitres 7 et 8 pour les histoires d'Ulysse et d'Achille.

À l'époque romaine, les Champs Élysées avaient été transférés vers un lieu indéfini sous terre, mais les morts méritants s'y rendaient toujours. Selon le poète romain Virgile, ils continuaient à pratiquer le métier qu'ils avaient pratiqué de leur vivant, et continuaient d'y prendre plaisir pour toujours.

L'Atlantide

Platon, le philosophe grec, racontait l'histoire de l'Atlantide dans un de ses dialogues, Critias. Il y expliquait qu'il exista un jour une île au-delà des colonnes d'Hercule (l'ancien nom du détroit de Gibraltar), plus grande que la Libye et l'Asie prises ensemble, et patrie d'un puissant royaume peuplé par les fils de Poséidon. L'île tout entière fut engloutie par les eaux après un séisme.

Au Moyen Âge, les Européens oublièrent une grande partie de l'érudition des Grecs, mais pas le monde arabe. Le mythe de l'Atlantide revint en Europe à travers les écrits de géographes arabes. Les Européens qui apprirent cette histoire se demandèrent alors si l'Atlantide avait peut-être été en réalité les îles Canaries, ou une région de Scandinavie, ou même les Amériques. Une théorie moderne en vogue se réfère à l'île grecque de Théra (ou Santorin aujourd'hui), qui fut presque entièrement détruite par une explosion volcanique vers 1500 av. J.-C. Aujourd'hui, seule demeure une île en forme de croissant, le centre ayant complètement disparu. Certains estiment que cette catastrophe aurait pu être une conséquence de la disparition de l'Atlantide ou, plus simplement, que le souvenir du cataclysme qui eut lieu à Théra aurait donné naissance au mythe rapporté par Platon.

Brigadoon

Brigadoon est un village de pêcheurs mythique en Écosse, qui est visible un jour chaque siècle, puis disparaît à nouveau. Ce jour-là, tout étranger qui se trouve au village peut y rester, mais si un seul – peu importe lequel – des villageois résidants s'en va, le charme est brisé pour toujours. Un grand mythe… mais ce « mythe » a moins de cent ans d'âge.

En 1947, Alan Jay Lerner et Frederick Loewe écrivirent une comédie musicale pour Broadway intitulée *Brigadoon*. On en fit ensuite un film avec Gene Kelly. La pièce comme le film connurent un immense succès, et c'est ainsi que l'histoire de cette ville écossaise fabuleuse s'est enracinée dans la liste des endroits mythiques, autant que… eh bien oui, l'Élysée.

Mais Lerner et Loewe l'ont inventé de toutes pièces – il n'existe pas d'ancienne légende au sujet de Brigadoon. En fait, ils ne sont probablement pas non plus partis de rien. Bien que les auteurs le nient, beaucoup supposent qu'ils s'inspirèrent pour leur histoire d'une nouvelle allemande de Friedrich Gersacker qui évoque un village allemand appelé Germelshausen, qui n'apparaissait qu'une fois par siècle. Le nom « Brigadoon » est inspiré de celui d'un lieu qui existe vraiment, « Brig-o-Doom » (*Bridge of Doom*, « pont du Destin funeste »), que l'on trouve dans des poèmes célèbres du poète écossais Robert Burns.

Xanadu

En 1797, le poète britannique Samuel Taylor Coleridge passa quelque temps à la campagne pour se remettre d'une maladie. Pour accélérer sa convalescence, il prenait des doses de laudanum, une préparation à base d'opium utilisée comme antalgique, en quelque sorte l'ancêtre des antidépresseurs modernes. Un jour, il tomba dans un état de stupeur induit par le laudanum en lisant un livre sur l'Asie, et il eut une vision. Lorsqu'il se réveilla, il se mit rapidement à décrire l'image verbale dont il se souvenait.

Le poème décrivait un palace et un parc merveilleux, avec des falaises et des cavernes, des fleuves et des chutes d'eau partout. Au moment où il avait déjà écrit environ cinquante lignes, quelqu'un frappa à sa porte. Quand il fut enfin débarrassé de son visiteur, Coleridge avait perdu le fil de son poème, et sa vision s'était évanouie.

Bien qu'inachevé, le poème « Kubilay Khan » plaça Xanadu sur la carte mythologique. Cet endroit existe vraiment : il s'agit de Shangdu, une ville de Chine fondée par l'empereur mongol Kubilay Khan en l'an 1256. Marco Polo (ou des membres de sa famille) la visitèrent vers 1265. La ville historique de Shangdu était une gigantesque cité avec des murs entourant de nombreux bâtiments et un grand parc dans le centre-ville. Mais la ville mythique de Xanadu, produit d'un après-midi chaud, d'une dose d'opium et de l'imagination d'un brillant poète, est aujourd'hui la plus célèbre des deux.

Shangri-La

Comme l'Élysée (voir plus haut), Shangri-La est un lieu mythique de bonheur parfait. Comme Brigadoon (voir plus haut), la plupart des gens le connaissent à cause d'un ouvrage de littérature du XXe siècle. Et comme Xanadu, c'est une version asiatique et (probablement) idéalisée et mythique d'un lieu qui existe vraiment.

James Hilton écrivit en 1933 un roman, *Lost Horizon*, qui a pour cadre un lieu appelé Shangri-La en haut des montagnes de l'Himalaya, au Tibet. C'était un royaume secret et caché, où les gens ne vieillissaient jamais mais vivaient dans l'harmonie et le bonheur en gardant une sagesse ancienne et secrète. Le roman de Hilton s'inspirait d'un mythe du bouddhisme tibétain de Shambala, le « royaume caché », la patrie des humains parfaits qui conservent la forme la plus élevée de bouddhisme mystique. Selon ce mythe, l'endroit est caché par des montagnes percées par des chutes d'eau. Derrière ces montagnes, les rois de Shambala règnent chacun pour cent ans. Une fois que trente-deux de ces rois auront régnés, Shambala et ses habitants ne mèneront plus d'existence secrète et se révèleront au reste du monde.

En 1998, un explorateur américain, Ian Baker, emmena une équipe au Tibet à la recherche de Shambala. Bien qu'il ait découvert certains paysages qui semblent correspondre à des endroits mentionnés dans des manuscrits anciens, son expédition dut rentrer prématurément, et jusqu'à présent le gouvernement chinois n'en a pas autorisé d'autre. Les secrets de Shangri-La sont, pour le moment, toujours cachés.

Delphes

Cette ville est connue par son oracle. La prêtresse chargée de l'oracle s'appelle la Pythie (Plutarque). Le jour où elle rend l'oracle, elle se purifie dans l'eau de la source de Castalie, puis descend dans une salle souterraine du temple (l'« adyton ») où elle s'installe sur un trépied placé au-dessus d'une excavation d'où sortaient des émanations enivrantes ; la Pythie mâche des feuilles de laurier et entre en extase mystique (l'« enthousiasmos »).

Les consultants de l'oracle paient une taxe, offrent le sacrifice d'une chèvre (Plutarque), puis descendent dans une salle souterraine (l'« oikos ») voisine de l'*adyton*. Ils posent leurs questions à haute voix ou par écrit et le prêtre responsable de l'oracle transcrit (en vers) la réponse, plus ou moins incompréhensible, de la Pythie et en donne l'interprétation. L'oracle est le plus souvent ambigu, d'où le nom de « Loxias » (= oblique, équivoque) donné à Apollon pythien (Hérodote).

Chaque année des milliers de pèlerins viennent à Delphes car on peut interroger l'oracle sur des problèmes particuliers et personnels ou sur des affaires importantes (politiques ou religieuses). Il devient ainsi le guide spirituel de tout le peuple grec et son influence s'élargit bientôt à tout le monde civilisé.

Le Val-Hall

C'était le séjour des guerriers morts au champ d'honneur de la mythologie nordique. Au Val-Hall, ou Walhalla, ils dégustaient le « sanglier magique » qui chaque jour était tué, mangé, puis ressuscité le soir même. Un pis de chèvre produisait de la liqueur tout spécialement pour eux. Lorsqu'ils ne se gavaient pas de cochon sauvage en s'enivrant, les guerriers se battaient les uns avec les autres (pourquoi pas, puisqu'ils étaient déjà morts), en attendant la dernière bataille de la prophétie du Ragnarok. Voir le chapitre 13 pour en apprendre davantage sur les mythes nordiques.

L'Olympe

Le mont Olympe est le lieu de résidence des dieux grecs.

Ce lieu mythique correspond pourtant à une situation géographique réelle : l'une des hautes montagnes de la Grèce qui impressionnait la population. L'Olympe était le foyer des dieux, d'où leur nom. Ce qu'était exactement l'Olympe n'est pas aisé à dire ; il n'est pas douteux qu'au début on le tenait pour le sommet d'une montagne et on l'identifiait, en général, avec le mont Olympe, le plus élevé de la péninsule et situé au nord-est, en Thessalie. Mais même dans *L'Iliade*, ce tout premier poème grec, cette idée fait place à celle d'un Olympe localisé dans une région mystérieuse dominant toutes les montagnes de la Terre. Un passage de *L'Iliade* nous montre Zeus s'adressant aux dieux du « pic le plus élevé parmi les nombreux sommets de l'Olympe ». Il s'agit donc clairement d'une région montagneuse. Mais, quelques lignes plus loin, il déclare qu'il pourrait, s'il le voulait, suspendre le Ciel et la Terre au pinacle de l'Olympe et il devient tout aussi clair qu'il ne s'agit donc plus là d'une montagne. Toutefois, il n'est pas question des cieux et Homère fait dire à Poséidon qu'il gouverne la mer tandis qu'Hadès règne sur les morts et Zeus sur les cieux, mais que l'Olympe leur est commun à tous les trois.

Troie

Capitale de la Troade, territoire situé à l'entrée de l'Hellespont, sur la côte d'Asie Mineure, Troie est célébrée par Homère tout au long de *L'Iliade*. Son origine légendaire est diversement contée. Cependant, la tradition la plus connue veut que la ville ait été fondée par Ilos, fils de Tros, et qu'elle ait pris, en l'honneur de ces deux héros, le nom d'Ilion, puis celui de Troie. Le dernier roi de la ville fut Priam, fils de Laomédon. C'est sous son règne que les Grecs assiégèrent la ville pendant dix ans, l'incendièrent et la pillèrent jusqu'à la destruction totale.

À partir du XIXe siècle, les savants et les archéologues ont entrepris des fouilles sur la colline d'Hissarlik pour tenter la réalité historique de l'existence de Troie. Schliemann a ainsi trouvé les restes superposés de neuf villes, appelées Troie I, II, etc., et, à la couche VII A, correspondait la cité de Priam, où l'on pouvait relever des traces d'incendie. Aussi, on ne conteste plus de nos jours qu'il ne se soit produit, vers la fin du XIIIe siècle avant Jésus-Christ, un conflit entre des envahisseurs grecs et les indigènes du pays de Troade. La ville aurait finalement été détruite par un tremblement de terre.

Cette ville désormais mythique fut le théâtre sanglant de la guerre de Troie. Relatée par *L'Iliade* et *L'Odyssée*, elle fut le théâtre de l'affrontement des deux cités les plus puissantes de l'époque, Sparte et Troie. À son origine, il y eut l'enlèvement d'Hélène, épouse du roi de Sparte, Ménélas, par le prince troyen Pâris, aidé par Aphrodite. Les Achéens, pour laver l'outrage, assiégèrent la cité de Priam. Les plus célèbres des chefs grecs, sous le commandement d'Agamemnon, roi de Mycènes, étaient Achille, Ménélas, les deux Ajax, Ulysse, Idomédée, Diomède, Nestor, Palamède, Patrocle, Philoctète, Teucer. Du côté des Troyens, le plus vaillant guerrier était Hector, fils de Priam.

Au terme d'un siège de dix ans, les Grecs s'emparèrent de la ville grâce au stratagème du « cheval de Troie »… cette gigantesque construction de bois offerte à la ville cachait en fait les guerriers qui, une fois introduits dans l'enceinte de la ville, ouvrirent les portes à leurs compagnons. Le drame fut consommé lorsque la ville fut réduite en cendres, les hommes massacrés, les femmes réduites en esclavage.

Le caractère historique véridique de la légende de Troie, jamais remise en question dans l'Antiquité, fut longuement discuté depuis. Les recherches ont établi l'existence d'une ville préhistorique remontant au néolithique… Située au carrefour de l'Europe et de l'Asie, cette ville fut plusieurs fois détruite et reconstruite.

Avalon

Avalon était l'île magique où le roi Arthur se rendit après sa dernière bataille, l'endroit où ses blessures se seraient guéries et où il serait resté jusqu'à ce qu'il soit temps de rentrer. (Voir le chapitre 15 pour l'histoire du roi Arthur.) Une version de l'histoire avance qu'Avalon n'est en fait pas une île, mais la ville de Glastonbury, associée dans certains mythes celtiques au « pays des héros morts ». Mais beaucoup pensent que les moines qui vivaient à Glastonbury ont inventé cette histoire pour attirer les touristes et donner un coup de pouce à l'économie locale. Avalon est devenue aujourd'hui le symbole de tout lieu mystique et heureux.

Chapitre 25

Dix histoires d'amour

Dans ce chapitre :

- Cupidon et Psyché
- Pyrame et Thisbé
- Orphée et Eurydice
- Céyx et Alcyoné
- Pygmalion et Galatée
- Philémon et Baucis
- Daphné
- Alphée et Aréthuse

Cupidon et Psyché

Cette histoire est contée par Apulée, un auteur latin du IIe siècle de notre ère.

Il était une fois un roi, père de trois ravissantes filles. La plus jeune, Psyché, enfonçait les deux autres par son éclat et sa classe naturelle (en bref, c'était un canon). La renommée de sa beauté fit le tour du monde, tous les hommes cherchaient à la rencontrer pour admirer une beauté si exceptionnelle. Ils allaient jusqu'à dire que Vénus, la déesse, ne pouvait rivaliser avec cette mortelle. Les temples de la déesse étaient délaissés, tous les honneurs qui lui étaient dus allant aujourd'hui à une simple mortelle…

La déesse, on s'en doute, ne pouvait supporter cet affront. Elle en appela à l'aide de son fils, Cupidon, dont les flèches font tomber amoureux les plus récalcitrants. Elle lui demanda que cette petite effrontée tombât amoureuse de la plus affreuse des créatures… Lorsqu'il la vit, il ne put mettre ce sinistre projet à exécution, comme s'il était lui-même transpercé par l'une de ses flèches. Fou d'amour, il cacha ses sentiments à sa mère et décida d'épargner la jeune fille.

Étrangement, Psyché ne tomba amoureuse d'aucun homme et aucun homme ne s'éprit d'elle. Ils se contentaient de la contempler, de loin, comme si elle était inaccessible. Cela causait beaucoup de souci à ses parents. Son père alla rendre visite à Apollon pour implorer un mari pour sa fille. Or, Vénus avait sommé Apollon de punir la jeune femme. La réponse d'Apollon fut terrible : il décréta que la jeune fille devait aller sur le sommet d'une colline et y rester seule jusqu'à ce qu'un serpent ailé et terrifiant ne vienne à elle pour en faire sa femme.

Courageuse, elle fit ce qui lui avait été demandé. Là, tandis qu'elle pleurait, un léger souffle parvint jusqu'à elle, Zéphyr, le plus doux des vents, qui la souleva et l'emporta jusqu'à une prairie luxuriante et calme (un nouvel Eden). Rassurée et en paix, elle s'endormit. En se réveillant, elle était près d'une rivière au bord de laquelle s'élevait un château imposant et magnifique. Elle s'approcha et, ne voyant personne, hésita sur le seuil. Là, ces mots lui parvinrent : « Entre, n'aie pas peur, la maison est à toi… » elle entra, prit un bain et goûta les mets les plus raffinés qu'elle ait jamais goûté. Seule toute la journée, elle était persuadée que son mari viendrait à la tombée de la nuit. Et il en fut ainsi. Quand elle le sentit près d'elle et qu'elle entendit sa voix, il oublia toute crainte. Sans le voir, elle savait que ce n'était pas un monstre, mais le mari qu'elle avait toujours attendu et désiré.

Un jour, gravement, il l'avertit d'un grand danger. Si l'une de ses sœurs l'aperçoit, il se passera quelque chose de terrible… Mais, ne pouvant se contenter de cette présence invisible, elle mourait d'envie de revoir ses sœurs. Alors, Zéphyr conduisit ses sœurs jusqu'au château où leurs retrouvailles furent émouvantes. Psyché ne dit rien sur son mari ; mais, dévorées par la jalousie, ses sœurs voulaient en savoir plus… c'est pourquoi elles complotèrent dans le dos de leur sœur.

Son époux tenta de l'alerter en l'implorant de ne pas revoir ses sœurs, mais elle n'en fit qu'à sa tête. De retour au château, les sœurs mirent en œuvre leur terrible plan… Se doutant que Psyché ne savait pas qui était son mari, elles lui firent comprendre que cet homme mystérieux était en fait le serpent qui attendait son heure pour la dévorer et la conduire à sa perte.

Psyché, affolée, décida d'en avoir le cœur net la nuit venue. Elle prépara un couteau et, une fois que son mari serait endormi, elle allumerait la lumière et lui planterait le couteau dans le corps.

La nuit venue, tandis qu'il dormait, elle alluma la lampe et eut sa réponse : non, ce n'était pas un serpent, mais la plus belle des créatures. Éveillé par une goutte d'huile brûlante, le bel inconnu s'enfuit, dépité d'avoir été trahi de la sorte. Elle tenta de le rattraper, mais en vain… Ses derniers mots furent ceux-ci : L'amour ne peut pas vivre sans confiance, adieu… Elle comprit alors que son mari était le dieu de l'Amour, en personne…

Par tous les moyens elle essaya de le retrouver, implora Vénus, sa mère... Mais celle-ci ne pouvait accepter le choix de son fils... Pour la punir, elle lui fit trier un tas de graines. En lui imposant un travail aussi dur, en l'empêchant de manger et de dormir, elle espérait détruire sa beauté. Pendant ce temps, elle veillait à éloigner d'elle son fils, coûte que coûte... mais celui-ci la retrouva, car à l'amour rien n'est impossible, et lui assura que, désormais, rien ne pourrait plus les séparer... Ils se marièrent et, grâce à Jupiter, la mortelle devint déesse. Désormais, Vénus ne pouvait plus s'opposer à leur amour. Tout se termina le plus heureusement du monde. L'Amour et l'Âme (Psyché) s'étaient enfin trouvés, plus rien ne briserait cette union...

Pyrame et Thisbé

On retrouve cette belle histoire d'adolescents amoureux chez Ovide. L'histoire se passe à Babylone. Ces deux jeunes gens, presque des enfants, se connaissaient depuis presque toujours, ils étaient voisins. Ils voulaient se marier, mais leurs parents ne l'entendaient pas de cette oreille. Pour échapper à la vigilance de leur famille, ils s'envoyaient des mots doux par les lézardes dans le mur. Un jour, ils décidèrent de s'enfuir ensemble. Mais, alors que Thisbé attendait Pyrame dans un bois, elle fut attaquée par une lionne. Elle parvint à s'échapper mais laissa, dans sa course, son voile. Pyrame, voyant les traces de sang, crut que sa bien-aimée était morte. Fou de douleur, il se transperça le corps. Thisbé, qui ne voulait pas rater son amoureux, revint sur les lieux et découvrit son fiancé, baignant dans son sang. Il mourut dans ses bras. Comprenant qu'il s'était tué car il la croyait morte, elle prit l'épée et se transperça le corps à son tour, afin de rejoindre son amour dans l'au-delà.

Orphée et Eurydice

Orphée était l'un des musiciens les plus doués, il tenait de sa mère, une Muse, le don de la musique. Lorsqu'il rencontra Eurydice, le coup de foudre fut immédiat. Aucune femme ne pouvait résister à sa lyre... Ils se marièrent, mais leur bonheur fut bref. La noce à peine achevée, elle se promenait dans une prairie lorsqu'elle fut mordue par une vipère. La douleur d'Orphée fut immense. Il décida d'aller lui-même dans le royaume des morts pour tenter d'en arracher Eurydice. Il osa ce qu'aucun homme n'avait jamais osé faire, il entreprit le périlleux voyage dans le monde souterrain, persuadé qu'avec son chant il charmerait le gardien des Enfers. Le chien Cerbère relâcha en effet sa garde et rendit Eurydice à Orphée ; mais à une condition : ne pas se retourner pour la regarder avant d'avoir atteint le monde des vivants. L'un derrière l'autre, ils passèrent les portes d'Hadès, il savait qu'elle le suivait, mais il mourait d'envie de se retourner pour jeter un coup d'œil. Finalement, il se retourna... trop tôt... Puni par sa curiosité, elle disparut à jamais. Il tenta désespérément de la suivre, mais les dieux ne lui permirent pas de pénétrer une nouvelle fois dans le monde souterrain. Désespéré, il remonta seul.

Céyx et Alcyoné

Céyx, un roi de Thessalie, était le fils de Lucifer. Sa femme était la fille d'Éole, dieu des Vents. Ils avaient l'un pour l'autre un tendre attachement et, s'ils devaient se séparer, c'était toujours à regret... Pourtant, un jour, Céyx décida de quitter sa bien-aimée pour un long voyage à travers les mers ; plusieurs affaires lui causaient du souci et il voulait consulter l'oracle. Quand elle apprit son projet, elle fut accablée de crainte et de chagrin. Finalement, elle céda et le laissa partir.

Une nuit, il y eut une terrible tempête qui engloutit le bateau. Pendant ce temps, Alcyoné l'attendait patiemment. Dans son sommeil, elle eut un jour l'intime conviction que son mari était mort. Le matin, elle se rendit sur la falaise en face de la mer et aperçut au loin quelque chose qui flottait. Peu à peu, elle comprit que c'était un corps, celui de son mari, mort. Elle voulut se jeter à l'eau pour le rejoindre, alors elle s'envola, transformée en oiseau. Lui aussi, à ce moment-là, se transforma en un oiseau au-dessus des flots. Depuis, on les voit toujours ensemble, voguant sur les vagues.

Pygmalion et Galatée

À Chypre, un jeune sculpteur de talent, Pygmalion, était misogyne. Il avait décidé de ne jamais se marier. Pourtant, il voulait consacrer toute son énergie à réaliser une statue parfaite, qui se trouva être une statue de femme...

Mais il n'était jamais satisfait, malgré le temps considérable qu'il y consacrait chaque jour. Quand elle fut parfaite, qu'il n'y eut rien de plus à ajouter, quelque chose d'étrange se produisit. Il en tomba éperdument amoureux. Dès ce moment, le sexe qu'il avait méprisé prit sa revanche... Jamais amoureux ne fut aussi désespéré que le malheureux Pygmalion. Il essayait de la prendre dans ses bras, mais elle restait aussi froide que le marbre (et pour cause !). Il l'habillait de vêtements somptueux, la comblait de cadeaux... mais il cessa de jouer à la poupée, conscient qu'il ne ferait pas d'elle une vraie femme.

Cette passion si singulière attira l'attention de la déesse Vénus qui décida d'aimer un amoureux si singulier. À l'occasion de la fête de Vénus, Pygmalion lui demanda de lui faire rencontrer une jeune femme semblable à sa statue. De retour chez lui, une surprise l'attendait : elle était là, sur son socle, plus belle que jamais, en chair et en os. N'en croyant pas ses yeux, il prit son pouls, elle était bel et bien vivante ! Il comprit que c'était l'œuvre de la déesse. Fou de joie, il la prit dans ses bras et la couvrit de baisers enflammés.

Philémon et Baucis

Parfois, il arrivait que Jupiter descende sur terre pour se distraire, déguisé en simple mortel. Pour ses aventures, son compagnon favori était Mercure, le plus salace et le plus amusant des dieux. Les deux dieux prirent la forme de vagabonds pour tester l'hospitalité des habitants. Or, personne ne voulut les recevoir, ils étaient chassés de partout. Ils arrivèrent enfin devant une cabane toute simple. Pour la première fois, on les invita à entrer avec une extrême politesse. Un vieil homme et sa femme les accueillirent, Philémon et Baucis. Ils s'aperçurent que les vagabonds étaient des dieux, car les coupes dans lesquelles ils leur apportaient à manger restaient toujours pleines. Pour les remercier de leur gentillesse et de leur hospitalité à leur égard, les dieux transformèrent la modeste cabane en palais. Les dieux leur proposèrent alors de faire un vœu, ils demandèrent à toujours rester ensemble, jusque dans la mort…

Daphné

Selon Ovide, Daphné était une jeune chasseresse. Elle fut, dit-on, le premier amour d'Apollon, et refusait tout amant mortel. Son père, Pénée, était déçu de la voir repousser tous les prétendants possibles. Mais un jour, Apollon l'aperçut. Elle chassait, sa jupe courte remontait au-dessus du genou, ses bras étaient nus et ses cheveux en désordre. Face à cette beauté enchanteresse, Apollon tomba sous le charme. Il la poursuivit, mais elle tenta de lui échapper, repoussant ses ardeurs. Effrayée, elle appela son père à son secours. Alors qu'elle courait toujours, elle sentit ses pieds s'enraciner dans le sol, elle était transformée en laurier.

Alphée et Aréthuse

Dans l'île d'Ortygie, près de Syracuse, une jeune chasseresse s'appelait Aréthuse. Elle avait une aversion profonde pour les hommes et aimait avec passion la chasse et la liberté. Un jour, elle s'arrêta près d'un ruisseau et prit un bain, nue. Alors qu'elle se baignait tranquillement, elle entendit une voix. Effrayée, elle sauta sur la berge. L'inconnu qui lui parlait était le dieu de la rivière, Alphée, et il ne voulait que lui manifester son amour. Mais elle ne voulait rien entendre, elle ne pensait qu'à lui échapper. Épuisée, Aréthuse implora Artémis de l'aider, elle la changea en fontaine. Mais elle ne put se libérer d'Alphée ; reprenant sa forme de fleuve, il la poursuivit.

Chapitre 26

Dix mythes chez Platon

Dans ce chapitre :

- Le mythe de la caverne
- Le mythe de l'androgynie primitive

La Grèce, berceau de la philosophie et de la raison (*logos*), a fermement opposé la raison au récit, à la fiction, *mythos*. Les mythes étaient tenus pour une affabulation, un mensonge, un délassement de l'esprit, ou, dans le meilleur des cas, une hypothèse non vérifiée, une croyance religieuse. De ce fait, en tant que philosophe, Platon aurait dû opter pour le camp de la rationalité et rejeter d'un revers de main les mythes comme moyen d'expression.

Or, les choses sont plus compliquées. En effet, Platon a créé les mythes les plus magnifiques et les plus célèbres de la culture grecque. Les dialogues de Platon en contiennent seize ; il n'y a pas un dialogue qui soit exempt d'un mythe ! Et, si ceux-ci sont très célèbres, il faut ajouter qu'ils ne jouent pas seulement un rôle accessoire : ils éclairent l'ensemble de l'œuvre du philosophe grec.

De plus, Platon ne se contente pas de reprendre des mythes existants, il les adapte au gré de sa fantaisie, voire crée un genre nouveau de mythes. Le mythe platonicien, même s'il s'en inspire souvent, ne se confond pas avec les récits de la mythologie grecque, ni avec les histoires légendaires telles qu'ont pu les raconter Homère, Hésiode, les Tragiques et les poètes orphiques.

Face à ce paradoxe, on ne peut que s'interroger… Comment trancher ce dilemme : la raison ou le mythe ? Comment comprendre que Platon, qui accorde tant de prix à la vérité, le but de la philosophie, nourrisse autant son œuvre de récits mythiques ?

Quelle est la signification du mythe chez Platon ?

- le mythe est un récit fictif, une histoire avec des personnages. Sa forme narrative le rapproche de la fable, de la parabole, de l'allégorie.

- le mythe rompt avec la démonstration dialectique, en interrompant le discours conceptuel (forme classique de l'exposition d'une thèse scientifique). C'est un discours, imagé, narratif et suggestif, qui fait travailler l'imagination et non le raisonnement.
- le mythe ne prétend pas chercher le vrai mais expose une thèse raisonnable, plausible.
- le mythe ne vise pas la vérité. Il est porteur d'un message caché, secret. Il y a donc de multiples niveaux de lecture.
- le mythe a une intention pédagogique. Il aide à la réflexion et à la compréhension. Un peu comme les fables de La Fontaine, c'est un stimulant moral, voire un ferment spirituel.

Quoi qu'il en soit, le genre reste indéfinissable, et ses frontières floues. Le mythe évoque et suggère, propose à l'imagination plus qu'il ne parle à notre intelligence, donne une explication plus divertissante, sympa, suggestive, pédagogique.

Donc, s'il peut sembler étonnant de faire référence au philosophe Platon dans un livre consacré à la mythologie grecque et romaine ; on ne peut nier l'apport de Platon à la mythologie grecque. Inspiré par les traditions orphiques, pythagoriciennes et homériques, il fait pourtant preuve d'originalité et invente sa propre géographie du monde souterrain. Et, si ses mythes ont souvent une portée morale, ils n'en sont pas moins fascinants que les récits d'Homère et d'Ovide…

De plus, loin de servir dans un but purement illustratif ou décoratif, ces mythes ont une véritable valeur philosophique. Ils ne sont pas seulement là à titre illustratif, pour faire joli, ou pour distraire le lecteur entre deux démonstrations philosophiques… À l'inverse d'Ovide ou de Virgile, pour Platon, un mythe a une valeur de vérité…

Pour s'y reconnaître dans tous ces mythes, aussi saugrenus les uns que les autres, les commentateurs ont pris l'habitude de dresser une classification :

- les mythes généalogiques : ils font le récit de la naissance du monde et des hommes.
- les mythes eschatologiques : ils évoquent la destinée des hommes (voir les trois mythes du *Gorgias*, du *Phédon*, et du livre X de la *République*).
- les inclassables : comme le mythe de la caverne.

Épiméthée et Prométhée : Protagoras (320c-322d)

Le contexte

Ce dialogue de jeunesse se situe dans la maison de Callias, où Socrate raconte avoir rencontré le célèbre sophiste Protagoras. Le dialogue tourne autour de la joute oratoire (très musclée) entre le philosophe et le sophiste. Ils évoquent notamment la question du sens de la sophistique. Pour répondre à cette épineuse question, Protagoras propose de répondre par un mythe, plus agréable…

Le récit

La scène se passe au moment de la création des espèces et des hommes. Les deux frères, Épiméthée et Prométhée, sont chargés de la répartition des qualités et des talents entre les espèces. L'un fera la distribution des dons, l'autre contrôlera son travail. Eh oui, même chez les dieux, pas question de faire confiance à son frère dans le cadre du boulot…

Épiméthée se met au travail, aussi scrupuleusement que possible. Son travail doit répondre à une double exigence : l'équité et l'harmonie. Il ne faut léser personne et répartir justement les talents. Par exemple, le plus faible sera aussi le plus rapide, le petit animal sera capable de voler dans les airs, l'un aura des poils… Mais quand toutes les espèces furent servies et qu'il ne restait plus rien à distribuer, Prométhée prit conscience de sa gaffe : il avait oublié l'homme. Oups !!! Quand Prométhée s'en aperçoit, c'est la panique, il faut vite réparer cette erreur. Pour rattraper le coup, il est prêt à tout, même à trahir les dieux, en dérobant le feu à Héphaïstos et l'habileté technique à Athéna. Grâce à ces savoir-faire, l'homme nouveau est né, il égale les dieux par ses capacités d'invention. Mais il manque encore une chose pour que la civilisation existe, l'art politique, sans lequel les hommes, incapables de s'entendre, sont amenés à se détruire, à s'entre-tuer. Devant de tels risques, Zeus, inquiet, prie Hermès d'offrir aux hommes la justice et la pudeur… Effectivement, sans pudeur, la vie sociale serait un véritable lupanar…

Le mythe de la caverne

Ce récit célèbre apparaît au livre VII de la *République*. Platon y relate un bien étrange récit, qui se veut un portrait en creux de la condition humaine.

L'histoire y est décrite étape par étape :

1) un descriptif de la caverne. Dans un espace fermé et éclairé par un feu, des prisonniers, enchaînés depuis leur enfance, le corps et la tête immobilisés, regardent défiler, sur la paroi de la grotte, des ombres et perçoivent des échos de voix. Ce monde carcéral, c'est notre monde, le « monde sensible » dans les termes du philosophe, un univers fait de faux-semblants, d'illusions, d'apparences. Nous nous pensons libres, alors que nous sommes prisonniers de nos illusions ; mais, comme nous ne savons pas qu'il existe un autre monde, nous nous satisfaisons de notre condition, aussi médiocre soit-elle. Notre condition est équivalente à celle de prisonniers vivant au fond d'une caverne, le regard tourné vers la paroi qui leur fait face. Enchaînés depuis l'enfance, ils n'ont jamais vu autre chose que l'ombre des figurines qu'agitent derrière eux des montreurs de marionnettes. Mais, pour ces hommes, ce simulacre de réalité est confortable : ils ne connaissent que ça, sont habitués à accepter les choses telles qu'elles sont sans chercher à savoir s'il y a autre chose derrière ces ombres et ces échos de voix. En proie au conditionnement, voire à l'intoxication mentale, ils sont doublement enchaînés : prisonniers et ignorants. Qui est plus esclave que l'esclave ? L'esclave qui se croit libre.

2) l'arrachement hors de la caverne : la conversion. À partir ce cet état initial, Platon émet l'hypothèse d'un philosophe qui viendrait délivrer les prisonniers pour les amener à la lumière. Ce mystérieux inconnu s'introduit dans la caverne pour libérer l'un d'entre eux, et le forcer à se tourner vers le soleil. Or, la sortie de la caverne est un véritable arrachement : cela demande des efforts considérables. Cette conversion est douloureuse car elle implique un renoncement à ce monde. Au début, le prisonnier se rebelle, refuse de faire ces efforts douloureux, mais ce personnage mystérieux le force à continuer. Comme tout apprentissage, cette étape est contraignante. Mais la connaissance est libération, le savoir rend les hommes libres.

D'abord ébloui et incapable de reconnaître les objets dont il voyait le reflet dans la caverne, celui-ci apprendrait peu à peu à distinguer les formes. Or, si l'on détache un des prisonniers et qu'on le force à sortir de la caverne pour parvenir à la lumière du jour, il s'apercevra que les images qu'il tenait jusque-là pour la seule réalité ne sont que les ombres de figurines, mais aussi que les figurines elles-mêmes ne sont que les reproductions des objets qu'il peut alors contempler directement, à la lumière du jour. Il comprend alors que c'est le soleil qui gouverne tout dans le monde visible et qui permet à l'homme de voir les objets situés à l'extérieur de la caverne.

3) l'ascension (vers la vérité). Après avoir quitté la caverne, il suit un sentier escarpé qui mène vers le soleil. Cette ascension est lente et difficile car il faut se défaire de ses illusions, de ses habitudes. Alors seulement, il connaîtra la vérité, atteindra la sagesse, le savoir… Au final, il parviendra à contempler le Soleil, synonyme de la Vérité, une fois qu'il aura accédé à l'air libre.

4) la redescente. Arrivé au sommet de son effort personnel, il ne peut y séjourner tranquillement. Après avoir approché de la vérité, il est obligé d'y renoncer. Les autres, dans la caverne, vivent encore dans le mensonge et l'ignorance. Et, comme s'il n'avait pas le droit de conserver pour lui seul cette sagesse, le nouveau philosophe redescend dans la caverne. De retour, il est mal accueilli : ricanements, menaces, sarcasmes sont au programme. Les autres se liguent contre lui et le persécutent. Mais le philosophe ne peut échapper à son destin : il doit transmettre la connaissance aux autres, faire partager son message de savoir.

Mais, s'il redescend dans la caverne d'où il a été sorti, il sera aveuglé par l'obscurité, comme il l'avait été par la lumière lors de sa sortie de la caverne. Perdu au milieu des ombres, il sera incapable de se réadapter à cet environnement. Et, s'il raconte à ses compagnons qui vivent dans la caverne ce qu'il a vu, ceux-ci refuseront de le croire. Son récit ne lui vaudra que des embrouilles…

L'explication

Platon fait le portrait d'un théâtre d'ombres où ce que nous croyons être réel n'est que le reflet d'une réalité supérieure… Ainsi, dans cette machinerie complexe, plusieurs niveaux sont imbriqués :

1) la scène inférieure sur laquelle jouent les ombres des marionnettes et où résonne l'écho des paroles venant de l'extérieur. Les hommes sont des spectateurs envoûtés, fascinés par le spectacle d'ombres auxquels ils assistent.

2) le théâtre intermédiaire des marionnettes dont les prisonniers enchaînés ignorent l'existence.

3) le théâtre supérieur, le réel. Le prisonnier n'y aura accès qu'une fois libéré de ses chaînes.

La signification

Tant qu'ils ne sont pas éduqués, les hommes se fient à tort aux chimères que leur renvoient leurs sens. La caverne représente le monde sensible, monde des apparences changeantes et trompeuses, à l'opposé du monde intelligible des choses vraies. Derrière la figure du prisonnier qui se libère de ses chaînes, et parvient à libérer son âme vers la contemplation des objets réels, il faut voir la figure du philosophe. Le philosophe, étranger parmi les hommes, est incompris et mis à mort… alors que son apprentissage de la connaissance lui a permis de voir la lumière…

Que retenir de cette histoire… L'idée que l'ensemble des Grecs était imprégné de culture mythologique… Que l'homme est un pantin manipulé par une force supérieure qui se joue de lui… un peu comme dans la téléréalité où les candidats ignorent qu'ils ne font que jouer un scénario écrit d'avance et sur lequel ils n'ont pas de prise !

Le mythe de Gorgias

Le contexte

À la fin de son entretien, assez musclé, avec Gorgias, Platon finit par une « très belle histoire » qui vient clore le dialogue et parachever la démonstration du philosophe. En effet, pendant l'ensemble du texte, Socrate s'est employé à démontrer une thèse paradoxale : **il vaut mieux subir le mal que le commettre**, car celui qui fait le mal se fait du mal ; ce qu'il fait n'est bon ni pour lui, ni pour les autres ; alors que celui qui subit le mal des autres sans le commettre est un juste, un homme bien ! Les interlocuteurs de Socrate : Gorgias, Calliclès, refusent farouchement cette thèse. La meilleure des choses, selon eux, serait plutôt de pouvoir faire tout ce qui nous plaît, y compris les pires crimes, en étant certains de ne jamais être pris ! Ce serait le pied…

Avec ce récit, l'atmosphère n'est plus alors au conflit et la joute verbale laisse place au monologue : la mort, en soi, n'a rien d'effrayant, sauf pour les criminels qui peuvent s'attendre au pire.

Socrate parle lui-même de « belle histoire », de « fable », pour évoquer ce passage. Platon aménage un récit d'Homère (*L'Iliade XV*, 187) mais le prolonge et l'enrichit. En effet, l'idée d'une justice divine, dans l'au-delà, est propre à Platon.

Le récit

Nous sommes au temps de Cronos. Trois dieux se partagent l'univers : Zeus règne dans les cieux ; Poséidon sur les eaux ; Hadès à l'intérieur de la terre. Une loi gouvernait alors la destinées des âmes après la mort : les justes connaissaient la félicité parfaite dans les îles des Bienheureux ; les mauvais finissaient dans le Tartare. Cette loi étant trop rudimentaire, et les jugements souvent manichéens, Zeus prit trois mesures clés :

- ôter aux hommes la prescience de leur mort. Ignorer l'heure de sa mort, c'est se tenir prêt en permanence pour l'instant fatidique. La connaître fausserait l'appréciation du juge.
- dépouiller les âmes de leur enveloppe corporelle : car elle peut faire illusion et influencer le jugement. C'est nue, dans sa vérité dépouillée des apparences mensongères, que l'âme se présentera devant ses juges, sans pompe ni assistance.
- doter les juges de qualité, soumis à un contrôle pour une plus grande impartialité.

Ainsi, nulle âme n'échappera à sa sentence, délivrée par le tribunal suprême. Seront jugés sans distinction de rang les plus humbles, les rois, les hommes politiques, les puissants, les corrompus… Les hommes seront jugés non sur ce qu'ils étaient au moment de leur mort, mais sur ce qu'ils ont été durant leur vie. C'est la personne, mise à nu, qui est appréciée. Impartialité, neutralité, absence de parti pris sont désormais de rigueur. Les juges seront eux-mêmes guidés par un souci d'équité. Tout est mis en place pour que, dans l'au-delà comme ici bas, règne une justice de qualité.

L'explication

Dans ce mythe, Platon reprend à son compte les codes des descentes orphiques au cœur du monde souterrain. Il se réfère même explicitement à Homère. Il évoque le jugement des âmes par les trois fils de Zeus, Minos, Éaque et Rhadamanthe ; leur tribunal se situe au carrefour de deux routes, l'une qui mène à l'île des Bienheureux, l'autre au Tartare… Ce sont ces trois juges qui décident de la destinée des âmes après leur mort…

En effet, alors que, sur terre, les criminels peuvent masquer leurs méfaits et faire illusion… la Justice céleste ne se trompe jamais sur la qualité des âmes. En effet, les âmes se présentent à nu devant les juges… elles ne peuvent donc pas se dissimuler derrière des appâts de l'argent, le pouvoir… Ainsi, les tyrans, impunis sur terre, seront à coup sûr punis par les juges célestes… Ainsi, si les criminels peuvent corrompre les juges terrestres, imparfaits, parfois faibles, ils ne peuvent corrompre les juges divins !

Le Phédon

Socrate, qui vit ses derniers instants avant de mourir, se livre ici à une méditation sur la mort et la destinée des âmes et leur voyage au royaume d'Hadès. Ce texte se présente sous la forme d'un long monologue qui laisse une large place aux croyances traditionnelles. Ainsi, les figures du Tartare, des Champs Élysées évoquées dans ce voyage de l'âme existent déjà chez Homère. Ce récit se compose de deux parties :

- un mythe géographique qui présente une topologie structurée de la Terre, du Tartare. Le texte du *Phédon* (107d – 115a) reprend et développe la topographie du monde souterrain déjà brièvement évoquée dans le *Gorgias*.
- un mythe eschatologique concernant le jugement des âmes dont la portée véritable est d'exposer, grâce au mythe, une théorie de la justice innovante, une justice à la fois distributive et réparatrice.

La première partie qui évoque la géographie du monde permet d'expliquer le cheminement des âmes après la mort. La partie eschatologique s'inscrit dans le fil du récit du *Gorgias*, comme si Platon poursuivait un récit entamé et interrompu. Que deviennent les âmes après leur jugement ?

Elles sont réparties en fonction de leur vie passée en plusieurs catégories :

a. les âmes pures : les philosophes. Ceux-ci seront à jamais débarrassés de leur corps et vivront une âme désincarnée dans les régions supérieures du Paradis.

b. les grands criminels, jugés incurables, qui sont jugés dans le Tartare sans rédemption possible.

c. les criminels qui ont commis des fautes graves mais aux circonstances atténuantes (actes commis sous le coup de la colère, de l'ivresse, de la passion ou qui ont exprimé leurs regrets sincères…). Ceux-ci seront soumis aux tortures du Tartare, mais pour un laps de temps limité. Une fois ce temps accompli, ils devront demander leur indulgence à leurs victimes et obtenir leur pardon, ce qui permet de parler de justice réparatrice et pas seulement distributive. Le coupable doit réparer sa faute auprès de sa victime, en implorant son pardon. L'affaire se règle entre les deux parties, sans intervention d'un juge extérieur. Ainsi conçue, la peine a pour objectif avoué d'amender le coupable, de lui faire prendre conscience du mal qu'il a fait dans une sorte de face-à-face de l'âme avec elle-même. Puis, après cette phase essentielle de purification, ils connaîtront le cycle des multiples réincarnations.

d. pour la majorité des hommes, ni anges, ni bêtes, aucun châtiment n'est prévu, mais une purification leur sera demandée, dans un lieu qui n'est pas nommé, mais qui ressemble fort à un Purgatoire, un au-delà intermédiaire.

Donc, selon cette conception originale de la justice, chacun obtient la sanction qu'il mérite : la justice est personnalisée et proportionnée aux crimes et délits commis. La peine correspond au délit, la récompense aux bienfaits, loin de tout manichéisme binaire et rigide. Les hommes ne sont pas bons ou mauvais, il existe de multiples cas de figure et autant de lieux intermédiaires entre le paradis et l'enfer. Ici, pas de dualisme, chaque cas est traité individuellement. Il y a donc une hiérarchie qualitative des âmes, du plus vertueux au plus crapuleux. La leçon finale de Platon entérine le principe du classement des âmes en fonction de leur style de vie. Ainsi, il espère convaincre par le mythe ce qu'il n'a pas réussi à faire accepter à ses interlocuteurs au cours de leurs discussions philosophiques. En bref, Platon met en place une sorte de hiérarchie des âmes : celles qui ont des bons points mènent une vie de délices, quant aux autres, elles vivront les pires tourments et souffrances ! Cette classification est particulièrement subtile : les criminels qui ont agi sous le poids de la colère sont moins atteints que ceux qui ont agi par préméditation. Pour un peu, on retrouverait ici certains principes de notre justice humaine !

L'inspiration orphique de ce mythe est claire : il prend modèle sur l'histoire d'Orphée descendu aux Enfers pour sauver Eurydice sous la direction d'Hermès. Ce thème de l'immortalité de l'âme et des sanctions d'outre-tombe sera de nouveau évoqué dans les *Lois* VII où Platon affirme qu'il faut croire à l'immortalité de l'âme. Mais, s'il reprend sans le modifier le schéma des deux routes, il invente une géographie originale. Comme dans le mythe de la caverne, le tableau s'anime parce que chacun des quatre fleuves décrits ici charrie les âmes des défunts. Ainsi, il modifie en grande partie la vision d'Homère. Celles dont la vie fut moyenne s'embarquent sur l'Achéron et vont résider près du lac Achérousias où elles recevront leur lot de peines et de récompenses. Quant aux âmes des pêcheurs incurables, coupables de sacrilèges et de meurtres, elles seront précipitées pour l'éternité dans le Tartare d'où elles ne pourront jamais s'échapper. Les âmes criminelles et violentes, mais qui ne sont pas incurables, sont précipitées dans le Tartare, d'où elles sortiront une fois leurs crimes expiés. Enfin, les âmes pieuses couleront des jours heureux. Parmi ces âmes pieuses, celles qui ont pratiqué la philosophie connaîtront un sort particulier, au milieu des astres...

La République : le mythe d'Er le Pamphylien

Ce récit est situé au terme d'un très long dialogue mais qui n'a jamais perdu son fil directeur : la justice. Reste à montrer, dans un ultime débat, que la vertu et la malice ne reçoivent leur sanction que dans la vie future. Pour donner à son discours une portée quasi-divine, il fait appel au récit d'Er le Pamphylien, dont l'âme, dit-on, est revenue sur terre après avoir séjourné au royaume des morts. Sa révélation apporte un complément aux mythes de *Gorgias* et *Phédon* : comment s'opère, une fois le jugement rendu et la peine purgée, le retour à la vie des âmes soumises à la réincarnation ? La *République* ferme la boucle : après le passage de la mort aux Enfers, écoutons l'histoire du passage des Enfers à la vie... où il tente de concilier fatalisme et liberté individuelle. Cet hymne à la rationalité, à la raison, à la responsabilité est un éloge de l'homme et de sa raison.

Er ressuscité des morts

Soldat tué sur le champ de bataille, Er revient à la vie, douze jours après sa mort, au moment de sa crémation. Il a été épargné car choisi par les juges pour être le messager de l'au-delà auprès des hommes.

Les âmes des morts, après avoir été jugées selon leur mérite, se retrouvent dans une prairie où elles séjournent sept jours, puis marchent vers une colonne. C'est alors que les âmes ont à faire le choix de leur vie future, un choix complexe. Certains se laissent tromper par le faste, le luxe, d'autres choisissent une vie analogue à celles qu'ils connaissent déjà... Et certains, mécontents de leur lot, se plaignent et récriminent contre le destin au lieu de s'en prendre à eux-mêmes. Quoi qu'il en soit, nul ne peut revenir en arrière.

Platon raconte ici une scène exceptionnelle : la scène au cours de laquelle chaque âme, avant de se réincarner, peut choisir quelle sera sa vie future. En effet, sans que nous en ayons conscience, ce qui nous arrive dans le présent n'est pas le fruit du hasard. Ce qui nous arrive se produit parce que nous l'avons VOULU ! Seulement, avant de se réincarner, les âmes passent par le fleuve de l'oubli, le Léthé, à cause duquel nous ne nous souvenons plus de ce choix initial qui conditionne pourtant toute notre vie.

À l'issue de ce choix décisif, les âmes passent alors devant les Moires qui ratifient la destinée attribuée et la rendent irrévocable. Elles se rendent alors dans la plaine du fleuve Léthé et y perdent tout souvenir. Amnésiques, elles reviennent sur terre pour une nouvelle vie.

Le sens

Le mythe d'Er parle de la relation entre destin et liberté. L'enjeu est de savoir qui préside aux destinées de chacun. Platon reprend toute une tradition qui parle du destin, d'une loi suprême qui gouverne les dieux et les hommes. Mais Platon transforme cette tradition et laisse une place à la liberté des hommes, sous la forme d'un choix conscient et raisonné.

Il se démarque d'une conception fataliste du destin afin de sauver quelque chose de la liberté humaine. Certes, chacun ne choisit pas sa vie *in abstracto*, les lots préexistent au choix, mais ces lots sont proposés, jamais imposés comme des existences contraignantes. L'homme choisit son mode de vie en totale connaissance de cause car il a en sa possession tous les éléments de délibération et une raison pour délibérer.

Et si ce choix est irréversible, décisif, irrévocable, au moins reste-t-il le fait d'un homme informé et raisonnable qui choisit, sans pression ni entrave. Ainsi, il pourra répondre des conséquences de son choix et l'assumer pleinement. Donc, Platon accorde une confiance hallucinante aux hommes : il suppose que chacun est capable de réflexion, d'un calcul judicieux qui pèse le pour et le contre. Et si beaucoup se trompent, c'est par précipitation, piège, poids des habitudes, influence des préjugés. Tout l'enjeu et la difficulté est donc de bien choisir… Déchiré, écartelé entre Destin et Liberté, Platon laisse sa chance à l'homme. Le destin n'est plus cette force transcendante qui écrase l'homme, le manipule, se joue de lui, malgré lui. Notre destin n'est pas écrit par avance, c'est à chacun de l'écrire, de construire sa vie. Le mal est notre affaire, les dieux sont innocents, nous sommes les seuls coupables ; inutile de se cacher derrière le destin pour se disculper de notre responsabilité.

Mais attention, bien choisir n'est pas tout, l'essentiel est de bien vivre. En d'autres termes, le scénario est écrit, mais pas la façon de jouer. Aussi l'instant critique du choix décisif et unique est-il relativisé : il est fondamental de bien choisir dans l'au-delà, mais au cours de notre vie, on continue de choisir. Notre choix se joue dans nos efforts quotidiens, dans nos actes. Une chose est de se voir attribuer la vie d'un joueur de foot, mais rien ne dit que vous serez un tocard, ou un Zidane !!! Le choix initial détermine le schéma d'une vie, pas sa qualité, qui relève de la qualité individuelle de chacun.

En résumé, de ces trois mythes eschatologiques (sur le destin), il faut retenir :

- pour le *Gorgias* : qu'il est plus avantageux de vivre dans le bien, puisque nous serons jugés après la mort, un jugement individuel proportionné à nos torts et à nos mérites. Il porte donc sur le thème de la sentence.
- pour le *Phédon* : qu'il n'y a pas de raison de redouter la mort puisque l'âme est immortelle et que les justes connaîtront la félicité et seront récompensés.
- pour la *République* : que ce récit nous transporte au-delà de la mort, des sanctions et de leur purgation, au moment de la renaissance et de l'instant critique du choix d'une nouvelle existence.

L'anneau de Gygès

Ce mythe fait suite à un débat houleux entre Thrasymaque et Socrate. Thrasymaque défend une thèse immorale : la justice est une convention à laquelle on n'a pas intérêt à obéir ; la justice ne profite jamais. Ceux qui pratiquent la justice ne le feraient donc que malgré eux, parce qu'ils n'ont pas le choix, parce qu'ils ont peur de se faire prendre.

Dans l'histoire de Gygès, il s'agit de montrer que, si on était sûr de ne pas être pris et puni, aucun d'entre nous n'hésiterait à commettre des actions illicites. Aucun d'entre nous ne résisterait à cette tentation : faire ce qui nous plaît, sans se soucier de la loi et des conséquences (néfastes pour nous) de nos actes. Il faudrait être con pour respecter la loi, alors qu'on a le pouvoir d'assouvir tous ses caprices. Donc, selon cette thèse immorale, nul n'est juste et intègre de son plein gré, mais seulement par contrainte, impuissance, timidité, trouille… Si on s'abstient de transgresser la loi, c'est parce qu'on ne peut pas faire autrement ; si on pouvait faire le mal impunément, on ne se gênerait pas !

Pour confirmer cette thèse, un des interlocuteurs de Platon raconte l'histoire de Gygès, modeste berger qui avait la possibilité de se rendre invisible en tournant le chaton de l'anneau à son doigt. Ainsi invisible, il se rendit au palais du roi de Lydie et séduisit la reine, tua le roi et s'empara du trône ; à peine se sentit-il invisible et assuré d'impunité que ce brave Gygès commit trois crimes coup sur coup. C'est la preuve qu'un homme, qui s'est toujours bien comporté, ne résistera pas à la tentation s'il en a l'occasion. Ainsi, dans le fond, rien ne distingue l'homme vertueux du criminel. Insensé celui qui n'en profiterait pas !

Les textes sur la mort et la destinée des âmes après la mort sont nombreux et complémentaires chez Platon. On les trouve dans *l'Apologie de Socrate*, *Phédon, Gorgias*, la *République*. Pour forcer ces récits, il s'inspire notamment de Homère et du chant XI de *L'Odyssée* qui décrit le séjour des morts dans l'Hadès. Il reprend aussi des éléments chez Hésiode, la mystique pythagoricienne et les croyances orientales en des réincarnations successives.

En effet, le postulat de tous ces mythes est l'idée de l'immortalité de l'âme : cet arrière-fond de métempsycose est essentiel : l'âme immortelle se réincarne ; la vie terrestre est donc jugée *post mortem* et sanctionnée dans l'Hadès où l'âme fait son temps avant de renaître après avoir choisi sa condition ultérieure, un nouveau modèle d'existence.

Platon convertit en mythes ces croyances. Il prête une attention toute particulière à l'idée d'une justice selon les mérites, et à des sanctions proportionnelles, ainsi qu'à l'idée de responsabilité puisque notre vie est le résultat d'un choix fait en connaissance de cause. En cela, ces mythes parlent à la fois de la justice divine et de la justice humaine.

Le mythe des âmes ailées dans Phèdre

Dans ce texte célèbre, Platon reprend le thème traditionnel de la métempsycose, la réincarnation. Selon cette théorie, les âmes connaissent plusieurs cycles de vie et de mort.

En ce sens, le mythe de l'attelage ailé est le mythe fondateur dont les autres ne sont que des variations. Sa richesse tient à l'imbrication de quatre théories complémentaires :

a) la théorie de l'immortalité de l'âme

b) la théorie des Idées

c) la théorie de la réminiscence

d) la théorie de l'amour

Socrate commence son discours par une démonstration (très sérieuse) de l'immortalité de l'âme : l'âme est immortelle car elle se meut d'elle-même et n'a besoin d'aucun principe extérieur pour se mouvoir. En conséquence, l'âme est indestructible, elle ne peut retourner au néant.

Or, pour faire comprendre à son interlocuteur ce qu'est l'âme, il emploie l'image du char ailé attelé de deux chevaux conduits par un cocher. Le scénario se déroule en quatre temps :

- un descriptif général de l'âme (la théorie de la triplicité de l'âme) : toute âme, divine ou humaine, se compose de trois éléments : deux chevaux et un cocher ; chez les dieux, le cocher a la tâche facile car les deux chevaux sont dociles et obéissants. Chez les hommes, ce n'est pas le cas, l'un des chevaux est rétif et compromet l'équilibre de l'attelage.
- Le cortège des âmes : dans le ciel, le lieu naturel des âmes. Les âmes divines n'ont aucun mal à s'élever aux confins de la voûte céleste où elles sont en contact avec les idées.
- La contemplation des essences : les âmes divines ont le bonheur de contempler les essences.
- Le sort des âmes non divines : si toutes aspirent à s'élever, elles sont gênées par les caprices de leur attelage. Résultat : elles finissent par tomber. Toutes les âmes n'ont pas accès aux réalités supra célestes. Les âmes humaines sont victimes de leur lourdeur indéfectible ; impossible pour elles de s'élever. Alors l'âme s'incarne dans un corps mortel et oublie ce qu'elle a vu. Mais, comme elle a aperçu les idées, elle a le pouvoir de s'en ressouvenir même partiellement. La connaissance est donc possible et la recherche vaut la peine d'être tentée.

L'image de l'attelage ailé que Platon a empruntée à Homère, Parménide et Empédocle, remplit trois fonctions : elle établit la théorie de la tripartition de l'âme ; établit le parallèle entre les hommes et les dieux car les âmes des dieux, comme celles des hommes, sont tripartites ; établit enfin une parenté entre les âmes et le monde.

Le mythe d'Aristophane : l'amour selon Platon

Le *Banquet* est un dialogue entièrement consacré à l'amour. Sept interlocuteurs se succèdent et donnent chacun leur définition de l'amour.

Le scénario de ce mythe se divise en trois étapes :

1) une description de notre nature primitive (une totalité unique) ;

2) la séparation (les deux moitiés) ;

3) l'amour comme retrouvailles (aspiration à l'unité par réunion des deux moitiés).

À l'origine, les êtres humains étaient doubles et « d'une seule pièce et tout en boule » ; il y avait trois espèces : mâles, femelles et androgynes. Forts et imbus de leur personne, ils défient les dieux. Zeus décide alors, pour les punir et les affaiblir, de les couper en deux. Puis il invente, pour la perpétuation de l'espèce, la procréation par accouplement des mâles et femelles.

Depuis lors, tel est le fondement de l'amour, chacun vit dans la quête de sa moitié perdue à laquelle il a été arraché. C'est aussi l'origine du mythe moderne du coup de foudre, deux êtres se rencontrent, ont l'impression de se connaître depuis toujours, d'être faits l'un pour l'autre…

Chaque homme, chaque femme, cherche celui ou celle qui lui correspond. Le but de l'amour est de reconstituer l'unité d'antan.

Dans ce mythe, la plupart des éléments (la scission entre les êtres, la distinction des sexes, leur attirance irrésistible, l'amour comme manque et désir de combler ce manque) viennent de Platon.

Voyons quels sont ces éléments :

- la coupure originelle : elle apparaît comme un châtiment infligé aux hommes pour les punir de leur orgueil : tenter de rivaliser avec les dieux.
- L'amour naît du manque né de cette séparation. L'amour est donc d'abord marqué de négativité. L'amour est nostalgie, souffrance et manque. Mais, en même temps, quand les deux parties se retrouvent, quel désir de fusion ! L'homme est donc besoin de l'autre, de son autre, besoin insatiable et déraisonnable d'une fusion. Nous sommes condamnés à l'amour, à aspirer à ce que nous avons perdu, à ce qui nous a été arraché. Il est à noter que ce thème de l'unité perdue sera repris par les Romantiques allemands comme Hölderlin.

La naissance de l'amour : Éros, le dieu de l'Amour

Après cette évocation romantique des origines de l'amour, c'est au tour d'Agathon de proposer son discours sur l'amour. D'où vient donc l'Amour ? Qui l'a engendré ?

Éros est le fils de Poros (ressources) et de Pénia (manque, indigence, dénuement). Éros est celui qui sait toujours trouver le moyen d'obtenir ce qu'il cherche. C'est un chasseur, un conquérant. Donc, Éros a pour mère

Carence et Pénurie et, par son père, il est riche en ressources, il est inventif. Créatif, stimulant et tonique, il incite chacun de nous à se transcender, à se dépasser.

Le mythe de l'Atlantide

Platon, raconte l'histoire de l'Atlantide dans l'un de ses dialogues, *Critias (120e-121c)*. Selon son récit, il exista un jour une île au-delà des colonnes d'Hercule (l'ancien nom du détroit de Gibraltar), plus grande que la Libye et l'Asie prises ensemble, et patrie d'un puissant royaume peuplé par les fils de Poséidon. L'île tout entière fut engloutie par les eaux après un terrible séisme. Ce récit a donné lieu à un nombre considérable d'interprétations : où se situait cet immense empire disparu ? Toutes les suppositions ont été proposées... Or, chez Platon, il s'agit certainement d'un lieu imaginaire, d'une fiction, d'une hypothèse censée représenter un royaume parfait, qui, comme tel, n'a jamais existé et n'existera jamais.

Au Moyen Âge, les Européens oublièrent une grande partie de l'érudition des Grecs, mais pas le monde arabe. Le mythe de l'Atlantide revint en Europe à travers les écrits de géographes arabes. Les Européens qui apprirent cette histoire se demandèrent alors si l'Atlantide avait peut-être été en réalité les îles Canaries, ou une région de Scandinavie, ou même les Amériques. Une théorie moderne en vogue se réfère à l'île grecque de Théra (ou Santorin aujourd'hui), qui fut presque entièrement détruite par une explosion volcanique vers 1500 av. J.-C. Aujourd'hui, seule demeure une île en forme de croissant, le centre ayant complètement disparu. Certains estiment que cette catastrophe aurait pu être une conséquence de la disparition de l'Atlantide ou, plus simplement, que le souvenir du cataclysme qui eut lieu à Théra eut donné naissance au mythe rapporté par Platon.

Aussi, réalité ou fiction ? Étant donné que cette région du monde est connue pour être sensible aux tremblements de terre, il y a de fortes chances pour qu'il y ait effectivement eu un tremblement de terre dans l'Antiquité, un cataclysme tel qu'il marqua les esprits et infiltra la mémoire collective.

Pistes bibliographiques

Voici, pour approfondir et compléter les pages qui précèdent, quelques ouvrages de référence, presque tous en français, puisés dans l'immense océan bibliographique consacré aux mythes grecs et romains.

AA. VV., *Lexicon Iconographicum Mythologiae Classicae*, Artemis, Zurich et Munich, 1981-1997.

J.-C. BELFIORE, *Dictionnaire de mythologie grecque et romaine*, Larousse, 2003.

Y. BONNEFOY (éd.), *Dictionnaire des mythologies et des religions des sociétés traditionnelles et du monde antique*, 2 vol., Flammarion, Paris, 1981.

P. CHUVIN, *La Mythologie grecque*, Flammarion, coll. Champs Flammarion, 1998.

COLLECTIF, *Dictionnaire culturel de la mythologie gréco-romaine*, Nathan, 1992.

P. COMMELIN, *La Mythologie grecque et romaine*, Pocket, 1994.

C. CUSSET, *La Mythologie grecque*, Seuil, coll. Mémo Seuil, 1998.

J. DESAUTELS, *Dieux et mythes de la Grèce ancienne*, PUL, Québec, 1988.

H.D. DISSELHOFF, *Amérique précolombienne,* Albin Michel, 1961

G. DUMEZIL, *Mythe et épopée*, 3 vol., Gallimard, Paris, 1968-1973.

G. DUMEZIL, *la Religion romaine archaïque, avec un appendice sur la religion des Étrusques*, Payot, Paris, 1974.

G. DUMEZIL, *Les dieux souverains des Indo-européens*, Gallimard, 1977.

G. DUMEZIL, *Mythes et dieux des Germains*, PUF, 1938.

M. ELIADE, *Histoire des croyances et des idées religieuses,* Payot, 1983.

P. GRIMAL, *Dictionnaire de la mythologie grecque et romaine*, PUF, Paris, 1951.

P. GRIMAL, *La Mythologie grecque*, Paris, PUF, coll. “Que sais-je ?”,1986.

G. HACQUARD, *Guide mythologique de la Grèce et de Rome*, Hachette, 1976.

E. HAMILTON, *La Mythologie*, Paris, Marabout, 1998.

J.P. HAMMEL, *L'homme et les mythes,* Hatier, 1994.

R. JACQUENOD, *Nouveau dictionnaire de la mythologie*, Marabout, 1998.

J.-R. JANNOT, *Devins, dieux et démons. Regards sur la religion de l'Étrurie antique*, Picard, Paris, 1998.

C. LEVI-STRAUSS, *Tristes tropiques,* Plon, 1978.

J. MARKALE, *Les Celtes et la civilisation celtique,* Payot, 1964.

M. MEUNIER, *La Légende dorée des dieux et des héros*, Albin Michel, Paris, 1980.

S. NITYABODHANANDA, *Mythes et religions de l'Inde,* Maisonneuve & Larose, 1967.

R.I. PAGE, *Mythes nordiques,* Le Seuil, 1993.

Y.D. PAPIN, *Trésor des expressions bibliques et mythologiques,* Belin, 1989.

Y.D. PAPIN, *Connaître les personnages de la mythologie*, J.P. Gisserot, 2003.

P. RAVIGNANT et A. KIELCE, *Les grands mythes de la création du monde,* Le Mail, 1988.

L. RENOU, *La civilisation de l'Inde ancienne,* Flammarion, 1999.

W.-H. ROSCHER (éd.), *Ausführliches Lexikon der griechischen und römischen Mythologie*, 10 vol., Teubner, Leipzig, 1884-1934.

J. SCHMIDT, *Dictionnaire de la mythologie grecque et romaine*, Larousse, 1998.

J. SOUSTELLE, *La vie quotidienne des Aztèques,* Livre de poche, 2002.

W. SPEISER, *Chine, esprit et société,* Albin Michel, 1960.

G. VAN HEEMS, *Dieux et héros de la mythologie grecque*, Librio, 2003.

J.-P. VERNANT, *L'Univers, les dieux, les hommes : récits grecs des origines*, Seuil, Paris, 2002.

Index alphabétique

D

E

F

G

H

I

J

K

L

M

N

O

P

Q

R

S

T

U

V

Z

Disponibles dans la collection Pour les Nuls

Pour être informé en permanence sur notre catalogue et les dernières nouveautés publiées dans cette collection, consultez notre site Internet à www.efirst.com

Pour les Nuls **Business**

ISBN	Code Article	Titre	Auteur
2-87691-644-4	65 3210 5	CV pour les Nuls (Le)	J.-L. Kennedy, A. Dumesnil
2-87691-652-5	65 3261 8	Lettres d'accompagnement pour les Nuls (Les)	J.-L. Kennedy, A. Dumesnil
2-87691-651-7	65 3260 0	Entretiens de Recrutement pour les Nuls (Les)	J.-L. Kennedy, A. Dumesnil
2-87691-670-3	65 3280 8	Vente pour les Nuls (La)	T. Hopkins
2-87691-712-2	65 3439 0	Business Plans pour les Nuls	P. Tifany
2-87691-729-7	65 3486 1	Management pour les Nuls (Le)	B. Nelson
2-87691-770-X	65 3583 5	Le Marketing pour les Nuls	A. Hiam

Pour les Nuls **Pratique**

ISBN	Code Article	Titre	Auteur
2-87691-597-9	65 3059 6	Astrologie pour les Nuls (L')	R. Orion
2-87691-610-X	65 3104 0	Maigrir pour les Nuls	J. Kirby
2-87691-604-5	65 3066 1	Asthme et allergies pour les Nuls	W. E. Berger
2-87691-615-0	65 3116 4	Sexe pour les Nuls (Le)	Dr Ruth
2-87691-616-9	65 3117 2	Relancez votre couple pour les Nuls	Dr Ruth
2-87691-617-7	65 3118 0	Santé au féminin pour les Nuls (La)	Dr P. Maraldo
2-87691-618-5	65 3119 8	Se soigner par les plantes pour les Nuls	C. Hobbs
2-87691-640-1	65 3188 3	Français correct pour les Nuls (Le)	J.-J. Julaud
2-87691-634-7	65 3180 0	Astronomie pour les Nuls (L')	S. Maran
2-87691-637-1	65 3185 9	Vin pour les Nuls (Le)	Y.-P. Cassetari
2-87691-641-X	65 3189 1	Rêves pour les Nuls (Les)	P. Pierce
2-87691-661-4	65 3279 0	Gérez votre stress pour les Nuls	Dr A. Elking
2-87691-657-6	65 3267 5	Zen ! La méditation pour les Nuls	S. Bodian
2-87691-646-0	65 3226 1	Anglais correct pour les Nuls (L')	C. Raimond
2-87691-681-9	65 3348 3	Jardinage pour les Nuls (Le)	M. MacCaskey
2-87691-683-5	65 3364 0	Cuisine pour les Nuls (La)	B. Miller, A. Le Courtois
2-87691-687-8	65 3367 3	Feng Shui pour les Nuls (Le)	D. Kennedy
2-87691-702-5	65 3428 3	Bricolage pour les Nuls (Le)	G. Hamilton
2-87691-705-X	65 3431 7	Tricot pour les Nuls (Le)	P. Allen
2-87691-769-6	65 3582 7	Sagesse et Spiritualité pour les Nuls	S. Janis

Disponibles dans la collection Pour les Nuls

Pour être informé en permanence sur notre catalogue et les dernières nouveautés publiées dans cette collection, consultez notre site Internet à www.efirst.com

Pour les Nuls **Pratique**

ISBN	Code Article	Titre	Auteur
2-87691-748-3	65 3534 8	Cuisine Minceur pour les Nuls (La)	L. Fischer, C. Bach
2-87691-752-1	65 3527 2	Yoga pour les Nuls (Le)	G. Feuerstein
2-87691-767-X	65 3580 1	Méthode Pilates pour les Nuls (La)	H. Herman
2-87691-768-8	65 3581 9	Chat pour les Nuls (Un)	G. Spadafori
2-87691-801-3	65 3682 5	Chien pour les Nuls (Un)	G. Spadafori
2-87691-824-2	65 3728 6	Echecs pour les Nuls (Les)	J. Eade
2-87691-823-4	65 3727 8	Guitare pour les Nuls (La)	M. Phillips, J. Chappell
2-87691-800-5	65 3681 7	Bible pour les Nuls (La)	E. Denimal
2-87691-868-4	65 3853 2	S'arrêter de fumer pour les Nuls	Dr Brizer, Pr Dautzenberg
2-87691-802-1	65 3684 1	Psychologie pour les Nuls (La)	Dr A. Cash
2-87691-869-2	65 3854 0	Diabète pour les Nuls (Le)	Dr A. Rubin, Dr M. André
2-87691-897-8	65 3870 6	Bien s'alimenter pour les Nuls	C. A. Rinzler, C. Bach
2-87691-893-5	65 3866 4	Guérir l'anxiété pour les Nuls	Dr Ch. Eliott, Dr M. André
2-87691-915-X	65 3876 3	Grossesse pour les Nuls (La)	Dr J.Stone
2-87691-943-5	65 3887 0	Vin pour les Nuls (Le)	Ed. Mcarthy, M. Ewing
2-87691-941-9	65 3885 4	Histoire de France pour les Nuls (L')	J.-J. Julaud
2-87691-984-2	65 0953 3	Généalogie pour les Nuls (La)	F. Christian
2-87691-983-4	65 0952 5	Guitare électrique pour les Nuls (La)	J. Chappell
2-87691-973-7	65 0943 4	Anglais pour les Nuls (L')	G. Brenner
2-87691-974-5	65 0944 2	Espagnol pour les Nuls (L')	S. Wald
2-75400-025-9	65 4151 0	Mythologie pour les Nuls (La)	Ch. et A. Blackwell
2-75400-037-2	65 4161 9	Léonard de Vinci pour les Nuls	J. Teisch, T. Barr
2-75400-062-3	65 4172 6	Bouddhisme pour les Nuls (Le)	J. Landaw, S. Bodian
2-75400-060-7	65 4170 0	Massages pour les Nuls (Les)	S. Capellini, M. Van Welden
2-75400-059-3	65 4169 2	Voile pour les Nuls (La)	J.-J. et Peter Isler
2-75400-062-3	65 4172 6	Bouddhisme pour les Nuls (Le)	J. Landaw, S. Bodian
2-75400-061-5	65 4171 8	Littérature pour les Nuls (La)	J.-J. Julaud
2-75400-078-X	65 4188 2	Golf pour les Nuls (Le)	G. McCord
2-75400-092-5	65 4236 9	Immobilier pour les Nuls (L')	L. Boccarna, C. Sabbah
2-75400-093-3	65 4237 7	Maths pour les Nuls (Les)	J.-L. Boursin

Disponibles dans la collection Pour les Nuls

Pour être informé en permanence sur notre catalogue et les dernières nouveautés publiées dans cette collection, consultez notre site Internet à www.efirst.com

Pour les Nuls **Pratique**

ISBN	Code Article	Titre	Auteur
2-87691-110-7	65 4254 2	Histoire de France illustrée pour les Nuls (L')	J.-J. Julaud
2-75400-102-6	65 4246 8	Piano pour les Nuls (Le)	B. Neely, M. Rozenbaum
2-75400-118-2	65 4259 1	Claviers et Synthétiseurs pour les Nuls	C. Martin de Montaigu
2-75400-124-7	65 4265 8	Guitare pour les Nuls (La)	M. Philipps, J. Chappell
2-75400-123-9	65 4264 1	Poker pour les Nuls (Le)	R. D. Harroch, L. Krieger, F. Montmirel
2-75400-152-2	65 119 0	Eduquer son chien pour les Nuls	J. et W. Volahrd
2-75400-137-9	65 4275 7	Tai Chi pour les Nuls (Le)	T. Iknoian
2-87691-998-2	65 0960 8	Philosophie pour les Nuls (La)	C. Godin
2-75400-151-4	65 1118 2	Musique classique pour les Nuls (La)	D. Pogue, C. Delamarche
2-75400-150-6	65 1117 4	Franc-maçonnerie pour les Nuls (La)	C. Hodapp, P. Benhamou
2-75400-182-4	65 1147 1	Catholicisme pour les Nuls (Le)	Révérend J. Trigilio
2-75400-184-0	65 1148 9	Napoléon pour les Nuls	J. David Markham et Bastien Miquel
2-75400-185-9	65 1149 7	Dessin pour les Nuls (Le)	Brenda Hoddinot
2-75400-193-X	65 1170 3	Couture pour les Nuls (La)	Janice Saunders Maresh
2-75400-212-X	65 1178 6	Chinois pour les Nuls (Le)	Wendy Abraham
2-75400-246-4	65 1239 6	Thérapies comportementales et cognitives pour les Nuls (Les)	R. Willson, R. Branch
2-75400-229-4	65 1188 5	Histoire de l'art pour les Nuls (L')	J-J Breton, P.Cachau, D. Wialatte
2-75400-230-8	65 1189 3	Climat et météo pour les Nuls	J.D.Cox
2-75400-245-6	65 1238 8	Géographie de France pour les Nuls (La)	J.-J. Julaud
2-75400-256-1	65 1249 5	Égypte ancienne pour les Nuls (L')	F. Maruéjol
2-75400-244-8	65 1237 0	Opéra pour les Nuls (L')	D. Pogue, C.Delamarche

Disponibles dans la collection Pour les Nuls

Pour être informé en permanence sur notre catalogue et les dernières nouveautés publiées dans cette collection, consultez notre site Internet à www.efirst.com

Pour les Nuls **Poche**

ISBN	Code Article	Titre	Auteur
2-87691-873-0	65 3862 3	Management (Le) – Poche pour les Nuls	Bob Nelson
2-87691-872-2	65 3861 5	Cuisine (La) – Poche pour les Nuls	B.Miller, A. Le Courtois
2-87691-871-4	65 3860 7	Feng Shui (Le) – Poche pour les Nuls	D. Kennedy
2-87691-870-6	65 3859 9	Maigrir – Poche pour les Nuls	J. Kirby
2-87691-923-0	65 3881 3	Anglais correct (L') – Poche pour les Nuls	C. Raimond
2-87691-924-9	65 3882 1	Français correct (Le) – Poche pour les Nuls	J.-J. Julaud
2-87691-950-8	65 3894 6	Vente (La) – Poche pour les Nuls	T. Hopkins
2-87691-949-4	65 3893 8	Bureau Feng Shui (Un) – Poche pour les Nuls	H. Ziegler, J. Lawler
2-87691-956-7	65 0940 0	Sexe (Le) – Poche pour les Nuls	Dr Ruth
2-75400-001-1	65 0963 2	CV (Le) – Poche pour les Nuls	J.-L. Kennedy, A. Dumesnil
2-75400-000-3	65 0962 4	Zen ! la méditation – Poche pour les Nuls	S. Bodian
2-87691-999-0	65 0961 6	Astrologie (L') – Poche pour les Nuls	R. Orion
2-75400-015-1	65 0975 6	Jardinage (Le) – Poche pour les Nuls	M. Mac Caskey
2-75400-014-3	65 0974 9	Jardin Feng Shui (Le) – Poche pour les Nuls	M. Ziegler et J. Lawler
2-75400-064-X	65 4174 2	Astronomie (L') – Poche pour les Nuls	S. Maran
2-75400-094-1	65 4238 5	Business Plans – Poche pour les Nuls	P. Tifany
2-75400-086-0	65 4230 2	Entretiens de recrutement (Les)	J.-L. Kennedy, A. Dumesnil
2-75400-082-8	65 4189 0	Lettres d'accompagnement (Les)	J.-L. Kennedy, A. Dumesnil
2-75400-165-4	65 1131 5	Su Doku tome 1 – Poche pour les Nuls	A. Heron, E. James
2-75400-167-0	65 1113 3	Su Doku tome 2 – Poche pour les Nuls	A. Heron, E. James
2-75400-213-8	65 1119 4	Su Doku tome 3 – Poche pour les Nuls	A. Heron, E. James
2-75400-180-8	65 1145 5	Histoire de France Tome 1 (L')	J.-J. Julaud
2-75400-181-6	65 1146 3	Histoire de France Tome 2 (L')	J.-J. Julaud
2-75400-223-5	65 1183 6	Méthode Pilates (La)	E. Herman

Disponibles dans la collection Pour les Nuls

Pour être informé en permanence sur notre catalogue et les dernières nouveautés publiées dans cette collection, consultez notre site Internet à www.efirst.com

Pour les Nuls **Bac**

ISBN	Code Article	Titre	Auteur
2-75400-172-7	65 1138 0	Le Bac Philosophie 2006	C. Roche
2-75400-173-6	65 1139 8	Le Bac Français 2006	G. Guilleron
2-75400-171-9	65 1137 2	Le Bac Histoire 2006	H. Vessemont
2-75400-170-0	65 1136 4	Le Bac Géographie 2006	N. Arnaud

Achevé d'imprimer par Corlet, Imprimeur, S.A. - 14110 Condé-sur-Noireau
N° d'Imprimeur : 98202 - Dépôt légal : février 2007 - *Imprimé en France*